DAVID GOODHART

KOPF
HAND
HERZ

Das neue Ringen
um Status

Warum Handwerks- und Pflegeberufe
mehr Gewicht brauchen

Aus dem Englischen von
Jürgen Neubauer

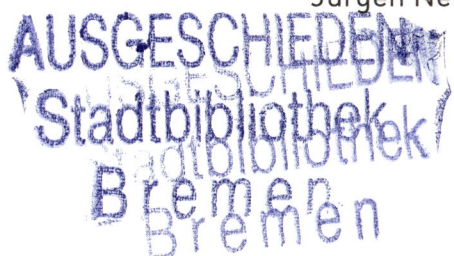

PENGUIN VERLAG

Die Originalausgabe erschien 2020 unter dem Titel
Head Hand Heart. The Struggle for Dignity and Status in the 21st Century
bei Allen Lane, London.

Sollte diese Publikation Links auf Webseiten Dritter enthalten, so
übernehmen wir für deren Inhalte keine Haftung, da wir uns diese nicht
zu eigen machen, sondern lediglich auf deren Stand zum Zeitpunkt der
Erstveröffentlichung verweisen.

ClimatePartner.com/14044-1912-1001

MIX
Papier aus verantwor-
tungsvollen Quellen
FSC® C014496

Penguin Random House Verlagsgruppe FSC® N001967

1. Auflage
Copyright © der Originalausgabe 2020 David Goodhart
Copyright © der deutschsprachigen Ausgabe 2021
Penguin Random House Verlagsgruppe GmbH,
Neumarkter Str. 28, 81673 München
Redaktion: Jonas Wegerer
Umschlaggestaltung: total italic, Thierry Wijnberg
(Amsterdam/Berlin)
Umschlagabbildungen: © AndreyPopov/iStock
und © fandijki/shutterstock
Satz: Vornehm Mediengestaltung GmbH, München
Druck und Bindung: GGP Media GmbH, Pößneck
Printed in Germany
ISBN 978-3-328-60136-4
www.penguin-verlag.de

Dieses Buch ist auch als E-Book erhältlich.

Für meine Kinder,
in der Hoffnung, dass sie endlich einmal etwas lesen,
das ich geschrieben habe

Inhalt

Vorwort zur deutschen Ausgabe 9

Teil 1: Das Problem 19
1. Die Vorherrschaft des Kopfes 21
2. Der Aufstieg der kognitiven Klasse 51
3. Kognitive Kompetenz und Leistungsgesellschaft 75

Teil 2: Die kognitive Übernahme 113
4. Das Zeitalter der Auslese 115
5. Der Aufstieg des Wissensarbeiters 156
6. Die Diplomdemokratie 178

Teil 3: Hand und Herz 215
7. Das Schicksal der Hand 217
8. Das Schicksal des Herzens 246

Teil 4: Die Zukunft 283
9. Der Niedergang des Wissensarbeiters 285
10. Kognitive Vielfalt und die Zukunft der Arbeit 310

Dank 341
Anmerkungen 345
Ausgewählte Literatur 371
Register 377

Vorwort zur deutschen Ausgabe

Dieses Buch entstand weitgehend vor Beginn der Coronakrise.
Doch die Pandemie und ihre absehbaren Nachwehen haben direkte
Auswirkungen auf sein Thema – die ungleiche Verteilung von Status und Anerkennung, die in den letzten Jahrzehnten zu einem
herausragenden Merkmal wohlhabender Gesellschaften geworden
ist. Zum einen hat die Krise Undenkbares denkbar gemacht: Wenn
wir das gesellschaftliche und wirtschaftliche Leben über Monate
hinweg anhalten, einschränken und gemeinsam einen Teil der Lasten schultern können, dann ist es vielleicht genauso denkbar, das
Statusungleichgewicht in unserer nach Bildung geschichteten postindustriellen Gesellschaft um einige Grade zu korrigieren.

Den meisten von uns geht es darum, so schnell wie möglich zur
Normalität zurückzukehren, doch die von der Krise schwer getroffenen Nationen Europas und Nordamerikas stehen vor großen
Umbrüchen. Auf das Thema dieses Buchs bezogen wird Corona
auf unterschiedliche Weise dazu beitragen, Hand und Herz –
sprich: handwerkliche, nicht-akademische Berufe und Tätigkeiten
in Erziehung und Pflege – wieder aufzuwerten und ihnen etwas
von dem Ansehen zurückzugeben, das sie in den zurückliegenden
Jahrzehnten an den Kopf – sprich: kognitive Tätigkeiten – verloren
haben.

Auf der Makroebene wird heute eine neue Form der Globalisierung denkbar, die von einem der humorvolleren Slogans der
Krise auf den Punkt gebracht wird: Proletarier aller Länder, vereinigt euch: Ihr habt nichts zu verlieren als eure Lieferketten. Eine

umfassende Entglobalisierung ist weder wünschenswert noch
wahrscheinlich, wir haben unsere Lektionen aus dem Protektionismus der Dreißigerjahre gelernt. Der »Hyperglobalisierung«, wie sie
der Wirtschaftswissenschaftler Dani Rodrik nennt, die vor allem
Konzernen, Finanzmärkten und hochmobilen Akademikern dient,
können wir aber dennoch einige Zügel anlegen. In Europa schlug
in der Krise die Stunde des Nationalstaats und des nationalen
Gesellschaftsvertrags, während in den Vereinigten Staaten die relative Schwäche des Zentralstaats augenfällig wurde. In der nächsten Phase der Globalisierung werden Nationalstaaten wieder mehr
Mitsprache einfordern. Einige der langen und anfälligen Lieferketten werden gekürzt und gekappt werden. Die Billig-Globalisierer,
die Fabrikschließungen zwar bedauern, sie aber als Preis für die
günstigeren Produkte von Amazon in Kauf nehmen, werden einen
zunehmend schweren Stand haben. Denn die meisten von uns sind
nicht nur Konsumenten, sondern auch Produzenten, und vielleicht
sind wir dazu bereit, ein paar Euro mehr für ein Mobiltelefon hin-
zublättern, wenn es im eigenen Land produziert wurde.

Diese Sichtweise hatte schon vor der Krise vermehrt Anhänger
gewonnen. Schon 2019 erfuhr der Welthandel unter dem Eindruck
des Handelskriegs zwischen China und den Vereinigten Staaten
eine leichte Abschwächung. Das bestehende Modell der Hals-über-
Kopf-Globalisierung hat zu viele Verlierer hervorgebracht, nicht
zuletzt unsere globale Umwelt.

In den zurückliegenden beiden Generationen wurde der Westen von Zentrifugalkräften beherrscht, die zwar auf der einen
Seite globale Öffnung und individuelle Freiheiten begünstigten,
auf der anderen jedoch kollektive Bande schwächten und dafür
sorgten, dass die Kopfarbeit ein unverhältnismäßig großes Stück
vom Kuchen erhielt, während Hand und Herz an Status und Einkommen verloren. In sämtlichen wohlhabenden Nationen hat die

Wissensökonomie die Bildungselite an die Spitze der Statushierarchie befördert und die kognitiv Begabten reichlich beschenkt, doch zugleich haben viele andere Menschen Sinn und Zugehörigkeitsgefühl verloren.

Die jüngsten, sicher auch durch die Pandemie beförderten Entwicklungen lassen allerdings vermuten, dass wir nun an der Schwelle zu einer stärker zentripetalen Phase stehen, in der sich Nationalstaaten festigen und wirtschaftliche und kulturelle Offenheit zurückgenommen wird. In dieser Phase werden Regionalismus, gesellschaftliche Stabilität und Solidarität an Bedeutung gewinnen, während die Skepsis gegenüber den Ansprüchen der kognitiven Klasse wie auch unsere Sensibilität für die Zumutungen der modernen Leistungsgesellschaft steigen wird.

Als ich 2019 mit der Arbeit an diesem Buch begann, hätte ich mir nicht vorzustellen gewagt, dass der Beitrag der Arbeitnehmer, die ich hier als »Herz« und »Hand« bezeichne, in Ländern wie Deutschland oder Großbritannien geradezu zum Sinnbild der Krisenbewältigung werden würde. Die Bürger applaudierten nicht nur dem medizinischen Personal, sondern auch den Menschen, die sonst unbemerkt die Grundfunktionen unseres Alltags aufrechterhalten – die Mitarbeiter von Supermärkten, die Busfahrer und Lieferanten, die Menschen, die unsere Waren in die Läden und unsere Medikamente in die Apotheken bringen, die Menschen, die unseren Haushaltsmüll entsorgen. In einer Umkehr der Statushierarchie kam es mit einem Mal auf jene Menschen an, die nicht studiert haben und kognitiv weniger geschult sind.

Doch die tiefsten Spuren könnte die Denkpause hinterlassen, die der Lockdown uns und unserer hektischen Leistungsgesellschaft verordnet hat. Viele von uns, vor allem die besser ausgebildeten Menschen, die im Home Office arbeiten konnten, mussten sich darüber Gedanken machen, worauf es ihnen im Leben wirklich ankommt. Mit der Unterbrechung unserer geschäftigen mobilen Existenz nahmen viele von uns zum ersten Mal ihre Nachbarn richtig wahr und fühlten sich in einer physischen Gemeinschaft verortet. Dieses neue Gefühl der Verwurzelung und Beziehung und die neue Wahrnehmung unserer eigenen Sterblichkeit können in rührselige Sentimentalität oder ängstliche Risikoscheu ausarten. Es gibt durchaus Menschen, die nicht möchten, dass der Lockdown endet. Andere wünschen sich dagegen verzweifelt ihre früheren Freiheiten zurück, und gerade in Deutschland war der Protest gegen die Einschränkungen oftmals lauter als anderswo in Europa. Einige erwarten für die Zeit nach der Krise nicht etwa eine mitfühlendere, fürsorglichere Gesellschaft, sondern Exzesse des Hedonismus und Individualismus, eine Neuauflage der Wilden Zwanziger.

Doch im Mittelpunkt der Krise standen die Bereiche Pflege und Erziehung, und allein deshalb ist eine wirtschaftliche und politische Neuorientierung zu erwarten. So wie selbst konservative Politiker ihre Haltung zur Staatsverschuldung überdenken mussten, könnten wir nun unsere Vorstellungen von Produktivität und Wirtschaft insgesamt auf den Prüfstand stellen. Schon heute geben wohlhabende westliche Gesellschaften einen erheblichen Anteil ihres Bruttoinlandsprodukts für Gesundheit und Erziehung aus, und dieser wird infolge der Krise vermutlich noch wachsen. Dabei werden wir feststellen, dass es in vielen Bereichen des Gesundheitssektors, ob in Krankenhäusern oder Altenheimen, eben nicht darum geht, die Produktivität zu steigern, sondern vielmehr darum, sie zu senken. Es geht darum, die Zahl der Betten pro Pflegekraft zu reduzieren, nicht zu erhöhen. Wenn Deutschland in der ersten Phase besser durch die Krise kam als seine europäischen Nachbarn, dann auch deshalb, weil das deutsche Gesundheitswesen über mehr Kapazitäten verfügt als die meisten anderen.

Wenn wir den Gesundheitssektor aufwerten und stiefmütterlich behandelte Bereiche wie die Altenpflege besser finanzieren wollen, dürfen wir die häusliche Pflege und die frühkindliche Erziehung nicht außen vor lassen. Damit werden große Fragen nach der Arbeitsteilung zwischen Mann und Frau aufgeworfen und danach, wie sich die Arbeit in Haushalt und Familie aufwerten lässt, ohne die Freiheiten zurückzunehmen, die sich Frauen in den vergangenen Jahrzehnten erkämpft haben. Unsere in der Krise erzwungene Häuslichkeit hatte reichlich Spannungen, Trennungen und selbst Gewalt zur Folge. Aber sie hat viele von uns auch an den Wert der Familie und ihrer Erziehungs- und Pflegearbeit erinnert.

Deshalb bin ich der Ansicht, dass Hand und Herz durch die Krise gestärkt wurden und gegenüber dem Kopf wieder leicht an Status gewonnen haben. Oder um es politisch auszudrücken, ich beobachte, dass die Krise vor allem in Europa ein ungewöhnliches Bündnis hervorgebracht hat zwischen der konservativen Präferenz für Region, Land und Familie auf der einen Seite und einer sozialdemokratischen Präferenz für höhere Staatsausgaben und einen gewissen Kollektivismus, verbunden mit einem neuen Umweltbewusstsein. Doch wie Sie diesem Buch entnehmen können, hatte ich dies bereits vor der Coronakrise vermutet, weshalb ich mich der Covid Bestätigungs-Verzerrung schuldig bekenne: der Neigung, die eigenen Erwartungen an die Zukunft durch die Pandemie bestätigt zu sehen.

Dieser Argumentation könnte man nun zwei Argumente entgegenhalten. Erstens könnte man darauf verweisen, dass der Kopf durch die Krise keineswegs einen Dämpfer erhielt, weil Experten – namentlich Virologen, Mediziner oder Impfstoffforscher – ihre Bedeutung für die Gesellschaft unter Beweis gestellt und die populistische Wissenschaftsskepsis weitgehend widerlegt haben. Und zweitens könnte man anführen, dass die digitalen Plattformen der großen Technologiekonzerne, die während der Krise noch stärker in den Mittelpunkt unseres Alltags gerückt sind, der Inbegriff der entkörperlichten Welt der Datenverarbeitung sind und die Ideologie des Kopfes bestätigen.

Beide Einwände sind berechtigt, doch ich bezweifle, dass sie schwer genug wiegen, um meine These von der Corona-Umverteilung zu widerlegen. Der erste Einwand würde mein Problem mit der Expertenkultur falsch verstehen. Experten aus den Bereichen Naturwissenschaft, Technik oder Medizin stoßen nur auf geringe Skepsis (in den Vereinigten Staaten mehr als in Europa). Der eigentliche Unmut richtet sich vor allem gegen Wirtschafts- und Gesellschaftswissenschaftler sowie Akademiker ganz allgemein, die ihre oftmals liberalen Ansichten über die europäische Integration oder Massenzuwanderung gern als objektive Wahrheiten verkaufen.

Und die digitalen Plattformen haben in der Krise zwar ihren Wert unter Beweis gestellt, doch dabei haben sie weniger die Botschaft der Mobilität und Globalisierung vermittelt, die wir so oft mit ihnen verbinden. Facebook und WhatsApp-Gruppen erwiesen sich vielmehr als wichtige Kommunikationskanäle für reale und regional verortete Gemeinschaften. Dabei waren sie derart unentbehrlich, dass sie sich neben Wasser und Strom als lebenswichtige Grundversorger etablieren konnten und sicherlich bald derselben Aufsicht unterliegen werden. Doch das ist eine andere Geschichte.

Die These dieses Buchs ist einfach: In den vergangenen Jahrzehnten haben wir in den wohlhabenden Nationen ein sehr begrenztes Spektrum von Fähigkeiten – die kognitiv-analytischen »Kopf-Kompetenzen« – zu stark honoriert, und zwar finanziell wie gesellschaftlich. Wir haben die Definition eines gelungene Lebens zu eng gefasst und den Weg dorthin mit dem Studium zu schmal gestaltet. In den Vereinigten Staaten und Großbritannien ist diese

Unwucht am größten. Im skandinavischen und deutschsprachigen Raum gibt es dieses Ungleichgewicht ebenfalls, auch wenn es einige Gegengewichte bislang in Grenzen gehalten haben.

Dank des dualen Ausbildungssystems, um das Deutschland in aller Welt beneidet wird, genießen handwerkliche und andere Ausbildungsberufe größeres Ansehen als vergleichbare Tätigkeiten in den Vereinigten Staaten und Großbritannien, und institutionalisierte Arbeitnehmervertretungen tun das Ihre für die Mitarbeiter von größeren Unternehmen. Viele Angehörige der Mittelschicht, die ein Studium aufnehmen könnten, ziehen eine Ausbildung vor. Der frühere Kanzler Gerhard Schröder absolvierte erst eine Lehre, eher er studierte. Drei der Minister in Angela Merkels Kabinett, darunter auch Gesundheitsminister Jens Spahn, machten nach dem Abitur zunächst eine Lehre und schlossen erst dann ein Studium an. Bis vor Kurzem war der Anteil der Hochschulabsolventen in Deutschland relativ niedrig und das Land hatte weniger Universitäten von Weltrang als zum Beispiel die Vereinigten Staaten, Großbritannien oder Frankreich. Dazu kommt, dass sich Wohlstand und Bevölkerung regional gleichmäßiger verteilen als beispielsweise in Großbritannien, und dass 70 Prozent der Bevölkerung in Städten mit weniger als 100 000 Einwohnern leben. Es gibt kein Zentrum, das Kompetenz und Vermögen derart an sich ziehen und so für die Ideologie des Kopfes, der sozialen Mobilität und Abstraktion stehen würde wie London. In Deutschland genießen»Normalbürger« größeres Ansehen als in Großbritannien. Dort verlassen die kognitiv gesegneten Jugendlichen mit 18 Jahren ihre Heimatstädte, um sich in London und anderen Metropolen zu sammeln. In Deutschland haben dagegen viele international führende Unternehmen ihren Sitz in Ortschaften, von denen im Ausland kaum jemand gehört hat, zum Beispiel Adidas in Herzogenaurach, Miele in Gütersloh oder SAP in Walldorf.

In Deutschland ist die wirtschaftliche Ungleichheit heute zwar weniger stark ausgeprägt als in Großbritannien, doch dank des Wachstums des Finanzsektors und der Agenda 2010 hat sie in den letzten Jahren auch hier deutlich zugenommen. Durch die europäische Vereinheitlichung der Studiengänge im Rahmen des Bologna-Prozesses ist auch die Hochschullandschaft in den letzten Jahren angelsächsischer geworden, und mehr Schulabgänger nehmen ein Studium auf, der Anteil der Studierenden ist auf fast 40 Prozent angestiegen. Dies könnte zu Lasten des dualen Ausbildungssystems gehen, indem es ihm fähigen Nachwuchs entzieht, und auf diese Weise wie in den Vereinigten Staaten und Großbritannien die Kluft zwischen Akademikern und Nicht-Akademikern vergrößern.

Die gerechte Verteilung von Status und Anerkennung ist ein Problem sämtlicher modernen Gesellschaften. Wir benötigen Eliten und elitäre Institutionen, doch wir benötigen mehrere Eliten und Zugänge und müssen dafür sorgen, dass eine große Bandbreite von menschlichen Fähigkeiten angemessene Anerkennung erhält. Es ist der Populismus, in dem unter anderem die Frustration darüber zum Ausdruck kommt, dass sich das demokratische Versprechen der politischen Gleichheit nicht in einer gerechteren Verteilung von Status und Anerkennung niederschlägt. Zu viele Menschen fühlen sich von unserer liberalen und kognitiven Leistungsgesellschaft ausgeschlossen. Diese Unwucht müssen wir ausgleichen.

Zum Teil wird dies nahezu zwangsläufig erfolgen, denn schon vor der endgültigen Durchsetzung der Künstlichen Intelligenz stellt sich heraus, dass die Wissensökonomie weit weniger Wissensarbeiter benötigt als bisher angenommen. Gleichzeitig wird der Anteil der menschlichen Dienstleistungen, allen voran in der Pflege, dramatisch ansteigen. Bezahlung und Status der Pflegedienstleister, vor allem in Altenpflegeheimen, werden sich verbessern müssen, damit dieser lebenswichtige Sektor für Arbeitnehmer attraktiver wird.

In unserer offenen und streitbaren Gesellschaft wurden die Debatten und Meinungsverschiedenheiten auch während der Pandemie ausgetragen, doch unter der Oberfläche herrschte ein größerer Konsens als üblich. Daher stehen die Chancen gut, dass es uns gelingt, in der Folge dieser Krise bei der Verteilung von Status und Anerkennung ein breiteres Spektrum von menschlichen Fähigkeiten zu berücksichtigen und das in diesem Buch eingeforderte ausgewogenere Verhältnis von Kopf, Hand und Herz herzustellen. Die traurige Alternative wäre, dass die Narben der Krise unsere alten Gräben und Ressentiments vertiefen.

TEIL 1

DAS PROBLEM

Kapitel 1

Die Vorherrschaft des Kopfes

Wir müssen etwas gänzlich Ungewohntes tun: Wir müssen unsere Verachtung für diejenigen überwinden, die von der Leistungs- und Wettbewerbsethik benachteiligt werden.

Kwame Anthony Appiah

Was ist in den wohlhabenden Demokratien des Westens nur schief gelaufen? Politische Gräben. Wirtschaftlicher Stillstand. Schwindende Solidarität. Enttäuschung, Depression und Einsamkeit. Sinnkrise. Schon vor der Coronakrise hatte sich in der westlichen Politik Mutlosigkeit breitgemacht. Es herrschte das Gefühl vor, dass es in den von anonymen globalen Kräften gebeutelten Ländern mehr Verlierer als Gewinner gebe, dass die Öffentlichkeit durch soziale Medien vergiftet werde und dass es die Politik versäumt hatte, dem größer werdenden Bedürfnis nach Stabilität und Zugehörigkeit Rechnung zu tragen.

Und doch gibt es für viele dieser Punkte eine umfassende Erklärung, die so offensichtlich ist, dass sie viel zu oft übersehen wird. In den vergangenen Jahrzehnten wurden im Namen von Effizienz, Gerechtigkeit und Fortschritt Formen des Wettbewerbs eingeführt, in denen die Besten erfolgreich sind, während sich der große Rest als Versager fühlen darf.

Wer aber sind diese Besten? Menschen mit einem hohen Maß an kognitiven Fähigkeiten, oder zumindest Menschen, die das Bildungswesen als solche ausweist. Eine spezifische menschliche Fähigkeit – das kognitiv-analytische Denken, mit dessen Hilfe wir Prüfungen bestehen und im Beruf effizient Informationen verarbeiten – ist zur Messlatte für den Wert eines Menschen an sich geworden. Wer eine große Portion davon mitbekommen hat, gehört zu einer neuen kognitive Klasse – ich nenne sie Massenelite –, die heute die Gesellschaft nach ihrem eigenen Bild neu erschafft. Oder um es zugespitzt auszudrücken: Die Schlauen haben zu viel Macht.

Ist das anders als früher? Waren nicht schon vor siebzig Jahren, in den deutlich weniger komplexen Gesellschaften der Nachkriegszeit, die Führungskräfte in Politik und Wirtschaft durchschnittlich intelligenter als der Rest? Das mag sein, aber mit dem gewichtigen Unterschied, dass damals auch andere Fähigkeiten als das analytische Denken Wertschätzung genossen. Bildung war noch nicht das Schlüsselkriterium für die Zuordnung zu einer gesellschaftlichen Schicht. In den Siebzigerjahren hatten die meisten Menschen bestenfalls einen höheren Schulabschluss, und noch in den Neunzigerjahren kamen viele Fachkräfte ohne Studium aus.

Heute dagegen sind »die Besten und Talentiertesten« erfolgreicher als »die Anständigen und Fleißigen«, um es in politischen Floskeln auszudrücken. Eigenschaften wie Persönlichkeit, Integrität, Erfahrung, gesunder Menschenverstand, Mut und Fleiß sind zwar keineswegs bedeutungslos geworden, doch sie finden heute viel weniger Anerkennung. Die Unterbewertung dieser Tugenden trägt zu etwas bei, das Konservative gern als »moralische Deregulierung« bezeichnen: Es gilt heute nicht mehr viel, einfach nur ein anständiger Mensch zu sein, und es wird immer schwieriger, aus einem normalen und guten Leben Zufriedenheit und Selbstachtung zu beziehen, zumal in den unteren Regionen der Einkommensverteilung.

Unbemerkt ist etwas Wesentliches aus dem Lot geraten: das Gleichgewicht von »Kopf«, »Hand« und »Herz« beziehungsweise der Fähigkeiten, die man unter diesen Begriffen zusammenfassen könnte. Noch lässt sich nicht absehen, ob die Coronakrise ein entscheidender Anstoß ist, dieses Gleichgewicht wiederherzustellen, doch es ist dringend nötig. Keiner dieser drei Bereiche kommt ohne den anderen aus, doch die moderne Wissensökonomie begünstigt allenthalben die akademisch qualifizierte »Arbeit des Kopfes«, während sie der »Arbeit der Hand« immer weniger Geld und Anerkennung zukommen lässt. Gleichzeitig wird die »Arbeit des Herzens«, sprich Alten- und Krankenpflege sowie Kindererziehung, die in der Vergangenheit von Frauen innerhalb der Familie übernommen wurde, bis heute unterbewertet, und das obwohl diese Care-Arbeit in unserer Gesellschaft zunehmend an Bedeutung gewinnt; an dieser Unterbewertung ändert auch der Applaus nichts, den sie auf dem Höhepunkt der Coronakrise erhielt.

Unsere Wirtschaft und Gesellschaft bot einst Platz für ganz unterschiedliche Fähigkeiten und Kompetenzen – in den Lehrberufen, in der Landarbeit, in der Armee, in der Kirche und im privaten Bereich der Familie. Heute werden dagegen vor allem die Angehörigen der kognitive Klasse, also die Akademiker begünstigt. Dass dabei alte Strukturen und Lebensformen aufgebrochen wurden, war durchaus eine Voraussetzung für eine freiere und offenere Gesellschaft, vor allem für Frauen. Darüber sollten wir jedoch nicht vergessen, dass diese alten Strukturen auch Anerkennung boten, die nicht an Voraussetzungen geknüpft war, und dass sie Männern und Frauen mit anderen als kognitiv-analytischen Stärken Lebenssinn und Erfüllung gaben. Denn um Anerkennung zu finden, genügte es schon, an seinem Platz seinen Mann oder seine Frau zu stehen.

Einst hatten die verschiedenen Klassen, Gruppen und Regionen ihre eigenen Eliten, Hierarchien und Maßstäbe. Heute dagegen gibt es in den meisten Gesellschaften des Westens nur noch eine einzige, gemeinsame Elite, eine Massenelite, deren Angehörige alle dasselbe Nadelöhr der Universität durchlaufen haben und dem oberen Viertel der Fach- und Führungskräfte angehören. An der Spitze verschmelzen diese nationalen zu einer quasi globalen Elite von Menschen, die an denselben Universitäten studiert haben, für dieselben Unternehmen und Institutionen arbeiten und dieselben Medien konsumieren.

Lange waren kognitiv-analytische Fähigkeiten auch mehr oder weniger nach dem Zufallsprinzip über die gesamte Gesellschaft verteilt, und nur eine kleine Minderheit besuchte Universitäten, Priesterseminare oder andere elitäre Bildungseinrichtungen. In den vergangenen Jahrzehnten begann jedoch im Westen ein gewaltiger Ausleseprozess, an dessen Ende die meisten Jugendlichen, die eine höhere Schule besuchten, danach auch an die Universität gingen. Alle anderen Formen der Ausbildung wurden demgegenüber abgewertet, und ohne Studium wurde der Aufstieg auf der Karriereleiter immer schwerer.

Doch das bedeutet noch nicht, dass wir heute in einer Gesellschaft leben, die tatsächlich nur Leistung belohnt. Noch immer hängt der berufliche Erfolg eines Menschen stark mit dem Einkommen und Bildungshintergrund seiner Eltern zusammen. Eltern mit Hochschulabschluss sind besser vernetzt und können ihren Kindern eher helfen, ein Studium aufzunehmen und eine angesehene berufliche Laufbahn einzuschlagen, selbst wenn die schulischen Leistungen eher mittelmäßig sind. Außerdem haben sie die nötigen Mittel, um in eine solche Ausbildung zu investieren. Die meisten westlichen Gesellschaften sind allerdings offen genug, dass auch viele der kognitiv Fähigen aus unteren sozialen Schichten durch Bildung aufsteigen können (womit sie auch zugleich die Machtverhältnisse legitimieren). Das Ergebnis ist letztlich eine in

Teilen erbliche Leistungsgesellschaft, wie wir sie vor allem in den Vereinigten Staaten sehen.[*]

Angehörige der kognitiven Klasse könnten an dieser Stelle einwenden, dass schon immer Menschen mit besonderen kognitiven Fähigkeiten an der Spitze des Fortschritts standen und dass moderne, technisch hochstehende Gesellschaften mehr intelligente (und vor allem im Umgang mit Computern und Software geschulte) Kräfte benötigen als je zuvor. Sie könnten auch auf den sogenannten Flynn-Effekt (benannt nach dem neuseeländischen Politologen James Flynn) verweisen, demzufolge seit Jahrzehnten *alle* Menschen intelligenter werden – im Verlaufe des 20. Jahrhunderts ist der durchschnittliche Intelligenzquotient immer weiter gestiegen, was vor allem mit verbesserten Lebensbedingungen und der Anpassung des menschlichen Gehirns an immer anspruchsvollere kognitive Tätigkeiten zusammenhängt.[1] Sie könnten daher argumentieren, dass alles im Lot ist, solange die genannten gesellschaftlichen Verzerrungen durch Investition in die Bildung beseitigt werden und Menschen jedweder Herkunft Zugang zur kognitiven Klasse erhalten.

Dem stimme ich jedoch nicht zu. Mit Bezug auf Soziologen wie Michael Young, Charles Murray oder Daniel Bell – einer Sozialist, einer konservativ, der Dritte ein Mann der Mitte – würde ich vielmehr argumentieren, dass in der sogenannten Leistungsgesellschaft lediglich eine Form der Herrschaft durch eine andere ersetzt wurde. Es ist zwar durchaus richtig, dass das Wissen der Motor unserer Zivilisation bleibt und dass es in unserer immer stärker auf Daten basierenden Wirtschaft sicher nicht an Bedeutung verlieren wird. (Nicht zuletzt

---

[*] Das System lässt sich auch ausnutzen. So entdeckte die Bundesstaatsanwaltschaft der Vereinigten Staaten im Jahr 2019, dass einige Bewerber ihren Studienplatz gekauft oder Stellvertreter zu Aufnahmeprüfungen geschickt hatten. Von dieser Korruption waren selbst Eliteuniversitäten wie Yale und Stanford betroffen.

die Coronakrise unterstreicht, wie wichtig kognitive Kompetenz etwa in der Medizin ist, allen voran in der Entwicklung von Impfstoffen, Medikamenten und der epidemiologischen Prognose. Wobei die Krise zugleich deutlich macht, wie sehr wir auf die nicht-kognitive Hand- und Herzarbeit angewiesen sind.) Und es stimmt auch, dass durch eine Öffnung der Bildung diese einer breiteren Bevölkerung zugänglich gemacht wurde. Nicht zuletzt mag auch die Erfolgsformel der Leistungsgesellschaft, die der Soziologe Michael Young in seiner dystopischen Satire *Es lebe die Ungleichheit* als IQ + Leistung aufgestellt hat, sicher ein geeigneteres Auswahlkriterium sein, als es Seilschaften und Vitamin B sind. Eine kognitive Klasse, die ihr Talent für Innovationen nutzt, ist einer erblichen Aristokratie allemal vorzuziehen und leistet einen größeren Beitrag zum Wohlstand. So weit gehe ich mit: Eine Leistungsgesellschaft hat durchaus einiges für sich. Sie macht menschliche Fähigkeiten nutzbar, schafft eine dynamische und wohlhabende Gesellschaft, die fairer zu sein scheint als die Alternativen, und eröffnet Chancen für Benachteiligte.

Und doch, wo Türen geöffnet werden, werden andere geschlossen, in diesem Fall für Menschen, die nicht das Glück oder die Fähigkeiten haben, eine Universität zu besuchen – und das ist selbst in den wohlhabenden Industrienationen die Mehrheit. Dazu kommt, dass unsere Bildung und angeborene Intelligenz genauso wenig unser eigenes Verdienst sind wie unsere Herkunft aus einer wohlhabenden Familie. Intelligenztests und Prüfungen mögen kognitive Kompetenzen ermitteln, doch sie sagen nichts über andere Fähigkeiten wie soziale Intelligenz oder Vorstellungskraft aus, die wir ebenso mit einem tüchtigen Menschen in Verbindung bringen. Wie ich in Kapitel 3 zeigen werde, ist Intelligenz ein komplexes, unscharfes und kontextabhängiges Phänomen, doch das ändert nichts daran, dass im Westen diese abstrakteste aller Formen des Denkens besonders hoch im Kurs steht.

Schon vor sechzig Jahren zeigte Michael Young in seiner Kritik der Leistungsgesellschaft, dass sich Menschen mit überdurchschnittlichen kognitiven Fähigkeiten den Menschen mit unterdurchschnittlicher Intelligenz gegenüber weniger verpflichtet fühlen, als es die Reichen gegenüber den Armen tun. Die Leistungsgesellschaft zieht also einen tiefen Graben zwischen Gewinnern und Verlierern des Bildungswesens und macht die Verlierer psychisch anfälliger für die Folgen ihrer Schlechterstellung.

Auf Kompetenz aufbauende Hierarchien wird es immer geben. Doch wir müssen unterscheiden zwischen einem leistungsbezogenen Auswahlverfahren für bestimmte Tätigkeiten und einer Leistungsgesellschaft. Die Auswahl nach Leistung ist wünschenswert: Wir wollen schließlich unser Atomprogramm in die Hände kompetenter Kernforscher geben. Die Leistungsgesellschaft ist dagegen keine gesunde Gesellschaftsform, sondern im Gegenteil die Ursache für breite Unzufriedenheit.

Das wirft zwei Fragen auf. Ist eine Auslese nach Leistung möglich ohne Leistungsgesellschaft? Ich glaube ja, denn die eine Messlatte für den Wert eines Menschen existiert nicht. Für die Qualitäten eines Menschen gibt es andere Maßstäbe als nur jene der kognitiven Leistungselite. Für das Wohl der Menschheit ist vielmehr eine breite Palette von Fähigkeiten nötig.

Die zweite Frage wird oft von Menschen aufgeworfen, die aus benachteiligten Gruppen in die Elite aufgestiegen sind: Die Leistungsgesellschaft mag nicht perfekt sein, aber ist sie nicht allemal besser als die Rückkehr zu einer erblichen Aristokratie? Natürlich ist sie das – und wir wollen die Uhr ja auch nicht zurückdrehen. Aber wenn sich eine gute Gesellschaft durch Aufstiegschancen für alle auszeichnet, wie Politiker rechts und links der Mitte in den vergangenen Jahren nicht müde werden zu betonen, dann haben wir ein Problem, wenn »Intelligenz Intelligenz gebiert«. Wir wollen nämlich eine Elite, die so offen und durchlässig ist, wie eine gerechte Gesellschaft dies verlangt. Und dabei sollte es möglich sein, auch anderen als kognitiven Fähigkeiten ihre verdiente Anerkennung und ihren Lohn zukommen zu lassen.

Es ist durchaus umstritten, wie nahe wir diesem Anspruch kommen können und welches Maß an Aufstiegschancen wir von einer gerechten Gesellschaft erwarten können, wie ich noch in Kapitel 3 zeigen werde. Alles hängt davon ab, inwieweit die Herkunft auch weniger Begabte begünstigt und inwieweit Erfolg tatsächlich von der persönlichen Leistung abhängt. Da beides eine Rolle spielt, und da wir nach wie vor in einer relativ freiheitlichen Gesellschaft leben, in der Eltern ihre Privilegien an ihre Kinder weitergeben können, ist die Leistung des Einzelnen nicht das einzige Kriterium, und die Gefahr einer erblichen Elite bleibt bestehen. In der Praxis neigt unsere Leistungsgesellschaft zur Oligarchie.

Über einen der schwierigsten Drahtseilakte der offenen modernen Gesellschaft wird leider nur selten gesprochen: Wie können wir unserer kognitiven Leistungsgesellschaft Zügel anlegen und verhindern, dass besondere kognitive Leistungen mit einem Übermaß an Status und Einkommen belohnt werden, ohne gleichzeitig die Intelligentesten und Ehrgeizigsten abzuschrecken? Intelligenz mag sich selbst Lohn genug sein, doch das ändert nichts daran, dass der Beitrag hochbegabter Menschen besondere Anerkennung verdient.

Alle Menschen empfinden es als befriedigend, wenn sie etwas gut können und gut machen. Dabei geht es in Ordnung, wenn komplexere und verantwortungsvollere Tätigkeiten wie der Entwurf eines Gebäudes oder die Entwicklung eines neuen Medikaments besser entlohnt werden als zum Beispiel die Zustellung von Paketen. Es ist allerdings auch klar, dass viele Tätigkeiten, die ein Studium voraussetzen, erheblich weniger nützlich und produktiv sind als andere, weniger qualifizierte Tätigkeiten. Wer wollte zum Beispiel behaupten, dass ein Accountmanager in einem Unternehmen für Finanz-PR wichtiger ist als eine Busfahrerin oder ein Altenpfleger? Viele Tätigkeiten in hochdotierten Branchen wie dem Rechts- und Finanzwesen laufen auf Nullsummenspiele hinaus – die eine Seite gewinnt, die andere verliert, ohne dass die Gesellschaft irgendeinen Nutzen davon hätte.

Eine gesunde Gesellschaft muss einen Ausgleich finden zwischen der Ungleichverteilung der Anerkennung, die sich durch den Wettbewerb um hochdotierte Tätigkeiten ergibt, und dem Gleichheitsgrundsatz einer demokratischen Zivilgesellschaft, nach dem jeder Mensch dieselbe Anerkennung verdient. Es ist ein Spannungsverhältnis zwischen wirtschaftlicher Ungleichverteilung und politischer Gleichheit. Um heftige Ressentiments zu verhindern, sollte eine demokratische Gesellschaft daher eine Vielfalt von Fähigkeiten anerkennen und entlohnen, und zwar kognitive wie nicht-kognitive. Außerdem muss sie auch denjenigen Menschen Sinn und Anerkennung bieten, die sich in Schule und Beruf nicht hervortun können oder wollen. Schließlich wird rein definitionsgemäß die Hälfte der Bevölkerung kognitiv immer unter dem Durchschnitt liegen.

In den vergangenen Jahren ist ein solches Gleichgewicht allerdings stark aus dem Lot geraten. Es entsteht der Eindruck, dass es der alten Industriegesellschaft bei allen Mängeln besser gelungen ist, ihren Bürgern Status und Anerkennung zukommen zu lassen, als unserer heutigen sogenannten postindustriellen Gesellschaft. Gerade in Parteien links der Mitte sind viele überzeugt, dass sich die Ungleichverteilung von Vermögen und Einkommen durch Umverteilung und Investition in die Bildung beseitigen ließe. Dabei hat sich trotz aller gegenteiliger Behauptungen das Einkommensgefälle im Westen gar nicht so sehr verschärft.[2] Wenn die wirtschaftliche Ungleichverteilung hinter der Politikverdrossenheit und dem Aufstieg des Rechtspopulismus stünde, wieso sind diese Entwicklungen dann auch in den Ländern Skandinaviens zu beobachten, wo die Einkommensunterschiede so gering sind wie nirgendwo sonst?

Es stimmt, dass eine Stagnation der Löhne schwerer zu ertragen ist, wenn eine kleine Minderheit, allen voran im Finanzsektor, von der Sparpolitik ausgenommen ist. Und die Vermögensverteilung wird dank der steigenden Immobilienpreise im reichen Westen zu einer Art Erbaristokratie; so ist zum Beispiel in Großbritannien jeder fünfte Angehörige der Nachkriegsgeneration Millionär, während junge Menschen keinen Fuß in den Immobilienmarkt bekommen.[3] Doch all das lässt das wichtigere, aber schwerer zu fassende Thema Selbstwertgefühl außer Acht. Der Wirtschaftsnobelpreisträger Angus Deaton, der sich mit dem Phänomen des »Todes durch Verzweiflung« (durch Alkoholismus und Drogenmissbrauch verschuldete Selbstmorde und Todesfälle) in den Vereinigten Staaten beschäftigt, ist verwundert, wie wenig die finanzielle Lage der Opfer mit diesen Schicksalen zu tun hat. Ähnlich kommt die aktuelle Glücksforschung zu dem Schluss, dass Einkommen kaum Einfluss auf unser Glücksempfinden hat.

Ich bezeichne mich selbst als Sozialdemokraten und möchte in einer gerechteren Gesellschaft leben. Meiner Ansicht nach ist eine wichtige Ursache unseres Problems die Unterbewertung nicht-kognitiver Tätigkeiten. Wenn wir den Pflege- und Erziehungsberufen mehr Anerkennung und Einkommen zugestehen würden, dann würde sich das Einkommen automatisch gleichmäßiger über die gesamte Gesellschaft verteilen, und unser Wirtschaftswachstum wäre stabiler.

Die westliche Philosophie von Platon bis Descartes und das Christentum sehen im Geist den Ort der Wahrheit und im Körper den Ursprung aller Begierden und Unmoral. Arbeiten mit Körper und Emotionen, zum Beispiel die Erziehung der Jungen und die Pflege der Alten, genießen daher weniger Ansehen und sind zudem überwiegend weibliche Tätigkeiten. Viel zu oft setzen wir kognitive Fähigkeiten und Leistungen mit dem Wert eines Menschen an sich gleich. Das schleicht sich auch in unsere alltäglichen Beurteilungen ein. Zeitungen berichten eher über den Unfalltod einer 22-jährigen Medizinstudentin als über den eines 22-jährigen Friseurs. Wie oft sagen wir beispielsweise über einen neuen Bekannten, er sei »so intelligent«, wenn wir etwas Positives über ihn sagen wollen. Und wie oft beschreiben wir einen Menschen dagegen als großzügig oder weise?

Auch in der Politik herrscht eine eindeutige Tendenz zur Überbewertung des Kopfes. Kognitive und analytische Fähigkeiten und Erfolg in der Wissensökonomie hängen eng mit den freiheitlichen Werten der Autonomie, Mobilität und Modernität zusammen – dem Gegenteil der Provinzialität. Kreative und intelligente Menschen wünschen sich den freien Austausch von Ideen über alle Grenzen hinweg. Außerdem haben sie ein größeres Interesse an räumlicher Mobilität, die ihnen internationale Karrierechancen eröffnet. Diese Denkgewohnheiten herrschen in der kognitiven Klasse vor, weshalb es Studierten oft schwer fällt, konservativ denkende Menschen zu verstehen.

Verortet oder mobil?

In meinem letzten Buch *The Road to Somewhere* beschäftigte ich mich mit den widersprüchlichen Werten der britischen Gesellschaft, die sich letztlich auch im Ergebnis der Brexit-Abstimmung niedergeschlagen haben. Auf der einen Seite stehen hochmobile Akademiker (25 bis 30 Prozent der Gesellschaft), die oft weit von ihrem

Geburtsort entfernt leben, Offenheit und Autonomie schätzen und gut mit gesellschaftlicher Mobilität und Innovation zurechtkommen. Auf der anderen Seite stehen stärker verortete Menschen. Sie machen etwa die Hälfte der Gesellschaft aus, haben keinen Hochschulabschluss, sind verwurzelter, schätzen Sicherheit und Vertrautes, und legen größeren Wert auf die Zugehörigkeit zu regionalen und nationalen Gruppen. (Eine dritte Gruppe teilt Werte beider Lager.)

Mobile Menschen haben in der Regel keine Schwierigkeiten im Umgang mit gesellschaftlichen Veränderungen, da sie eine »erworbene Identität« haben, das heißt, sie beziehen ihr Selbstverständnis aus ihren akademischen und beruflichen Leistungen. Diese Menschen können sich überall einfügen. Stärker verortete Menschen haben dagegen eher eine »zugeschriebene Identität«, das heißt, sie sind stärker an einem Ort oder in einer Gruppe verwurzelt, weshalb ihnen rasche Veränderungen eher zu schaffen machen.

Die Grenze zwischen diesen beiden Gruppen ist fließend und keinesfalls mit kognitiven Unterschieden gleichzusetzen. Es gibt unterdurchschnittlich intelligente Mobile und überdurchschnittlich intelligente Verortete. Ganz abgesehen davon, dass keine Einigkeit darüber herrscht, was kognitive Fähigkeiten überhaupt sind und ob sie sich mithilfe von Intelligenztests und Prüfungen ermitteln lassen. Jeder von uns kennt hochgradig kompetente Menschen, die in der Schule kein Bein auf den Boden bekommen, und andere mit Bestnoten, die ansonsten nicht sonderlich hell im Kopf scheinen.

Der Graben zwischen den Mobilen und Verorteten wurde durch die immer stärkere Verengung auf kognitive Kompetenzen in den vergangenen Jahrzehnten zunehmend tiefer. Doch wie der Autor und Zeichner David Lucas überzeugend darlegt, braucht die Gesellschaft neben den kognitiven Fähigkeiten der Wissensökonomie auch Handwerker, Techniker und andere Berufe sowie die Fantasie der Künstler und die emotionale Intelligenz der sozialen Berufe.[4] Seiner Ansicht nach hat die Unterbewertung von Herz und Hand eine Schieflage bewirkt und Millionen von Menschen ausgegrenzt. Diese Verzerrung ist nicht nur mitverantwortlich für viele unserer politischen Krisen und psychischen Probleme, sondern auch für den Arbeitskräftemangel in Pflegeheimen und Krankenhäusern.

Natürlich sollten kluge Menschen egal welcher Herkunft so weit kommen, wie es ihnen ihre Talente erlauben. Und für die Klügsten ist eben die Universität der beste Ort, um ihre Fähigkeiten zu entwickeln. Allerdings gibt es auch viele intelligente und kreative Menschen, deren Intelligenz sich in nicht-akademischer Form äußert, die nicht für ein Studium geeignet sind und besser beraten sind, direkt einen Beruf zu ergreifen. Doch im Westen wird das Bild von der Traumkarriere heute allzu oft mit Studium und akademischen Berufen identifiziert. Da nimmt es nicht wunder, dass in den Vereinigten Staaten 93 Prozent der Kongressabgeordneten und 99 Prozent der Senatoren mindestens einen Bachelor-Abschluss haben. In Großbritannien können mehr als 90 Prozent der Abgeordneten des Unterhauses ein abgeschlossenes Studium vorweisen, während es in den Siebzigerjahren noch weniger als die Hälfte waren. In Deutschland, so fand eine Studie der Tageszeitung *Die Welt* heraus, hatten im Jahr 2019 82 Prozent der Bundestagsabgeordneten einen Hochschulabschluss, während es in der Gesamtbevölkerung nur 18 Prozent sind.

Politiker aller Richtungen vertreten dieses Bildungsmodell. In einer hochgelobten Rede zur Ungleichheit verkündete Präsident Obama: »Ein Hochschulabschluss ist der sicherste Weg in die Mittelschicht.« Und linke Demokraten wie Bernie Sanders oder Elizabeth Warren gehen gar so weit, »Studium für alle« zu fordern.

Auf Gebieten wie Recht, Medizin und Technologie sind so Monopole entstanden, die einigen wenigen Menschen mit großer kognitiver Kompetenz und dem praktischen Knowhow für digitale Pionierleistungen – Mark Zuckerberg, Jeff Bezos, Elon Musk – traumhafte Einkünfte bescheren. Auf sie folgt eine größere Gruppe von gut ausgebildeten Menschen, die an führenden Universitäten studiert haben und die für diese Spitzenjobs nötige Intelligenz und Persönlichkeit mitbringen. Dann kommt das Fußvolk der kognitiven Klasse, die Massenelite. Diese Menschen haben studiert, weil sie von Eltern und Lehrern angeleitet oder von finanziellen Anreizen gelockt wurden, oder weil es schlicht zu wenig Alternativen gibt. In Großbritannien hat heute die Mehrheit der Unter-Dreißigjährigen einen Hochschulabschluss. Viele haben wertvolle Qualifikationen erworben und eine erfolgreiche Laufbahn eingeschlagen, doch allzu viele haben wertlose Studienabschlüsse und arbeiten in Tätigkeiten, die kein Studium erfordern (gleichwohl haben sie sich im Studium mit Schulden belastet).

Die Angehörigen dieser letzten Gruppe sind nicht unbedingt intelligenter als der Rest der Bevölkerung. Ihre Zugehörigkeit zur kognitiven Klasse verdanken sie vielmehr ihrer Herkunft, gesellschaftlichen Gepflogenheiten und Eigenschaften wie Selbstdisziplin und Fleiß, die schulischen Erfolg ermöglichen. Trotzdem hegen gerade die Angehörigen dieser Massenelite oftmals Erwartungen an ihren beruflichen Status, die in ihren recht alltäglichen Tätigkeiten nicht erfüllt werden.

Sich an der Universität mit Sanskrit oder Goethe zu beschäftigen, kann natürlich eine große persönliche Bereicherung darstellen. Doch gerade in den Geisteswissenschaften geht es weniger darum, konkretes Wissen zu erwerben, als vielmehr darum, einem potenziellen Arbeitgeber zu signalisieren, dass man ein bestimmtes Profil mitbringt. Der erworbene akademische Grad übersetzt sich in einen Rang in der Unternehmenshierarchie. Aber wenn ein Hochschulabschluss die Voraussetzung für berufliche Anerkennung ist, warum sollte man ihn Pflegekräften und Polizisten dann verweigern? Die Folge ist eine Titelinflation, »die sich endlos fortsetzt, bis man von Hausmeistern eine Promotion und von Babysittern ein Diplom im Kinderhüten verlangt«, wie Bildungssoziologe Randall Collins schreibt.[5]

In Großbritannien wurden in den vergangenen Jahren Anstrengungen unternommen, den Schulabgängern, die kein Studium aufnehmen wollen, bessere Möglichkeiten anzubieten und Unternehmen zur Schaffung von Ausbildungsplätzen zu motivieren. Doch häufig können die Ausbildungsberufe an Ansehen nicht mit dem Studium mithalten, und das Fehlen von technischen und handwerklichen Auszubildenden hat einen Fachkräftemangel zur Folge. 2017 gaben 42 Prozent der britischen Arbeitgeber an, sie hätten Schwierigkeiten, ihre Facharbeiterstellen zu besetzen.[6]

Die Herzarbeit, insbesondere Tätigkeiten in der Altenpflege und der Kinderbetreuung, ist besonders unterbewertet und oftmals auch unterbezahlt. In Großbritannien verdienen Pflegekräfte rund 17 000 Pfund (20 000 Euro) im Jahr, und selbst in London verdienen Tagesmütter pro Kind nur 6 Pfund (etwa 7 Euro) pro Stunde. Der Frauenbewegung geht es heute in erster Linie darum, die gläserne Decke zu durchbrechen und auf dem Arbeitsmarkt mit Männern zu konkurrieren. Weniger setzt sie sich dagegen für die Aufwertung von traditionellen Frauenberufen im sozialen Sektor ein. Frauen haben heute weit mehr Berufschancen als in den Fünfziger- und Sechzigerjahren, weshalb sich immer weniger für diese Bereiche entscheiden. Aber nur wenige Männer springen in die neue Lücke. Die Folge ist ein Arbeitskräftemangel im gesamten sozialen Sektor.

Natürlich sind Kopf, Hand und Herz keine Gegensätze, sondern sie spielen immer zusammen. Herz und Kopf kommen in diplomierten Pflegern zusammen, die einfache ärztliche Aufgaben übernehmen. Und viele Handwerker wie Heizungsmonteure, Automechaniker und IT-Fachkräfte müssen kognitive Diagnosen durchführen, die kaum hinter denen eines Arztes zurückstehen.

Mobil verortet

Unsere Kultur wird zunehmend von der Abstraktion und Distanziertheit des Kopfes beherrscht. Google und Facebook propagieren bewusst ein nicht-verortetes und globales Selbstverständnis. Am schönsten bringt das der AirBnB-Slogan »Weltweit Zuhause« auf den Punkt. Das Internet und die sozialen Medien helfen uns zwar, in der Coronakrise und auch unter normalen Umständen Kontakt und Gemeinschaft aufrechtzuerhalten. Andererseits schnüren die digitalen Plattformen die Kleinanbieter immer weiter ab, sie verringern den menschlichen Kontakt und das Gefühl der Zugehörigkeit zu konkreten Orten. Die unterbewerteten Hand- und Herzkompetenzen fördern dagegen regionale Bindungen und Zugehörigkeit.

Im gesamten Westen greifen psychische Erkrankungen um sich – ein wichtiger Indikator für die Verschlechterung der Lebensqualität. Nach Erkenntnissen der Glücksforschung hat unsere seelische Gesundheit einige unabdingbare Voraussetzungen: einen Lebenssinn; das Gefühl, Teil von etwas Größerem zu sein; und das Bewusstsein, von anderen gebraucht zu werden. Unsere Bindungen – Liebe, wechselseitige Beziehungen und der Dienst für andere – vermitteln uns ein Sinngefühl. Mit anderen Worten: Unser Lebenssinn fällt in die Domäne des Herzens. Auch die Hand spielt hier freilich eine Rolle. Produktive Hand- und Kopfarbeit auf einem Bauernhof oder in einer Fahrradwerkstatt vermitteln das befriedigende Gefühl, Teil von etwas zu sein, an einen konkreten

Ort zu gehören und mehr zu sein als ein körperloser Geist, ein Hirn im Einmachglas. Körperliche Arbeit kann auch geistig befriedigend sein, wie der Philosoph Matthew Crawford in seinem Buch *Ich schraube, also bin ich* beschreibt. Doch in der modernen westlichen Welt werden Erfolg und Glück zunehmend mit räumlicher Mobilität, der Überwindung von Raum und Zeit sowie von Bräuchen und Gepflogenheiten in Verbindung gebracht.

Tatsache ist, dass der Zutritt in die Welt der kognitiven Überflieger oftmals räumliche Mobilität voraussetzt, vor allem während des Studiums. Die ehemalige britische Bildungsministerin Justine Greening brachte es auf den Punkt, als sie 2017 sagte: »Meine gesamte Jugend in Rotherham hindurch habe ich mich nach etwas Besserem gesehnt; nach einer besseren Arbeit, nach einem Eigenheim, nach einem interessanten Beruf, nach spannenden Aufgaben. Ich habe gewusst, dass es etwas Besseres geben musste.«[7] Dass Stadtluft frei macht, glaubte man wohl schon immer. Doch die Selbstverständlichkeit, mit der eine Ministerin annimmt, man könne als ehrgeiziger Mensch in einer Stadt mit 120 000 Einwohnern und in dreißig Minuten Entfernung zur Millionenstadt Sheffield keine Erfüllung finden, erklärt viele der Probleme unserer modernen Gesellschaft. Städte wie Rotherham verlieren jährlich 20 bis 30 Prozent der klügsten 18-Jährigen an Universitätsstädte. Viele kommen nie zurück und verschärfen damit das Gefälle im Land. Denn wie Peter Lampl von Sutton Trust, einer britischen Stiftung zur Förderung der gesellschaftlichen Mobilität, feststellt: »Die Mobilsten haben oft am ehesten Erfolg.« (Daher will der Sutton Trust auch Angehörigen von wirtschaftlich benachteiligten Gruppen zur »Mobilitätsprämie« verhelfen.)[8]

Der amerikanische Autor Michael Lind beschreibt dies als einen Gegensatz zwischen Drehscheiben und Herzland: In den Ersteren sind Akademiker und akademische Dienstleistungen angesiedelt,

in Letzteren die Fertigung und Massendienstleistungen. Die Drehscheiben sind liberal, hier lebt ein Großteil der ethnischen Minder-
heiten, und gleichzeitig zeichnen sie sich durch eine erstaunliche
Ungleichheit aus: In New York City ist die Kluft zwischen den
Ärmsten und den Reichsten so groß wie in Swaziland.[9] Dank des
Zentralismus und der übermächtigen Hauptstadt London hat auch
Großbritannien seine Provinz sträflich vernachlässigt. Ähnliches
ist in Frankreich zu beobachten, wo die Gelbwesten unter anderem
eine stärkere Anerkennung der Provinz einfordern, oder im Osten
Deutschlands.

Aber nicht alle wollen oder müssen sich entwurzeln und mobil
werden. Und selbst wenn, es könnten in der kognitiven Klasse nicht
alle nach oben kommen. Was aber alle brauchen, ist ein Platz in der
Gesellschaft, von dem aus sie ihren Beitrag leisten können, auch
wenn sie nicht zur Elite gehören. Wie Joan C. Williams in ihrem
Buch *White Working Class* schreibt, verspüren in den Vereinigten
Staaten viele Angehörige der Arbeiterschicht »gar nicht den Wunsch,
zur oberen Mittelschicht mit ihrer ganz anderen Kultur zu gehören.
Sie wollen lieber ihren Werten und ihrer Gemeinschaft treu bleiben, nur vielleicht mit einem besseren Einkommen.« Gerade in den
Vereinigten Staaten ist die räumliche Mobilität in den vergangenen
Jahrzehnten deutlich gesunken. In seinem Buch *The New Class War*
schreibt Michael Lind, 57 Prozent aller Amerikaner hätten nie außerhalb ihres Bundesstaats gelebt, und 37 Prozent blieben sogar in
ihrem Geburtsort wohnen. Eine von der *New York Times* veröffentlichte Analyse ergab, dass der erwachsene Durchschnittsamerikaner
maximal 30 Kilometer von seiner Mutter entfernt lebt.[10] Die Zahl
der Menschen, die zum Arbeiten in einen anderen Regierungsbezirk
pendeln, hat sich seit den Fünfzigerjahren halbiert und liegt heute
bei nur noch 4 Prozent der Bevölkerung.[11]

Damit kommen wir zu einer zentralen Herausforderung demokratischer Politik im Westen: Wie kann man eine offene Gesellschaft und Elite schaffen und gleichzeitig stabile und sinnstiftende Gemeinschaften fördern? Wie können ehrgeizige Menschen ihre Aufstiegswünsche verwirklichen, ohne dass diejenigen, die ihren Geburtsort nicht verlassen, sich zurückgesetzt fühlen? Wie kann man denen, die bleiben, dieselbe Chance auf ein erfolgreiches und erfülltes Leben geben wie denen, die gehen?

Die digitale Vernetzung erleichtert es den Mobilen, den Kontakt zu halten, während sie den Verorteten das Gefühl vermitteln kann, dass sie nicht gehen müssen, um teilzuhaben. Doch die von Mobilen dominierte politische Klasse hat dieses Dilemma verkannt und ein Vierteljahrhundert lang vor allem ihre eigenen Interessen im Blick gehabt: Sie hat die Mobilität gefördert, auf eine Öffnung von Wirtschaft und Gesellschaft gedrängt und die Hochschulbildung ausgebaut. An die Stelle der Arbeitsethik, die Pflicht und Dienst in den Mittelpunkt stellte und viele Berufe so lange getragen hat, trat immer öfter ein moralischer Führungsanspruch. Im politischen Ziel der Mobilität kommt oft auch eine Art Selbstverliebtheit der kognitiven Klasse zum Ausdruck:»Auch ihr könnt so werden wie wir.« Dahinter steckt häufig die Überzeugung, dass jeder andere Lebensentwurf weniger wert ist.

Gleichzeitig ignorierte die politische Klasse einige der politischen Grundbedürfnisse der Verorteten: den Wunsch nach stabilen Gemeinschaften und sicheren Landesgrenzen; die Forderung nach einem nationalen Gesellschaftsvertrag; den Vorzug von Bürgerrechten gegenüber Menschenrechten; und die Weiterentwicklung, aber nicht die Abschaffung der Arbeitsteilung zwischen Mann und Frau. Außerdem verkennt die politische Klasse das Bedürfnis nach Sinn und Anerkennung bei Menschen, die nicht zur kognitiven Klasse gehören. Vorstellungen wie die Würde der Arbeit oder der Dienst am Gemeinwohl eines Landes scheinen heute antiquiert. Für Menschen mit Hochschulabschluss kann Arbeit zwar sinn- und identitätsstiftend sein, doch die Hälfte der Briten sieht in ihr nicht mehr als einen Broterwerb und sucht ihren Lebenssinn in anderen Bereichen.

Weil hochqualifizierte Mobile oft besser kommunizieren und mit Informationen umgehen, reden sie sich gern ein, dass ihre Werte vernünftig und selbstverständlich sind. Dabei stellen sie jedoch nur ihre eigenen Prioritäten oben an und unterfüttern sie nachträglich mit Beweisen – das bezeichnet man als motivierte Argumentation. Außerdem neigen sie zur Gruppendenke. Wie blind diese machen kann, zeigt sich zum Beispiel darin, dass diese kognitive Klasse weder die Reaktion der Irakis auf die Invasion, noch die Finanzkrise des Jahres 2009, das Ergebnis der Brexit-Abstimmung oder die Wahl von Donald Trump vorhergesehen hat. Dieser Liste könnte man auch die mangelnde Vorbereitung auf Epidemien wie Corona anfügen, da ein solches Ereignis schon lange vorhergesagt wurde. Die kognitive Elite der Naturwissenschaft und Medizin genießt nach wie vor hohes Ansehen und wird sicher infolge der Coronakrise weiter an Status gewinnen. Doch gegenüber Politik-, Wirtschafts- und Gesellschaftsexperten, die ihre politisch motivierten Ansichten als objektive Erkenntnisse verkaufen wollen, wird die Skepsis groß bleiben.

In Großbritannien und den Vereinigten Staaten ist das Gleichgewicht zwischen Kopf, Hand und Herz noch stärker aus dem Lot geraten als im übrigen Europa, wo die Traditionen der Gemeinschaften sowie »praktische und berufliche Intelligenz« und nichtakademische Tätigkeiten noch etwas höher im Kurs stehen. In Großbritannien und den Vereinigten Staaten stützt man sich zudem stärker auf Intelligenztests, die vorgeben, angeborenes Talent zu ermitteln, und nicht Leistung und erarbeitetes Wissen. Daher ist es kein Wunder, dass dort die Gegenreaktion auf die Vorherrschaft der kognitiven Klasse, obwohl der Anteil der Hochschulabsolventen hier am höchsten ist, am heftigsten ausfällt – siehe Brexit und Trump.

Das Ende der Vorherrschaft des Kopfes

Auf den folgenden Seiten werde ich der Frage nachgehen, wie sich jeder der drei großen Kompetenzbereiche Kopf, Hand und Herz seit Ende des Zweiten Weltkriegs entwickelt hat. Außerdem umreiße ich die Debatte um die Natur und Verteilung der kognitiven Kompetenz und die Aussagekraft von Intelligenztests. Daneben gehe ich auch ein wenig auf meinen eigenen Entwicklungsgang als Journalist ein, der Politik anfangs durch die utilitaristische und wirtschaftliche Brille verfolgt hat und in den vergangenen zehn Jahren das Bedürfnis der Menschen nach Sinn und Anerkennung immer stärker in den Mittelpunkt gerückt und die Bedeutung von Emotionen und Erzählungen in der Politik und im Alltag erkannt hat. Wie der israelische Historiker Yuval Noah Harari schreibt, haben wir in der modernen Welt Sinn gegen Macht eingetauscht. Doch zu viele Menschen haben das Gefühl, den Sinn verloren und keine Macht bekommen zu haben. Hinter all dem steht die Frage nach unseren Werten. Was ist ein menschlicher Wert? Was ein kultureller Wert? Jonathan Sacks, ehemaliger Oberrabiner der israelischen Gemeinde in Großbritannien, klagte einst, ohne Gott definierten wir menschliche Werte zunehmend nach Wirtschaftlichkeit und Zweckmäßigkeit, während wir die Frage nach Sinn und Werten in die Privatsphäre verlagern.

Wenn sich in den vergangenen Jahren die Methoden der kognitiven Messung durchgesetzt haben, dann auch deshalb, weil sie den Eindruck der Gerechtigkeit und Objektivität vermitteln. Auch die Akademisierung der Bildung hängt damit zusammen, dass sich schriftliche Aufgaben einfacher bewerten und messen lassen als handwerkliche oder sprachliche Kompetenzen. Das hat zur Folge, dass Akademiker oft sogar in Positionen den Vorzug erhalten, für die Menschen mit sozialer Intelligenz oder langer fachlicher Erfahrung geeigneter wären, etwa bei der Leitung eines Kaufhauses.

Ist ein besseres Gleichgewicht von Kopf, Hand und Herz möglich? Natürlich. Menschliche Werte und Normen unterliegen dem Gesetz von Angebot und Nachfrage und können sich erstaunlich schnell ändern, wie wir gerade in der Coronakrise erleben. In den meisten europäischen Staaten beträgt die Staatsquote rund 40 Prozent, und die Privatwirtschaft reagiert sensibel auf Haltungen und Werte der Öffentlichkeit. Man muss sich nur ansehen, welchen Einfluss Themen wie Gleichberechtigung und Umweltschutz in den vergangenen Jahren auf die Politik von Konzernen gewonnen haben. Eine der Triebkräfte des Wandels ist der politische Druck von Wählern, die die Interessen der kognitiven Klasse nicht teilen. Es gibt aber auch andere Entwicklungen, die vermuten lassen, dass der Wettbewerb zwischen Kopf, Hand und Herz in Zukunft wieder ausgeglichener wird.

Der amerikanische Journalist Nicholas Carr zeigt in seinem Buch *Surfen im Seichten* einen für den Kopf unerfreulichen Trend auf, wenn er argumentiert, dass uns das Internet verdummt.[12] Er behauptet, beständiger Kontakt mit dem Internet programmiere unser Gehirn so, dass es immer Neues verlange und sich zunehmend schlechter konzentrieren könne. Auf einigen Gebieten kann das nützlich sein, doch insgesamt bedeute es einen spürbaren Verlust an sprachlicher Kompetenz, Gedächtnis und Konzentration.

Es gibt allerdings auch positive Entwicklungen, die zu einer Stärkung von Hand und Herz beitragen werden. Beide haben zwar im Vergleich zum Kopf in den vergangenen Jahrzehnten an wirtschaftlicher Bedeutung eingebüßt, doch sie bleiben ein wichtiger menschlicher Motor. Nehmen wir nur das zunehmende Interesse am Kochen. In den Medien nimmt es heute deutlich breiteren Raum ein als vor drei Jahrzehnten, und darin zeigt sich, wie gern Menschen, die ihre Hände sonst nur noch zur Bedienung der Computertastatur gebrauchen, etwas mit den Händen machen. Ähnliches gilt für Garten-, Renovierungs- oder Reparaturarbeiten. Auch Rentner suchen sich nach ihrer Pensionierung zumeist körperliche Tätigkeiten – einen Sport oder ein Hobby, das mit Handarbeit zu tun hat. Die prominente Stellung von Sport und den Künsten in der Öffentlichkeit ist ein weiterer Hinweis. Diese Tätigkeiten setzen zwar oft auch eine erhebliche kognitive Kompetenz voraus, doch sie basieren auf Hand und Herz und verlangen eher handwerkliches und körperliches als analytisches Können. Für Männer der Unterschicht ist ein Ausweg noch immer der Sport, und für Frauen ist es die Schönheit – die junge Frau aus der Arbeiterschicht, die von einer Modelagentur entdeckt wird oder Instagram-Influencerin wird. Freizeit und Ritual hängen ohnehin fast immer mit Hand und Herz zusammen, auch wenn der Kopf natürlich überall mitspielt. In einigen Nischen der Wirtschaft werden handwerkliche Produkte wiederentdeckt, vor allem in der Lebensmittelproduktion, die Käufer sind oftmals junge Akademiker.

In einigen der großen gesellschaftlichen und wirtschaftlichen Trends scheint eine Verschiebung von Kopf zu Hand und Herz geradezu angelegt. Die Wissensökonomie bietet künftig nur noch den fähigsten Wissensarbeitern Platz; die wachsende Sorge um die Umwelt fördert die regionale Produktion und die arbeitsintensivere biologische Landwirtschaft; und die Alterung der Gesellschaft macht einen Ausbau verschiedener Formen der Pflege unabdingbar. Diese und andere Entwicklungen werden durch die Coronakrise beschleunigt, die uns vor Augen führt, wie sehr unser Alltag von Hand und Herz, also von Arbeitskräften ohne Studium abhängt. Im kommenden Jahrzehnt wird sich die Politik einer konkreten Entwicklung stellen müssen: Die Parteien der Mitte sehen es als gegeben an, dass die Zahl der sicheren Arbeitsplätze für Hochschulabsolventen weiter zunimmt. Von dieser Annahme gehen Bildungs- und Gesellschaftspolitik aus, doch sie ist mit großer Wahrscheinlichkeit falsch.

Die Wissensökonomie benötigt kein wachsendes Heer von Wissensarbeitern (mehr dazu in Kapitel 9). Zwar werden noch immer fähige Spitzenanwälte gebraucht, doch die Aufgaben des akademischen Fußvolks erschöpfen sich schon heute überwiegend in Routinen und digitaler Fließbandarbeit. Der Wirtschaftsnobelpreisträger Paul Krugman beobachtete dies schon 1996. In seinen Kolumnen für die *New York Times* stellte er sich vor, aus der hundert Jahre entfernten Zukunft in eine Gegenwart zurückzublicken, in der die Informationsbearbeitung immer weiter an Bedeutung verliert: »Die Propheten des Informationszeitalters scheinen die Grundlagen der Wirtschaftstheorie vergessen zu haben. In einer von Information überfluteten Welt hat die Information nur einen geringen Marktwert. Wenn eine Volkswirtschaft besonders effizient in der Herstellung eines bestimmten Produkts wird, dann verliert diese Tätigkeit an Wert.«[13]

Nach Beobachtungen der britischen Forscher Philip Brown und Hugh Lauder nimmt der Anteil der Konzernarbeitsplätze, die in besonderem Maße kognitive und analytische Kompetenz verlangen, stark ab, nur 10 bis 15 Prozent der Mitarbeiter haben »eine Denkerlaubnis«. Gerade die stärker standardisierten Aspekte der kognitiven Arbeit in Recht, Medizin, Verwaltung und so weiter sind in naher Zukunft von der Künstlichen Intelligenz oder von der Auslagerung in Billiglohnsektoren bedroht. Ein Buchhalter lässt sich einfacher durch ein Programm ersetzen als ein Müllfahrer oder eine Kindergärtnerin.

Das alles lässt vermuten, dass sich der rasche Ausbau der Hochschulen, den wir in den vergangenen dreißig Jahren gesehen haben, bald wieder umkehren könnte. In Großbritannien arbeitet bereits heute ein Drittel aller Hochschulabsolventen fünf Jahre nach dem Abschluss ihres Studiums in einer Tätigkeit, die kein Studium erfordert. Wer nicht gerade an einer Eliteuniversität studiert hat, hat gegenüber Nicht-Akademikern nur noch einen vernachlässigbaren Gehaltsvorsprung. Die Enttäuschung vieler junger Hochschulabsolventen, die das Gefühl haben, dass ihnen der versprochene Zutritt zu einer sicheren und angesehenen Karriere verwehrt wurde, ist einer der Gründe für den Linksruck der Labour Party in Großbritannien und der Demokraten in den Vereinigten Staaten.

Daher muss die Facharbeit wieder aufgewertet werden. Großbritannien produziert seit Jahrzehnten zu viele Akademiker und zu wenige Techniker, die die Welt noch immer am Laufen halten. Diese Lücke konnte lange nur durch den Zuzug von Fachkräften aus der Europäischen Union geschlossen werden. Weniger ausgeprägt ist dieser Trend in Deutschland, Österreich und den Niederlanden, wo die Berufsausbildung nach wie vor stark verankert ist. Doch selbst in Deutschland ist der Anteil der Hochschulabsolventen in den vergangenen Jahren stark gestiegen.

Bislang hat die Automatisierung vor allem in der Industrie Arbeitsplätze gekostet, doch mit dem Aufkommen der Künstlichen Intelligenz sind auch immer mehr Angestellte betroffen. Die Verdrängung, die selbst Akademiker erleben, könnte zu einer Wiederentdeckung der Hand- und Herzbranchen führen. Der Wirtschaftswissenschaftler Richard Baldwin sieht in seinem Buch *The Globotics Upheaval* vorher, dass auch die Akademiker, die sich gegen den Populismus gewehrt haben, bereit sein werden, eine neue Statusverteilung zu akzeptieren, wenn ihre Arbeit erst wegrationalisiert wurde. Gleichzeitig werden sich durch das Gesetz von Angebot und Nachfrage Löhne, Arbeitsbedingungen und Ausbildung in den Hand- und Herzbranchen verbessern. Denn von der Autoreparatur über die Paketzustellung bis zur Kinderbetreuung lassen sich die wenigsten alltäglichen Dienstleistungen ins Ausland verlagern oder an Roboter delegieren. Die minderqualifizierte Beschäftigung wird nicht verschwinden, wie viele Wirtschaftswissenschaftler meinen. Finanzminister Gordon Brown sagte 2006 vorher, im Jahr 2020 werde es in Großbritannien nur noch 600 000 Hilfsarbeiterstellen geben. Je nachdem, wie man »Hilfsarbeiter« definiert, werden es kommendes Jahr jedoch eher 8 Millionen sein.

Wenn sich im Westen der Produktivitätszuwachs in den vergangenen Jahren verlangsamt hat, dann auch deshalb, weil die durch die Automatisierung freigesetzten Arbeitskräfte oft in Tätigkeiten mit geringer Produktivität landen. Oder wie der *Economist* schreibt: »Der technische Fortschritt verdrängt die Beschäftigten in Branchen und Tätigkeiten, in denen kaum Produktivitätszuwächse möglich sind: Konzertmusiker, Käseproduktion im Kleinbetrieb oder Hausangestellte der Superreichen.«[14] Oder medizinisches Personal auf einer Intensivstation, könnte man ergänzen.

Es werden immer Menschen gebraucht, die Büros reinigen, in Supermärkten die Regale auffüllen, in Cafés bedienen, bestellte Waren ausliefern, auf dem Feld arbeiten oder Autos und Computer reparieren. Onlinehändler wie Amazon sorgen zwar dafür, dass im Einzelhandel Stellen verloren gehen, doch dafür schaffen sie neue Arbeitsplätze in Auslieferzentralen und Zustellfirmen. Einige der Arbeiten könnten sicher von Maschinen oder Migranten übernommen werden, sodass die heimischen Arbeitnehmer in der Hierarchie aufsteigen könnten. Doch angesichts der europäischen Ablehnung gegen die Masseneinwanderung wäre es angebrachter, die Arbeit so zu gestalten, dass sie attraktiver für die Einheimischen wird. Einige dieser Tätigkeiten sind natürlich körperliche Schwerarbeit, doch wenn sie gut bezahlt werden und sich die Arbeitnehmer fair behandelt und respektiert fühlen (wie dies Zusteller und Mitarbeiter von Supermärkten während der Coronakrise erleben durften), können auch sie Sinn und Identität stiften. Wobei Menschen natürlich auch in anderen Lebensbereichen Sinn finden können, etwa in Familie, Sport oder Freizeitaktivitäten.

Ein letzter wichtiger Trend, der das Ansehen der Herzbranchen steigern wird, steht in Zusammenhang mit zwei nicht umkehrbaren gesellschaftlichen Entwicklungen: Die immer größer werdende Zahl alter Menschen, die in den letzten Lebensjahren pflegebedürftig sind (im Jahr 2020 gab es erstmals in der Geschichte mehr Über-65-Jährige als Unter-Fünfjährige), und die zunehmende Bedeutung von Frauen im öffentlichen Leben. So konnte die MeToo-Bewegung, die das sexuelle Fehlverhalten von Männern in der Unterhaltungsbranche, der Politik und in anderen Bereichen aufgedeckt hat, vor dreißig Jahren noch nicht aufkommen, weil es damals einfach nicht genug Frauen in verantwortungsvollen Positionen gab. Eine der wichtigsten Fragen für die kommende Generation wird nun sein, ob Frauen diesen neuen politischen Einfluss nutzen, um die Position von Frauen in der Erziehung und Pflege zu stärken. Die Frauen in diesen Branchen spüren oft eine große Verantwortung für die Menschen in ihrer Obhut, was ihre Verhandlungsposition gegenüber Arbeitgebern nicht gerade stärkt. Streiks sind in pflegenden Berufen selten. In akademischen Berufen am oberen Ende des Arbeitsmarkts, etwa in der Medizin oder der Justiz, haben Frauen die Gleichstellung erfolgreich vorangetrieben, doch am unteren Ende des Arbeitsmarktes ist dies noch nicht gelungen. Wird der größere Einfluss hochqualifizierter Frauen in Zukunft dafür sorgen, dass sich in der Altenpflege ein Mindestlohn von 25 Euro pro Stunde durchsetzt? Oder haben die Interessen dieser Frauen wenig mit denen der Teilzeitbeschäftigten in Altenpflegeheimen gemein?

Mit ihrer mobilen und liberalen Weltsicht definieren sich Hochschulabsolventen über ihren Beruf und blicken auf Hausarbeit eher herab. Doch eine Aufwertung der sozialen Berufe ist schwer vorstellbar ohne eine gleichzeitige Aufwertung häuslicher Tätigkeiten, egal ob sie von Männern oder Frauen verrichtet werden. Die Forderung nach mehr Anerkennung für Kindererziehung und häusliche Pflege wirft jedoch die Frage auf, wer diese Tätigkeiten übernimmt. Viele Frauen haben zu Recht das Gefühl, mit der Hausarbeit und der Erwerbstätigkeit eine Doppelbelastung zu tragen. Sie verlangen von den Männern, ihren Anteil an der Hausarbeit zu übernehmen, und das passiert tatsächlich ganz allmählich. Zahlen aus Großbritannien zeigen allerdings auch, dass Frauen mit Kindern im Vorschulalter lieber mehr Zeit zu Hause verbringen würden, um sich um die Kinder kümmern zu können, und dass sie daher wenn irgend möglich nur stundenweise oder gar nicht arbeiten.[15] Trotzdem zielt gerade in Großbritannien und den Vereinigten Staaten die Familienpolitik darauf, dass beide Elternteile möglichst wenig Zeit mit den Kindern verbringen.

Auch im Westen nehmen die vielfältigen Formen der Pflege und Erziehung einen größeren Anteil der Gesamtarbeitszeit ein als irgendein anderer Bereich. Diese Tätigkeiten gehören zu den emotional und körperlich anspruchsvollsten überhaupt. Doch wie Madeleine Bunting in ihrem Buch *Labours of Love* schreibt, steht die Ethik der Fürsorge im Widerspruch zur Ethik der individualistischen Leistungsgesellschaft. Bei der häuslichen Kindererziehung und Pflege geht es um die Verantwortung gegenüber anderen Menschen, und die Ergebnisse sind oftmals unklar und schwer zu messen (mehr dazu in Kapitel 8).

Die Altenpflege bietet zwar Einsatzmöglichkeiten für intelligente Technologie, etwa bei der Fernbeobachtung (was mehr Männer in die Branche bringen könnte). Doch die meisten Aufgaben lassen sich nicht automatisieren und an Maschinen delegieren. Selbst in Japan, wo eine deutliche Abneigung gegen Masseneinwanderung herrscht, werden philippinische Altenpflegerinnen den Robotern vorgezogen und in großer Zahl ins Land geholt.

Der Bedeutungsgewinn der Kopfarbeit als Schlüssel zum wirtschaftlichen und gesellschaftlichen Erfolg und die politische Vorherrschaft der kognitiven Klasse haben die Politik im Westen aus dem Gleichgewicht gebracht. Die Unzufriedenheit großer Minderheiten oder gar der Mehrheit hängt eng mit dem schwindenden Status der Hand- und Herzarbeit zusammen. Als Konzept ist Status schwer greifbar. Einerseits ist er subjektiv, das heißt, er hängt davon ab, wie wir uns selbst wahrnehmen und wie wir glauben, von anderen wahrgenommen zu werden. Und andererseits ist er objektiv, denn es besteht kein Zweifel, dass Menschen mit Hochschulabschluss (zum Beispiel Anwälte oder Chirurgen) oder Prominente einen höheren Status genießen. Außerdem folgt der Status dem Geld, auch wenn der Zusammenhang mal mehr, mal weniger eng sein kann.

Die subjektive Seite des Status macht es schwer, den Statusverlust zu messen, den meiner Ansicht nach so viele Menschen in der postindustriellen Gesellschaft erlebt haben (trotzdem werde ich mich in Kapitel 7 daran versuchen). Einkommensunterschiede sind dagegen einfacher zu messen, und viele Menschen (vor allem auf der linken Seite des politischen Spektrums) bevorzugen dieses Maß, weil es ihnen erlaubt, mit dem Finger auf die Reichen und die Konzerne zu zeigen. Doch auch die Vorliebe der kognitiven Klasse – vor allem der »kreativen Klasse« in den Künsten und an den Universitäten – für Offenheit, Autonomie und Wandel sorgt für Unbehagen und Spannungen. Im Westen herrscht zwar weitgehender Konsens über die Bedeutung der persönlichen Freiheit und der sozialen Gerechtigkeit, auch wenn heftig darum gestritten wird, wie diese im Detail auszusehen haben. Weniger Einigkeit herrscht dagegen in kulturellen und psychologischen Fragen – Sicherheit, Status, Anerkennung oder Identität –, die im Alltag unsere Selbstwahrnehmung prägen. So würden beispielsweise auf der Linken viele bezweifeln, dass jemand das Recht hat, sich in einem Stadtviertel unwohl zu fühlen, das sich unter dem Einfluss rascher Zuwanderung verändert. Diese psychologischen Themen sind jedoch der Grund, warum sich so viele Menschen entwurzelt fühlen und Sinn und Zugehörigkeitsgefühl verlieren. Es sind dieselben Menschen, die in Umfragen angeben, dass früher alles besser war. Eine neue Anerkennung für Hand und Herz ist zumindest eine Teilantwort auf dieses Unbehagen.

Unser Ziel sollte eine Gesellschaft sein, die so offen und mobil ist wie möglich, doch die Politik darf sich nicht darauf beschränken, nur bessere Aufstiegsmöglichkeiten zu schaffen. Vielmehr sollte das Ziel eine gerechte Verteilung von Anerkennung, Respekt und Würde sein, sowie eine neue Wertschätzung für »normale« Menschen, die sich an die Regeln halten und sich nicht durch kognitive Höchstleistungen hervortun. Wir müssen alle Menschen gleich behandeln – das ist das Gebot der Stunde für unsere Demokratie.

Kapitel 2

Der Aufstieg der kognitiven Klasse

Bewerber sollten bei Dienstantritt in eine Hierarchie eingeteilt werden,
von Schreibtischbeamten, die Routineaufgaben erledigen, bis zu
Ministerialbeamten. Beförderungen sollten nach Leistung erfolgen, nicht
nach Bevorzugung, Patronage, Zahlung oder Dienstdauer.

Northcote-Trevelyan-Bericht zur Reform
der britischen Beamtenschaft (1853)

In den freiheitlichen Gesellschaften des Westens sind unsere Werte
immer weniger selbstverständlich. Wir haben das Recht, vollkommen andere Dinge zu schätzen als unsere Nachbarn und selbst
Verwandte (vor allem, wenn sie einer anderen Generation angehören). Medien wie der BBC fällt es immer schwerer, die gesamte
Bevölkerung zu erreichen. Dennoch gibt es eine Art Grundkon-
sens, der in der politischen und gesellschaftlichen Diskussion
bestätigt wird und den kollektiven »gesunden Menschenverstand«
ausmacht (auch wenn er sich unbemerkt fortwährend verändert).
Dieser Konsens ist oft nur schwer zu fassen, bis er durch ein uner-
wartetes Ereignis sichtbar gemacht wird. Die Coronakrise könnte
ein solches Ereignis sein, auch wenn es noch zu früh ist, um zu
sagen, was sie uns zeigen wird.

Die Brexit-Abstimmung und die Wahl von US-Präsident Trump

im Jahr 2016 waren ebenfalls solche Ereignisse, auch wenn hier weniger ein Wertewandel zum Ausdruck kam als eine Wertespaltung der Gesellschaft, die unter anderem mit unterschiedlichen Bildungserfahrungen und Prozessen der kognitiven Selektion zusammenhingen. Rund drei Viertel aller Briten ohne höheren Schulabschluss stimmten für den Brexit, während unter den Hochschulabsolventen derselbe Anteil für den Verbleib in der Europäischen Union votierte.[16] Bei der Wahl von Donald Trump war die Verteilung ähnlich. Diese Protestwahlen waren eine nachvollziehbare Reaktion auf den tiefen Statuswandel der vergangenen fünfzig Jahre. Kognitive Fähigkeiten – die Kopfkompetenzen – haben eine starke Aufwertung erfahren, während andere, die ich als Hand- und Herzkompetenzen bezeichne, schleichend an Anerkennung verloren haben. Diese Tendenz lässt sich fast im gesamten Westen beobachten: An die Stelle der pyramidenförmigen Industriegesellschaft, in der ein großer Teil der Arbeitnehmerschaft Hand-Tätigkeiten oder der Hausarbeit nachging, trat die eher glühbirnenförmige Verteilung der postindustriellen Wissensökonomie.

Bis vor Kurzem bestand für die meisten Menschen der Zweck der Arbeit darin, die Familie zu ernähren. Doch seit Ende des 20. Jahrhunderts wird gerade höherqualifizierte Arbeit immer mehr mit Selbstwert und Selbstverwirklichung in Zusammenhang gebracht – die Arbeit ist zum Selbstzweck geworden. Parallel dazu erstarkte die Frauenbewegung, der es in erster Linie darum ging, in Arbeit und Beruf auf Augenhöhe mit Männern zu konkurrieren. Das wiederum trug zu einer Abwertung des Privaten und von Tätigkeiten wie der Altenpflege und Kindererziehung bei, die traditionell überwiegend von Frauen übernommen wurden. In Ländern wie Großbritannien oder den Vereinigten Staaten bleibt heute nur noch in einem Viertel der Familien ein Elternteil zu Hause, solange die Kinder klein sind.[17]

In den vergangenen Jahrzehnten wurden das Bildungswesen ausgebaut und die Bildungsdauer aufgestockt, und Position und Status werden vor allem nach Schulabschluss, insbesondere Hochschulabschluss verteilt. Zwar sind einige der reichsten Unternehmer der Welt Studienabbrecher – allen voran Bill Gates –, doch auch sie sind kognitive Unternehmer und tragen dazu bei, dass »Streberkompetenzen« immer höher im Kurs stehen. Die Topmanager von Digitalkonzernen wie Google, Facebook und Amazon kommen fast überwiegend von Eliteuniversitäten. Nicht umsonst klagen Hochschulen, dass ihnen die Technologiekonzerne vor allem im Bereich der Künstlichen Intelligenz ihre besten Wissenschaftler abwerben.

Die Enttäuschungen des postindustriellen Zeitalters

Dieser kognitive Umbruch ist ein erstaunlich neues Phänomen. Man kann im Rückblick nur schwer sagen, wie zufrieden oder unzufrieden Menschen früherer Generationen gewesen sein mögen. Es ist jedoch gut denkbar, dass die Industriegesellschaft, vor allem die demokratische und soziale Marktwirtschaft der zweiten Hälfte des 20. Jahrhunderts, Status und Anerkennung besser verteilt hat als die nach kognitiven Leistungen geschichtete postindustrielle Gesellschaft. Wir sind heute zwar reicher und freier als damals, doch gleichzeitig sind wir weniger verwurzelt und neiderfüllter.

Der Übergang von der ländlichen zur städtischen Gesellschaft, der in Industriegesellschaften Anfang des 19. Jahrhunderts begann, verlief oft traumatisch und ging mit Leid und einem Rückgang der Lebenserwartung einher. Doch schon bald war der Lebensstandard in der Stadt höher als auf dem Land. Ab 1845 – dem Jahr, in dem Friedrich Engels sein Buch *Die Lage der arbeitenden Klasse in England* veröffentlichte – ging es aufwärts. Dank Hygiene und

Bildung sowie der Versorgung mit preiswerten Lebensmitteln aus Übersee verbesserten sich die Lebensbedingungen in der zweiten Hälfte des 19. Jahrhunderts zunehmend. Das hing jedoch nicht nur mit Einkommen und Wohnverhältnissen zusammen, sondern auch mit neuen Formen des Sinns und der Anerkennung. Städter fühlten sich den Landbewohnern überlegen, der Begriff »Bauer« wurde erstmals verächtlich gebraucht, und kaum jemand zog zurück aufs Land. Neue Formen der qualifizierten Arbeit in Fabriken vermittelten vor allem Männern Anerkennung und Status. Die Verstädterung war mit Bildung und sozialem Aufstieg einhergegangen und war das Gegenteil dessen, was Marx als die »Idiotie des Landlebens« bezeichnete. Kein Wunder also, dass die städtischen Arbeiter Großbritanniens das Wahlrecht zwei Jahrzehnten vor ihren Vettern auf dem Land erhielten (auch wenn es zunächst auf Männer beschränkt blieb).

Die Umwälzungen der ersten Industrialisierungsphase konnten dem Seelenleben und der moralischen Welt der Menschen offenbar kaum etwas anhaben. Ihre Sicht auf die Welt, die Gesellschaft und die Rollen von Mann und Frau blieb erstaunlich unverändert. Für die meisten Menschen war die christliche Religion nach wie vor der moralische Pfeiler, auch wenn fundamentalistischere Formen des Protestantismus hinzukamen. Zwar gingen mehr Frauen einer Erwerbstätigkeit nach, doch die Verstädterung stärkte die Familie, und während des 19. Jahrhunderts kamen immer weniger Kinder unehelich zur Welt.[18] In Großbritannien und anderen Industrienationen blieb die Großfamilie bis ins 20. Jahrhundert hinein die verbreitetste Form des Zusammenlebens. In den Vereinigten Staaten lebten 1850 drei Viertel der über 65-Jährigen bei Verwandten; 1990 waren es nur noch 18 Prozent.[19]

In hierarchischen Gesellschaften ist Status – also der Rang innerhalb der gesellschaftlichen Anerkennung – eine wichtige Größe, der kaum jemand entkommt. Er engt zwar die Spielräume ein, gibt den Menschen aber auch eine Erklärung für ihre Stellung, die nichts mit ihren Eigenschaften als Menschen zu tun hat. Solange die soziale Mobilität gering war, wie im 19. und weiten Teilen des 20. Jahrhunderts, war es kein Zeichen des persönlichen Versagens, wenn man nicht aus der Arbeiterklasse aufstieg – so war die Welt eben. Zudem können fehlende Aufstiegsmöglichkeiten auch ein Gefühl der Solidarität entstehen lassen, das Fortkommen des Kollektivs wird dann wichtiger als das des Einzelnen; dies war zum Beispiel in der Gewerkschaftsbewegung der Fall. Solange alle auf dem Unterdeck festsitzen, entwickeln sie eher ein Gefühl für ihr gemeinsames Interesse. Aber sobald eine Leiter zum Oberdeck da ist, fahren alle die Ellenbogen aus und drängen nach oben.

Genau das passierte mit dem Anbruch des postindustriellen Zeitalters. Heute entscheidet vor allem die persönliche Leistung über Status und Einkommen, die Ideologie der Gesellschaft ist offen und leistungsorientiert. Wer nicht studiert, hat weniger Möglichkeiten und weniger Status. Und Schuld an dieser gesellschaftlichen Schlechterstellung sind die kognitiven Mängel des Einzelnen – so sehen es zumindest die Gesellschaft und viele der Betroffenen selbst. Einige Menschen bringen genug Widerstandskraft mit, um sich nicht als Versager zu fühlen und auch ohne Studium ihren Weg zu gehen. Andere verinnerlichen das Gefühl der Selbstverachtung und leiden unter permanenter Unruhe und Sinnlosigkeit.

Die postindustrielle Gesellschaft zeichnet sich also durch ein Grundgefühl der Enttäuschung aus, das zahlreiche Ursachen hat:

– Die postindustrielle Gesellschaft untergräbt das ausgleichende Wertesystem der Religion, die vom Menschen keine Leistung verlangt, sondern ihn aufgrund seines moralischen Charakters anerkennt, und die uns versichert, dass vor Gott alle Menschen gleich sind (zumindest theoretisch). Ähnlich wirkt die postindustrielle Gesellschaft im privaten Bereich, wo sie traditionelle Rollen wie Hausfrau und Ernährer untergraben hat. Diese Rollen haben zwar auf der einen Seite Spielräume eingeschränkt, vor allem die von Frauen, aber auf der anderen Seite wirkten sie sinnstiftend. Die mobile und individualistische Gesellschaft schwächt zudem jene Institutionen, die den Menschen so annehmen, wie er ist – Familie, Kirche oder Nation. Die erworbene Identität, die auf dem persönlichen Bildungs- und Berufserfolg basiert, wird wichtiger als die Bindung an Orte oder Gruppen.

– Die postindustrielle Gesellschaft misst den Werten der Gebildeten einen höheren Stellenwert bei, und diese Werte sind zumeist weltlich, individualistisch, antitraditionell und antiautoritär. Die postindustrielle Moderne ist eine Zeit der steten Veränderung und Verwirrung – mehr Wohlstand und weniger Sinn, wie Yuval Noah Harari schreibt –, und vielen Menschen fehlt die Orientierung.

– Seit Anbruch des Zeitalters der Massenuniversität gibt es nur noch eine vorherrschende Klasse, nämlich die kognitive Klasse, und nur einen Zugang zu ihr, nämlich das Studium. Dieses Problem habe ich bereits angesprochen. Die vorherrschende Klasse ist zwar größer, offener und demokratischer als vor fünfzig Jahren, doch der Zugang zu ihr ist schmaler geworden: Studium und Karriere. Vor nicht allzu langer Zeit führten noch mehr Wege zu Erfolg und Anerkennung. Es gab Quereinstiege und Parallelwege. So gab es eine Elite der Arbeiterklasse, etwa in Gewerkschaften, Vereinen und Parteien, sowie eigene Regionaleliten. Im Berufsleben war ein Aufstieg auch ohne Studium möglich.

– Heute scheint das Wachstum der kognitiven Klasse zumindest in der Arbeitswelt an ein Ende gekommen zu sein. Damit wird das zentrale Versprechen der wohlhabenden Gesellschaften nicht mehr eingelöst, nach dem jeder Zugang zu einer beruflichen Laufbahn und damit zur Mittelschicht hat. Wir brauchen auch weiterhin eine Klasse von Talentierten, aus der Programmierer, Ärzte, Anwälte, Ingenieure, Designer oder Banker hervorgehen. Doch die Künstliche Intelligenz wird einen Kahlschlag in den mittleren Führungsebenen bewirken und den Statusgraben zwischen den Fähigsten und dem Rest weiter vertiefen.

– Wir haben mehr Vergleichsmöglichkeiten, anhand derer wir uns selbst beurteilen. Früher haben die Menschen ihren Wohlstand und ihre Talente mit den Nachbarn im Dorf verglichen. Auch in der Klassengesellschaft der Städte haben sie sich vor allem mit Menschen verglichen, die auf der sozialen Leiter ein paar Stufen über oder unter ihnen standen. Für viele war der Vorarbeiter oder der Vereinsvorsitzende ein Vorbild, dem man nacheifern konnte. Mit den Massenmedien und den neuen sozialen Medien wird es immer schwieriger, unvorteilhafte Vergleiche mit den Klügsten, Schönsten und Reichsten dieser Welt zu vermeiden, und diese Vergleiche gelten als eine der Ursachen des zunehmenden psychischen Leids vieler Menschen.

Menschen wollen nicht nur materiellen Wohlstand, Freiheit und Gerechtigkeit, sondern auch Sinn und das Gefühl, von anderen gebraucht zu werden. Die Rückkehr in eine Vergangenheit mit ihren engen Horizonten und Spielräumen ist zwar nicht wünschenswert, doch um die Schwächen der postindustriellen Leistungsgesellschaft zu erkennen, kann es durchaus sinnvoll sein, sich einige der Stärken früherer Gesellschaften anzusehen. Die Vorstellung eines erfolgreichen oder nicht erfolgreichen Menschen ist relativ neu, und auch heute beurteilen die wenigsten ihr Leben in diesen Kategorien. Doch je fließender, individualistischer, wettbewerbsorientierter und transparenter unsere Gesellschaft wird, umso schwieriger wird es, sich vor dieser Art der Selbstbeurteilung zu schützen.

Heute hängt der Lebenserfolg immer mehr von der Fähigkeit zu theoretischem oder abstraktem Denken ab und immer weniger von Erfahrung und praktischer Intelligenz. Das Studium wird dadurch zunehmend zum Filter des Aufstiegs und das Diplom zum Schlüssel der Anerkennung. Die heutige Gesellschaft benötigt nicht nur ein hohes Niveau an Allgemeinbildung, vor allem Textverständnis und Mathematik, sondern auch Kader von Experten aus Naturwissenschaften, Technik und Recht sowie Analyse und Verwaltung. Im Laufe des 20. Jahrhunderts ist der Anteil der Kopf-Berufe gegenüber dem der Hand- und Herzberufe immer größer geworden. Nun setzt die Kopfarbeit nicht unbedingt ein Studium voraus, und für viele Berufe, die ein Studium verlangen, braucht man kaum kognitive Fähigkeiten oder unabhängiges Urteilsvermögen. Weil aber akademische Berufe allgemein mit Kopfarbeit gleichgesetzt werden, ist ein Blick auf die Entwicklung der vergangenen zwei Jahrhunderte aufschlussreich.

In Großbritannien hatten 1841 schätzungsweise 2,5 Prozent aller Erwachsenen einen Beruf, der ein Studium oder eine Ausbildung verlangte; bis 1911 stieg dieser Anteil auf 4,3 Prozent, im Jahr 2018 lag er bei über 30 Prozent. In den Vereinigten Staaten sind es heute 36 Prozent, in Frankreich 38 Prozent und in Deutschland sogar 41 Prozent.[20] Die Welt ist komplexer und abstrakter geworden, und es ist durchaus schlüssig, dass die Führungspositionen von Menschen mit einer besonderen Fähigkeit zu hypothetischem und symbolischem Denken besetzt werden. Doch in Politik und

Gesellschaft mehren sich die Hinweise, dass die kognitive Revolution zu weit geht und das demokratische Ethos der Gleichheit und Selbstachtung gefährdet: Der Kopf hat seinen Zenit überschritten. Laut Intelligenztests bewegen sich rund 70 Prozent aller Menschen im mittleren Bereich des kognitiven Spektrums. Doch wie bereits angemerkt, befinden sich 50 Prozent der Bevölkerung definitionsgemäß in der unteren Hälfte; ein System, das die obersten 10 bis 15 Prozent zu großzügig belohnt, wird in einer Demokratie auf massiven Widerstand stoßen. Ehe wir uns den vermeintlich Intelligentesten zuwenden, wollen wir uns noch einige Entwicklungen und Definitionen der Vergangenheit ansehen. Im nächsten Abschnitt geht es daher um Ausleseverfahren, bevor wir uns im folgenden Kapitel anschauen, was kognitive Kompetenz ist, wie sie gemessen wird, inwieweit sie angeboren ist und was dies für die Leistungsgesellschaft und die gesellschaftliche Mobilität bedeutet. In den nachfolgenden drei Kapiteln werden wir uns dann der Konsolidierung der kognitiven Vorherrschaft in Bildung, Wirtschaft und Politik in den zurückliegenden Jahrzehnten zuwenden.

Akademische Berufe und Universitäten

Seit frühesten Zeiten erfolgt die soziale Auslese weniger nach Geschick, Kraft oder Schönheit, sondern nach Intelligenz. Die Mächtigen wählten sich ihre Berater nicht nach Aussehen oder Sportlichkeit. Im christlichen Europa wurden Berater wie Kardinal Thomas Wolsey, Sohn eines Metzgers aus Ipswich, durch die Auswahlsysteme der Geistlichkeit nach oben befördert. In China führten die Han-Kaiser vor zwei Jahrtausenden Prüfungen ein, in denen die Kandidaten für die höhere Beamtenlaufbahn ihr Wissen um konfuzianische Verwaltungsgrundsätze unter Beweis stellen mussten. Auch Berufe, die ein höheres Maß an abstraktem Denken verlangen, zum Beispiel Arzt, Jurist, Priester, Lehrer, Architekt oder Diplomat, haben eine lange Geschichte. Im Europa des frühen Mittelalters waren sie noch mit der Kirche verbunden und setzten oft die Priesterweihe voraus. Erst allmählich emanzipierten sie sich, und im 12. Jahrhundert verbot ein englisches Gesetz Geistlichen schließlich die Ausübung von Recht und Medizin. Das war ein wichtiger Schritt. Die Justiz wurde der erste akademische Berufsstand, die Krone ernannte die Richter, und im 14. Jahrhundert wurde das Advokatenstift eingerichtet. Es folgte das königliche Ärztekollegium, das 1518 in London gegründet wurde, doch es dauerte bis ins 19. Jahrhundert, bis es formelle Studiengänge für Medizin und Jura gab, deren Kandidaten durch Prüfungen ausgewählt wurden. Bis dahin gingen Ärzte und Anwälte wie Handwerker auch bei einem Meisters ihres Fach in die Lehre.[21]

Die europäische Aufklärung gab dem Intellekt einen größeren Stellenwert. Sie drängte religiöse Vorstellungen zurück und bereitete den Boden für die Blüte von Naturwissenschaft und Technik. Wissen stammte nun nicht mehr aus antiken Texten, sondern konnte neu entdeckt werden. Doch noch zwei Jahrhunderte später, zur Mitte des 20. Jahrhunderts, spielte die kognitive Auslese für die meisten Bürger der westlichen Welt noch immer eine untergeordnete Rolle. In der Nachkriegszeit bekam man auch ohne Schulabschluss eine Lehrstelle oder eine gut bezahlte Arbeit. Wer den nötigen Ehrgeiz mitbrachte, konnte Abendschulen besuchen oder sich auf andere Art hocharbeiten. Auch waren in akademischen Berufen Quereinsteiger keine Seltenheit. Noch bis in die Achtzigerjahre hatten in Großbritannien die meisten Bankangestellten einen Hauptschulabschluss. Laut Volkszählung des Jahres 1991 hatte die Hälfte aller britischen Führungskräfte und Techniker keinen Hochschulabschluss.[22]

Wie anders sieht die Welt heute aus! In den Schulen schreitet die kognitive Auslese voran, fast alle Branchen verlangen für die obersten 40 Prozent der Hierarchie ein abgeschlossenes Studium, und in Europa und Nordamerika gilt etwa ein Drittel aller Arbeitsplätze als »akademisch«.

In Großbritannien gab der Northcote-Trevelyan-Bericht zur Reform des Beamtenwesens aus dem Jahr 1853 den Startschuss zur Selektion im Bildungswesen und damit zur Leistungsgesellschaft. Auf Anstoß der Ostindiengesellschaft empfahl der Bericht, das alte System der Ernennung und des Stellenkaufs durch Eignungsprüfungen zu ersetzen. Der Gedanke setzte sich durch, dass Fachwissen an die Stelle der Günstlingswirtschaft treten sollte, vor allem nachdem das Fiasko des Krimkriegs (1853-56) und des Indischen Aufstandes (1857-59) die Grenzen der aristokratischen Amateure aufgezeigt hatte. Heute erscheinen uns die Forderungen des Berichts vollkommen selbstverständlich, doch damals stießen sie auf Widerstand, auch von Königin Victoria. Daher führte man das Leistungsprinzip zunächst nicht ein, sondern schuf ein politisch neutrales Berufsbeamtentum. So setzte sich die Vergabe von Führungspositionen nach dem Leistungsprinzip in Europa und den Vereinigten Staaten erst ganz allmählich in der zweiten Hälfte des 19. Jahrhundert durch. Während der Industriellen Revolution stieg die Nachfrage nach technisch und naturwissenschaftlich ausgebildeten Kräften. Die zweite Welle der Industriellen Revolution in den 1880er-Jahren, gefolgt von zwei Weltkriegen in der ersten Hälfte des 20. Jahrhunderts, beschleunigte das Wachstum einer naturwissenschaftlich-technischen Klasse, die zunehmend aus einer nicht-elitären Schicht kam.

In den meisten Industrienationen kamen die Naturwissenschaftler und Techniker allerdings ursprünglich nicht von der Universität, zumal nicht in England, wo es bis ins 19. Jahrhundert nur die beiden Universitäten Oxford (gegründet 1096) und Cambridge (1209) gab. Die meisten Innovationen der ersten Industriellen Revolution – von der Gründung der Royal Society im Jahr 1660 bis zu Schlüsselerfindungen wie dem mechanischen Webstuhl durch James Hargreave (1764) und der Dampfmaschine durch James Watt (1775) – hatten nichts mit dem verkrusteten Duopol von Oxbridge zu tun. Waren diese Universitäten doch bis weit ins 19. Jahrhundert vom anglikanischen Klerus dominiert und lehrten Theologie und Klassiker (und nebenbei Mathematik und Naturwissenschaften). John Locke studierte zwar Mitte des 17. Jahrhunderts in Oxford, und Newton und Darwin studierten in Cambridge, doch sie machten kaum Eindruck auf die Universitäten. Mitte des 18. Jahrhunderts beschrieb Adam Smith Oxford im Vergleich zu Glasgow« als »geistig erdrückend«. Bis Mitte des 19. Jahrhunderts legten Studenten keine Aufnahmeprüfung ab, bevor sie sich an einem der Colleges von Oxford und Cambridge einschrieben, erst seit Beginn des 19. Jahrhunderts mussten sie immerhin eine Abschlussprüfung bestehen, um einen Titel zu bekommen. In Oxford bedeutete dies, dass die Studenten ihr Wissen über das Neue Testament auf Griechisch, die 39 Artikel der Anglikanischen Kirche und die theologischen Schriften von Joseph Butler unter Beweis stellen mussten.

Die Entwicklung der Berufe mit ihrem Ausbildungs- und Prüfungswesen fand derweil ohne diese beiden Universitäten statt. Ärzte, Ingenieure, Anwälte, Architekten, Pharmazeuten und Maschinenbauer gründeten in der ersten Hälfte des 19. Jahrhunderts ihre eigenen Standesorganisationen. 1858 wurde eine Ärztekammer ins Leben gerufen, und in den nächsten Jahrzehnten folgten ähnliche Einrichtungen für Landvermesser, Elektroingenieure, Chemiker und Buchhalter.[23] Diese Einrichtungen legten die professionellen und ethischen Standards fest und verlangten öffentliche Prüfungen.

In den 1880er-Jahren mussten Anwälte, Ärzte, Chirurgen, Priester, Apotheker, Marineoffiziere, Bergbauingenieure, Architekten, Buchhalter und viele andere solche Prüfungen ablegen. Bewerber auf eine Stelle im Beamtendienst oder der Kolonialverwaltung mussten sich genauso einer Anwartschaftsprüfungen unterziehen wie Offiziere der Armee.[24]

In den Vereinigten Staaten verlief die Entwicklung ähnlich, in der ersten Hälfte des 19. Jahrhunderts wurden regionale Berufskammern gegründet, und in der zweiten Hälfte folgten die landesweiten Kammern. Interessanterweise wurden Beamte hier erst seit 1883 in Prüfungen ausgewählt, obwohl die Vereinigten Staaten als Land der sozialen Gerechtigkeit galten und die Klassenstruktur hier weniger stark ausgeprägt war als in Europa. In den Vereinigten Staaten waren die unbegrenzten Möglichkeiten, die der Franzose Alexis de Tocqueville 1835 so bewundert hatte – »Was einem in den Vereinigten Staaten als Erstes auffällt, ist die Masse derjenigen, die ihrer Stellung entkommen wollen … Alle Amerikaner sind vom Aufstiegswunsch verzehrt« –, nicht vom Bildungsgrad abhängig. Benjamin Franklin begann seine Laufbahn als einfacher Lehrling.

Nichtsdestotrotz führten die Vereinigten Staaten Mitte des 19. Jahrhunderts als erstes Land der Welt die kostenlose Grundschule ein und Anfang des 20. Jahrhunderts die kostenlose Sekundarstufe (normalerweise bis zum 16. Lebensjahr). So kam es, dass bis 1940 fast die Hälfte der Bevölkerung einen High-School-Abschluss hatte. 1944 schloss Großbritannien auf und führte die neunjährige Schulpflicht ein, doch noch im selben Jahr zogen die Vereinigten Staaten wieder davon, als Präsident Roosevelt mit den Fördermaßnahmen für heimkehrende Soldaten das Zeitalter des Massenstudiums einläutete.

Zu Beginn des 20. Jahrhunderts gehörten Auswahlprüfungen im Westen zum Alltag, zumindest der Eliten. Trotzdem spielten

Kammern, Universitäten und Staat bei der Kontrolle des Zugangs zur kognitiven Klasse in jedem Land eine eigene Rolle, und die akademischen und technischen Berufe standen unterschiedlich hoch im Kurs. Während die Einrichtung von Berufskammern in Großbritannien und den Vereinigten Staaten vor allem von unten nach oben erfolgte, wurde sie in Ländern wie Deutschland und Frankreich von oben durchgeführt, Behörden und Universitäten spielten hier eine größere Rolle. In Frankreich standen die Eliteuniversitäten, die von Napoleon eingerichteten *grandes écoles,* im Mittelpunkt, in Deutschland die Beamtenausbildung. Dort lag das Schwergewicht außerdem auf technischen Disziplinen, mit dem Ziel, den Vorsprung der Engländer auf dem Gebiet der Industrie aufzuholen.

In England verlief die Entwicklung dagegen weitgehend außerhalb der Hochschulen. Oxford und Cambridge hatten nur wenige Studenten, der Anteil der Studierenden blieb von Mitte des 17. Jahrhunderts bis zum Ende des Ersten Weltkriegs weitgehend konstant. Mit ihrem politischen Einfluss gelang es den beiden Traditionsuniversitäten, bis zu Beginn des 19. Jahrhunderts die Gründung konkurrierender Einrichtungen zu verhindern. Im 18. Jahrhundert hielt in Cambridge die Mathematik Einzug, doch im Grunde blieben die beiden Hochschulen eine Art Pensionat für die Söhne der Oberschicht. Anders als die Vereinigten Staaten und der Rest Europas, wo ein Netz von regionalen Hochschulen entstand, kamen die Studenten in England aus dem ganzen Land zu diesen beiden Universitäten und wohnten auch hier. Obwohl die beiden Universitäten in der Industriellen Revolution, der Aufklärung und der Entstehung der Berufe keine nennenswerte Rolle spielten, genossen sie großes gesellschaftliches und politisches Ansehen. Fast alle Premierminister des 18. und 19. Jahrhunderts studierten hier. Und so kam es, dass sie gegen Ende des 19. Jahrhunderts, als sie sich schließlich einen moderneren Anstrich gaben, weiter im Mittelpunkt des Bildungswesens standen.

In den 1870er-Jahren wurden Oxford und Cambridge, wie so viele andere nationale Einrichtungen, vom Reformeifer der viktorianischen Oberschicht erfasst. Außerdem wurden sie erschwinglicher für die Mittelschicht, wobei ein Studium immer noch 200 Pfund im Jahr kostete (was etwa dem Jahreseinkommen eines Arbeiters entsprach). Auch der Lehrplan wurde modernisiert, vor allem in Cambridge, das 1874 zu einem Zentrum der naturwissenschaftlichen Forschung wurde. Der renommierte Wirtschaftswissenschaftler Alfred Marshall lehrte hier seit 1884, obwohl erst 1903 ein eigener Studiengang für Wirtschaftslehre eingerichtet wurde.* Mit ihrer Modernisierung reagierten die beiden Universitäten auch auf die Konkurrenz aus London. Dort hatten radikale Liberale und Anhänger von Jeremy Bentham 1829 das University College gegründet, eine rationale, weltliche und leistungsorientierte Alternative zu den konservativen, anglikanischen und privilegierten Universitäten von Oxbridge. Nach deutschem und schottischem Vorbild verlangten das University College und später das King's College Aufnahme- und Abschlussprüfungen. Seit 1858 vergab das University College auch Abschlüsse an Externe, sodass jeder im Land eine Qualifikation erwerben konnte, seit 1878 konnten sich auch Frauen einschreiben.

Nach diesem Durchbruch wurden Ende des 19. und Anfang des 20. Jahrhunderts auch in den Industriestädten Manchester, Liverpool, Leeds, Sheffield und Birmingham die sogenannten Red-Brick-

---

* Mein amerikanischer Großvater schrieb sich kurz vor dem Ersten Weltkrieg für das damals noch neue Wirtschaftsstudium ein, nur um zu erfahren, dass sein Tutor am Trinity College ein Jahr frei genommen hatte. Als Alternative schlug Trinity einen jungen Wirtschaftswissenschaftler vom King's College vor, warnte ihn jedoch, er sei nicht »solide«; sein Name war John Maynard Keynes. So beschloss mein Großvater, sich stattdessen für Jura einzuschreiben.

oder Backstein-Universitäten gegründet. 1870 führte Großbritannien die kostenlose Grundschule ein. Die Sekundarstufen waren auch nach der Gründung des nationalen Schulwesens im Jahr 1902 uneinheitlich, doch etwa um diese Zeit begannen staatliche Schulen, Privatschulen und Universitäten mit der Koordinierung ihrer Lehrpläne und Prüfungen. Dieser Prozess erfolgte vor allem von oben nach unten, die Universitäten drängten auf eine Standardisierung der Schulbildung im Sinne ihrer eigenen akademischen Anforderungen. Das hat sich bis heute kaum geändert, die Oberstufe des britischen Schulsystems soll in erster Linie auf das Studium vorbereiten. Schon 1873 hatten Oxford und Cambridge eine Prüfungskommission eingerichtet, die Abschlussprüfungen an Privatschulen und den neuen staatlichen Gymnasien durchführte. Die beiden Universitäten verstärkten ihre Vorherrschaft zudem mit Stipendien für Absolventen staatlicher Schulen, die vor allem Klassiker studieren sollten.

Die historische Abneigung des englischen Bildungswesens gegen technische (Hand-)Disziplinen zeigt sich nicht nur an Universitäten, sondern auch an Schulen, deren Lehrplan nach dem traditionellen Vorbild der Privatschulen gestaltet wurde. Bildungsminister Robert Morant war Traditionalist und verhinderte Anfang des 20. Jahrhunderts eine stärkere berufliche Ausrichtung der Sekundarstufe. Allerdings gab es in Großbritannien auch eine technische Tradition, die Defizite im Bildungswesen für den Verlust der Wettbewerbsfähigkeit der britischen Industrie verantwortlich machte (so hatte beispielsweise die in England erfundene Farbindustrie nach der Weltausstellung in Paris 1867 ihre Vormachtstellung an die überlegene deutsche Chemieindustrie verloren, die ein internationales Monopol begründete). Diese technische Tradition, die oft mit Protektionismus in Zusammenhang gebracht wird, hatte ebenfalls Einfluss. Ende des 19. Jahrhunderts äußerten einige offizielle Kommissionen ihre Bewunderung für die technische Bildung in Deutschland, und dies schlug sich im Lehrplan der neuen Backstein-Universitäten nieder. In diesem Zusammenhang wurden technische Hochschulen gegründet, oftmals durch Stadtverwaltungen, so wurde unter anderem das Imperial College in London ins Leben gerufen.[25]

Die Gewerkschaften sahen technische Studiengänge mit gemischten Gefühlen und gaben dem bewährten System der Lehre den Vorzug. Andererseits sahen Teile der Arbeiterklasse in der Bildung einen Weg aus der Armut. Daraus ging schließlich die Workers' Education Association hervor, und auf ihren Anstoß richteten die neuen Universitäten Zweigstellen in den neuen Industriezentren ein. 1884 wurde im Londoner East End die Toynbee Hall für Arbeiter und Handwerker gegründet, und 1899 folgte in Oxford das Ruskin College. Bildungshistoriker Robert Anderson weist jedoch darauf hin, dass die alten Universitäten kaum auf den »Bildungshunger der autodidaktischen Handwerker« eingingen, wie ihn Thomas Hardy in seinem Roman *Im Dunkeln* (1895) beschreibt.[26]

In den meisten Ländern sah und sieht sich das Bildungswesen widersprüchlichen Forderungen ausgesetzt: Auf der einen Seite soll es die Volksbildung sichern und auf der anderen eine akademische Elite heranziehen. Im England des ausgehenden 19. Jahrhunderts entschied man sich vor allem für Letzteres. Die Universitäten waren eine exklusive Angelegenheit, weil sie als Internate kostspielig waren und weil sie nicht die Regionen, sondern das ganze Land versorgten. Ihre Tradition lag in der Theorie, nicht in der konkreten Vorbereitung auf einen Beruf. Der amerikanische Autor Matthew Crawford beschreibt diesen Unterschied so: »Es entspricht dem Unterschied zwischen allgemeingültigem Wissen und persönlicher Erfahrung. Allgemeingültiges Wissen lässt sich überall artikulieren und will von keinem konkreten Ort her blicken ... Berufe, die auf allgemeingültigem Wissen basieren, genießen größeres Ansehen, doch wenn sich das Buchwissen in der globalisierten Wirtschaft immer weiter verbreitet, müssen sie mit der ganzen Welt in Konkurrenz treten.«[27]

Die universitäre Bildung entwickelte sich in England etwas anders als in den Vereinigten Staaten oder dem Rest Europas. Während der Aufklärung Ende des 18. und Anfang des 19. Jahrhunderts befanden sich die besten Universitäten Europas vermutlich in Schottland – St. Andrews und Glasgow waren im 15. Jahrhundert gegründet worden, Edinburgh im 16. –, doch Deutschland, wo die Kleinstaaten um die Stellung als angesehenster Bildungsstandort wetteiferten, holte schnell auf. Nach Preußens Niederlage gegen Napoleon hatte Wilhelm von Humboldt eine neue Form der Universität vorgeschlagen, die sich nicht nur der Ausbildung der Elite, sondern auch der Forschung widmete – es war der Prototyp der modernen Universität. Nach diesen Grundsätzen wurde 1810 die Humboldt-Universität von Berlin gegründet. In Frankreich wurden die bestehenden Universitäten durch die Revolution hinweggefegt, und an ihre Stelle traten die *grandes écoles,* die sich auf verschiedene Disziplinen wie zum Beispiel das Ingenieurwesen spezialisierten. Diese Universitäten existieren bis heute neben dem staatlichen Hochschulwesen und bilden einen Großteil der französischen Elite aus, allen voran die kleine École Nationale d'Administration (ENA), die 1945 eingerichtet wurde.

In den Vereinigten Staaten entstanden die Ivy-League-Universitäten noch während der Zeit der britischen Kolonialherrschaft, teils als Reaktion auf das Monopol von Oxbridge in England; Harvard wurde 1636 gegründet. Da Oxford und Cambridge den Anglikanern vorbehalten waren, gingen britische Nicht-Anglikaner zum Studium oftmals in die Kolonien. Nach der Unabhängigkeit im Jahr 1790 gab es dort bereits 19 Einrichtungen, die sich als »College« oder »Universität« bezeichneten. Im 19. Jahrhundert war das amerikanische System schließlich dezentralisiert und richtete sich nach der Nachfrage. Lokalpatriotismus und religiöse Vielfalt ließen im ganzen Land eine Reihe kleinerer Colleges entstehen. David Labaree schreibt: »Mit der Gründung von Colleges wollten Gemeinden beweisen, dass sie ein kulturelles und wirtschaftliches Zentrum waren, und keine verschlafene Kleinstadt.«[28] Schon 1880, als es in England weniger als zehn Universitäten gab, hatten die Vereinigten Staaten erstaunliche 811 Colleges, die im Durchschnitt allerdings auf gerade einmal 130 Studenten kamen.

Einige der großen Universitäten der Vereinigten Staaten, etwa die nach humboldtschem Vorbild gegründete Johns Hopkins University, waren Ende des 19. Jahrhunderts bereits in Betrieb. Anders als die britischen Universitäten richteten sich die amerikanischen Einrichtungen vor allem an die Mittelschicht, sie waren in die Gemeinden eingebettet und leicht zu erreichen. Ende des 19. Jahrhunderts stellte die Regierung den Bundesstaaten Land zur Gründung von staatlichen Universitäten zur Verfügung. Die meisten dieser Institutionen subventionierten die Studiengebühren und erleichterten damit den Zugang zur universitären Bildung weiter. Wie die britischen Backstein-Universitäten boten diese staatlichen Hochschulen stärker praxisbezogene Studiengänge als die kleinen Colleges.

Die technische und handwerkliche Ausbildung hatte in den Vereinigten Staaten zwar ihre Befürworter, doch wie in England spielte sie eher die zweite Geige. 1917 erhielt die Berufsausbildung mit dem Smith-Hughes-Gesetz zwar einen Anschub in Form von staatlichen Fördermitteln. Doch der amerikanische Bildungsphilosoph John Dewey sprach sich in seiner berühmten Debatte mit David Snedden gegen »Nützlichkeitserwägungen« und den Erwerb konkreter Kompetenzen aus; er verlangte vielmehr die Ausbildung der Denkfähigkeit und des kritischen Denkens aller Bürger. In der einen oder anderen Form haben sich Deweys Vorstellungen in den Vereinigten Staaten bis heute gehalten. Man tendierte zum Generalisten. Studenten sollten »nicht nach ihrer Eignung für bestimmte Aufgaben« ausgewählt werden, sondern »nach ihrem allgemeinen Wert, so als handele es sich um Auserwählte der Puritaner in neuem Gewand«, wie Nicholas Lemann in seinem Buch *The Big Test* über die Entstehung der amerikanischen Leistungsgesellschaft schreibt.[29]

Auch in England behielt der Gentleman-Gelehrte und Generalist die Oberhand, wie ihn Kardinal John Newman und Matthew Arnold in ihren Schriften verlangten. Das Empire trug das seine dazu bei: Die Kolonialverwaltung benötigte fähige Allroundtalente – »die Bildung des ganzen Menschen«, wie das Handbuch der Kolonialverwaltung es formulierte. (In einem Land wie Deutschland mit seinen wenigen Kolonien war dies kein Thema.) Doch sowohl bei Studienplätzen als auch bei den Lehrstellen hinkte Großbritannien hinter den Vereinigten Staaten und Deutschland her. Während es in England Ende des 19. Jahrhunderts sechs Universitäten gab, waren es in Deutschland dreißig und in den Vereinigten Staaten einige Hundert. Oxford blieb den Klassikern treu: Im Jahr 1900 wurden 136 seiner insgesamt 297 Stipendien für die Fächer Latein und Griechisch vergeben.

In den Vereinigten Staaten stieß der Arbeitskräftemangel den Ausbau einer kapitalintensiveren Industrie an. An der Wende vom 19. zum 20. Jahrhundert preschte das Land bei der Massenproduktion voran, und Ingenieure und technische Lehrberufe erfreuten sich Jahrzehnte lang einer besonderen Beliebtheit. In England herrschte dagegen ein Überangebot an ungelernten Arbeitskräften, die aus den verarmten ländlichen Regionen in die Städte kamen, was zum Aufbau einer arbeitskräfteintensiveren und weniger automatisierten Produktion führte; die technische Ausbildung war entsprechend weniger wichtig.[30] Die Vereinigten Staaten profitierten außerdem von der Verlängerung der Schulpflicht bis zum sechzehnten Lebensjahr und von der Einrichtung der ersten betriebswirtschaftlichen Studiengänge.

Am Vorabend des Ersten Weltkriegs hatte Großbritannien rund 25 000 Studienplätze, verglichen mit 60 000 in Deutschland und 150 000 in den Vereinigten Staaten. An den technischen Hochschulen Deutschlands studierten 1910 rund 16 000 Ingenieure, in Großbritannien waren es dagegen gerade einmal 4000. Im selben Jahr machten in Deutschland 5500 Chemiker ihren Abschluss, in Großbritannien nur 1500.[31] (Wobei Deutschland damals rund 25 Prozent mehr Einwohner hatte als Großbritannien und die Vereinigten Staaten mit 75 Millionen fast doppelt so viele.) Zwar war die Zahl der Studenten in Großbritannien am Vorabend des Zweiten Weltkriegs auf 50 000 angewachsen, 20 Prozent davon entfielen jedoch auf Oxford und Cambridge, die ihre Vorherrschaft verteidigten. Wenn man von offenkundig praxisbezogenen Studiengängen wie der Medizin absieht, war das nationale Ideal noch immer der Gelehrte, der Wissen um seiner selbst willen erwirbt. Die Backstein-Universitäten wie das College of Science in Birmingham oder das Owens College in Manchester versorgten in erster Linie ihr Umland und wurden von Unternehmern der Region gefördert. Anders als die beiden Eliteuniversitäten boten sie praxisbezogene Studiengänge wie Metallverarbeitung und Bergbau. Allerdings wurde nie der Versuch unternommen, aus diesen regionalen Hochschulen ein alternatives Bildungsmodell zu entwickeln.

Zwischen 1870 und 1914 verdreifachte sich in Europa die Zahl der Studenten, doch anders als in den Vereinigten Staaten stammten diese weiterhin aus einer kleinen, fast ausschließlich männlichen Elite. An den traditionellen britischen Universitäten wurden Studenten auf ehrwürdige Branchen wie Recht, Geistlichkeit und Verwaltung vorbereitet. Wer studieren wollte, musste Latein, Griechisch und manchmal sogar Hebräisch vorweisen; Oxford und Cambridge verzichten erst seit 1960 auf Latein als Studienvoraussetzung. Heute stellt die Welt sowohl Bürger als auch Eliten vor weit größere kognitive Herausforderungen als zu Beginn des 20. Jahrhunderts. Mit dem Bildungsgrad des 19. Jahrhunderts käme die Wirtschaft heute nicht weit. Doch wenn wir heute schon um unsere nationale Zukunft bangen, wenn nicht mindestens die Hälfte der Schulabgänger ein Studium aufnimmt, sollten wir uns daran erinnern, dass Großbritannien zwischen 1800 und 1950 die Industrielle Revolution anstieß, ein Weltreich verwaltete, eine gewaltige Steigerung des Pro-Kopf-Einkommens erreichte, Demokratie und Sozialstaat einführte und zwei Weltkriege gewann (die im technischen Wettlauf entschieden wurden) – und das alles mit einem rudimentären Bildungswesen für die Mehrheit und einem einfachen System zur Auswahl der Elite. Der wichtigste Auslesemechanismus war das Leben selbst, und der Einsatz der Menschen auf ihrem Gebiet. Scheitern konnte teuer zu stehen kommen, wie Admiral John Byng erleben musste, als er 1756 die Eroberung von Menorca durch die Franzosen verschuldete und standrechtlich erschossen wurde.

Vieles davon trifft auch auf die Vereinigten Staaten zu, wenn man einmal davon absieht, dass diese kein Weltreich verwalten, sondern eine neue Gesellschaft aus dem Boden stampfen mussten. Doch zu Beginn des 20. Jahrhunderts befürchteten viele Amerikaner, ihre demokratische und klassenlose Gesellschaft sei unattraktiv geworden. Der Historiker Frederick Jackson Turner erklärte diese Unsicherheit mit dem Ende der Verfügbarkeit des unbesiedelten Landes im Westen, die die Vereinigten Staaten zum Land der unbegrenzten Möglichkeiten gemacht habe; nachdem der Westen von kollektivistisch denkenden Siedlern erobert worden war, sei dieser Traum ausgeträumt. Da half es auch nicht, dass die Vereinigten Staaten eine lethargische Oberschicht im Stile von *Great Gatsby* hervorgebracht hatten.[32] Wie Lemann in *The Big Test* zeigt, veranlasste dieser nagende Selbstzweifel die amerikanischen Bildungspolitiker zur Einführung von Intelligenztests, mit denen die Vereinigten Staaten auf dem Weg zur Weltmacht eine neue leistungsorientierte Elite erhalten sollten. Gegen Mitte des 20. Jahrhunderts war damit der Grundstein für den späteren großen Sprung der kognitiven Elite gelegt.

In Harvard und Oxford reichte es inzwischen nicht mehr, sich einfach einzuschreiben, man musste nun Zugangsprüfungen ablegen und mit anderen um einen Studienplatz konkurrieren. Trotzdem blieben diese Einrichtungen elitär. Wie Charles Murray sagt, gab es in Harvard vor dem Zweiten Weltkrieg »viele reiche und einige wenige intelligente Kinder; fünfzig Jahre später waren es viele intelligente und einige wenige reiche.«[33] Zwar war England in der ersten Hälfte des 20. Jahrhunderts noch elitärer und der Graben zwischen akademischer und praktischer Bildung noch tiefer als in Deutschland oder Frankreich. Dennoch war die Prüfung auch hier fester Bestandteil des Lebens der Ober- und Mittelschicht, Kammern kontrollierten den Zugang zu den Berufen nicht nur mit der Abfrage von Fachwissen, sondern auch mit allgemeinen Prüfungen der kognitiven Kompetenz.

In den Dreißigerjahren lag der Akademikeranteil der männlichen Arbeitnehmerschaft in allen Industrienationen bei unter 10 Prozent. Die kognitive Klasse war zu klein, um nennenswerten politischen oder kulturellen Einfluss ausüben zu können. Die Welt wurde nach wie vor weitgehend von Tradition, Religion und »praktischen Menschen« beherrscht, die »sich von geistigen Einflüssen frei wähnen, aber meist Sklaven irgendeines verstorbenen Wirtschaftstheoretikers sind«, wie John Maynard Keynes 1936 schrieb.

Keynes gehörte damals einer lockeren Gruppe englischer Intellektueller und Künstler an, die als »Bloomsbury Group« bekannt waren und mit ihrer avantgardistischen Einstellung – »sie lebten im Viereck, malten im Kreis und liebten im Dreieck«, wie Dorothy Parker gesagt haben soll – noch kaum einen Einfluss auf die britische Gesellschaft hatten. Heute gehören ihre Vorstellungen zum Gemeingut, was sie zu einem passenden Symbol für den Aufstieg der kognitiven Klasse gegen Ende des 20. Jahrhunderts macht.

Aber ehe wir uns diesem Aufstieg zuwenden, wollen wir uns genauer ansehen, was unter »kognitiver Kompetenz« zu verstehen ist.

Kapitel 3

Kognitive Kompetenz und Leistungsgesellschaft

Es wäre lächerlich, den Intelligenzquotienten mit Tugend, Weisheit, Persönlichkeit und anderen menschlichen Qualitäten gleichsetzen zu wollen. Der Intelligenzquotient entspricht lediglich der Prozessorgeschwindigkeit; ein schnellerer Prozessor kann Dinge, die ein langsamerer nicht kann. Das trifft auch auf so ziemlich jede menschliche Eigenschaft zu ...

Charles Murray

Intelligenz und Einfallsreichtum stehen im Mittelpunkt der modernen Zivilisation, und das wird sich auch nicht ändern. Doch es ist wenig intelligent, eine einzige menschliche Fähigkeit über Gebühr zu belohnen. Warum? Eine Antwort ist die menschliche Würde. Erstmals in der menschlichen Gesellschaft entscheidet Intelligenz über den Platz innerhalb der gesellschaftlichen Hierarchie, doch das zu einer Zeit, in der Gesellschaften demokratischer sind denn je und der Gleichheit großen Stellenwert beimessen. Da Intelligenz genauso ungleich verteilt ist wie Vermögen, müssen wir uns fragen, wie wir sicherstellen können, dass Menschen mit geringeren kognitiven oder anderen Fähigkeiten ihren gerechten Anteil an Anerkennung und Würde erhalten, ohne gleichzeitig die Freiheiten der Intelligenteren zu beschneiden. Anders als Vermögen lässt sich Intelligenz jedoch nicht umverteilen. Sie ist zumindest teilweise ein Produkt des Zufalls und kann nur innerhalb einer Gesellschaft ihre Wirkung entfalten. Die britische Journalistin Polly Mackenzie schreibt sehr zutreffend:»Wir debattieren endlos, ob Intelligenz angeboren oder erworben ist. Dabei ist das egal. Wir haben auf beides keinen Einfluss. Meine Eltern haben mir meine Gene und meine Erziehung mitgegeben. Es wäre genauso falsch, meine Gaben mir selbst zuzuschreiben, wie sie nicht zu nutzen. Talent ist nicht nur ein Geschenk, sondern auch eine Verpflichtung.«[34]

Es gibt jedoch auch einen zweiten, ganz handfesten Grund, kognitive Kompetenz nicht überzubewerten und überzubezahlen: Wenn zu viele der mäßig intelligenten Menschen motiviert werden, vor allem ihre kognitiven Fähigkeiten zu entwickeln, wie dies im Westen mit dem raschen Ausbau der Hochschulen der Fall ist, dann geht dies auf Kosten anderer Fähigkeiten, die unsere Gesellschaft genauso dringend benötigt.

Auf den ersten Blick scheint es gerecht und neutral zu sein, in wirtschaftlich ungleichen Gesellschaften die kognitive Kompetenz besonders zu belohnen, weil sie leicht messbar zu sein scheint. Doch bei genauerem Hinsehen ist sie gar nicht so einfach zu ermitteln. Anders ausgedrückt, stehen die Eigenschaften, die wir mit intelligenten Menschen assoziieren, nur bedingt in Zusammenhang mit kognitiver Kompetenz oder dem»Generalfaktor der Intelligenz«, wie Forscher es nennen – also jener Art von»allgemeiner Intelligenz«, die sich in Intelligenztests messen lässt.

Ohne ein gerüttelt Maß an allgemeiner Intelligenz kommt man in keiner Organisation voran, egal ob in einem Weltkonzern oder der Drogenmafia. Sie ist allerdings nur eine notwendige, aber keine hinreichende Voraussetzung für etwas, das man als Lebenstüchtigkeit bezeichnen könnte, wozu auch Sozialkompetenz, Urteilsvermögen,

Vorstellungskraft und so weiter gehören. Diese Eigenschaften werden von Intelligenztests und anderen Prüfungen allerdings nicht erfasst. So wissen wir zum Beispiel, dass sich viele Menschen mit besonderen kognitiven Fähigkeiten und hohem Intelligenzquotienten auf dem Autismusspektrum befinden und kaum über Sozialkompetenz verfügen. Die meisten von uns haben keine Ahnung, welchen Intelligenzquotienten sie oder ihre Freunde und Kollegen haben, aber wir haben ein Gespür dafür, dass manche Menschen »klüger« sind als andere. Es ist allerdings keineswegs gesagt, dass diejenigen unserer Bekannten, die wir für besonders klug halten, auch den höchsten Intelligenzquotienten haben.

Es gibt keine allgemein akzeptierte Definition der Intelligenz, doch die folgende Beschreibung der amerikanischen Psychologin Linda Gottfredson entspricht einer verbreiteten Vorstellung:»Intelligenz bezeichnet eine allgemeine Denkfähigkeit und umfasst unter anderem Urteilsfähigkeit, Planung, Problemlösung, Nachvollziehen komplexer Gedankengänge, Auffassungsgabe und Lernen aus Erfahrung. Es handelt sich nicht um angelesenes oder anderweitig erworbenes Wissen oder um die Fähigkeit, Testfragen zu beantworten. Vielmehr handelt es sich um die umfassendere Fähigkeit, unsere Umwelt zu verstehen – Dinge zu begreifen und herauszufinden, was zu tun ist.«[35] Diese Definition ist so breit wie schwammig, sie verweist auf etwas, das sich von einem Menschen zum anderen unterscheidet, etwas, das es uns erlaubt, in unserer Umwelt zu funktionieren, und etwas, das mit kognitiven Fähigkeiten zusammenhängt. Zudem unterscheidet diese Definition klar zwischen einer umfassenderen Vorstellung der Intelligenz und der messbaren Fähigkeit, Testfragen zu beantworten und Informationen auszuwerten.

Diese zweite, messbare Art, die sogenannte allgemeine Intelligenz, ist offenbar eine reale Größe, und in der Folge werde ich auf ihre Geschichte eingehen und die Debatten umreißen, die um sie geführt werden. Inwieweit ist sie angeboren? Lässt sie sich tatsächlich ohne kulturelle Diskriminierung ermitteln? In jedem Fall sollten wir vorsichtig damit umgehen und sie bei unseren Auswahlverfahren als Magd behandeln, nicht als Herrin. Die meisten Intelligenzforscher würden zustimmen, dass sie nur ein Aspekt der Lebenstüchtigkeit ist. Denn Intelligenz im weiteren Sinne hängt auch von äußeren Faktoren wie der Qualität der Bildung und den allgemeinen Lebensumständen zusammen. Dazu einige Beispiele.

Der 24-jährige Ben ist Sohn einer befreundeten Londoner Akademikerfamilie. Beide Eltern sind beruflich erfolgreich, seine drei Brüder haben an guten Universitäten studiert. Ben rebellierte jedoch gegen den schulischen Leistungsdruck und fiel durch das Abitur. Danach machte er eine Lehre in einem Luftfahrtunternehmen in Bristol. In seiner dreijährigen Lehrzeit lernte er viel und wollte mehr lernen, doch die Möglichkeiten waren begrenzt, sodass er zwei Jahre später kündigte und in Bristol Luft- und Raumfahrttechnik studierte. Nachdem er einige Jahre zuvor durch das Abitur gefallen war, bestand er die Prüfungen des ersten Studienjahrs mit Bravour und will nach seinem Studium eine Pilotenausbildung machen.

Wie im biblischen Gleichnis, in dem einiges auf steinigen und anderes auf fruchtbaren Grund fällt, entscheidet oft der weitere Kontext unseres Lebens darüber, ob wir unsere Fähigkeiten entwickeln oder nicht. Genies wie Shakespeare, Mozart oder Einstein mögen ein gewisses Maß an angeborenem Talent haben, doch auch sie benötigen fruchtbaren Grund, damit es aufgehen kann. Der Autor und Zeichner David Lucas beschrieb mir die weniger glücklichen Erfahrungen seines Vaters. Als kluger Junge der Arbeiterklasse besuchte er in den Fünfzigerjahren das Gymnasium, zu einer Zeit, als sich neue Möglichkeiten auftaten. Doch in seinem Heimatort Middlesbrough gab es nur Arbeit in der Schwerindustrie, für die er nicht gemacht war. In den Siebzigerjahren, er war schon Mitte dreißig und hatte fünf Kinder, begann er dann doch noch ein Kunststudium in London aufzunehmen. »Das schnelle, schicke, schnöselige London war zu hoch für ihn. Er hat alles getan, um seinen Platz zu finden. Ich erinnere mich, wie er Jazz gehört und moderne Möbel angeschafft hat, um sich neu zu erfinden, aber es ist ihm einfach nicht gelungen. Er ist verwelkt. Er hat keine Arbeit gefunden und immer gesagt: ›Es geht nicht darum, was man kann, sondern wen man kennt.‹ Er ist verbittert. Mit sechzig hatte er dieselben Gene wie mit dreißig. Aber mit dreißig hatte er eine Frau, die ihn geliebt hat, Kinder, die zu ihm aufgeschaut, und Eltern, die ihn angefeuert haben. Es ging aufwärts. Mit sechzig war das alles weg. Unsere Leistung hängt entscheidend von unserem Publikum ab.«

Wie jede andere Fähigkeit muss auch die Intelligenz auf vielen Dimensionen und über lange Zeiträume hinweg betrachtet werden. Sie blüht auf und vergeht. Oder sie ist gefroren, bis ihr plötzlich die Sonne lacht und sie zu sprießen beginnt. Und manchmal findet sie auch nie die richtigen Bedingungen.

Mit aller gebotenen Bescheidenheit kann ich auch meine eigene Biografie als Beispiel für die Relativität und Wandelbarkeit der Intelligenz anführen. Als junger Mensch hatte ich das Gefühl, nicht sonderlich intelligent zu sein; ich erinnere mich dunkel, dass ich einmal an einem Intelligenztest teilnahm und haarscharf über dem Durchschnitt lag. Meine eloquenten und selbstsicheren Klassenkameraden schüchterten mich ein, doch ich hatte ein gutes Gedächtnis (was mir wahrscheinlich beim Intelligenztest zugute kam) und brachte gute Noten nach Hause, bis ich 16 war. Dann erwachte der Rebell in mir. Obwohl ich mit Eton eine der renommiertesten Privatschulen besuchte, fiel ich durch das Abitur. Auf einer Londoner Grammar School konnte ich das Abitur nachholen, und mit etwas

Glück bekam ich einen Studienplatz an der Universität von York. Fünf Jahre nach meinem katastrophalen Abitur schloss ich mein Studium in Politik und Geschichte mit Auszeichnung ab, auch weil ich mich in marxistischen Studentengruppen engagierte. Angespornt von meinem schlechten Gewissen über meine Herkunft aus der Oberschicht und meinem vagen Bedürfnis, die Welt zu verbessern, stürzte ich mich in das Studium der Ideengeschichte. Für einen verunsicherten und unreifen jungen Mann wie mich war der Marxismus ein Schutzschild der Gewissheiten und ein Grund, zu allem eine Meinung zu haben. Nachdem ich mit Mitte zwanzig ein Volontariat bei einer Tageszeitung in York gemacht hatte, bemühte ich mich in meiner Rastlosigkeit und wahrscheinlich auch Unsicherheit um eine Stelle bei einer renommierten überregionalen Tageszeitung; unterwegs rückte ich politisch von ganz links in die linke Mitte. Zum ersten Mal im Leben fühlte ich mich sicher genug, selbstständig zu denken. Fünfunddreißig Jahre später schreibe ich Bücher und darf in Rundfunk und Fernsehen und auf Konferenzen meine Meinung sagen. Was ist passiert?

Verdanke ich das der allmählichen Entfaltung meiner angeborenen Intelligenz? Oder dem verzögerten Einfluss meiner privilegierten Herkunft? Natürlich hat mir meine Herkunft nicht geschadet. Ihr habe ich es zu verdanken, dass ich nach dem versiebten Abitur eine zweite Chance bekam, die viele Menschen nicht haben. Doch keines meiner sechs Geschwister ist einen ähnlichen Weg gegangen. Mein Vater war ein eigensinniger konservativer Politiker, der in meiner Jugend nicht da war, um mit mir über Politik oder irgendetwas anderes zu sprechen. Meine Mutter war eine klassische Hausfrau, klug und zungenfertig, aber ohne Bildungshintergrund. Die magische Zutat meiner geistigen Entwicklung war jedoch das Selbstvertrauen – das, was Carol Dweck als »dynamisches Selbstbild« bezeichnet.[36] Die Überzeugung, dass meine Ansichten einen

Wert haben (eine Überzeugung, die vielen Menschen abgeht), war eine Art Zaubertrank, der dafür sorgte, dass mir immer mehr davon in den Kopf kamen.

Wir blühen auf, wenn wir das Gefühl haben, dass sich jemand für unsere Ansichten interessiert – es ist ein dynamischer Prozess zwischen Sender und Adressat, Sprecher und Publikum. Jeder von uns kennt Menschen, die uns das Gefühl vermitteln, dass wir dumm sind; Freunde und Partner suchen wir uns danach aus, ob sie uns das Gefühl vermitteln, gescheit und witzig zu sein (zumindest anfangs).

War meine Entwicklung eine Art Spätzündung der berüchtigten Eton'schen Selbstüberschätzung? Oder meines Wunschs, meinem erfolgreichen Vater etwas zu beweisen? Vielleicht zum Teil. Doch genauso wahrscheinlich stammt sie aus dem Bewusstsein, dass ich selbst etwas zuwege gebracht hatte, und zwar unabhängig von meinen angeborenen Privilegien und meiner Schulbildung. Dieses Etwas war die Redaktion einer Monatszeitschrift namens *Prospect* und die Feststellung, dass ich mit Ende dreißig etwas richtig gut konnte: Artikel zu aktuellen und intellektuellen Themen in Auftrag zu geben und zu redigieren. Mit dem Start von *Prospect* im Jahr 1995 erhielt ich zudem ein gewisses Maß an Anerkennung, das ich vorher so nicht gekannt hatte.

Mit meinen inzwischen etwas über sechzig Jahren fühle ich mich geistig wacher denn je, obwohl mein Gedächtnis abbaut und mein Hirn auch in anderer Hinsicht nicht mehr ganz so zuverlässig funktioniert. Doch dieser Verfall wird durch das Wissen und die Erfahrung wettgemacht, die ich erworben habe und die mein Denken heute leiten. Auch andere Fähigkeiten haben sich erst allmählich gezeigt. Ich habe schon immer gern gesungen, doch nachdem ich vom Schulchor abgelehnt worden war, musste ich annehmen, dass ich nicht das Zeug zum Sänger habe. Doch angestoßen durch einige Freunde habe ich diese unmusikalische Zeit hinter mir gelassen und in den letzten Jahren in einigen Gesangsgruppen mitgesungen.

Als ich im Rahmen dieses Buchs über mein eigenes Leben nachgedacht habe, musste ich auch erkennen, dass der Zufall meinen Lebensweg entscheidend mitgeprägt hat. Wenn ich in der Schule meine rebellische Seite entdeckte, dann auch weil ich erstmals Bekanntschaft mit dem Scheitern gemacht hatte: Ich hatte es nicht in die Cricket-Mannschaft der Schule geschafft. Wenn ich also etwas besser im Cricket gewesen wäre, dann hätte mein Leben vielleicht einen konventionelleren Verlauf genommen und ich wäre in einer Anwaltskanzlei oder Bank gelandet. Und ein zweites Mal scheiterte ich, als ich einige Jahre später von einer linken Studentengruppe für eine feste Stelle bei der Studentengewerkschaft nominiert wurde und sechs Stimmen zu wenig erhielt. Wenn ich die Wahl gewonnen hätte, dann wäre ich vermutlich in der aufgeblasenen Welt der linken Studentenpolitik gelandet und wäre heute Labour-Abgeordneter und Berufspolitiker.

Ist Intelligenz messbar?

Lässt sich unsere Intelligenz in Tests ermitteln? Die meisten Intelligenzforscher sind überzeugt, dass die allgemeine Intelligenz – der sogenannte Generalfaktor der Intelligenz – eine reale und angeborene Größe und zumindest zu 50 Prozent erblich ist. Genauso überzeugt sind sie, dass sie sich messen lässt.[37] Radikale Kritiker lehnen die Vorstellung der angeborenen Intelligenz dagegen rundweg ab. Wieder andere halten die allgemeine Intelligenz lediglich für einen Aspekt der menschlichen Fähigkeiten; ihrer Ansicht nach zeigen Intelligenztests nur einen schmalen Ausschnitt und sind zu weit von der Lebenswirklichkeit entfernt, um ein derart komplexes und kontextabhängiges Phänomen zu messen. Zudem begünstigten Tests die Kinder von Eltern, die die Mittel haben, in sie zu investieren.

Vorneweg: Natürlich nützen hochintelligente Menschen der Gesellschaft, und wir alle profitieren von ihrer Arbeit, wie wir während der Coronakrise wieder erleben. Sie haben ein Händchen für bestimmte Aufgaben – Organisation, Innovation, Forschung –, die wesentlich für unsere modernen Gesellschaften und Volkswirtschaften sind. Daher ist es sinnvoll, kluge Menschen ausreichend zu belohnen, damit sie diese wichtigen Aufgaben übernehmen, statt herumzuhängen oder sich in gesellschaftsschädigender Weise selbst zu bereichern. Aber, um es klarzumachen: In diesem Buch geht es um die Grenzen der kognitiven Leistungsgesellschaft. Selbst wenn sich die gesellschaftlich funktionalste Art der Intelligenz messen und sich die kognitive Elite gerecht und ohne Begünstigung einzelner Gruppen auswählen ließe, dann wäre dies keine Rechtfertigung, der kognitiven Elite einen derart unverhältnismäßigen Anteil des gesellschaftlichen Einkommens zu überlassen.

Da man aber selbst in einer Gesellschaft, die Einkommen und Status gerechter auf unterschiedliche Fähigkeiten verteilt, immer noch Auswahlsysteme bräuchte, mit deren Hilfe die richtigen Menschen für die richtigen Aufgaben ausgewählt werden, ist es umso wichtiger, dass auch Nichtexperten die Argumente der Intelligenzforschung zur Messbarkeit und Verteilung kognitiver Kompetenz nachvollziehen können und einen kleinen Einblick in die Geschichte der Intelligenzforschung erhalten.

Was also ist die sogenannte allgemeine Intelligenz? Dahinter verbirgt sich ein Aspekt unserer Denkfähigkeit, der über eine Reihe von Intelligenzmessungen hinweg konstant bleibt. Um einen Vergleich mit dem Sport zu bemühen: In der Schule gibt es sportliche Kinder;

wenn sie gut im Fußball sind, dann haben sie tendenziell auch Rugby und Cricket drauf. Sie hätten demnach eine große allgemeine Sportkompetenz. Bei musischen Fähigkeiten ist das ähnlich.

Intelligenzforscher gehen davon aus, dass wir im Laufe eines Lebens in Intelligenztests mehr oder weniger gleich abschneiden und dass ein Zusammenhang zwischen dem Intelligenzquotienten und dem Erfolg in anderen Lebensbereichen wie Schule und Beruf besteht. Sie verweisen auf verschiedene kognitive Bereiche, die in den Tests abgefragt werden, etwa Sprachkompetenz, perzeptive Organisation, Verarbeitungsgeschwindigkeit und Arbeitsgedächtnis. Intelligenzforscher behaupten gern, dass diese Tests zu den verlässlichsten der gesamten Psychologie gehören.

Kritiker, meist keine Intelligenzforscher, verweisen auf die geringe Bandbreite der in Intelligenztests abgefragten Fähigkeiten. Ihrer Ansicht nach ermitteln diese Tests lediglich eine Form der Kompetenz, die sie selbst definieren. Mit anderen Worten, ein hoher Intelligenzquotient besagt lediglich, dass jemand besonders gut bei der Lösung von Intelligenztests ist. Andere bezweifeln, dass es sich beim Generalfaktor der Intelligenz um eine angeborene Größe handelt. Ihrer Ansicht nach ist Intelligenz formbarer und wird von der sozialen Herkunft genauso geprägt wie von anderen Umweltfaktoren und dem Zufall. Sie verweisen zum Beispiel darauf, dass Sprachkompetenz in erheblichem Maße damit zusammenhängt, ob Eltern ihren Kindern vorlesen oder mit ihnen sprechen. Andere Untersuchungen zeigen, dass Belohnungen die Testergebnisse positiv beeinflussen können.

James Flynn, der mit seiner Forschung nachweisen konnte, dass der durchschnittliche Intelligenzquotient weltweit immer weiter zunimmt, betont den Einfluss der Umwelt auf die Intelligenz. Allerdings stellt er nicht in Abrede, dass manche Menschen effizienter denken als andere. Zur Erklärung der Unterschiede verweist

Flynn auf die Bedeutung von Subkulturen, die kognitive Betätigung hemmen oder fördern können. Die Erforschung der Ursachen der Intelligenzunterschiede verschiedener Gruppen ist das vielleicht umstrittenste Gebiet der Sozialwissenschaften überhaupt und erinnert an die Nähe der frühen Intelligenzforschung zur Eugenik und anderen rassistischen Pseudowissenschaften. Tatsächlich wurde die Intelligenzforschung im 19. und 20. Jahrhundert von Menschen mit ganz bestimmten Motiven betrieben.»Ihrer Ansicht nach war die Intelligenz die mit Abstand wichtigste menschliche Eigenschaft und sollte im Mittelpunkt der Gesellschaft stehen; Intelligenz sei erblich, Menschen dunklerer Hautfarbe seien weniger intelligent als Weiße, und weniger intelligente Menschen vermehrten sich schneller als intelligentere, weshalb die Menschheit allmählich verdumme«, so Nicholas Lemann in *The Big Test*.[38]

Heute gilt die Intelligenzforschung jedoch als ehrbarer Zweig der Psychologie, Unternehmen nutzen ihre Tests zur Auswahl ihrer Bewerber. Aus der Intelligenzforschung des beginnenden 20. Jahrhunderts entwickelte sich außerdem im Zeitalter der Massenbildung ein begrüßenswertes Interesse an den Problemen von Kindern mit Lernbehinderungen. So wurde der Binet-Simon-Test 1905 von französischen Psychologen entwickelt, um zu ermitteln, welche Kinder in der Schule besondere Lernförderung benötigten. Der amerikanische Psychologe Lewis Madison Terman von der Universität Stanford entwickelte diese Skala 1916 weiter zum Stanford-Binet-Test. Der Gedanke des Intelligenzquotienten geht auf William Stern zurück, der dazu einen Test erfand. In den Vereinigten Staaten erfreute sich dieser Test besonderer Beliebtheit, weil er die menschliche Intelligenz auf eine handliche Zahl reduzierte. Die Vorstellung eines Generalfaktors der Intelligenz, der über verschiedene Tests hinweg konstant bleibt, wurde 1904 vom britischen Psychologen und Offizier Charles Spearman erdacht.

Die US-Armee setzte im Ersten Weltkrieg erstmals Intelligenztests im großen Stil ein, um wehruntaugliche Rekruten auszumustern. Wie so viele andere Tests wurde er als diskriminierend kritisiert, was die Armee allerdings nicht daran hinderte, ihn in überarbeiteter Form über den Zweiten Weltkrieg hinaus bis zum Korea- und dem Vietnamkrieg zu verwenden. Die federführenden Psychologen Robert Yerkes und Lewis Terman übertrugen ihre Testmethoden zudem auf das Bildungswesen und standen Pate bei der Entwicklung des Hochschulzugangstests SAT, der bis heute in den Vereinigten Staaten verwendet wird.

Heute wird der Generalfaktor der Intelligenz vor allem mithilfe des Wechsler-Intelligenztests für Erwachsene ermittelt. In seiner ersten Fassung wurde er 1955 von dem amerikanischen Psychologen David Wechsler veröffentlicht. Dabei handelt es sich um einen neunzigminütigen Test von Sprachverständnis, logischem Denken, Arbeitsgedächtnis und Verarbeitungsgeschwindigkeit, aus dem der Intelligenzquotient ermittelt wird. Wechsler selbst überarbeitete seinen Test Ende der Sechzigerjahre in Zusammenarbeit mit Alan S. Kaufman, weil ihm vor allem Afroamerikaner kulturelle und ethnische Diskriminierung vorwarfen. Kritiker verwiesen darauf, dass einige der Testfragen statt der Denkfähigkeit erworbenes Wissen abfragten (zum Beispiel »Wer ist der Autor von *Romeo und Julia*?«) und dass Kinder mit besonderen mathematischen Fähigkeiten besser abschnitten als andere.

In seiner überarbeiteten Fassung eignete sich der Test, um Dinge wie den Schulerfolg vorherzusagen, doch die Frage bleibt: Wie nützlich ist das, und was sagt es über ein so umfassendes und unscharfes Phänomen wie Intelligenz aus? Wenn der Generalfaktor, wie ihn Intelligenztests ermitteln, lediglich einige Formen der Mustererkennung abfragt, sollte man ihm dann in Schulen und Unternehmen einen derart breiten Raum in Auswahlverfahren geben?

Der Einfluss dieser Tests reicht weit. In Großbritannien kam mit dem »Eleven Plus« ein Intelligenztest zum Einsatz, der nach der Grundschule über den Wechsel auf die Grammar School entschied. Heute müssen alle Kinder beim Wechsel in die Sekundarstufe einen Test ihrer kognitiven Fähigkeiten ablegen, den sogenannten CAT, mit dessen Ergebnissen die Kinder in Leistungsgruppen eingeordnet werden. Auch in den Vereinigten Staaten werden Intelligenztests in vielen Schulbezirken zur Auslese eingesetzt; nur in Kalifornien gelten sie als diskriminierend und dürfen nur eingeschränkt verwendet werden. Der Hochschulzugangstest SAT gilt als Vetter des Intelligenztests; er wurde erstmals 1926 von zwölf Eliteuniversitäten im Nordosten des Landes verwendet, und während der Studentenflut nach dem Zweiten Weltkrieg legten ihn pro Jahr bis zu 800 000 Bewerber ab. Bis heute wird mit dem SAT, obwohl er vor allem von progressiven Bildungspolitikern kritisiert wird, die »Lernfähigkeit« von Schülern ermittelt, und wer in diesem Test am besten abschneidet, erhält die begehrtesten Studienplätze; 2018 nahm eine Rekordzahl von 2 Millionen Schülern teil.

Sowohl in Großbritannien als auch in den Vereinigten Staaten wird also seit Langem der Versuch unternommen, nicht das erlernte Wissen zu ermitteln, sondern die angeborene Denkfähigkeit. Frankreich, Deutschland und die meisten anderen Länder verwenden zur Auswahl der Elite dagegen konventionellere Prüfungen und verzichten darauf, eine vermeintlich angeborene Größe zu ermitteln. In diesen Ländern geben Kultusministerien Lernziele vor, und die Prüfungen fragen ab, inwieweit die Kinder diese erreicht haben.

Auch Nicholas Lemann und andere Kritiker von Intelligenztests im Stile des SAT sind der Auffassung, bei Leistungstests sollten keine vermeintlich angeborenen Eigenschaften im Mittelpunkt stehen. Vielmehr sollten sie die Botschaft vermitteln, dass man im Leben durch Fleiß etwas erreichen kann. Trotzdem halten viele

Institutionen und Arbeitgeber bei der Auswahl von Führungskräften an Intelligenz- oder psychometrischen Tests fest. In den Vereinigten Staaten verwenden rund drei Viertel aller Unternehmen mit mehr als einhundert Mitarbeitern in ihren Auswahlverfahren Eignungs- und Persönlichkeitstests, und dieser Anteil wird in den kommenden Jahren weiter steigen.[39]

Die meisten Intelligenzforscher räumen ein, dass die allgemeine Intelligenz nur ein Aspekt der Intelligenz ist und nichts über Kreativität, Vorstellungskraft oder Sozialkompetenz aussagt. Der amerikanische Intelligenzforscher Christopher Chabris glaubt:»Es gibt Hirnsysteme, die sich für den zwischenmenschlichen Umgang entwickelt haben und nichts mit den Hirnsystemen für abstraktes Denken zu tun haben.«[40] Daneben gibt es weitere Eigenschaften, die zur Intelligenz beitragen und das ausmachen, was man als lebenstüchtigen Menschen bezeichnet: Energie, Motivation, Gewissenhaftigkeit, Führungsqualitäten, die Fähigkeit, aus Erfahrung zu lernen, und die Fähigkeit, Belohnungen aufzuschieben. Diese Eigenschaften setzen keinen überdurchschnittlichen Intelligenzquotienten voraus. Nach Ansicht der Psychologin Angela Duckworth ist der»Mumm« viel bedeutender für den Erfolg eines Menschen als der Intelligenzquotient.

Kritikern der Intelligenztests – James Flynn mit seiner Beobachtung, dass der Intelligenzquotient in aller Welt konstant steigt; Howard Gardners Theorie der multiplen Intelligenzen; Daniel Golemans Vorstellung der emotionalen Intelligenz; Robert Sternbergs Konzept der praktischen, analytischen und kreativen Intelligenz; oder Carol Dwecks Vorstellung vom Selbstbild – geht es vor allem darum, den Begriff der Intelligenz zu erweitern, aber nicht darum, sie grundsätzlich in Frage zu stellen. So geht beispielsweise der»Flynn-Effekt« davon aus, dass Intelligenztests durchaus ihren Nutzen haben, unterstreicht jedoch den Einfluss der Umwelt auf das Abschneiden von Einzelnen und ganzer Kohorten. Einige Kritiker sehen die Ursachen für die Veränderungen der gemessenen Intelligenz oft in Umweltfaktoren wie Verbesserungen von Ernährung, Gesundheit oder Bildung. Flynn geht weiter und vertritt die Ansicht, die Moderne selbst vermittle kognitive Fähigkeiten wie Abstraktion, symbolisches Denken und Klassifizierung, die unsere Vorfahren nicht hatten.[41] Er konnte dabei zeigen, dass in einigen Industrienationen der Intelligenzquotient über das 20. Jahrhundert hinweg pro Jahrzehnt um drei Punkte gestiegen ist.[42] In seinem ersten Artikel zu diesem Thema wies er nach, dass in den Vereinigten Staaten der durchschnittliche Intelligenzquotient zwischen 1932 und 1978 um 14 Punkte anstieg.[43] Inzwischen wird darüber debattiert, ob der Flynn-Effekt auch in den letzten Jahrzehnten Bestand hat oder ob er sich nicht sogar umgekehrt hat, die Beweislage ist unklar.

Vertreter der Theorie eines angeborenen und erblichen Intelligenzquotienten streiten die Existenz des Flynn-Effekts nicht ab, haben jedoch eine einfachere Antwort. Ihrer Ansicht nach verhält es sich mit dem Intelligenzquotienten wie mit der Körpergröße: Dank besserer Ernährung sind die Menschen in den vergangenen Jahrhunderten immer größer geworden, doch das ändert nichts daran, dass sich die Körpergröße von einem zum anderen unterscheidet, dass sie angeboren ist und dass sie weitervererbt wird. In der breiteren Öffentlichkeit herrscht dagegen eine gewisse Skepsis gegenüber der Erblichkeit der Intelligenz, hier schreibt man Erfolg gern Chancen, Glück oder Fleiß zu. In seinem Buch *Überflieger* machte Malcolm Gladwell die Vorstellung populär, dass man 10 000 Stunden Übung braucht, um auf einem beliebigen Gebiet zur Weltspitze vorzustoßen.

Intelligenz kann auch damit zusammenhängen, wie sehr man das Gehirn verwendet. Schon 1974 zeigte der Soziologe Melvin Kohn, dass stupide Routinetätigkeiten zur Verdummung beitragen können, während kognitiv komplexere Arbeit die Menschen intelligenter macht, was sich in den Ergebnissen von Intelligenztests niederschlägt. Kohn und seine Kollegen konnten diese Ergebnisse in den Achtzigerjahren in Japan und in den Neunzigerjahren in Polen bestätigen. Das könnte auch eine Erklärung für den Anstieg des durchschnittlichen Intelligenzquotienten in Irland sein. In den Siebzigerjahren war die grüne Insel noch überwiegend landwirtschaftlich geprägt und der Intelligenzquotient war niedrig, doch heute hat sie mit ihrer hochgebildeten urbanen Gesellschaft zu Ländern wie Großbritannien aufgeschlossen.

Intelligenzforscher würden gar nicht abstreiten, dass sich Talent und Intelligenzquotient durch Übung steigern lassen, so wie man einen Muskel durch Training stärken kann. Trotzdem würden sie behaupten, dass Menschen mit angeborenen Fähigkeiten schneller Höchstleistungen erreichen als andere.

Jedes Verhalten ergibt sich aus einer Mischung von angeborenen und erworbenen Eigenschaften. Doch noch einmal: Wenn klassische Intelligenztests und darauf aufbauende Auswahlprüfungen nur ein bestimmtes Netzwerk im Gehirn abfragen und nichts über Dinge wie Kreativität, Vorstellungsvermögen oder Mitgefühl aussagen, dann sind sie bei der Auswahl von Mitarbeitern oder der Vergabe von Studienplätzen nur sehr bedingt aussagekräftig.

Und kann es nicht sein, dass auch die Persönlichkeit und Psyche in Test- und Prüfungsergebnisse hineinspielen? Manche Menschen schneiden schlechter ab, weil es ihnen an Selbstbeherrschung mangelt oder sie nicht mit Zeitdruck zurechtkommen. Die Geschichtsbücher sind voll von erfolgreichen und hochintelligenten Menschen, die lausige Schüler waren und in entscheidenden Prüfungen versagt haben. Dazu kommt, dass viele Menschen auf manchen Gebieten Genies sind und auf anderen absolut hilflos. Man denke nur an manche Männer, die kognitive Tests glänzend meistern, aber emotional so tollpatschig sind, dass sie sich und anderen Schaden zufügen. An Universitäten kann man vielen Menschen begegnen, die zwar beeindruckende akademische Lebensläufe vorweisen können, sich aber nicht durch ihre Lebenstüchtigkeit hervortun. Das soll nicht heißen, dass es so etwas wie einen Generalfaktor der Intelligenz nicht gibt oder dass sich Menschen nicht hinsichtlich ihrer allgemeinen geistigen Fähigkeiten unterscheiden – das wird Ihnen jeder bestätigen, der Erfahrung in der Ausbildung oder Führung von Menschen hat.

Intelligenz verteilt sich nach einer Glockenkurve. In einem Land wie Großbritannien haben 70 Prozent der Bevölkerung einen Intelligenzquotienten zwischen 85 und 115, 15 Prozent liegen darüber, 15 Prozent darunter. Würden wir unsere Ausleseverfahren als erfolgreich bezeichnen, wenn diese laut Intelligenztest talentierteren 15 Prozent an die Schaltstellen von Wirtschaft und Gesellschaft kommen? Journalist und Pädagoge Toby Young meint: »Die Wirtschaft eines Landes wächst schneller, die staatlichen Dienstleistungen sind reibungsloser, die Politiker treffen bessere Entscheidungen und Krankheiten werden eher überwunden, wenn die Spitzenpositionen von Menschen mit den größten kognitiven Fähigkeiten besetzt werden.«[44] Das ist aber nicht der Fall, wenn wir kognitive Fähigkeiten mit dem Intelligenzquotienten gleichsetzen. Außerdem wird die Weltsicht innerhalb dieser 15 Prozent sehr ähnlich sein, sich jedoch von derjenigen der übrigen 85 Prozent stark unterscheiden – keine gute Voraussetzung, um Politik für diese 85 Prozent zu machen.

Der britische Wissenschaftsjournalist David Robson schrieb in seinem Buch *The Intelligence Trap*, warum Menschen mit einem hohen Intelligenzquotienten oft große Schwierigkeiten bei der Einschätzung von Risiken und der Abwägung von Beweisen haben. Der Grund ist nicht, dass es sich um »zerstreute Intellektuelle« handelt; vielmehr »fehlt es Menschen mit hohem Intelligenzquotienten oftmals an rationaler Urteilskraft und gesundem Menschenverstand«.[45] So verwenden sie ihre Hirnpotenz oft darauf, alles zu widerlegen, was ihre Sicht der Dinge infrage stellen könnte, und untermauern dadurch häufig falsche Vorstellungen; nicht selten haben Klimaleugner und Verschwörungstheoretiker große kognitive Fähigkeiten. In einem Blog beschrieb ein Google-Ingenieur die intelligenten und erfolgreichen Menschen in seinem Umfeld, die in ihrem übersteigerten Selbstbewusstsein die gefährliche Fähigkeit hatten, »für alles eine überzeugende Erklärung zu finden«.[46] Dank der Arbeiten von Psychologen wie Jonathan Haidt, Daniel Kahneman und anderen wissen wir heute jedoch, dass selbst der Verstand hochgebildeter Menschen von Emotionen und Ahnungen geleitet wird.

Das heißt: Kognitive Kompetenz ist real und messbar, doch eine Sortiermaschine, die auf Grundlage dieser kognitiven Kompetenz auswählt, trifft nicht die besten Entscheidung, weil sich etwas so Komplexes wie Intelligenz nicht in Schmalspurtests ermitteln lässt. Abgesehen davon, dass viele der Qualitäten, die in einer funktionierenden Gesellschaft gebraucht werden – Fleiß, Mitgefühl, Tugend, Vorstellungskraft, Mut, Fürsorge –, in diesen eng gefassten Definitionen der Intelligenz gar nicht vorkommen.

Eine erste Antwort wäre ein anderer Sprachgebrauch. Es wäre sicher sinnvoll, zwischen gutem Abschneiden in Tests und einer umfassenderen Vorstellung von menschlicher Tüchtigkeit zu unterscheiden. Ersteres könnte man als »kognitive Kompetenz« bezeichnen, und den Begriff der »Intelligenz« könnte man für die umfassendere menschliche Kompetenz und Tüchtigkeit reservieren. Dies würde die Unterscheidung besser treffen, die wir bei der Auswahl von Menschen für die verschiedenen Aufgaben unserer Gesellschaft vornehmen sollten. Zugang zu den höheren Ebenen der kognitiven Klasse würde weiterhin ein hohes Maß an kognitiver Kompetenz verlangen, doch das wäre noch keine hinreichende Voraussetzung für Erfolg. In der wirklichen Welt werden solche Unterscheidungen leider nicht vorgenommen. Immer mehr Positionen verlangen gute akademische Leistungen und oftmals auch Intelligenztests, obwohl der Erfolg in einem Unternehmen eher von emotionaler Intelligenz und psychischer Eignung abhängt. Damit kommen wir zu zwei großen Fragen: Inwieweit ist Intelligenz erblich? Und wie offen ist der Zugang zur kognitiven Klasse?

Gene und Umwelt

Um es noch einmal klarzumachen: Es ist zweitrangig, ob wir bei der Auswahl unserer Elite eine eng oder weit definierte Form der Intelligenz zugrundelegen, ob diese Intelligenz erblich ist oder nicht, und ob wir uns auf eine sich selbst reproduzierende kognitive Elite hin entwickeln. Das Entscheidende ist, dass wir Status, Anerkennung und Einkommen gerechter auf Kopf-, Hand- und Herzkompetenzen verteilen.

Leider entfällt heute ein unverhältnismäßig großes Stück vom Kuchen auf die kognitive Kompetenz, egal wie man sie definiert. Wenn wir den Wettbewerb um Führungspositionen innerhalb der kognitiven Klasse gerechter gestalten, dann trägt das noch nicht zur Aufwertung von Pflege und Erziehung bei. Der zu Beginn des Kapitels zitierte amerikanische Konservative Charles Murray bringt es auf den Punkt: Ein hoher Intelligenzquotient sagt nichts über die Weisheit und Tugend eines Menschen aus.[47] Sicherlich, selbst wenn die kognitive Kompetenz, die heute Voraussetzung des Erfolgs ist, genetisch oder kulturell weitervererbt wird, wäre es nicht gerade sinnvoll, in einem Anfall von kognitivem Kommunismus den Intelligentesten Steine in den Weg zu legen. Allerdings sollte man auch nicht in das Gegenteil verfallen und die kognitive Kompetenz über Gebühr belohnen, so als wäre sie ein persönliches Verdienst.

In der uralten Diskussion um Gene oder Umwelt scheinen in den letzten Jahren die Gene die Oberhand behalten zu haben. Physische Eigenschaften wie die Körpergröße galten schon immer als erblich, doch vor dreißig Jahren nahm man an, dass unsere Psyche und Persönlichkeit vor allem ein Produkt der Umwelt seien. Heute heißt es jedoch, dass die Gene für rund 50 Prozent der psychologischen Unterschiede verantwortlich sind, von Depression über Intelligenz zu schulischer Leistung. Selbst das Körpergewicht ist zu 70 Prozent erblich, wie der Verhaltensgenetiker Robert Plomin vorrechnet.[48] Zwillings- und Adoptionsstudien hätten dies längst gezeigt, so Plomin, doch mit der Sequenzierung des menschlichen Genoms könne man nun auch die genetischen Grundlagen unserer Unterschiede erkennen. Allerdings gebe es nicht das eine Gen für dies und jenes, sondern Tausende winzige Abweichungen, deren Zusammenspiel auf psychische Tendenzen oder sogenannte »polygene Werte« hinweist.

Das wirft Fragen über unsere bisherige Herangehensweise an moralische und politische Probleme auf. Die Linken, die stets die Bedeutung des sozialen Umfelds für den Erfolg des Einzelnen betonen, werden dadurch genauso in Frage gestellt wie die Rechten, die das Ideal der Selbstverantwortung hochhalten.

Plomin selbst ist alles andere als ein Konservativer, der von angeborenem Charakter schwadroniert. Er wirkt vielmehr wie ein freundlicher Liberaler. Als ich ihn kürzlich traf, erinnerte er mich an das erste Gesetz der Genetik, dem zufolge Gleiches Gleiches hervorbringt. Und dann erinnert er mich an das zweite Gesetz der Genetik, dem zufolge Gleiches Ungleiches hervorbringt. Gene seien immer »Wahrscheinlichkeiten und keine vorprogrammierten Abläufe«. Einige Kollegen halten ihn trotzdem für einen genetischen Deterministen. Ein Rezensent der Zeitschrift *Nature* verriss sein Buch *Blueprint* und erklärte, die Bedeutung guter Schulbildung, Ernährung und Familie sei doch »eindeutig erwiesen«, Kindheitstraumata wie der Verlust eines Elternteils oder einfach schlechte Erziehung hinterließen ebenfalls ihre Spuren.

Das alles streitet Plomin gar nicht ab, doch die Debatte mit dem Rezensenten erklärt sich aus einer kontroversen Geschichte, die bis heute Bedenken gegen die Intelligenzforschung und die Verhaltensgenetik allgemein nährt. Viele Wissenschaftler, die sich im 19. und frühen 20. Jahrhundert mit der Erblichkeit menschlicher Eigenschaften beschäftigten, waren Vertreter der Eugenik, und manche auch erklärte Rassisten. Die Nähe der Eugenik zum Nationalsozialismus ließ die Vererbungslehre nach dem Zweiten Weltkrieg in Misskredit geraten. Erst als eine 1963 in der Zeitschrift *Science* veröffentlichte Auswertung von Zwillingsstudien zu dem Ergebnis kam, dass Gene tatsächlich Auswirkungen auf den Intelligenzquotienten haben, begann die Rehabilitierung der Erforschung des Einflusses der Gene auf das Verhalten.[49] Doch die Genforschung verspielte die neue Wertschätzung schnell wieder, als der Intelligenzforscher Arthur Jensen 1969 einen Artikel veröffentlichte, in dem er die Bedeutung der frühkindlichen Erziehung hinterfragte. In den Vereinigten Staaten war es Konsens, dass sich mithilfe der Erziehung soziale und ethnische Ungleichheit abbauen ließen, doch Jensen ging nun so weit zu behaupten, dass die Intelligenzunterschiede zwischen Angehörigen verschiedener Ethnien auf die Gene zurückzuführen sein könnten. Wenig später erklärte der Psychologe Richard Herrnstein, auch die unterschiedliche Intelligenz der sozialen Klassen sei angeboren. Beide Veröffentlichungen stießen auf Empörung und trugen dazu bei, dass Vertreter der gegenteiligen kompromisslosen Umweltthese noch zwei Jahrzehnte lang die Oberhand behielten.

Dass die Verhaltensgenetik jahrzehntelang tabu war, hatte auch eine positive Folge, denn das hob die Anforderungen an die Qualität der Forschung. In den Achtziger- und Neunzigerjahren wurden strengere und groß angelegte Zwillingsstudien durchgeführt, die einen deutlichen Einfluss der Gene auf die Intelligenz nachwiesen. Sie untersuchten eineiige Zwillinge, die in unterschiedlicher Umgebung aufwuchsen und trotzdem ähnliche Fähigkeiten, Interessen und Persönlichkeiten aufwiesen. Diese Erkenntnisse ließen sich nicht mehr so einfach vom Tisch wischen und wurden unlängst von der Sequenzierung des menschlichen Genoms bestätigt. Heute gilt es als erwiesen, dass die Unterschiede der Intelligenz etwa zur Hälfte auf die Gene zurückzuführen sind.

In der frühen Kindheit beträgt der Einfluss der Gene nur 20 Prozent; in der Kindheit liegt er bei 40 Prozent, und im Erwachsenenalter bei 60 Prozent. Die Ursache dafür sieht Plomin im Zusammenspiel von Genen und Umwelt und zum Beispiel darin, dass wir auch unser Umfeld entsprechend unseren genetischen Neigungen wählen und gestalten. Heute weiß man, dass selbst die Zahl der Stunden, die ein Kind vor dem Fernseher verbringt – einst ein klassisches Beispiel für einen Umwelteinfluss –, teilweise mit erblichen Eigenschaften zusammenhängt.

Kritiker verweisen auf methodische Probleme der Zwillingsforschung und den offensichtlichen Einfluss von Klassenzugehörigkeit und Familie. Genetiker streiten dabei gar nicht ab, dass die Umwelt eine große Rolle spielt und dass die kindliche Entwicklung ein hohes Maß an verantwortungsvoller Erziehung verlangt. Benachteiligung und Missbrauch beeinträchtigen die Entwicklung, auch der Intelligenz. Daher betonen Plomin und seine Kollegen, dass die kognitive Funktion *nur* zur Hälfte den Genen geschuldet ist, und verweisen darauf, dass aufgrund des Prinzips der »Rückkehr zum Mittelwert« auch intelligente Menschen nur mäßig intelligente Kinder haben können.* Genetiker und Intelligenzforscher sind sich auch einig, dass ein höherer Intelligenzquotient nicht nur mit dem sozioökonomischen Status zusammenhängt, sondern auch mit Gesundheit und Lebenserwartung. Uneinigkeit besteht allerdings in der Frage nach Ursache und Wirkung oder in der Frage, welchen Einfluss die Investition wohlhabender und gebildeter Eltern auf den Intelligenzquotienten ihrer Kinder hat. Auch eine wichtige neuere Untersuchung zur »Genetik des Erfolgs«, die der Frage nach den genetischen Ursachen von Bildungserfolg und sozialer Mobilität nachging, zeichnet ein unklares Bild. Unter der Leitung von Daniel Belsky führten Wissenschaftler fünf Längsschnittuntersuchungen mit 20 000 Testpersonen in den Vereinigten Staaten, Großbritannien und Neuseeland durch.[50] Dabei kamen die Autoren zu dem Schluss, dass Teilnehmer mit höheren polygenen Werten in Bildung und Beruf weiter kamen, dass sie aber auch tendenziell aus bessergestellten Familien kamen. Teilnehmer mit höheren polygenen Werten waren tendenziell auch sozial mobiler als ihre Eltern, und das Geschwisterkind mit den höchsten polygenen Werten stiegen am weitesten auf. Polygene Werte sind also nicht nur das Ergebnis der sozialen Herkunft.

Die defekte Leistungsgesellschaft

Man kann also sagen, dass weder private Nachhilfelehrer allein und noch allein die Gene über den Erfolg entscheiden, sondern beides. Es besteht kein Zweifel, dass im gesamten Westen schulischer und

---

* Der britische Naturforscher Francis Galton beobachtete schon im 19. Jahrhundert, dass Kinder von Eltern an beiden Extremen der Verteilung tendenziell näher an die Mitte heranrücken.

beruflicher Erfolg mit der sozialen Herkunft zusammenhängt, in einigen Ländern jedoch mehr als in anderen. In Großbritannien haben die Absolventen von Privatschulen in der politischen, wirtschaftlichen und kulturellen Elite des Landes in den letzten Jahren ihre Vormachtstellung eingebüßt, doch in der Politik und der Wirtschaft bleibt ihr Einfluss nach wie vor spürbar. Eine privilegierte Herkunft hilft auch den nur mäßig Intelligenten das Karrieretreppchen hinauf. Um es in eine Gleichung zu packen: durchschnittliche kognitive Kompetenz + Privileg = gute Aussichten auf einen angesehenen Beruf. Oder wie James Bloodworth in *The Myth of Meritocracy* schreibt:»Es gibt Umweltfaktoren, die aus einem dummen ein durchschnittliches Kind machen, und aus einem durchschnittlichen ein erfolgreiches.«[51] Allerdings ist selbst Großbritannien sozial durchlässiger und leistungsorientierter, als den meisten klar ist. So fanden die beiden Soziologen Erzsébet Bukodi und John Goldthorpe heraus, dass fast 80 Prozent der erwachsenen Briten gegenüber ihren Eltern mindestens eine Schicht auf- oder abgestiegen sind.[52] Eine Untersuchung aus dem Jahr 2018 stellte zudem unter Verwendung der Volkszählung des Jahres 1970 fest, dass 63 Prozent der Angehörigen der Oberschicht aus einer der unteren Schichten aufgestiegen sind. Und diejenigen, die als Zehnjährige zu den intelligentesten 25 Prozent zählten, schafften den Aufstieg in höchste soziale Positionen mit größerer Wahrscheinlichkeit (nämlich mit 28 Prozent) als das untere Viertel (5,3 Prozent).[53] Langfristig ist der Aufstieg allerdings schwerer als kurzfristig, und Angehörige der Oberschicht haben beim Wettbewerb um angesehene Positionen einen klaren Vorteil. Bukodi und Goldthorpe erkennen allerdings einen deutlichen Zusammenhang zwischen kognitiver und nichtkognitiver Kompetenz und sozialem Aufstieg.

In jüngster Zeit habe sich die soziale Mobilität nicht nennenswert abgeschwächt, auch wenn man das oft hört. Dank des verlangsamten Zuwachses bei akademischen Arbeitsplätzen sei allerdings »weniger Luft nach oben«, weshalb die Mobilität vor allem nach unten stattfinde. Bildung hat nach Ansicht der beiden Soziologen nicht zur Mobilität beigetragen und könnte sie eher noch behindern, vor allem weil die Hochschulbildung von der Mittelschicht dominiert wird und wirtschaftlich besser gestellte Familien ihre Kinder auf ihrem Bildungsweg besser unterstützen können. Noten werden von Arbeitgebern als Kompetenzausweis gesehen, doch sie scheinen sich weniger auf den langfristigen beruflichen Erfolg niederzuschlagen als die eigentliche Leistung am Arbeitsplatz.

Wirtschaftswissenschaftler der London School of Economics stellten fest, dass 40 Prozent der Angehörigen des Geburtsjahrgangs 1958, deren Väter zum untersten Einkommensviertel zählten, in die obersten beiden Viertel aufstiegen; bei den 1970 Geborenen waren es nur noch 33 Prozent.[54] Dieser 2005 veröffentlichte Artikel stieß eine Debatte um den Verlust der sozialen Mobilität in Großbritannien an, doch in Wirklichkeit zeigte er, dass die Mobilität viel größer war, als die meisten vermutet hatten. Als Grund für den Rückgang wurde die Vereinnahmung der Hochschulbildung durch die Mittelschicht genannt, doch ausgerechnet die war das bevorzugte politische Instrument zur Verbesserung der Aufstiegschancen.

Es gibt also ein gewisses Maß an sozialer Mobilität in Großbritannien, auch wenn minderbegabte Kinder aus wohlhabenden Familien erfolgreicher sind, als sie dies in einer echten Leistungsgesellschaft wären. Nach Zahlen des Soziologen Peter Saunders kommen rund 41 Prozent der Mittelschichtskinder aus dem am wenigsten intelligenten Viertel der Bevölkerung in die obersten beiden Schichten. Gleichzeitig erreichen rund 70 Prozent des intelligentesten Viertels die obersten beiden Klassen, und zwar unabhängig von ihrer Herkunft.[55] »Am Abschneiden eines zehnjährigen Kindes in einem Intelligenztest lässt sich seine spätere Klassenzugehörigkeit dreimal besser ablesen als an der sozialen Herkunft der Eltern. Herkunft wirkt sich auf schulischen und beruflichen Erfolg aus, doch Kompetenz ist wichtiger«, so Saunders.

Wenn die soziale Mobilität also zum Teil von der kognitiven Kompetenz abhängt und wenn diese kognitive Kompetenz wiederum zu 50 Prozent erblich ist, dann kann man davon ausgehen, dass viele Angehörige der höheren Schichten ihre soziale Position ihrer Leistung verdanken und dass viele ihrer Kinder diese Position halten werden. Man kann auch davon ausgehen, dass sich die gesellschaftlichen Schichten bei der kognitiven Kompetenz auseinanderentwickeln und dass Michael Youngs Alptraum einer »kognitiven Erbelite« näher rückt. Young hatte in seinem 1957 erschienenen Buch *Es lebe die Ungleichheit* beschrieben, wie sich Großbritannien von 1870 bis 2033 durch extreme Bildungsreformen und jährliche Intelligenztests in eine radikale Leistungsgesellschaft verwandelt. »Ab etwa 1990 gehören alle Erwachsenen mit einem Intelligenzquotienten von über 125 der herrschenden Elite an. Ein großer Anteil der Kinder mit einem Intelligenzquotienten über 125 sind Kinder dieser Erwachsenen. Die Spitze von heute zeugt die Spitze von morgen noch mehr, als dies in der Vergangenheit der Fall war. Die Elite wird erblich, die Grundsätze von Erblichkeit und Verdienst fallen zusammen.«[56]

Genau das behaupteten auch der Psychologe Richard Herrnstein und der Politologe Charles Murray in ihrem umstrittenen Buch *The Bell Curve* (1994). Sie führten aus, in den Vereinigten Staaten bestehe ein engerer Zusammenhang zwischen Intelligenz und sozioökonomischem Status, seit in den Fünfzigerjahren mehr Menschen Zugang zu Hochschulbildung erhielten und Wissen auch in der Wirtschaft eine größere Rolle spielte; dies betreffe vor allem die beiden Extreme der Glockenkurve. Sie behaupteten keineswegs, dass nur der Intelligenzquotient über Erfolg oder Misserfolg eines

Menschen entscheidet, sondern nur, dass er ein wichtiger Faktor ist. »Noch zur Jahrhundertmitte waren die Vereinigten Staaten eine Gesellschaft, in der sich die Intelligentesten auf ein großes Branchenspektrum verteilten«, schrieben die beiden. »Gegen Ende des Jahrhunderts konzentriert sich diese Gruppe auf einige wenige Berufe, in denen eine starke Selektion nach Intelligenzquotient erfolgt.«[57] Seit den Fünfzigerjahren wurden Studenten immer effizienter nach Intelligenzquotient ausgelesen. Zu Beginn der Neunzigerjahre besuchten 80 Prozent des testintelligentesten Viertels die Universität.

An der Spitze der amerikanischen Gesellschaft stehe eine »kognitive Elite«, so Herrnstein und Murray. Angehörige dieser Gruppe verfügen über einen Intelligenzquotienten von mindestens 125, sie haben an Eliteuniversitäten studiert und gehören einer Handvoll »Hoch-IQ-Berufen« an – Ingenieure, Architekten, Professoren, Ärzte und Zahnärzte, Mathematiker und Naturwissenschaftler. Von Menschen mit einem Intelligenzquotienten von über 130 leben weniger als 2 Prozent in Armut, von denen mit einem Intelligenzquotienten von 70 dagegen 26 Prozent.[58] Andere Wissenschaftler beobachteten ähnliche Zusammenhänge. Bei einer Auswertung von Bevölkerungsdaten aus den Vereinigten Staaten stellte zum Beispiel Tino Sanandaji fest, dass Menschen mit einem Intelligenzquotienten von 120 in der Regel doppelt so viel verdienen wie Menschen mit einem Intelligenzquotienten von 100. Der Psychologe Christopher Chabris schätzt, dass jemand mit überdurchschnittlicher Intelligenz mit einer Wahrscheinlichkeit von zwei Dritteln auch überdurchschnittlich gut verdient, jemand mit unterdurchschnittlicher Intelligenz dagegen nur mit einer Wahrscheinlichkeit von einem Drittel.

Es scheint also gut belegt, dass die verstärkte kognitive Selektion bei der Vergabe von Studienplätzen und Führungspositionen in den vergangenen siebzig Jahren zur Herausbildung einer kognitiven Klasse geführt hat. Verstärkt wird dies durch die zunehmende »assortative Paarung«, also die Wahl des Ehepartners innerhalb derselben gesellschaftlichen Gruppe. Schon früher fühlten sich intelligente Menschen zueinander hingezogen, doch vor fünfzig Jahren gab es weit weniger Frauen an Universitäten und in Führungspositionen, weshalb sich die intelligentesten Männer und Frauen vielleicht nie begegneten. Ärzte heirateten ihre Sprechstundenhilfen und Unternehmer ihre Sekretärinnen. Der *Economist* schreibt:»1970 waren in den Vereinigten Staaten nur 9 Prozent der Hochschulabsolventen Frauen, weshalb die große Mehrheit der studierten Männer Frauen ohne Studium heiratete. Heute sind die Verhältnisse etwa gleich (Frauen studieren sogar etwas häufiger), und Partner haben oft denselben Bildungshintergrund ... 1970 waren weniger als 5 Prozent der Rechtsanwälte Frauen. Heute sind es 34 Prozent, und fast die Hälfte der Jurastudenten sind Frauen. Daher sind gebildete Paare mit zwei guten Einkommen sehr viel häufiger geworden. Die Kinder solcher Paare haben erhebliche Vorteile, auch wenn es nicht sehr viele von ihnen gibt.«[59]

Das Muster ist im gesamten Westen ähnlich. In den letzten Jahrzehnten spielen Herkunft und Bildung eine immer größere Rolle bei der Partnerwahl. In Großbritannien sind 39 Prozent aller nach 1958 geborenen Frauen mit einem Partner derselben sozialen Schicht verheiratet, bei den nach 1978 geborenen sind es 56 Prozent.[60] Der frühere konservative Minister David Willetts sieht diese assortative Partnerwahl als Ursache für eine Verlangsamung der sozialen Mobilität:»Wenn sich Privileg mit Privileg vermählt, dann müssen wir uns nicht wundern, dass die soziale Mobilität leidet. Zunehmende Gleichberechtigung von Mann und Frau bedeutet zunehmende Ungleichheit zwischen den sozialen Klassen. Feminismus sticht Egalitarismus.«[61]

Dieses Thema greift Charles Murray in seinem Buch *Coming Apart* auf:»Wenn die Kinder der oberen Mittelschicht die elitären Bildungseinrichtungen beherrschen, dann liegt das daran, dass Eltern der oberen Mittelschicht einen unverhältnismäßig großen Anteil der intelligentesten Kinder zur Welt bringen.«[62] Im Jahr 2011 hatten seinen Zahlen zufolge 87 Prozent der amerikanischen Schulabgänger mit einer überdurchschnittlichen Hochschulzugangsprüfung mindestens ein Elternteil mit Hochschulabschluss. Daraus folgert er:»Ein unverhältnismäßig großer Anteil der überdurchschnittlich begabten Kinder wird in der nächsten Generation aus der oberen Mittelschicht kommen und Eltern haben, die der Elite angehören.« Die Kinder von Spitzenverdienern mit einem Jahreseinkommen ab 200 000 Dollar erzielen in den Hochschulzugangsprüfungen im Durchschnitt 250 Punkte mehr als die Kinder von Normalverdienern, und diese liegen wiederum 125 Punkte vor den Kindern von Geringverdienern. In Princeton und Yale stammen mehr Studenten aus dem obersten Prozent der Einkommensverteilung als aus den untersten 60 Prozent.[63]

Aber nicht nur die Superreichen, sondern die reichsten 20 Prozent haben in den vergangenen vier Jahrzehnten einen unverhältnismäßig großen Anteil der Einkommenszuwächse abgeschöpft und die obersten Sprossen der Bildungsleiter beherrscht. An den 150 führenden Universitäten der Vereinigten Staaten stammen 14-mal so viele Studenten aus dem reichsten Viertel der Bevölkerung wie aus dem ärmsten.[64] In Großbritannien ist die Situation mit einem Verhältnis 7 zu 1 nur wenig besser.[65]

In den Vereinigten Staaten und Großbritannien, wo die soziale Mobilität besonders gut erforscht ist, scheint sich also eine defekte Leistungsgesellschaft herausgebildet zu haben. Reichere Familien haben höhere polygene Werte bei kognitiven Funktionen, wie zu erwarten von einer verzerrten Leistungsgesellschaft, in der kognitive Kompetenzen erblich sind und Reiche in die Bildung ihrer Kinder investieren können. In Frankreich und Deutschland ist diese soziale Mobilität weniger gut erforscht. Doch von Richard Breen angestellte Vergleiche zwischen den Vereinigten Staaten, Frankreich, Deutschland, den Niederlanden und Schweden zeigen, dass auch dort die soziale Mobilität nach einem Höhepunkt in den Sechziger- und Siebzigerjahren wieder gesunken ist.[66] In Deutschland ist der Zusammenhang zwischen dem sozioökonomischen Status der Eltern und dem Bildungserfolg der Kinder offenbar geringer als in den Vereinigten Staaten. In Frankreich, das wir im nächsten Kapitel näher betrachten, gibt es dagegen Hinweise auf die Herausbildung einer erblichen Leistungselite, hier kommen zwei Drittel der Studierenden der renommierten *grandes écoles* aus den obersten Schichten der Gesellschaft.

Bei Kindern aus sozial benachteiligten Familien ist der Zusammenhang zwischen Intelligenzquotient und Bildungserfolg wie zu erwarten geringer. Weil die Privilegierten mit Investitionen in die Bildung das Gleichgewicht zugunsten ihrer Kinder verschieben können, verhindern sie die Entstehung einer gerechteren Leistungsgesellschaft. Da ihre Möglichkeiten, das genetische Gleichgewicht zugunsten ihrer Kinder zu verschieben, jedoch begrenzt sind, wird sich Michael Youngs Alptraum einer kognitiven Erbelite wohl nicht ganz bewahrheiten.

Charles Murray schätzt, dass sich unter den intelligentesten 5 Prozent mindestens 14 Prozent von Eltern mit unterdurchschnittlicher Intelligenz befinden. Andere glauben sogar, dass die Gene die Karten noch besser mischen. Die Regression zur Mitte – die Tatsache, dass hochintelligente Eltern auch mäßig intelligente Kinder haben können – greift noch immer, auch wenn sie durch die assortative Partnerwahl und Investition in die Bildung der Kinder gebremst wird. Insgesamt ist die Entstehung einer kognitiven Erbelite also eher fraglich. Der Politologe und Mathematiker Andrew Hacker vom New Yorker Queens College schreibt daher: »Wohlhabende und anderweitig privilegierte Eltern könnten ihren Kinder zwar einen guten Start ermöglichen. Die Frage ist jedoch, wie es diesen vermeintlich Begünstigten im Erwachsenenalter geht. Unsere Untersuchungen zeigen, dass der Vorsprung nicht immer erhalten bleibt.«[67]

Ron Haskins von der Brookings Institution, der Kinder aus dem reichsten Fünftel der Gesellschaft erforscht, ist überrascht, dass nur knapp über die Hälfte einen Hochschulabschluss macht. Und der Wirtschaftswissenschaftler Tom Hertz von der American University stellte fest, dass nur 38 Prozent der Kinder aus dem obersten Einkommensfünftel diese Position als Erwachsene halten können. Ein befreundeter Bildungsforscher aus Manchester machte selbst eine ähnliche Erfahrung: »Mein Sohn ist 15 und geht auf die Grammar School. Da ich auf fairen Wettbewerb poche, habe ich mich geweigert, ihm für die Aufnahmeprüfung einen privaten Nachhilfelehrer zu bezahlen. In seinem Jahrgang sind er und ein anderer Junge damit die Einzigen, viele Eltern haben während der letzten beiden Jahre der Grundschule private Nachhilfe gezahlt. Aber einige der Kinder, die es mit der Nachhilfe auf die Grammar School geschafft haben, hatten dann ihre Schwierigkeiten, mitzukommen. Sie waren schon auf dem Weg zur kognitiven Elite, aber sie waren auch nicht schlauer als die Kinder, die die Aufnahme nicht bestanden haben.«

Selbst bei Menschen mit einem hohen Intelligenzquotienten entscheiden noch viele andere Faktoren darüber, ob sie beruflich erfolgreich werden oder ein glückliches Leben führen, weshalb man nicht von einem IQ-Determinismus sprechen kann. David Robson, Autor von *The Intelligence Trap,* unterstreicht die Bedeutung dieser nicht-kognitiven Faktoren für den beruflichen Erfolg:

»Anwälte, Rechnungsprüfer oder Ingenieure kommen im Durchschnitt auf einen Intelligenzquotienten von 125, was beweist, dass Intelligenz tatsächlich einen Vorteil darstellt. Doch die Streuung ist groß und reicht von 95 bis 157 … Und wenn man sich dann den tatsächlichen beruflichen Erfolg dieser Menschen ansieht, dann stellt man fest, dass Intelligenz für höchstens 29 Prozent der Varianz verantwortlich ist.«[68]

Die überzeugendste Kritik an der Vorstellung einer erblichen Leistungselite und einer möglichen Gen-Herrschaft, wie sie *The Bell Curve* zeichnet, stammt von den amerikanischen Soziologen Dalton Conley und Jason Fletcher.[69] Ihrer Ansicht nach standen Anfang der Neunzigerjahre für derart weitreichende Schlussfolgerungen, wie sie Herrnstein und Murray trafen, einfach noch nicht genug genetische Daten zur Verfügung. Conley und Fletcher sehen sich an, ob mit Intelligenz zusammenhängende Gene durch die Zunahme der assortativen Partnerwahl im Laufe des 20. Jahrhunderts stärker erblich geworden sein könnten. 1960 heirateten nur 32 Prozent aller Männer mit Studienabschluss eine Frau mit Studienabschluss, um 2000 waren es 65 Prozent. Allerdings kommen sie zu dem Schluss, dass mit der Zunahme der Bildungschancen der Einfluss der Gene eher *abgenommen* hat. Das beobachten sie auch in Schweden.

Die Frage, wie offen die kognitive Klasse ist und wie gerecht ihre Auswahlverfahren sind, bleibt also kompliziert. Doch offenbar ist die kognitive Elite dank genetischer Vererbung, elterlicher Unterstützung und Intensivierung von Auswahlverfahren heute schwerer zugänglich als vor fünfzig Jahren. Vielen Angehörigen der Leistungselite und Gewinnern der Wissensökonomie scheint das selbstverständlich. Die Leistungsgesellschaft mag die Reichen und Vernetzten begünstigen, doch solange sie ausreichend offen ist, steigen die Fähigsten in die höchsten kognitiven Positionen auf, wo sie sich selbst und der Gesellschaft nutzen.

Doch spricht daraus nicht nur der Eigennutz einer aufkommen-
den kognitiven Kaste? Der amerikanische Philosoph Tim Sommers
bringt diese Befürchtung gut auf den Punkt, wenn er sagt:»Wenn Sie
sich nicht an der Tyrannei der Akademiker stören, dann warten Sie
ab, bis daraus die Tyrannei der Akademikerkinder wird.« In jedem
Fall bleibt in der Wissensgesellschaft auch bei einer relativ offenen
Leistungselite immer eine große Minderheit und vielleicht sogar eine
Mehrheit, die sich ausgegrenzt fühlt oder über nicht-kognitive Fähigkeiten verfügt, die nicht ausreichend gewürdigt werden.

Was ist also zu tun? Dazu wollen wir uns die generationenüber-
greifende Diskussion in der Familie Young ansehen.

Der kognitive Schleier des Nichtwissens

Toby Young, der oben zitierte Journalist und Pädagoge, geht dieser Frage seit einigen Jahren nach. Dabei vertritt er ganz andere
Ansichten als sein Vater Michael Young, der unlängst verstorbene
sozialistische Vordenker, der 1945 am radikalen Manifest der
Labour Party mitwirkte und sich zwölf Jahre später in *Es lebe die
Ungleichheit* über die aufkommende Leistungsgesellschaft mokierte.
Toby ist ein kämpferischer Endfünfziger, der in Oxford studiert
und sich zu Beginn seiner journalistischen Laufbahn einen Namen
als Querulant gemacht hat. In den letzten Jahren sah es so aus, als
wolle er in die geistigen Fußstapfen seines Vaters treten, wenngleich mit ganz anderen Ansichten. Er ist ein streitlustiger Kritiker der Bildungspolitik und Direktor einer staatlichen Schule in
London.

Vater Michael war ein Sozialist, der die Gleichheit ablehnte, weil
es ihm um die Möglichkeit ging, ungleich zu sein. Wie der liberale
Philosoph John Rawls war er der Ansicht, dass unsere Intelligenz

das Ergebnis einer »natürlichen Lotterie« ist und genauso wenig unser Verdienst wie das Vermögen eines reichen Erben. Sohn Toby ist dagegen ein klassischer Liberaler, der an Gleichberechtigung, Gleichbehandlung und Chancengleichheit glaubt, aber eine weitergehende Gleichheit ablehnt, weil sie zu kostspielig ist: »Mir gefällt die Leistungsgesellschaft aus demselben Grund, aus dem mein Vater sie abgelehnt hat: weil sie die Zustimmung der Menschen zu der Ungleichheit sichert, die sich in einer Gesellschaft mit einem schwachen Staat unweigerlich einstellt. Das sage ich nicht, weil ich für die Ungleichheit bin, sondern weil ich einen schwachen Staat einem starken Zwangsstaat vorziehe.«

Aber wie kann die Leistungsgesellschaft dieses Ziel seiner Meinung nach erreichen? Erstens, indem sie eine dynamische und wohlhabende Gesellschaft ermöglicht, weil sie ihre Talente sinnvoll nutzt. Zweitens, indem sie Wohlstand und Anerkennung so verteilt, dass es zumindest fair erscheint, oder wenigstens fairer als die Alternativen. Drittens, indem sie immerhin einem Teil der durch Geburt Benachteiligten Aufstiegschancen eröffnet. Allerdings besteht immer die Gefahr, dass eine schleichende Erblichkeit der Leistungselite und eine Überbewertung der kognitiven Kompetenz die Zustimmung zu einer freien Gesellschaft aushöhlen. Genau das ahnte sein Vater in *Es lebe die Ungleichheit*, in dessen Schlussszene die Wut der Ausgeschlossenen überkocht und sie sich gegen ihre kognitiven Unterdrücker erheben.

Welcher der beiden Youngs hat Recht – der Senior oder der Junior? Einerseits sind die Entstehung der Wissensgesellschaft, die Ausweitung der Hochschulbildung und die Entstehung einer großen kognitiven Klasse, der fast ein Drittel der Bevölkerung angehört, ein Prozess der Öffnung, Demokratisierung und Inklusion. Wenn man in die Geschichtsbücher oder über die Grenzen blickt und sich zum Beispiel die Erfolgsgeschichten von Singapur und

China ansieht, die sich zumindest teilweise dem kognitiven Leistungsprinzip verdanken, dann darf dies durchaus als Erfolg gelten.* Doch Michael Young weiß zu gut, dass die Einbeziehung des einen die Ausgrenzung des anderen bedeuten kann. Das psychische Leid und die Wut, die durch diese Ausgrenzung hervorgerufen werden, sowie die gestiegenen Erwartungen moderner Bürger an die Demokratie gehören zu den Gründen der aktuellen Politikverdrossenheit. Grundsätzlich ist kognitive Kompetenz eine wünschenswerte Fähigkeit. Sie ist sogar so wünschenswert, dass sie sich eigentlich Lohn genug sein könnte. Die Fähigkeit, unsere Umwelt zu verstehen und neues Wissen über sie zu erwerben, muss im Grunde nicht noch zusätzlich belohnt werden, wie unsere Gesellschaft dies in den vergangenen Jahrzehnten getan hat. Denn so attraktiv Intelligenz ist, sie ist nicht die einzige wünschenswerte menschliche Eigenschaft. Intelligenz macht noch nicht liebenswert, ehrlich, sorgfältig, mitfühlend, mutig oder zufrieden. Trotzdem unternehmen immer mehr Menschen alles, damit ihre Kinder eine höhere Schule besuchen und studieren, selbst wenn sie weder die kognitive Kompetenz noch die Persönlichkeit dazu mitbringen. Das Ergebnis ist eine Epidemie von Fehlanpassungen. Wenn wir anderen menschlichen Fähigkeiten denselben Stellenwert beimessen würden wie der Intelligenz, könnten wir für jeden Menschen je nach kognitiver und psychischer Voraussetzung die richtige Aufgabe finden und jeden Menschen so annehmen, wie er oder sie ist.

Natürliche Fähigkeiten sind nun einmal ungleich verteilt, doch in demokratischen Gesellschaften werden die Auswirkungen dieser Ungleichheit durch unsere moralischen und politischen Vorstel-

---

* Eine gemeinsame Untersuchung von Wissenschaftlern der Universität Peking und der Nationalen Universität Australiens zeigte, dass Beruf, Status und Vermögen chinesischer Frauen fast vollständig von dem ihrer Väter abhängig sind. Bei Männern sind es 80 Prozent.

lungen sowie unsere Institutionen abgefedert – vor allem unsere Vorstellung, dass alle Menschen die gleichen Rechte und Pflichten haben. Um die Anerkennung gerechter zu verteilen, ist eine allmähliche Verschiebung des aktuellen Gleichgewichts wünschenswert. Der Philosoph Kwame Anthony Appiah bringt es auf den Punkt:

> Es kann nicht darum gehen, sämtliche Hierarchien einzuebnen und aus dem Berg einen Salzsee zu machen. Wir leben in einer Vielzahl unvereinbarer Hierarchien, und in der Zirkulation der sozialen Anerkennung wird immer der bessere Autor, der bedeutendere Mathematiker, der gewitztere Unternehmer und der schnellere Läufer profitieren. Wir können die Verteilung des wirtschaftlichen, sozialen und menschlichen Kapitals nicht bis ins Letzte kontrollieren oder die komplexen Muster beseitigen, die sich aus diesen überlappenden Rastern ergeben. Doch einer Klasse anzugehören bedeutet nicht, die Verletzungen dieser Klasse verinnerlichen zu müssen. Für uns als Kollektiv ist es eine vordringliche Aufgabe, im Namen der moralischen Gleichheit unsere Vorstellungen vom Wert eines Menschen zu überdenken.[70]

In *Es lebe die Ungleichheit* verfassen die Gegner der neuen Leistungsgesellschaft ein Manifest, in dem sie eine Gesellschaft mit neuen Wertmaßstäben verlangen. »Wenn wir die Menschen nicht nur nach ihrer Intelligenz und Bildung, ihrem Beruf und ihrer Macht bewerten würden, sondern nach ihrer Güte und ihrem Mut, ihrer Vorstellungskraft und Sensibilität, ihrem Mitgefühl und ihrer Großzügigkeit, dann gäbe es keine Klassen … Alle Menschen hätten dieselben Chancen, nicht nur zum Aufstieg, sondern zur Entwicklung der eigenen besonderen Fähigkeit, ein erfülltes Leben zu leben.«[71] Wie alle gesellschaftlichen Ordnungen basiert auch die Leistungsgesellschaft auf Wechselseitigkeit: Es besteht ein Zusammenhang zwischen dem, was man gibt, und dem, was man bekommt. Doch wie Appiah sagt, übersieht die Leistungsgesellschaft zwei Dinge: Können und menschlichen Wert.»Ich weiß, was es bedeutet, dass es mir im Leben besser oder schlechter geht. Aber es wäre sinnlos zu fragen, ob mein Leben besser ist als Ihres. Es gibt keinen Vergleichsmaßstab und keine verbindliche Messlatte für den Wert eines Menschen … Weil jeder von uns vor anderen Herausforderungen steht, geht es am Ende nicht darum, wie wer im Vergleich zu wem abschneidet. Wir müssen nichts finden, in dem wir die Besten sind. Entscheidend ist, dass wir *unser* Bestes tun.«[72]

Der Philosoph John Rawls erdachte das Bild vom Schleier des Nichtwissens. Wenn wir uns vorstellen, wie eine gerechte Gesellschaftsordnung aussehen könnte, dann sollten wir uns vorstellen, wir stünden hinter einem Schleier und wüssten nicht, wo in dieser Gesellschaft unser Platz wäre. Dieses Gedankenexperiment lässt sich auf Einkommensverteilung, Klassenzugehörigkeit, Hautfarbe und Geschlecht anwenden. Es sollte auch für kognitive Kompetenz gelten.

In diesem Fall wären wohl die meisten Menschen dafür, die wichtigsten Aufgaben über Auswahlverfahren an die Besten zu vergeben, damit die Gesellschaft ihre Talente optimal nutzen kann. Aber sie wären wohl nicht für eine Leistungsgesellschaft mit einem tiefen Graben zwischen Gewinnern und Verlierern. Dieser Unterschied ist genauso groß wie der zwischen einer kapitalistischen Wirtschaft und einer kapitalistischen Gesellschaft (um es mit dem französischen Sozialisten Lionel Jospin zu sagen). Natürlich wollen wir, dass in unserer Statistikbehörde die besten Statistiker arbeiten. Es ist eine Frage des gesunden Menschenverstands, Stellen in Bildung, Wissenschaft und so weiter nach kognitiver Leistung zu besetzen, genau wie das in der nicht-kognitiven Auswahl im Sport und anderswo passiert.

Auch Young Senior sagte dazu: »Es ist vernünftig, Stellen nach Befähigung zu vergeben. Aber es ist unvernünftig, wenn sich Menschen mit einer bestimmten Befähigung zu einer neuen gesellschaftlichen Klasse formieren, in der kein Platz mehr für andere ist.« Das ist des Pudels Kern. Aber das ist auch leichter gesagt als getan, denn es wird immer Kompetenzhierarchien geben, und damit auch Statushierarchien. Aber wenn wir uns klarmachen, dass es nicht den einen Maßstab für den Wert eines Menschen gibt, und wenn wir Status gleichmäßiger auf verschiedene menschliche Fähigkeiten verteilen, dann vermeiden wir die Überbewertung von Kopf-Kompetenzen. Die Menschen verlangen nach Möglichkeiten, aber nicht alle nach denselben. Und in unseren politischen und gesellschaftlichen Institutionen kommt es besonders auf kognitive Vielfalt an und darauf, dass Entscheidungen von Menschen mit einer großen Bandbreite von Erfahrungen getroffen werden.

In diesem Kapitel ging es darum, den wissenschaftlichen Konsens zur kognitiven Kompetenz zu skizzieren und gleichzeitig den Nutzen einer kognitiven Leistungsgesellschaft zu hinterfragen. Die meisten Menschen würden zwar eine kognitive Leistungsgesellschaft einer Erbelite vorziehen, doch sind das nicht die einzigen Optionen für eine demokratische Gesellschaft. Eine gerechte kognitive Leistungsgesellschaft ist fast so utopisch wie eine gerechte Aristokratie, denn kognitive Privilegien lassen sich allzu einfach durch Bildung, Erziehung und Gene weitervererben. Das andere große Problem ist, dass wir als Gesellschaft auf ein großes Spektrum von Fähigkeiten angewiesen sind, dass eine kognitive Leistungsgesellschaft aber nur nach einer ganz bestimmten Art von Fähigkeiten auswählt und belohnt. In den nächsten drei Kapiteln beschreibe ich, wie die kognitive Kompetenz in den letzten beiden Generationen eine derartige Vormachtstellung erlangen konnte.

TEIL 2

DIE KOGNITIVE
ÜBERNAHME

Kapitel 4

Das Zeitalter der Auslese

Wo ist die Weisheit, die wir im Wissen verloren haben?
Wo ist das Wissen, das wir in der Information verloren haben?

T. S. Eliot

Die meisten Menschen, mit Sicherheit aber die meisten Politiker, sehen in der Bildung ein hohes Gut, das die Wirtschaft antreibt, die Gesellschaft zivilisiert und uns zu wohlhabenderen und überhaupt besseren Menschen macht. Bildung ist ein wesentlicher Teil der großen Fortschrittserzählung der Menschheit: Der Urmensch wurde vom Instinkt beherrscht, dann setzte sich überall die Vernunft durch. Einst war die Bildung einer kleinen Elite vorbehalten, dann lernte die breite Bevölkerung lesen, und in wohlhabenden Gesellschaften wurde erst die Grundschule zur Norm, dann die Sekundarstufe und schließlich das Studium.

Wenn man bedenkt, wie sehr die Menschheit in den vergangenen zwei Jahrhunderten vom Wissen und seinen Anwendungen profitiert hat, dann scheint es schwer zu glauben, dass die Bildung heute ihren Höhepunkt überschritten haben soll. Doch in diesem Buch behaupte ich genau das. In der zweiten Hälfte des 20. Jahrhunderts mag der Ausbau des Bildungswesens noch sinnvoll gewesen sein, doch heute ist er weder wirtschaftlich noch gesellschaftlich vernünftig.

Die meisten der althergebrachten Annahmen über den Nutzen der Bildung treffen in ihrer ursprünglichen Form heute nicht mehr zu. So geht zum Beispiel in den meisten Industrienationen der starke Anstieg des Akademikeranteils in der Arbeitnehmerschaft mit einer Verlangsamung des Produktivitätszuwachses sowie einer Zunahme der Ungleichverteilung und der politischen Polarisierung einher. Auch hat unsere abstrakte Vorstellung von Bildung – etwa einem Medizin- oder Ingenieursstudium, das in eine gut bezahlte berufliche Laufbahn mündet – nicht mehr viel mit der Lebenswirklichkeit vieler Menschen zu tun. Viele Studiengänge stehen heute in einem eher losen Bezug zu einer späteren Beschäftigung. Sie laufen auf eine Art Zertifikat hinaus, das potenziellen Arbeitgebern zeigt, wo die Bewerber im Verhältnis zueinander stehen, aber sie sind kein Nachweis einer wie auch immer gearteten kognitiven Befähigung.

Andere Formen des Studiums sind nicht einmal das. So beschäftigte sich einer meiner Studienfreunde ein geschlagenes Jahr lang mit der Philosophie von Immanuel Kant und meint heute, er könne keinen vernünftigen Satz mehr dazu sagen. Allerdings ist er überzeugt, dass er dabei Denken gelernt habe – sein Studium war also eine Art geistiges Fitnessstudio. Dennoch, es gibt jenseits von praxisnahen Studiengängen wie Medizin oder Maschinenbau zahlreiche Studiengänge, aus denen die Studierenden nichts mitnehmen, und ob sie dabei kritisches Denken lernen, ist nicht gesagt.

Vielleicht ist Bildung »das, was bleibt, wenn wir das Gelernte vergessen haben«, wie ein alter Spruch besagt. Das Problem ist nur: Einerseits ist Bildung ein kulturelles Gut und eine Investition, andererseits ist sie ein Wettlauf um bestimmte wirtschaftliche Positionen. Für den Einzelnen mag die Investition durchaus sinnvoll sein, doch die Gesellschaft könnte das Geld letztlich schlecht angelegt haben. Wenn in unserer Zeit des Akademikerüberschusses schon

Bankangestellte und Sachbearbeiter ein abgeschlossenes Studium vorweisen müssen, dann ist es vernünftig, wenn Menschen, die auf diesem Gebiet arbeiten wollen, ein entsprechendes Fach studieren. Aber es wäre für alle Beteiligten besser, wenn man den Wettlauf beenden und diese Stellen wie früher mit Schulabgängern besetzen würde.

Es ist nicht so, dass wir generell zu viel Geld für Bildung ausgeben. Es ist vielmehr so, dass wir zu viel für sinnlose Zertifizierungen ausgeben und nicht genug für berufliche, handwerkliche, technische und andere Ausbildung beziehungsweise Fort- und Weiterbildung, wie sie unsere Gesellschaft dringender bräuchte. Das ist ungefähr so, als würde man ein hochmodernes Atomwaffenarsenal anschaffen, während die Fußsoldaten keine Stiefel haben.

Wir sollten nicht vergessen, was frühere Generationen Ende des 19. und Anfang des 20. Jahrhunderts mit rudimentärster Bildung zuwege gebracht haben. Noch in den Sechzigerjahren war das kaum anders. Wie Mark Bovens und Anchrit Wille in ihrem Buch *Diploma Diplomacy* schreiben:»In den Sechzigerjahren glaubte man nicht, dass Erfolg über schulische Leistung führen muss. Viele Schulversager wurden im Laufe ihres Lebens erfolgreich, wobei Erfolg viele Formen annehmen konnte.«[73] Seit die Universität aber das einzige Tor zum Erfolg ist, bleiben einige der größten Talente von Führungspositionen im öffentlichen Dienst oder der Privatwirtschaft ausgeschlossen.

Anfang der Siebzigerjahre ging selbst im Westen nur eine Minderheit mit einem qualifizierenden Abschluss von der Schule ab. 1972 verließen über 40 Prozent aller britischen Schüler mehr oder weniger ohne Qualifikation die Schule. In den Vereinigten Staaten war der Anteil mit 25 Prozent etwas niedriger.[74] In Großbritannien beendete nur ein gutes Drittel aller Schüler die Sekundarstufe mit einer Abschlussprüfung, und etwa 15 Prozent besuchten danach die Oberstufe und erwarben die Hochschulzugangsreife. Es gab nur etwa dreißig Universitäten, und nur 9 Prozent aller Absolventen der Sekundarstufe nahmen schließlich ein Studium auf. Selbst unter den Absolventen von britischen Eliteschulen nahm damals nur etwa die Hälfte ein Studium auf.[75] Als ich 1974 Eton verließ, fingen viele meiner Mitschüler direkt im Familienunternehmen an, gingen zur Armee oder nahmen einen Beruf auf. Heute studieren 90 Prozent der Abgänger von Eliteschulen. Insgesamt erwerben heute rund 47 Prozent aller britischen Schüler die Hochschulreife. Die Folge war eine Aufweichung der Anforderungen: Ein Hochschulabschluss mit Bestnote ist heute sehr viel einfacher zu haben als in den Siebzigerjahren.

Die Zeit seit dem Zweiten Weltkrieg und vor allem seit den Siebzigerjahren ist das Zeitalter der Bildungsauslese. Unter Federführung der Vereinigten Staaten wandelten sich viele westliche Staaten von Bildungs- zu Hochschulbildungsnationen. Die GI-Bill, das Gesetz zur Wiedereingliederung der heimkehrenden amerikanischen Soldaten aus dem Jahr 1944, brachte die Vereinigten Staaten auf den Weg zur Hochschulbildung für die Massen. Abfindungen für Kriegsheimkehrer gehören zur amerikanischen Tradition, und weil das Paket für die Veteranen des Ersten Weltkriegs nach Ansicht von Roosevelt zu knausrig geschnürt worden war, wollte er nun großzügiger sein und legte nicht nur billige Baukredite und Krankenversicherungen bei, sondern auch Stipendien für Universitäten. Niemand wusste, ob die Veteranen von dem Angebot Gebrauch machen würden. Schließlich nutzten es über eine Million Kriegsheimkehrer, womit sich die Zahl der Studenten auf einen Schlag verdoppelte.

Auch im Vergleich zu europäischen Nationen war das viel, Großbritannien hatte 1951 gerade einmal 100 000 Studienplätze. Bis 1961 verdoppelte sich die Zahl der Studenten in den Vereinig-

ten Staaten ein weiteres Mal auf vier Millionen. In den Siebzigerjahren schlossen rund 40 Prozent aller amerikanischen Schulabgänger eine höhere Bildung ab, wobei sich nur ein Viertel für ein
vierjähriges Bachelor-Studium entschied und die meisten für ein
zweijähriges Studium an einem Community College. Bis 2018 war
der Anteil auf 50 Prozent gestiegen, und ein Drittel davon wählte
ein Bachelor-Studium.[76] Die Ausweitung der kognitiven Klasse war in allen Industrienationen eine willkommene und notwendige Veränderung. Wirt-
schaft und öffentlicher Sektor benötigten mehr Köpfe und weniger
Hände, und wie wir im nächsten Kapitel sehen werden, lohnte sich
ab den Siebzigerjahren ein Studium auch wirtschaftlich, nachdem
der Einkommensunterschied zwischen Kopf und Hand ein Jahrhundert lang geschrumpft war.

Frederick Winslow Taylors Theorie der wissenschaftlichen Be-
triebsführung hatte eine gewaltige Massenproduktion angescho-
ben, sie hatte das Wissensmonopol der Facharbeiter gebrochen
und die Fertigung in leicht ausführbare Einzelschritte zerlegt. Die
Arbeit erforderte zwar weniger Können, dafür ein gewisses Maß
an Grundbildung. Die damit einhergehende Standardisierung und
Spezialisierung der Arbeit führte zu einer gewaltigen Produktivitätssteigerung. In den Siebzigerjahren beschäftigte die Wirtschaft
mehr Hochschulabsolventen in Marketing, Verkauf, Maschinenbau,
Informationstechnik und Management als in der zunehmend automatisierten Fertigung. Auch die Zahl der kognitiv Tätigen – Ärzte,
Naturwissenschaftler, Lehrer, Anwälte, Wirtschaftsprüfer – nahm
deutlich zu, und der Anteil der im weitesten Sinne akademischen
Berufe wuchs vom einstelligen Bereich zu Beginn des 20. Jahrhunderts auf die heutigen 30 bis 40 Prozent.

Diese Entwicklung zog sich durch alle Industrienationen, auch
wenn sich die Einstellungen zu Wissen und dem Verhältnis von

Kopf- und Handtätigkeiten von Land zu Land sehr unterscheiden konnten. England entschied sich zu Beginn des 20. Jahrhunderts für ein elitäres, von Oxford und Cambridge dominiertes Hochschulwesen, das seinen Ethos mittels Prüfungskommissionen und Stipendien auf das übrige Bildungswesen übertrug. Im Mittelpunkt der Hochschulbildung blieb die Universität mit ihren Colleges, an denen die Studenten nicht nur lernten, sondern auch lebten. Dieser sehr englische Bildungsethos (Schottland ging einen eigenen Weg) war nicht nur elitär, sondern begünstigte die Generalisten gegenüber dem Expertentum, Fächer wie Maschinenbau oder Medizin einmal ausgenommen. Dieser Vorzug der Abstraktion gegenüber Faktenwissen oder Praxisnähe ging in Großbritannien und den Vereinigten Staaten weiter als anderswo. In Deutschland, Österreich, den Niederlanden und Skandinavien genossen Berufsausbildungen und technische Studiengänge größeres Ansehen.

Die britische Reform des Bildungswesens 1944 verstärkte die Trennung von Kopf und Hand. Mit ihr sollte das Schulsystem in Grammar Schools, technische Schulen und moderne Sekundärstufen aufgegliedert werden, doch die technischen Schulen wurden in weiten Teilen des Landes nie eingerichtet. Als 1992 damit begonnen wurde, die 35 Polytechnischen Hochschulen (die 1965 eingerichtet worden waren und das Ansehen der technischen Bildung ein wenig aufgewertet hatten) in Universitäten umzuwandeln, war dies ein weiterer Schritt zur Begünstigung der akademisch-analytischen Kompetenzen. Diese reichten bis in die Schullandschaft hinab, wo die angesehenen A-Levels (die Hochschulzugangsberechtigung, die etwa dem deutschen Abitur entspricht) eine Konstante bildeten, während andere Abschlüsse kamen und gingen. Die A-Levels wurden von den Universitäten selbst zur Auswahl der Studienplatzbewerber entwickelt. Aber wie der frühere Bildungsminister David Willetts sagte: »Ein fein auf die Auswahl von Gelehrten abgestimmtes Instrument wurde zur Schulabschlussprüfung für alle und prägt die gesamte Sekundarbildung.«[77] In Ländern wie Deutschland, Österreich oder den Niederlanden, wo die unterschiedlichen Schulformen nicht nur auf das Studium vorbereiten sollen, sondern auch auf eine Berufsausbildung und den Einstieg ins Arbeitsleben, haben auch Schüler am unteren Ende des akademischen Spektrums einen Lernanreiz, um eine attraktive Lehrstelle oder einen Platz an einer Berufsfachschule zu bekommen. In den Vereinigten Staaten oder Großbritannien, wo Schulen vor allem Allgemeinbildung vermitteln, tut sich dagegen in der Sekundarstufe ein Graben auf zwischen den Schülern, die eine Universität besuchen wollen, und denen, die einer ungewissen Zukunft auf dem Arbeitsmarkt oder einer Form der Weiterbildung entgegensehen. Letztere betrachten sich oft schon früh als Versager.[78] Der Wechsel vom kognitiven Umfeld der Schule ins kognitive Umfeld der Universität ist zudem einfacher als der in das nicht-kognitive Umfeld der Arbeit, wie der britische Ökonom Paul Collier gezeigt hat. Trotzdem wird in Großbritannien Ersteres mehr gefördert als Letzteres.

Es herrscht weitgehende Einigkeit, dass die nicht-akademische Ausbildung in Großbritannien und den Vereinigten Staaten unterfinanziert und unzulänglich ist. Die Bildungspolitik hat die Hand vernachlässigt, weshalb beide Volkswirtschaften so abhängig von ausländischen Arbeitskräften geworden sind. In England haben 10 Prozent aller Erwachsenen eine qualifizierte Berufsausbildung erhalten, in Deutschland sind es immerhin mehr als 20 Prozent.[79] Trotzdem geht im Westen der Ausbau der Universitäten munter weiter. Die britische Regierung schaffte 2015 die Deckelung der Studentenzahlen ab, und seither kann sich einschreiben, wer möchte. Universitäten haben einen finanziellen Anreiz, möglichst viele Studenten aufzunehmen. Die Folge ist ein Verfall der akademischen Standards und eine Absolventenschwemme, die Qualität der Lehre leidet, und gerade neue Universitäten, die weniger Drittmittel erhalten, leiden Finanznot. Und auch in Deutschland wächst der Anteil der Schüler, die ein Studium aufnehmen.

Uni oder nix

Die Akademisierung der Schule und der Aufstieg der Universitäten begannen in Großbritannien mit der Bildungsreform des Jahres 1944. Diese führte mit dem »Eleven Plus« eine Prüfung am Ende der Grundschule ein, die über den Wechsel zur Grammar School entschied, und trug damit das Prüfungsprinzip in alle Haushalte des Landes. Nach dem Krieg besuchten rund 20 Prozent aller Schüler die Grammar School, der Rest ging auf die Secondary Modern oder technische Schulen. Die Prüfung am Ende der Grundschule war eine Art Intelligenztest, der sprachliches und nicht-sprachliches Denken abfragte und auf der Arbeit des einflussreichen und umstrittenen Bildungspsychologen Cyril Burt basierte, der an die Erblichkeit der Intelligenz glaubte.

Unter Federführung des Bildungsministers Tony Crosland, der sich Michael Youngs Kritik an der Leistungsgesellschaft zu Herzen genommen hatte, wurde der Eleven Plus Ende der Sechzigerjahre genauso ausgemustert wie die meisten Grammar Schools. Für Michael Young war es ein Pyrrhussieg, denn die auf kognitiven Kriterien basierende Auslese wurde zunehmend zum Symbol der Modernisierung. Das Gesicht dieser Entwicklung war Harold Wilson, der Junge von der Grammar School von Huddersfield, der 1964 die Wahlen für die Labour Party gewann und Premierminister wurde. In den frühen Sechzigerjahren wurde der Ausbau der Hochschulen intensiviert, sieben neue Universitäten sollten die

Welle der Schüler aus den neuen Grammar Schools aufnehmen. Die britischen Universitäten hatten einen »guten Krieg«[80] geführt, Wissenschaftler hatten dabei eine tragende Rolle gespielt und Akademiker Schlüsselpositionen in der Regierung innegehabt. Zudem stieg nach dem Krieg der politische Druck, die Hochschule für weitere Kreise der Gesellschaft zu öffnen und mit den Vereinigten Staaten mitzuhalten. 1945 war der Universitätssektor noch winzig, es gab nur elf Universitäten und weitere 150 technische Colleges in den Regionen.

Ein 1963 unter Leitung des Wirtschaftswissenschaftlers Lionel Robbins verfasster Bericht zur Zukunft der Hochschulbildung rechtfertigte diesen Ausbau mit der Begründung, er öffne die Universitäten für alle »mit dem Wissen und der Befähigung«. Allerdings bekräftigte Robbins auch das klassische elitäre Ideal der Wissenschaft um ihrer selbst willen. Nebenbei lieferte er eine nützliche Definition für die typisch akademische Bildung:

Auch wenn wir ausdrücklich betonen, dass höhere Bildungseinrichtungen ihre Werte nicht verraten, wenn sie Dinge von praktischem Nutzwert lehren, bestehen wir darauf, dass die Materie auf eine Weise gelehrt wird, dass sie die allgemeine Denkfähigkeit bildet. Das Ziel sollten nicht die Herausbildung von Spezialisten sein, sondern von gebildeten Männern und Frauen. Eine gesunde Hochschulbildung zeichnet sich eben dadurch aus, dass sie selbst praktische Techniken auf einer ausreichend allgemeinen Ebene vermittelt, um ihre Anwendung auf eine Vielzahl von Problemen zu ermöglichen – um in der Vielfalt das Gemeinsame zu entdecken, und die allgemeinen Eigenschaften in einer Vielzahl von Einzelheiten. Das ist es, was die Welt der Unternehmungen von der Welt der Bildung verlangt.[81]

Es ist allerdings keineswegs gesagt, dass die »Welt der Unternehmungen« genau dies von der Welt der Bildung verlangt. Trotzdem lehnten sich die in den Sechzigerjahren gegründeten Universitäten in Selbstverständnis und Struktur an Oxford und Cambridge an, sie vereinten Forschung und Lehre, waren überwiegend Campusuniversitäten und übernahmen sowohl den Fächerkanon als auch das Tutorsystem von den beiden traditionellen Universitäten. Bildungspolitiker der Labour Party beschwerten sich zu Recht, dass die neuen Universitäten nur die Bildungsvorstellungen der an Privatschulen gebildeten Elite bestätigten.

In einem wichtigen Punkt hielt sich Bildungsminister Tony Crosland allerdings nicht an Robbins' Empfehlungen. 1965 rief er 35 Polytechnische Hochschulen ins Leben und begründete damit einen neuen Zweig der Hochschulbildung. Diese neuen Einrichtungen boten technische Studiengänge wie Maschinenbau, Informatik, Betriebswirtschaft, Architektur oder Stadtplanung an. Anders als die klassischen Universitäten betonten sie MINT-Fächer und die berufliche Ausbildung, vor allem aber waren sie keine Campusuniversitäten, unterstanden den Gemeinden und betrieben (zumindest anfangs) keine Forschung. Außerdem richteten sie sich an ältere Studierende, die oft neben dem Studium arbeiteten, und boten Diplome statt akademische Abschlüsse.

Die Unterscheidung von Technischen Hochschulen und Universitäten kennt man auch in Frankreich, das seine technische Elite an den *grandes écoles* und dem Institut Universitaire de Technologie ausbildet. Deutschland hatte Anfang der Siebzigerjahre die Fachhochschulen für technische Studiengänge ins Leben gerufen, die heute als Universitäten eingeordnet werden. Bei den Community Colleges der Vereinigten Staaten handelt es sich ebenfalls eher um Fachoberschulen als um Universitäten.

In Großbritannien überlebten die Polytechnischen Hochschulen jedoch nicht lange genug, um Renommee zu erwerben. Ihren ursprünglichen Schwerpunkt auf MINT-Fächern und praktischen Studiengängen verloren sie schnell aus den Augen und orientierten sich immer mehr am klassischen Fächerkanon der Universitäten.[82] Die Direktoren und Lehrenden der »Polys«, die oft an Oxford und Cambridge studiert hatten, sehnten sich nach dem Ansehen und der Unabhängigkeit der traditionellen Universitäten. Dies gestand ihnen der konservative Bildungsminister und Cambridge-Absolvent Kenneth Clarke 1992 schließlich zu. Damit war Großbritannien eine der wenigen Industrienationen ohne einen ausdrücklich technischen Hochschulzweig.

Das war der Moment, in dem die Universitäten in Großbritannien abhoben. Ihre Zahl stieg von vierzig im Jahr 1990 auf rund 130 heute, und der Anteil der Schulabgänger, die eine Universität besuchen, stieg von 20 Prozent auf fast die Hälfte – mehr als in den meisten anderen OECD-Staaten. Die eingesessenen Universitäten schafften es allerdings noch auf andere Weise, die Hierarchie zu zementieren. Um sich von den früheren Polytechnischen Hochschulen und »neuen« Universitäten abzugrenzen, schlossen sich die elitärsten und forschungsintensivsten Universitäten 1994 zur »Russell Group« zusammen. Diese erst 18, heute 24 Einrichtungen bilden eine Art britische »Ivy League« mit rund 20 Prozent der Studierenden des Landes.

In den Siebzigerjahren verfolgte die Bildungspolitik aller Industrienationen zwei Ziele: Sie sollte das Bildungsniveau der Bevölkerung heben und die kognitiv Fähigsten in das ausgebaute Hochschulwesen lenken. Diese beiden Ziele können allerdings im Widerspruch zueinander stehen, und gerade in den Vereinigten Staaten und Großbritannien werden Schulen oft nur danach beurteilt, wie viele ihrer Schüler später eine Eliteuniversität besuchen.

Inflationsbereinigt verdreifachten sich die britischen Bildungsausgaben seit 1970 auf heute über 90 Milliarden Pfund, ihr Anteil am Staatshaushalt ist seit den Sechzigerjahren um 20 Prozent gestiegen.[83] Seit einigen Jahrzehnten greift der Staat auch stärker in das Bildungsgeschehen ein, etwa mit der Entwicklung eines nationalen Lehrplans in den Achtzigerjahren und der Einführung neuer Standards und Aufsichtsbehörden in den Neunzigern. Damit stiegen die Bildungsausgaben ähnlich wie in den Vereinigten Staaten, Deutschland und Frankreich, die heute jährlich zwischen 5 und 6 Prozent ihres Bruttoinlandsprodukts in Bildung investieren, wobei in Großbritannien der Anteil am Etat etwas höher ist und ein größerer Teil auf Hochschulbildung entfällt.[84]

Je mehr Politiker selbst studiert hatten, umso mehr sahen sie im Ausbau der Bildung eine Antwort auf alles, angefangen von der Produktivitätssteigerung der Wirtschaft bis zur gesellschaftlichen Mobilität. Aus Tony Blairs Mantra »Bildung, Bildung, Bildung« aus dem Jahr 1997 erwuchs zwei Jahre später der Plan, 50 Prozent aller Schulabgänger auf die Universität zu schicken (damals lag der Anteil der Studierenden noch bei 30 Prozent). Dieser Aufbruch in das Zeitalter der Massenhochschule erfolgte in Großbritannien rasanter als in den meisten anderen Ländern des Westens. Er wurde als »alternativlos« verkauft, und niemand schien allzu viele Gedanken an die wirtschaftlichen und gesellschaftlichen Konsequenzen zu verschwenden. In den angelsächsischen Ländern, die eine weniger starke Tradition der technischen und beruflichen Ausbildung haben, tat sich ein tiefer Graben zu allen anderen Formen der nicht-universitären Ausbildung auf, die weiter an Sinn und Ansehen einbüßten. Auf Deutschland und Frankreich, wo es weiterhin gute Alternativen zum Studium gibt, trifft dies heute zwar in einem etwas geringeren Maße zu, doch in Großbritannien und den Vereinigten Staaten haben intelligente und ehrgeizige Kinder heute nur noch ein Ziel: die Universität.

Die Akademisierung der Bildung für ein Drittel bis die Hälfte aller jungen Menschen war eine stille Revolution. Doch der einzige Aspekt dieser Revolution, der in der Öffentlichkeit diskutiert wurde, war die Höhe der Studiengebühren. Man sah ein, dass der Staat allein nicht für die Hochschulbildung aufkommen konnte, zumal sich der Einzelne von einem Studium Einkommenszugewinne erhoffen durfte. Daher wurden Studiengebühren eingeführt, die rasch die gesetzliche Obergrenze von 9000 Pfund im Jahr erreichten. Doch durch Kredite und Fördermittel müssen Studenten zunächst kein Geld aufbringen, und heute zahlen sie im Durchschnitt kaum mehr als die Hälfte ihrer Schulden von rund 50 000 Pfund (60 000 Euro) zurück, die sie für Studiengebühren und Unterkunft aufnehmen.*[85] Wer heute studieren will, kann studieren, doch entgegen allen Erwartungen nahm die Zahl der Studierenden aus sozial benachteiligten Familien nicht zu, sondern ab.

Wenn es den Politikern so wünschenswert erschien, der Hälfte aller Schulabgänger ein Studium angedeihen zu lassen, dann lag das wohl auch daran, dass sie selbst alle die Universität besucht hatten. Einer der Befürworter war der Wirtschaftswissenschaftler David Soskice von der London School of Economics. Als ich ihn in einem Interview auf das 50-Prozent-Ziel ansprach, kann er sich nicht erinnern, dass irgendjemand in der Regierung widersprochen hätte. Wenn man sich die Einkommen von Hochschulabsolventen ansah, dann musste man zu dem Schluss kommen, dass die Nachfrage groß war und die Wirtschaft mehr Akademiker brauchte. Außerdem galt die Universität als Tür zum sozialen

---

* Nach den gegenwärtigen Rückzahlungsbedingungen müssen Studierende, die ein wirtschaftlich wertloses Studium abschließen und nicht innerhalb eines festgelegten Zeitraums ein bestimmtes Einkommen erreichen, den Kredit nicht zurückzahlen. Das heißt, die gesellschaftlich am wenigsten nutzbringenden Studiengänge werden am meisten vom Steuerzahler bezuschusst.

Aufstieg für Angehörige der Unter- und Mittelschicht. Niemand schien das »15/50-Problem« bedacht zu haben, wie ich es nenne: Wenn 15 Prozent Ihres Schuljahrgangs oder Ihrer Stadt studieren, Sie aber nicht, dann ist das kein Problem; aber wenn die Hälfte die Universität besucht und Sie nicht, dann schon.

Der einflussreiche Wirtschaftsexperte Soskice war der Ansicht, dass die hochgradig regulierte soziale Marktwirtschaft Deutschlands mit ihrem dualen System der Berufsausbildung und der langfristigen Investitionen kein Vorbild für Großbritannien sein konnte. Vielmehr sollte sich Großbritannien an den Vereinigten Staaten orientieren und seine Stärken im Finanz- und Dienstleistungssektor ausspielen. Seiner Ansicht nach würde der Ausbau der Hochschulen Generalisten für Managementpositionen in der Dienstleistungswirtschaft hervorbringen. Dies passe eher zum angelsächsischen Weg, den man in den Achtzigerjahren eingeschlagen hatte: der postindustrielle Weg eines deregulierten, flexiblen Arbeitsmarktes und ein Bildungswesen, das allgemeine und übertragbare Fähigkeiten lehrte statt einer stark regulierten, unternehmenszentrierten und praktischen Ausbildung, wie sie auf dem europäischen Kontinent verbreitet war.

Noch vor vierzig Jahren hatte Großbritannien ein funktionierendes, wenngleich ein wenig uneinheitliches System der Berufsausbildung, das dem europäischen Muster folgte: Nach der neunten Klasse nahm ein Großteil der Schüler eine Lehre auf, Berufsschulen waren eine gute Alternative zu den A-Levels, mit den Universitäten und den Polytechnics gab es ein zweigleisiges Hochschulwesen, das eine Reihe von beruflichen Qualifikationen bot, und daneben gab es Berufsakademien zur beruflichen Aus- und Weiterbildung. Dieses System ist inzwischen weitgehend verschwunden. Die Lehre galt den begeisterten Deregulierern der frühen Thatcher-Jahre als Bollwerk einer protektionistischen Arbeiterbewegung; sie hielten sie für veraltet, weil sie auf handwerkliche Tätigkeiten setzte.

Der dramatische Ausbau des Hochschulsektors seit Anfang der Neunzigerjahre räumte mit den höheren technischen Abschlüssen (den sogenannten HNDs und HNCs der ISCED-Levels 4 und 5*) auf, die es seit den Zwanzigerjahren für Techniker, Mechaniker und Handwerker wie Elektriker und Klempner gab. Noch im Jahr 2000 legten 64 000 beziehungsweise 49 000 Personen einen solchen Abschluss ab, und in den Achtzigerjahren waren es noch deutlich mehr gewesen. Im Jahr 2016/17 meldeten sich dagegen nur noch 15 000 Lehrlinge zum HND und 19 500 zum HNC an. Nur 4 Prozent aller 25-jährigen Briten haben eine nicht-akademische technische Qualifikation, während es in Deutschland mehr als 20 Prozent sind.[86] Trotz der Sorge um einen drohenden Facharbeitermangel sinkt die Zahl der technischen Ausbildungen also weiter, denn die staatlichen Mittel und die Anreize für die Absolventen zielen heute fast ausschließlich auf das Studium.[87] Und das, obwohl zwischen 30 und 50 Prozent aller Hochschulabsolventen fünf Jahre nach Abschluss ihres Studiums keine ihren Qualifikationen entsprechende Stelle gefunden haben.

Befürworter der gängigen Massenhochschulbildung erklären, rund 40 Prozent aller Studiengänge seien im Grunde beruflicher Natur, angefangen von klassischen Studiengängen wie Medizin, Jura und Maschinenbau bis hin zu neueren Fächern wie Pflege, Finanzkalkulation und Marketing. Doch weil sich das Fördersystem an der Nachfrage der Studierenden orientiert, war Großbritannien zwischen 2011 und 2017 in der sonderbaren Situation, dass die Fördermittel für das Fach Physik pro Studienplatz nur um

---

* Die International Standard Classification of Education der UNESCO ist eine internationale Klassifizierung von Bildungsabschlüssen. Sie beginnt mit der Grundschule auf Level 1 und endet mit dem Doktortitel auf Ebene 8. A-Levels, Abitur und eine abgeschlossene Lehre entsprechen ISCED-Niveau 3.

6 Prozent stiegen, in den Betriebswirtschaft dagegen um 27 Prozent und in den Sportwissenschaften sogar um 34 Prozent.[88] Viele der neuen Universitäten leisten ausgezeichnete Arbeit. Die Standards gehen weit auseinander, doch einige haben sich ein technisches Ethos bewahrt und sehen ihre Verantwortung in der Region. Sie tun oft mehr für die Bildung als die elitären Universitäten der Russell Group. Doch die Leiter dieser Universitäten wehren sich heftig dagegen, ihren Universitätsstatus aufzugeben und sich wieder stärker auf technische Ausbildungen zu verlegen. Leider spielen sie damit in einer Liga, in der sie nur verlieren können.

Die fehlende Mitte

Für die Industrienationen lautet die zentrale Frage, ob die klassische Universität mit ihrem akademischen Schwerpunkt, in der viele Professoren ihre Hauptaufgabe in der Forschung, nicht der Lehre sehen, der beste Ort ist, um die höheren beruflichen Qualifikationen zu vermitteln, wie sie sich viele wünschen und wie sie die Wirtschaft so dringend benötigt. Die britische Öffentlichkeit scheint dies jedenfalls nicht zu glauben. In einer Umfrage des Thinktanks Onward sagten 66 Prozent der Befragten, ihrer Ansicht nach schade es dem Land, wenn mehr Menschen studierten und weniger eine technische Ausbildung machten.[89]

Trotzdem zielen finanzielle und kulturelle Anreize nach wie vor darauf, Schulabgänger an die Universität zu bringen. Das ist für die Betreffenden genauso kostspielig wie für den Staat, und Zeit und Geld sind nicht immer gut angelegt. Gleichzeitig werden berufsbegleitende Studiengänge, kürzere Diplomstudiengänge und das eigentlich immer wichtigere lebenslange Lernen in der Weiterbildung immer unattraktiver. Dazu kommt, dass selbst in angewandten Studiengängen der neueren britischen Universitäten die akademisch-analytische Herangehensweise vorherrscht. Selbst in einem Kurs zur Bauleitung wird nicht etwa praktische Erfahrung vermittelt, sondern kognitive Kompetenz, kritisches Denken und Führungstheorie.

Die wirtschaftliche Bilanz der Massenhochschule ist durchwachsen. Untersuchungen zeigen jedenfalls, dass Hochschulabsolventen den Fachkräftemangel nicht beheben werden, auch weil sie nach ihrem Studium ganz andere Erwartungen an ihre Tätigkeit haben. Paul Lewis vom Londoner King's College hat Arbeitgeber befragt, die in Ermangelung von Technikern Absolventen von naturwissenschaftlichen und technischen Studiengängen für technische Aufgaben einstellen. Doch der Einsatz der überqualifizierten Akademiker gestaltet sich oftmals schwierig, weshalb in vielen Berufen, darunter auch bei den Fluglotsen, Nicht-Akademiker vorgezogen werden. Wie Lewis schreibt:»Hochschulabsolventen bringen mehr technisches Wissen mit, als sie für ihre Aufgabe benötigen, doch es fehlt ihnen an praktischen Fertigkeiten, um ihre Aufgabe gut zu machen. Außerdem sind Hochschulabsolventen bald unzufrieden über die oftmals einfachen Routineaufgaben der Techniker und die verhältnismäßig schlechte Bezahlung, weshalb sie relativ schnell wieder kündigen. Das Bildungswesen produziert die falsche Kombination von Fähigkeiten, in den MINT-Fächern bringt es zu viele Hochschulabsolventen und zu wenig Techniker hervor.«[90]

In Großbritannien haben nur rund 65 Prozent aller jungen Menschen einen Abschluss, der dem ISCED-Niveau 3 entspricht, die meisten davon A-Levels. In den meisten europäischen Ländern liegt dieser Anteil dagegen eher bei 90 Prozent, und ein erheblicher Teil dieser Qualifikationen sind nicht-akademischer Natur. Die von den fehlenden Investitionen in nicht-universitäre Ausbildung am stärksten betroffene Gruppe kann sich kein Gehör verschaffen:

Die Eltern von jungen Menschen, die eine Lehre machen oder an Berufsakademien lernen, werden in den Fluren der Macht nicht ernst genommen, und diese Akademien – von denen es oft heißt, sie seien »für die Kinder anderer Leute« – haben nicht die Mittel oder den Einfluss eines Universitätskanzlers. So wurden im Schuljahr 2017/18 die 1,2 Millionen Studierenden Großbritanniens mit 8 Milliarden Pfund (9,5 Milliarden Euro) unterstützt; die 2,2 Millionen Schüler von Berufsakademien erhielten dagegen nur 2,3 Milliarden Pfund (2,7 Milliarden Euro). Aufgrund dieser Unterfinanzierung fiel die Zahl der Schüler an Berufsakademien zwischen 2005 und 2016 von vier auf zwei Millionen. Das durchschnittliche Jahresgehalt der Lehrkraft einer Berufsakademie beträgt 30 000 Pfund (36 000 Euro) – etwas mehr als das Einstiegsgehalt von Lehrern der Grund- oder Sekundarstufe.

Auch Arbeitgeber haben in den vergangenen beiden Jahrzehnten zu diesem Problem beigetragen, indem sie ihr Ausbildungsbudget gekürzt[91] und die Stellen lieber mit ausländischen Fachkräften und »kostenlosen« Hochschulabsolventen besetzt haben. Seit den Achtzigerjahren wurde die innerbetriebliche Weiterbildung nicht mehr von den Arbeitgebern selbst übernommen, sondern von privaten Anbietern, die eine verwirrende Vielzahl von verschiedenen Qualifikationen und Abschlüssen anboten. In Großbritannien wird dadurch das Studium zur Standardausbildung, wie auch Wirtschaftsjournalist Paul Johnson erlebte, als sich sein zweiter Sohn Tom nach mittelmäßigen A-Levels gegen ein Studium entschied:

> Eine Lehre schien für ihn die richtige Wahl. Der Staat fördert diese als eine alternative Ausbildung. Also verbrachten wir einen Gutteil der Weihnachtsferien damit, ihm bei seinen Bewerbungen um eine Lehrstelle zu helfen. Es ist unglaublich schwierig, auch nur ein vernünftiges Angebot zu finden …

2016 nahmen nur 1800 Schulabgänger eine höherqualifizierte Lehre auf … Mein Sohn möchte gern Programmierer oder Softwareentwickler werden. In dieser Branche herrscht offenbar ein Arbeitskräftemangel. Aber wenn man sich ansieht, wie rar die Angebote sind, dann käme man nicht auf diesen Gedanken. Studiengänge gibt es dagegen zu Hunderten, und die sind alle leicht zu finden … Unser Bildungswesen ist für Schüler gemacht, die von der Schule direkt auf die Universität gehen. Ihr Weg ist klar. Für die anderen ist es viel schwieriger, ihre Wege liegen im Nebel.[92]

Aus der Erfahrung mit seinem Sohn machte Johnson eine Radiodokumentation für die BBC. Tom bekam schließlich die gewünschte Lehrstelle als Programmierer. Der erhellendste Moment der Sendung war, als Johnson einige der Lehrer von Toms Schule zur örtlichen Berufsakademie brachte. Die Lehrer hatten nie zuvor einen Fuß in die Räume der Akademie gesetzt und staunten, wie viele ihrer ehemaligen Schüler hier gelandet waren. Die Schulen brüsten sich gern mit der Zahl der Schüler, die sie an die Universitäten bringen, aber sie erwähnen nur selten, welcher Anteil ihrer Schüler eine gute Lehre macht oder an den Berufsakademien eine sinnvolle berufliche Qualifikation erhält.

In Großbritannien, aber zunehmend auch in Deutschland oder Frankreich lassen sich zu viele Menschen vom Ansehen eines Studiums und der damit verbundenen Verheißung beruflicher Sicherheit blenden, auch wenn sie gar nicht die Eignung dazu mitbringen. Ein Beispiel ist Roger, der Neffe eines Bekannten, der an der Universität Physik studierte. Seine A-Levels machte er an einer Schule in Leeds, wo das Studium als einzige Option präsentiert wurde. Also entschied sich Roger für ein Studium und wählte seine Universität vor allem aufgrund der Sportanlagen aus, wo er viel Zeit verbrachte. Sein Studium empfand er als geistig wenig anregend und klagte, es gehe vor allem darum, Gleichungen auswendig zu lernen. Er fiel durch seine Zwischenprüfungen, musste das Jahr wiederholen und bestand schließlich auch die Abschlussprüfungen nicht. Am Ende seines Studiums saß er auf einem Schuldenberg und hatte trotzdem keinen Abschluss in der Hand. Dann machte Roger eine etwas ungewöhnliche Ausbildung zum Spendensammler einer wohltätigen Organisation. Heute hat er eine Arbeit, die ihm Spaß macht, und ist in einer Sportstiftung für Kinder angestellt – dafür hätte er kein Studium gebraucht. Roger ist nur einer von vielen. Wie so viele andere fühlte er sich von seiner Schule, seinen Eltern und der Kultur zum Studium gedrängt, obwohl das nicht das Richtige für ihn war.

In einer Umfrage aus dem Jahr 2017 waren 35 Prozent der Befragten der Ansicht, die Kosten ihres Studiums würden durch ihre Berufsaussichten nicht gerechtfertigt.[93] Was also bleibt, sind nicht nur viele frustrierte junge Menschen, sondern fehlende mittlere Kompetenzen in der Wirtschaft und eine Vernachlässigung der Hand, die eine tiefe Lücke bei Technikern und qualifizierten Arbeitskräften in Bau, Gesundheitswesen und Informationsverarbeitung gerissen hat. Britische Arbeitgeber klagten 2017, dass sie kaum mehr als 40 Prozent ihres Bedarfs an Facharbeitern decken können.[94]

Die Lage in den Vereinigten Staaten, Frankreich und Deutschland

Dieses Problem ist Teil eines umfassenden Versagens des Ausbildungswesens in Großbritannien und den Vereinigten Staaten und hat seine Ursache in der Auslagerung großer Teile der Fertigung ins Ausland. Robert Reich, Arbeitsminister der Clinton-Regierung, riet Arbeitnehmern wohlhabender Nationen in seinem Buch *The Work of Nations*, sich mit der Globalisierung zu arrangieren, weil sie ihnen Wohlstand bringe; sie sollten allerdings sicherstellen, dass ein verantwortungsbewusster Staat sie für die Arbeit der Zukunft ausbilde. Aus Stahlkochern könnten Programmierer werden. Dazu kam es allerdings nie. Richard Reeves rechnet vor, dass der amerikanische Staat für jeden Dollar, den er für Umschulung ausgab, 25 Dollar auf die Konten von Eliteuniversitäten überwies.[95]

In den Fünfziger- und Sechzigerjahren, als die Vereinigten Staaten auf dem Höhepunkt ihrer industriellen Macht standen, erwarben die Schüler Hand-Kompetenzen in der Schule, sie machten eine betriebliche Lehre in Fabriken und Büros und stiegen von dort oftmals in Führungspositionen auf. Doch formelle Ausbildungsverhältnisse, die Arbeit und Schule vereinen, waren in den Vereinigten Staaten schon immer eher selten; 1975 gab es davon im ganzen Land nur 292 000, verglichen mit 1,4 Millionen in Westdeutschland. Zudem wurde seit den Siebzigerjahren in Großbritannien und den Vereinigten Staaten der Werkunterricht – zum Beispiel Holz- und Metallarbeit – immer weiter abgewertet, da es vielen Schulen nur noch darum ging, dass möglichst viele ihrer Abgänger ein Studium aufnahmen. So ist es nicht verwunderlich, dass im Jahr 2018 in den Vereinigten Staaten nur 240 000 Personen eine Lehre aufnahmen und nur 6 Prozent der jungen Amerikaner eine anerkannte Berufsausbildung machten. Laut offiziellen Zahlen gab es in der gesamten Fertigungsindustrie gerade einmal 15 000 Ausbildungsplätze. Daniel Markovits schreibt in seinem Buch *The Meritocracy Trap*, amerikanische Unternehmen gäben heute weniger als 2 Prozent ihres Gehaltsbudgets für die Aus- und Weiterbildung ihrer Mitarbeiter aus.[96]

Als Reaktion auf die Politikverdrossenheit der letzten Jahre entdeckten viele Politiker die Mehrheit der Schulabgänger wieder, die keine Universität besucht haben. In den Vereinigten Staaten und Großbritannien fordern sie nun lautstark Investitionen in die Berufsausbildung. Auch die Regierungen haben die Hände nicht in den Schoß gelegt. Großbritannien will das Ziel von 3 Millionen Lehrstellen erreichen und hat 2017 eine Ausbildungsabgabe für Großunternehmen eingeführt. Auch in den Vereinigten Staaten hält man gern Sonntagsreden über die Berufsausbildung, Präsident Trump unterzeichnete 2017 gar eine Anordnung zur Schaffung von Lehrstellen. Doch der Realzustand wird vermutlich besser wiedergegeben von Präsident Obamas Forderung nach 12 Milliarden Dollar für die Community Colleges, die im Kongress auf 2 Milliarden Dollar zusammengestrichen wurden.

In der Bildungspolitik beider Länder geben nach wie vor die Hochschulen den Ton an. Wenn sich das angelsächsische Modell der Allgemeinbildung durchgesetzt hat, dann auch, weil es modernen Unterrichtsmethoden entgegenkommt. So setzte sich in den Siebziger- und Achtzigerjahren eine kindzentrierte Pädagogik durch, die Auswendiglernen, Praxis und Anwendbarkeit des Wissens hintanstellte und es sich stattdessen zur Aufgabe machte, das angeborene Talent und die Kreativität der Kinder zu fördern und allgemeine und analytische Fähigkeiten wie »Entscheidungsfindung« und »kritischer Umgang mit Information« zu vermitteln. Durchschnittlich und unterdurchschnittlich intelligenten Kindern hat diese Verschiebung des Schwerpunkts eher geschadet als genutzt, und laut einem Bericht der Sheffield University aus dem Jahr 2010 sind bis heute rund 17 Prozent der Schulabgänger funktionale Analphabeten. In den Vereinigten Staaten sind die Zahlen ähnlich. Befürworter des kindzentrierten Unterrichts erklären, man müsse heute kein Faktenwissen mehr lernen, weil man doch alles googeln könne; vielmehr benötigten wir die allgemeine Fähigkeit, Informationen zu suchen und kritisch zu denken. Traditionalisten halten dem entgegen, dass Wissen kumulativ ist: Wir müssen Wissen erwerben, um denken und kreativ sein zu können.

In Großbritannien ging die Beliebtheit der allgemeinen Fähigkeiten Hand in Hand mit der Deindustrialisierung der Achtzigerjahre. David Willetts sagt dazu:»Als die Wähler meines Bezirks in den Siebzigerjahren in die Schule gegangen sind, haben sie gewusst, dass sie danach eine Lehre im Hafen von Portsmouth machen würden. Aber dann hat der Hafen geschlossen, das Stahlwerk hat dichtgemacht, die Autofabrik ist pleitegegangen. Wir wissen nicht genau, was die Siebzehnjährigen heute tun, aber in die industrielle Fertigung gehen sie nicht mehr. Für diesen flexibleren Arbeitsmarkt brauchen sie allgemeinere und flexiblere Fähigkeiten.«[97] Wie Willetts kamen viele britische und amerikanische Bildungspolitiker daher zu dem Schluss, Allgemeinbildung sei die wichtigste Form der Bildung in einer komplexen modernen Welt. Und wie Matthew Crawford in *Ich schraube, also bin ich* schreibt, gilt das Handwerk im heutigen Schulwesen wenig:»Man will sich nicht mit konkretem Wissen belasten, um sich nicht festzulegen. Im Studium lernt man dagegen meist nichts, was sich konkret anwenden ließe, die Universität gilt als Tor zu einer offenen Zukunft. Handwerk verlangt, eine Sache richtig gut zu beherrschen, doch das Ideal der New Economy ist das unaufhörliche Lernen.«[98] Nach Ansicht von Crawford ist das Vorbild unserer Tage der Unternehmensberater, der kommt und geht und stolz darauf ist, dass er nichts richtig kann. »Genau wie der ideale Konsument steht der Unternehmensberater für ungezügelte Freiheit. Das Handwerk wirkt dagegen beengt und schäbig, das ist der Klempner, der sich unter die Spüle beugt, während ihm das Hemd aus der Hose rutscht.«[99]

In den Vereinigten Staaten und Großbritannien hat die Universität als einziger Zugang zur kognitiven Elite eine Reihe von anderen Zugängen ersetzt. In den Vereinigten Staaten war es bis kurz vor dem Zweiten Weltkrieg möglich, Jura in einer Anwaltskanzlei zu lernen und ohne Studium eine Prüfung vor der Kammer abzulegen. Ende der Siebzigerjahre verlangten Stellen in Medizin, Recht, Buchhaltung und anderen Berufen dann immer häufiger ein abgeschlossenes Studium. Für ehrgeizige Nicht-Akademiker blieb bald nur noch die Wirtschaft als Betätigungsfeld übrig. Die Vereinigten Staaten übernahmen die Pionierrolle beim Ausbau der Hochschulen, Großbritannien folgte. Durch Kostenexplosion und Haushaltskürzungen hat sich die Expansion etwas verlangsamt, doch in beiden Ländern wurde die technische und berufliche Ausbildung vernachlässigt.

Das amerikanische Bildungswesen ist breiter gefächert als das britische. An der Spitze stehen die elitären und teuren Universitäten der Ivy League und die kleinen Liberal Arts Colleges, gefolgt von den etwas weniger teuren staatlichen Universitäten; sie alle bieten vierjährige Bachelor-Studiengänge. Mit Studiengebühren und Unterkunft auf dem Campus kostet ein Studienjahr an einer Universität der Ivy League heute über 70 000 Dollar, in privaten Colleges kann man mit 50 000 Dollar rechnen, an staatlichen Universitäten mit 38 000 Dollar (für Studierende aus anderen Bundesstaaten) beziehungsweise 22 000 Dollar (für Studierende aus dem Bundesstaat).[100] Bei der Auswahl begünstigen die privaten Hochschulen in den Vereinigten Staaten die Kinder ihrer Absolventen, und auch die Kinder von Spendern werden bevorzugt aufgenommen. Um ein Gegengewicht zu schaffen, versuchen viele Colleges, unabhängiger vom SAT zu werden und dem gesellschaftlichen Kontext schulischer Leistungen größeres Gewicht zu verleihen. Weiter unten in der Hierarchie folgen die Community Colleges, die zwar eigentlich noch zur Sekundarstufe gehören, in den Vereinigten Staaten aber zum Hochschulwesen gezählt werden. Rund zwei Drittel aller Absolventen besuchen eines der 960 Community

Colleges des Landes. Die meisten machen ein zweijähriges Berufs-studium, die Hälfte in Teilzeit. Viele machen gleichzeitig eine Art Ausbildung in der Verwaltung oder im Gesundheitswesen, etwa als Pflegekraft.

An einem Community College können grundsätzlich alle Absol-venten der High School studieren. Die Colleges sind deutlich billiger als Universitäten und verlangen im Jahr Studiengebühren in Höhe von durchschnittlich 3000 Dollar.[101] Absolventen können nach dem College an eine Universität wechseln und dort in zwei weiteren Jah-ren einen Bachelor erwerben. Weil nun aber so viele Studenten die Community Colleges als günstigeren Zugang zu einem Bachelor-Abschluss wählen, wenden sich diese zunehmend von technischen und beruflichen Ausbildungen ab. Im Jahr 2016/17 machte mehr als ein Drittel aller Absolventen (386 658) einen Abschluss in einem geistes- oder naturwissenschaftlichen Fach. Die zweitgrößte Gruppe waren Berufe im Gesundheitswesen (186 299), es folgten Betriebswirtschaft, Marketing und Transport (108 353).[102] Der An-teil der berufsorientierten Fächer, die Schüler in der High School belegen, ist seit 1982 von 20 auf 12 Prozent gesunken.[103]

Die Einkommen derjenigen, die einen High-School-Abschluss oder weniger haben (das sind 60 Prozent der amerikanischen Bevölkerung), stagnieren seit 1980. Kein Wunder also, dass heute 90 Prozent aller Schüler der High School studieren wollen und 70 Prozent einen höheren Bildungsabschluss anstreben. Allerdings nimmt nur die Hälfte davon ein vierjähriges Bachelor-Studium auf, und nur 9 Prozent besuchen eine Eliteuniversität. Rund 13 Prozent aller Amerikaner haben einen Master oder Doktortitel.

In den Vereinigten Staaten erreichten die Studentenzahlen 2010 ihren Höhepunkt. Heute sind sie allerdings wieder rückläufig, vor allem aufgrund der explodierenden Schulden und der erbarmungs-losen Rückzahlungsbedingungen. Kein Wunder, dass die Verschul-

dung der Akademiker ein großes Thema ist und sich Präsident-
schaftskandidaten der Demokraten regelmäßig für eine Stundung
der Studienkredite starkmachen.

Einige Beobachter sehen die Ursache für die zunehmenden Ein-
kommens- und Statusunterschiede in der Tatsache, dass die Vereinigten Staaten seit den Siebzigerjahren ihre Rolle als Pionier in der
Sekundar- und Hochschulbildung verloren haben. Claudia Goldin
und Lawrence Katz schreiben, seit die Universitäten nicht mehr
mit dem technischen Wandel schritthalten könnten, seien die Nachfrage nach den Bestausgebildeten und damit auch deren Gehälter
stark gestiegen.[104] Damit vernachlässigen sie andere Faktoren wie
das Verschwinden von Arbeitsplätzen mit mittleren Einkommen
durch Verlagerung der Produktion ins Ausland, Rationalisierung
und den Machtverlust der Gewerkschaften. Und: Wenn die Nachfrage nach Hochschulabsolventen so groß ist, warum finden dann
so viele keine Arbeit, die ihren Qualifikationen entspricht?

Das amerikanische Hochschulwesen soll wie auch das britische
zwei Aufgaben übernehmen: erstens der Masse Bildungschancen
bieten und zweitens eine Elite auswählen. Auch in den Vereinigten
Staaten liegt das Schwergewicht auf Letzterem. Nicholas Lemann
kritisiert dies als unamerikanisch:

> Die staatlich finanzierte Bildung für alle ist neben der Demo-
> kratie eine der großen modernen Errungenschaften der Ver-
> einigten Staaten. Beides geht davon aus, dass gewöhnliche
> Menschen zu mehr in der Lage sind, als die Führer früherer
> Gesellschaften für möglich gehalten hätten … Der Apparat
> der Leistungsgesellschaft gehört nicht in diese Tradition. Er
> entstammt einer älteren, nicht-amerikanischen Tradition, die
> Prüfungen und Bildung als Instrument zur Auslese einer klei-
> nen Herrschaftselite verwendet.[105]

In Deutschland und Frankreich stellte sich die Situation bis vor Kurzem etwas anders dar. Die Universitäten genossen weniger Ansehen, auch weil Schulabgänger attraktive Alternativen hatten: In Deutschland entschied sich etwa die Hälfte aller Schulabgänger für eine berufliche Ausbildung. Und in Frankreich legten zwar 40 Prozent am Ende der Sekundarstufe das akademische *baccalauréat général* ab, doch immerhin 15 Prozent machten das *bac technologique* und 25 Prozent das niedrigere *bac professionelle,* das den Zugang zu verschiedenen Berufsschulen ermöglicht. Außerdem sind die Universitäten hier weniger selektiv; mit einem Abitur oder *baccalauréat* in der Tasche, hat man grundsätzlich das Recht, eine Universität zu besuchen (auch wenn einige Studiengänge einen bestimmten Notendurchschnitt verlangen).[106] In Frankreich besucht ein Drittel aller Schulabgänger eine nicht-selektive Universität; daneben gibt es die sehr selektiven *grandes écoles,* die Studienplätze an die besten 3 bis 4 Prozent der Abiturienten vergeben und gleichzeitig rund 30 Prozent des Hochschuletats des Landes erhalten.[107] Insgesamt gibt es rund 250 *écoles* – einige allgemein, wie die *écoles d'ingénieurs* oder *écoles de commerce,* andere spezialisierter. Nach Abschluss des *bac général* besuchen die Studierwilligen eine anspruchsvolle zweijährige Oberstufe, genannt *prépa,* die mit einer Abschlussprüfung endet. Etwa die Hälfte besteht und nimmt ein drei- bis fünfjähriges Studium an einer *grande école* auf, um dann eine Stelle in der politischen, administrativen, akademischen oder wirtschaftlichen Elite einzunehmen.

Die 1945 von Charles de Gaulle gegründete École Nationale d'Administration (ENA) ist ein Symbol der Modernisierung im Sinne einer Leistungselite und die elitärste aller französischen Hochschulen. Jährlich vergibt sie nur achtzig Studienplätze, doch sie hat vier der letzten acht Präsidenten und acht der letzten 22 Premierminister hervorgebracht. Heute ist sie das Symbol einer verknöcherten Elite, und immer wieder werden Vorstöße zu ihrer Abschaffung unternommen, zuletzt von Präsident Macron. Denn rund zwei Drittel der Studenten der angesehensten *grandes écoles*, der École Poyltechnique und der ENA kommen aus der wirtschaftlichen und akademischen Elite des Landes, 2015 kamen nur 1,3 beziehungsweise 4,4 Prozent aus der Arbeiterschicht. In der *prépa* stammen allerdings nur 50 Prozent aus der Elite.

Deutschland hat – anders als Großbritannien, die Vereinigten Staaten und Frankreich – keine Eliteuniversitäten, die mit Oxford und Cambridge, der Ivy League oder den *grandes écoles* vergleichbar wären. Stattdessen studieren viele Kinder der Elite im Ausland. Das deutsche Hochschulwesen ist differenzierter als das britische und hat sich mit den Fachhochschulen seine spezialisierten Einrichtungen erhalten. Die rund 210 Fachhochschulen gelten heute als Universitäten und nehmen etwa 22 Prozent der Schulabgänger auf, die 120 traditionellen Universitäten 38 Prozent.[108] Wie in Frankreich besucht mehr als die Hälfte der Studenten eine Universität in der Nähe ihres Heimatorts. Als Pionier der modernen Forschungsuniversität bleibt Deutschland seinen akademischen Wurzeln treu, verbindet dies jedoch mit einer besonderen Wertschätzung für praktische Ausbildungen. Etwa die Hälfte aller Absolventen der zehnten Klasse sowie 20 Prozent der Abiturienten nehmen nach der Schule eine traditionelle, zwei bis dreieinhalb Jahre dauernde Lehre auf.

Dieses »duale System« der Berufsausbildung, das eine praktische Ausbildung im Unternehmen mit Unterricht in einer Berufsschule verbindet, ist in Bund, Ländern und Gemeinden verankert und wird von den Sozialpartnern getragen. Es gibt 325 Lehrberufe, die von Arbeitgebern entwickelt werden, und jeder Schüler der neunten Klasse erhält eine aktuelle Ausgabe von *Beruf aktuell*, das Berufsbilder und Einkommenserwartungen darstellt.[109] Zu vielen Berufsausbildungen gehört zudem eine umfassende theoretische

Ausbildung. So muss zum Beispiel ein Verputzer komplexe Berechnungen anstellen und beispielsweise Wärmeverluste berechnen können. Einige Berufsabschlüsse entsprechen ISCED-Niveau 4 und 5.

Die duale Ausbildung genießt bis heute großes Ansehen. In vielen deutschen Familien der Mittelschicht ist es ganz normal, dass ein Kind eine Lehre abschließt und erst danach ein Studium aufnimmt. Was den Status anlangt, bewegen sich die Qualifikationen mehr oder weniger auf einer Ebene. Bundesgesundheitsminister Jens Spahn absolvierte zum Beispiel erst eine Lehre als Bankkaufmann und studierte dann neben seiner Tätigkeit als Bundestagsabgeordneter an der Fernuniversität Hagen. Seine Bildungslaufbahn ist nicht untypisch für eine Führungskraft in Politik und Wirtschaft. Kritiker halten das deutsche System allerdings für unflexibel; so benötigten die Sozialpartner ganze sieben Jahre, um sich auf einen neuen Ausbildungsberuf im Bereich E-Commerce zu einigen. Für einige der traditionelleren Lehrberufe mit ungewöhnlichen Arbeitszeiten finden sich kaum noch Lehrlinge. Und wegen des Fachkräftemangels werden mehr frisch Ausgebildete abgeworben als früher.

Doch die größte Gefahr droht dem Ausbildungswesen von der jüngsten Umgestaltung des Universitätssektors. Früher dauerte ein Studium mindestens fünf Jahre, und die Absolventen traten oft erst mit 28 oder 30 Jahren ins Berufsleben ein. Das ist einer der Gründe, warum 2017 nur rund 31 Prozent der Deutschen zwischen 25 und 34 Jahren einen Hochschulabschluss hatten, verglichen mit 52 Prozent in Großbritannien, 48 Prozent in den Vereinigten Staaten und 44 Prozent in Frankreich. Die jüngste Reform im deutschen Bildungswesen nahm sich jedoch den dreijährigen Bachelor-Studiengang aus Großbritannien zum Vorbild, an den sich ein ein- bis zweijähriges Master-Studium anschließt. Der Staat ermuntert zudem mehr Menschen zum Studium, der Studierendenanteil nähert sich den 50 Prozent (Fachhochschulen eingeschlossen). Außerdem werden mehr ausländische Studenten ins Land geholt.

Die OECD drängt Deutschland, sein praktisches Ausbildungssystem durch ein allgemeineres Hochschulbildungswesen nach angelsächsischem Vorbild zu ersetzen. Doch deutsche Arbeitgeber klagen, dass Hochschulabsolventen mit ihren übersteigerten Erwartungen keine guten Arbeitnehmer sind. Außerdem brechen rund 35 Prozent der Studierenden das Studium ab, um eine traditionelle Lehre aufzunehmen. Es wird sich daher in den kommenden Jahren zeigen, ob Deutschland sein duales Ausbildungssystem halten kann, das auch nicht-akademischen Tätigkeiten ein hohes Maß an Anerkennung sichert, oder ob es den Weg der Massenhochschule einschlägt und Gefahr läuft, seine gehobenen handwerklichen und technischen Kompetenzen zu verlieren.

Zu viel symbolischer Wert?

Unsere Gesellschaft könnte natürlich nicht funktionieren, würde die Bildung auch heute noch auf dem Stand des 19. Jahrhunderts stehen. Das heißt jedoch nicht, dass mehr Hochschulbildung die Lösung für alle unsere Probleme ist. Wie Alison Wolf in *Does Education Matter?* zeigt, besteht kein direkter Zusammenhang zwischen dem Bildungsniveau der Bürger und dem Wirtschaftswachstum, außer vielleicht während der Frühphase der Industriellen Revolution. Länder mit ähnlichem Bildungsniveau können sich hinsichtlich ihrer Produktivität und Wachstumsraten stark unterscheiden. Umgekehrt können Industrienationen mit sehr unterschiedlichem Akademikeranteil ganz ähnliche Wirtschaftskennzahlen aufweisen.

In Großbritannien fiel das kräftige Produktivitätswachstum der Achtziger- und Neunzigerjahre zwar mit einem Anstieg der Hochschulabsolventen zusammen, doch der eigentliche Grund war wohl eher der Bankrott unproduktiver Unternehmen und Branchen.

Wenn es um die positiven Auswirkungen der Bildung auf Produktivität, Wirtschaftswachstum und soziale Mobilität geht, scheinen viele an Zauberei zu glauben – Alison Wolf fühlt sich an den irrationalen sowjetischen Glauben an Kapitalgüter erinnert.[110] Tatsache ist, dass gerade diese Größen ausgerechnet stagnieren, seit der Anteil der Hochschulabsolventen kräftig steigt.* Der amerikanische Wirtschaftswissenschaftler Robert J. Gordon beschreibt in seinem Buch *The Rise and Fall of American Growth*, wie trotz Rekordinvestitionen in die akademische Forschung die Innovation rapide zurückgeht. In den von Hochschulabsolventen beherrschten Sparten sinke die Produktivität ganz besonders. Einige Kritiker mutmaßen, die Bürokratisierung in Folge der Massenhochschulbildung sei ein ganz besonderer Bremsklotz für die Produktivität.[111] Dazu kommt, dass die Hochschulbildung nichts zur Reduzierung der Ungleichheit beigetragen hat; im Gegenteil, Wolf sieht in der Vertiefung der wirtschaftlichen Kluft einen der Gründe für die politische Polarisierung der letzten Jahrzehnte. Arbeitgeber erblicken in einem abgeschlossenen Studium auch weniger einen Qualifikationsnachweis als vielmehr einen Beleg für allgemeine Eigenschaften und Einstellungen. Es ist ein Filter, der in Ländern wie Großbritannien durch die Campusuniversität noch verstärkt wird.

Weil die Hochschule zum Filter wird, kommt es zu einer Akademikerschwemme, die neue Filter nötig macht. Wenn in Großbri-

---

* Der Wunderglaube erreichte einen neuen Höhepunkt, als die britische Bildungsministerin Estelle Morris 2002 in einem Artikel im *Guardian* vorrechnete, 1 Prozentpunkt Wachstum bei den Hochschulabsolventen bedeute 0,5 Prozent Zuwachs beim Bruttoinlandsprodukt.

tannien mehr als ein Viertel aller Studenten das Bachelor-Studium mit Bestnote abschließt, dann sehen sich einige gezwungen, sich durch einen weiterführenden Abschluss aus der Masse hervorzuheben. So stieg der Anteil der Erwachsenen mit Master oder Doktortitel zwischen 1996 und 2013 von 4 auf 11 Prozent.[112] Eine befreundete Psychologin, die Ende der Achtzigerjahre mit einem Master ins Berufsleben einstieg, erklärte mir, heute bekäme man ihre Position nur noch mit Promotion. Die meisten Kollegen sprechen sie mit »Doktor« an, weil sie annehmen, dass sie promoviert haben müsse. Von einer angesehenen Personalagentur weiß ich, dass sie aus Prinzip niemanden vermittelt, der nicht mindestens einen Master hat. Das alles bringt ganz eigene Konflikte mit sich, die an die Gewerkschaftsmentalität früherer Tage erinnern. Ein ehemaliger Kollege von mir, der heute ein historisches Museum in Schottland leitet, hatte eine hässliche Auseinandersetzung mit seinem Stellvertreter, einem studierten Museumspädagogen, der sich dagegen wehrte, dass er eine freie Stelle mit einem fähigen Kandidaten besetzen wollte, der diese Qualifikation nicht hatte.

Wenn ein Hochschulabschluss jedoch als allgemeiner Eignungsbeleg für Arbeitgeber dient, dann gäbe es sicherlich weniger kostspielige und zeitraubende Methoden, wie Bryan Caplan in seinem Buch *The Case Against Education* ausführt.[113] Es ist bekannt, dass Studenten vieles von dem vergessen, was sie an der Universität gelernt haben, und dass Fähigkeiten wie »kritisches Denken« schwer messbar sind. Untersuchungen belegen, dass zahlreiche Studenten so gut wie nichts von der Universität mitnehmen. So zeigen zum Beispiel Richard Arum und Josipa Roksa mithilfe von Umfragen und Prüfungsauswertungen, dass ein erheblicher Anteil von amerikanischen Studenten auf einer ganzen Reihe von Gebieten nichts dazulernt – sie können nach dem Studium weder kritischer denken, noch komplexer argumentieren oder besser schreiben.[114]

Gerade in den Vereinigten Staaten bringen die Studenten ohnehin immer weniger Zeit mit Lernen zu. Verwendeten sie Anfang der Sechzigerjahre noch insgesamt rund vierzig Stunden pro Woche auf ihr Studium (Vorlesungen plus häusliches Lernen), sind es heute nur noch 27 Stunden, wovon gerade einmal 13 auf das häusliche Lernen entfallen. Eine weitere Untersuchung stellte fest, dass sich der Wortschatz seit den Siebzigerjahren quer durch die gesamte Bevölkerung reduziert hat, insbesondere aber unter Hochschulabsolventen.[115] In Großbritannien ist das kaum anders. In Umfragen gibt ein Viertel aller Studenten zu, pro Woche weniger als zwanzig Stunden auf ihr Studium zu verwenden. Wenn man mit derartigem Minimaleinsatz immer noch einen anständigen Abschluss bekommt, dann kann es mit dem Anspruch an die Qualität der Bildung nicht allzu weit her sein.[116]

Der rasche Ausbau der Hochschulen und der Anreiz, so viele zahlende Studenten wie möglich aufzunehmen, haben vor allem in den Geisteswissenschaften die Anforderungen gedrückt. Während 1994 nur 7 Prozent der Studenten ihr Studium mit Bestnote abschlossen, sind es heute 29 Prozent. Die Noteninflation erreicht auch die A-Levels, die zum Studium berechtigen, und das obwohl viele Universitäten heute für viele Studiengänge keinen Notendurchschnitt mehr verlangen, um ihre Hörsäle zu füllen. Der Bildungsexperte Robert Coe rechnet vor, dass eine Leistung, mit der man Ende der Achtzigerjahre durchgefallen wäre, zwanzig Jahre später als befriedigend oder gut bewertet worden wäre.[117] In einem 2016 erschienen OECD-Bericht über das Basiswissen von Hochschulabsolventen aus 23 Ländern landete England im unteren Drittel, obwohl dauernd von Spitzenuniversitäten gefaselt wird.

Trotz allen Aufhebens um die Wissensgesellschaft und die Öffnung der Hochschule für möglichst viele Schulabgänger erwarten Arbeitgeber weniger konkretes Wissen als Soft Skills – Motivation,

Konzentrationsfähigkeit, Teamfähigkeit und so weiter –, allesamt Fähigkeiten, die in erster Linie in der Familie erworben werden, vor allem in der Mittelschicht. In der Arbeitswelt müssen sich gerade Geisteswissenschaftler den Stil und die Rhetorik wieder abgewöhnen, die sie sich für ihre Seminararbeiten so mühsam angeeignet haben. Ich erinnere mich zu gut an einen verzweifelten Chefredakteur der *York Evening Press,* der den neuen Volontären ihre gespreizte Schreibe austreiben musste. Wer sich drei Jahre lang in postmodernem Diskurs gesuhlt hat, für den kann es erstaunlich schwierig sein, einfache und klare Sätze zu schreiben und die interessanteste Tatsache an den Beginn eines Artikels zu stellen.

Es stimmt, dass Menschen ohne akademische Grundfertigkeiten in der Welt von heute im Nachteil sind. Und es stimmt auch, dass unsere Gesellschaft ohne das akademische Wissen von Ärzten, Ingenieuren, Naturwissenschaftlern, Mathematikern, Informatikern, Biotechnikern und einigen Geistes- und Sozialwissenschaftlern nicht funktionsfähig wäre. Doch heute ist ein Studium oft nicht mehr als eine generelle Messlatte, und sein Wert hängt davon ab, dass man mehr davon hat als andere. Wie wir in Kapitel 3 gesehen haben, schafft man es eher an die Spitze, wenn mindestens ein Elternteil studiert hat; außerdem ist es dann zudem wahrscheinlicher, dass man die bei Arbeitgebern gefragten Soft Skills mitbringt. Unter diesen Voraussetzungen steigt man spielend in die kognitive Klasse auf – genau wie meine vier Kinder, von denen drei an führenden britischen Universitäten studiert haben.

In früheren Generationen wäre an Kinder von weniger privilegierter Herkunft eine andere Messlatte angelegt worden, und sie hätten sich auch selbst an anderen Maßstäben gemessen. Doch heute gibt es dank des Ausbaus der Hochschulen eine allgemeine kognitive Klasse, und alle werden mit demselben Maßstab gemessen. Früher waren die Talentierten und Ehrgeizigen zufälliger über

Regionen und Berufe verteilt und wurden anhand einer größeren Vielfalt von Fähigkeiten beurteilt. Dank der Öffnung der kognitiven Klasse gibt es heute auch keine Intellektuellen der Arbeiterklasse mehr. Doch wie der Politologe Andrew Hindmoor von der University of Sheffield klarmacht, ist die Folge eine geografische Umverteilung des kognitiven Talents.[118] In einem Interview mit dem *Spectator* erinnerte sich die Labour-Abgeordnete Angela Rayner vor einigen Jahren, wie ein konservativer Abgeordneter auf sie zukam und zu ihr sagte:»Sie sollten eine von uns sein, Angela! Sie haben es geschafft, Sie sind rausgekommen!« Mit dieser Anekdote wollte sie zeigen, warum sie nie eine Konservative sein konnte; allerdings sind solche Ansichten auch links der Mitte verbreitet, nur dass sie dann in die Sprache des sozialen Aufstiegs gekleidet sind.[119]

Wie schon angesprochen, erleben traditionelle Arbeiterstädte wie Barnsley, Doncaster oder Wakefield eine Abwanderung der Intelligentesten, wenn Tausende ihrer besten Schüler in Universitätsstädte wie Leeds oder Sheffield ziehen. Viele von ihnen kommen nie mehr zurück. Ein Viertel aller Hochschulabsolventen in Großbritannien landet zumindest anfangs in London, während andere Großstädte wie Manchester, Birmingham und Belfast die Hälfte ihrer Studenten halten können.[120] Nach der sogenannten UK-Biobank-Untersuchung, die mit DNA-Proben von 450 000 Nutzern arbeitet, verzeichnen benachteiligte Regionen heute einen regelrechten»Abfluss von Genen«, die Gesünderen und Intelligenteren ziehen in die Städte. »Wenn sich dieser demografische Prozess fortsetzt und sich weiterhin gleich mit gleich vermählt, dann könnte die biologische Ungleichheit zunehmen«, sagt David Hugh-Jones von UK-Biobank.[121] Eine ähnliche Abwanderung ist in den benachteiligten Regionen der Vereinigten Staaten, Deutschlands (vor allem Ostdeutschlands), Frankreichs – la *France périphérique* des Sozialgeografen Christophe Guilluy – und anderer Teile Europas zu beobachten. Das Fehlen angesehener regionaler Fachhochschulen, die Vorherrschaft der Campusuniversitäten und die erdrückende Übermacht Londons machen die Situation in England noch schwieriger. Die Kluft zwischen den reichsten und ärmsten Gegenden Großbritanniens ist doppelt so groß wie in Frankreich und drei Viertel größer als die in Deutschland.[122]

Seit die Universität der einzige Zugang zur kognitiven Klasse ist und Arbeitgeber den symbolischen Wert des Studiums in den Vordergrund stellen, ist der Aufstieg von unten selten geworden (mehr dazu im nächsten Kapitel). Wie erwähnt hatte noch 1991 nur die Hälfte aller Führungskräfte einen Hochschulabschluss, und wer den Ehrgeiz hatte, konnte in einem Unternehmen auch ohne diesen nach oben kommen.[123]

Aufbruch in die Mittelschicht

Der Ausbau der Hochschulen hat einen weiteren wichtigen Aspekt: die soziale Erfahrung, insbesondere für Studierende an Campusuniversitäten. Für Beobachter wie David Soskice ist das gar der wichtigste Aspekt: »Das Entscheidende an einer modernen Universität sind die Sozialkompetenzen, die Studierende erwerben, wenn sie zum ersten Mal ihren Heimatort verlassen und mit Menschen unterschiedlicher Herkunft zusammenleben. Es geht weniger um Inhalte als um die Fähigkeit, in Arbeitsgruppen zusammenzuarbeiten und gemeinsam mit anderen ein relevantes Ziel zu erreichen.« Dahinter steht der uralte Gedanke der Gelehrtengemeinschaft, die uns zu besseren Menschen macht – kultivierter, gebildeter, näher bei Gott. Heute könnte man in der Campusuniversität einen Ort sehen, an dem das legendäre Selbstvertrauen der Internatsschüler auf weitere Kreise umverteilt werden soll (wobei die oft genannten Soft Skills wie Charme und Schliff vor allem zu Hause erworben werden).

Es trifft durchaus zu, dass in vielen Branchen Soft Skills umso wichtiger werden, je mehr Berechnungen und Entscheidungen an Maschinen delegiert werden. Man geht davon aus, dass Studierende in drei oder vier Jahren an der Universität Selbstvertrauen, Selbstverantwortung und Offenheit für viele Menschen und Situationen erwerben. Das mag in vielen Fällen so sein. Und es ist zweifellos richtig, dass in unseren zunehmend gegeneinander abgeschotteten ethnischen Parallelwelten die Universität ein Ort ist, an dem sich Angehörige unterschiedlicher Herkunft begegnen, oft zum ersten Mal. Andererseits scheint die Campusuniversität teilweise verantwortlich für den zunehmenden Stress der Studierenden. In einer Befragung unter 40 000 Studenten ermittelte die Tageszeitung *The Guardian* erhebliche psychische Belastung und Selbstmordgedanken; ein Drittel gab an, deshalb einen Psychotherapeuten aufgesucht zu haben.[124]

Jeden Herbst nehmen rund 1,5 Millionen britische Jugendliche an einer Völkerwanderung teil und verlassen ihr Zuhause, um an die Universität zu ziehen. So spaltet sich das Land in eine Klasse der mobileren Studierenden und der stärker verwurzelten Nicht-Studierenden. Das hat sicher zur Auseinanderentwicklung von Werten und Klassen im Land beigetragen und Ressentiments geschürt, die sich im Ergebnis der Brexit-Abstimmung niedergeschlagen haben. Die Massen-Wohnuniversität ist ein typisch britisches Phänomen. In Schottland und im übrigen Europa ist sie weniger verbreitet. Im Schuljahr 2017/18 verließen rund 80 Prozent der britischen Studierenden ihr Zuhause, um an die Universität zu gehen. Am weitesten entfernen sich die wohlhabenderen und die Studenten von Eliteuniversitäten. Studenten aus einkommensschwachen Familien leben dagegen oft bei ihren Eltern oder besuchen eine Universität in der Region.[125] Aber selbst wenn man nur von Mansfield an die 25 Kilometer entfernte Universität von Nottingham zieht, entwickelt man eine »Aufbruchsmentalität«, wie es der Vizekanzler einer Universität nannte. (Sollte die Coronakrise die nationale und internationale Mobilität längerfristig beeinträchtigen, könnte dies allerdings den Ausbau der Wohnuniversitäten stoppen.) Die Vereinigten Staaten haben zwar Anfang des 20. Jahrhunderts das Modell der Wohnuniversität aus Großbritannien importiert, doch mehr als 40 Prozent der Studenten leben bei ihren Eltern, und 77 Prozent besuchen eine Universität in ihrem Bundesstaat.

Positiv ist anzumerken, dass der Ausbau der Universitäten in den vergangenen drei Jahrzehnten zur Verjüngung von postindustriellen Städten wie Manchester, Leeds, Sheffield, Newcastle und Liverpool beigetragen hat. Einige dieser Städte sind nun in erster Linie Universitätsstädte. Das hat ein Element des unbeabsichtigten regionalen Finanzausgleichs: Wohlhabende Studierende aus dem Süden ziehen für drei oder vier Jahre in den Norden und geben dort pro Jahr mehrere Zehntausend Pfund für Studiengebühren und Lebenshaltung aus, und einige lassen sich sogar ganz nieder. Diese wirtschaftlichen Vorteile werden allerdings um den Preis der gesellschaftlichen Segregation erkauft. Britische Studierende haben nämlich tendenziell weniger nicht-studierte Freunde und Bekannte als ihre amerikanischen und europäischen Kommilitonen. Wenn man den Bau teurer Wohnuniversitäten also damit begründet, dass Studierende hier *möglicherweise* Sozialkompetenzen erwerben könnten, dann spricht daraus ein wenig verantwortlicher Umgang mit Steuergeldern, zumal in einer Zeit, in der im sozialen Sektor und im Handwerk so viele Fachkräfte fehlen. In Deutschland wächst die Produktivität schneller, auch ohne Wohnuniversitäten.

Soskice würde Bryan Caplan wohl zustimmen, dass die Studenten an der Universität kein spezifisches Wissen erwerben und es Arbeitgebern vor allem um den Erwerb von Sozialkompetenzen geht. In *The Case Against Education* zieht dieser allerdings den gegenteiligen Schluss, wenn er meint, der Staat solle die Hochschulbildung nicht weiter subventionieren; mit Ausnahme von Medizin oder naturwissenschaftlich-technischen Fächern könne man viele Studiengängen getrost abschaffen oder in andere Einrichtungen verlagern, ohne dass irgendjemand einen Schaden davon hätte. Auch wenn man nicht so weit gehen muss, so gibt es doch mit Sicherheit andere Möglichkeiten, jungen Menschen Soft Skills zu vermitteln, ohne sie drei Jahre lang auf eine Universität zu schicken. Das Lernziel Sozialkompetenz im Lehrplan der Sekundarstufe oder ein verpflichtendes soziales Jahr könnte genauso dazu beitragen, den Horizont zu erweitern, gesellschaftliche Gruppen zusammenzubringen und Umgangsformen zu vermitteln, die nicht alle von zu Hause mitbekommen.

An den Universitäten wimmelt es vor wohlmeinenden Menschen. Ihre Aufgabe besteht unter anderem darin, die bestehenden Verhältnisse zu kritisieren, und in den letzten Jahren werden vor allem die Gesellschafts- und Geisteswissenschaften von einer Gruppe beherrscht, die Thomas Picketty scherzhaft »linke Brahmanen« nennt. Auch daher fällt es Akademikern schwer, sich selbst als Teil des Establishments und Türsteher der modernen Klassengesellschaft zu begreifen. Viele Akademiker erkennen allerdings, dass sie mehr tun müssen, als die neue Massenelite zu zertifizieren und neue Gebäude in die Landschaft zu setzen, um Regionen zu fördern, deren Bewohner dort gar nicht studieren. Als Erstes könnten sie einsehen, dass die Universität nicht für alle der bestmögliche Ort ist. Sie ist zum Beispiel kein Ort für junge Menschen, die im strengen wissenschaftlichen Umfeld nicht bestehen, das eine Universität ja sein sollte. Und sie ist nicht sinnvoll für die Wirtschaft, die eine breite Palette von Fähigkeiten und Kompetenzen benötigt, wie sie in Betrieben oder anderen Formen der beruflichen Ausbildung besser vermittelt werden.

Es wäre sicher falsch anzunehmen, man könnte die soziale Kluft verringern, indem man immer mehr Menschen auf die Universität schickt. Natürlich sollten Eliteuniversitäten Menschen jeglicher Herkunft offenstehen – vorausgesetzt, sie bringen die nötige Eignung mit. Doch allzu oft spricht aus dem Ruf nach dem Studium für alle nur der Wunsch, allen den sozialen Aufstieg zu ermöglichen. Das ist sicher gut gemeint, doch genauso gut könnte es eine Form des Narzissmus sein, nach dem Motto: Werdet so wie ich, seid gut in der Schule, studiert an einer tollen Universität und macht Karriere! Aber selbst wenn alle Bürger dieselbe kognitive Kompetenz hätten, steht dieser Weg nur für eine begrenzte Zahl offen. Wäre es da nicht sinnvoller, stattdessen andere Tätigkeiten zu belohnen und nicht-akademischen Kompetenzen mehr Anerkennung zuzugestehen? Wäre das nicht besser, als möglichst viele Menschen an die Universität zu schicken und damit Erwartungen zu wecken, die sich in den meisten Fällen gar nicht erfüllen lassen, während auf der anderen Seite die Wirtschaft händeringend nach Fachkräften sucht?* Ich würde nicht so weit gehen und die Schließung von Universitäten verlangen, auch wenn es sicher nicht schaden würde, wenn man einen Teil zu technischen Hochschulen oder Berufsakademien umbauen und dort kürzere praktische Ausbildungsgänge anbieten würde.

Wenn in den nächsten Jahrzehnten wieder größere Jahrgänge an die Schulen drängen, werden 300 000 weitere Studienplätze oder 30 bis 35 neue Universitäten benötigt, um den aktuellen Anteil der Hochschulabsolventen konstant zu halten. Die einfache Antwort ist also: Bauen wir diese Universitäten nicht, lassen wir den Anteil der Hochschulabsolventen wieder sinken, und investieren wir lie-

---

* Die Coronakrise wird viele Hochschulen zum Umdenken zwingen. Der Strom ausländischer Studenten, die heute in Großbritannien 20 Prozent ausmachen, wird versiegen, und viele Universitäten werden auf staatliche Unterstützung angewiesen sein.

ber in die Aufwertung anderer Formen der Ausbildung. So verhindern wir, dass akademische Standards weiter verfallen, und schaffen gleichzeitig ein neues Gleichgewicht zwischen analytischen und praktischen Formen des Wissens, also zwischen Kopf und Hand.

Kapitel 5

Der Aufstieg des Wissensarbeiters

Es ist ein Krieg um die Köpfe entbrannt,
und dieser Krieg wird heftiger werden.

Steven M. Hankin

Wenn Kinder acht Jahre alt sind, wollen sie Feuerwehrmann, Koch, Krankenpfleger, Busfahrer oder Verkäufer werden – Berufe mit einem offensichtlichen Nutzen, die unsere Welt am Laufen halten, wie wir gerade in der Coronakrise wieder erleben. In der Schule werden die meisten Kinder dann allerdings an weniger praktische und stärker kognitive Arbeiten herangeführt. Im Westen wünschen sich die meisten Eltern, dass ihr Kind einmal studiert. Das ist nicht verwunderlich, denn Politiker, Lehrer und Arbeitgeber reden uns seit Jahrzehnten ein, dass das Studium für unsere Kinder der einzige Weg in eine sichere Zukunft ist. Wie wir in Kapitel 9 sehen werden, ist dies allerdings zunehmend seltener der Fall, denn einerseits hat die Überproduktion von Absolventen dem Studium viel von seinem wirtschaftlichen Nutzen genommen, und andererseits zeichnen sich bei nicht-akademischen Tätigkeiten Einkommenssteigerungen ab (ein Trend, der sich infolge der Coronakrise verstärken wird). Viele Eltern wären zumindest unter wirtschaftlichen Gesichtspunkten besser beraten, ihren Kindern nicht zum Studium zu raten, sondern zu einer qualifizierten Ausbildung.

Bis vor nicht allzu langer Zeit bedeutete ein Studium tatsächlich kognitive Kompetenz und gut bezahlte Arbeit, und diese Annahme steckte auch hinter der Akademisierung des Arbeitsmarktes. Dieser Zusammenhang galt schon lange, doch seit den Achtzigerjahren betraf er nicht mehr nur eine kleine Elite, sondern zunehmend alle. Dahinter standen vor allem Globalisierung und Digitalisierung, die einen Niedergang der auf Hand-Kompetenzen beruhenden Industrie und einen Aufstieg einer stärker auf Kopf-Kompetenzen beruhenden Wissensökonomie bewirkten. Mit diesem Wandel, der in Verwaltung und Fertigung viele qualifizierte Arbeitsplätze gekostet hat, öffnete sich die Schere: Die Zahl der gut dotierten Stellen für hochqualifizierte Kopfarbeiter wird größer, während die Löhne für Hand- und Herzarbeit stagnieren.

Das ist allerdings keine zwangsläufige Folge des technischen Wandels. Die zweite Industrielle Revolution, die vom Ende des 19. Jahrhunderts bis in die Siebzigerjahre dauerte und mit dem Ausbau der Stahl-, Chemie- und Autoindustrie und der Elektrotechnik einherging, wird in den Vereinigten Staaten vielmehr oft als »große Kompression« bezeichnet, weil sich Hand- und Kopfbranchen stark annäherten.[126] Während Professoren einer amerikanischen Universität im Jahr 1900 viermal so viel verdienten wie unqualifizierte Arbeiter, bekamen sie Anfang der Sechzigerjahre nur noch das Doppelte, wobei beide besser verdienten. Zwischen 1900 und 1970 schrumpfte also der Abstand zwischen Kopf und Hand. In Großbritannien sank der Anteil der 5 Prozent der Spitzenverdiener, zu denen auch viele Akademiker gehörten, von 40 Prozent des Gesamteinkommens Ende des 19. Jahrhunderts auf 20 Prozent im Jahr 1970, wie Richard Baldwin in *The Globotics Upheaval* schreibt.[127] Baldwin führt aus: »In der Reduzierung der Ungleichverteilung kommt die Tatsache zum Ausdruck, dass die Arbeitskraft in dem Moment knapp wurde, in dem Innovationen die Arbeit besonders produktiv machten. Diese zweite Phase nach dem Ersten Weltkrieg fällt mit einer besseren Verhandlungsposition der Arbeiter und ihrer politischen Stärkung zusammen.«[128]

Wirtschaftswissenschaftler sind sich heute einig, dass diese relativ egalitäre Phase mit den Siebzigerjahren endete und in den Achtzigerjahren eine neue Polarisierung des Arbeitsmarktes begann. Wie David Autor schreibt, konzentrierten sich Arbeitsplätze »zunehmend in akademischen und gut dotierten Tätigkeiten auf der einen Seite und unqualifizierten, schlecht bezahlten Tätigkeiten auf der anderen, auf Kosten der traditionellen qualifizierten Tätigkeiten der Mitte.«[129] In Großbritannien fiel der Anteil dieser qualifizierten Tätigkeiten an der Gesamtarbeitszeit von 58 Prozent im Jahr 1981 auf 40 Prozent im Jahr 2008. In den OECD-Staaten ging ihr Anteil zwischen 1995 und 2015 um 10 Prozentpunkte zurück.[130] Und in den Vereinigten Staaten verlief dieser Prozess noch einschneidender. 1970 verteilte sich die Arbeit recht gleichmäßig auf unqualifizierte Tätigkeiten in Produktion und einfachen Dienstleistungen (31,4 Prozent der Gesamtarbeitszeit), qualifizierte Tätigkeiten in Fertigung, Verwaltung und Verkauf (38,4 Prozent) und hochqualifizierte Tätigkeiten in akademischen und technischen Berufen sowie in Führungspositionen (30,2 Prozent). Über die nächsten 35 Jahre sank der Anteil der qualifizierten Tätigkeiten auf 23,3 Prozent, während derjenige der hochqualifizierten Tätigkeiten auf 46,2 Prozent stieg.[131]

So weit so gut, könnte man meinen. Für Hochschulabsolventen, die 60 Prozent der hochqualifizierten Tätigkeiten übernehmen, stimmt das auch weitergehend. Doch für nicht-akademische Arbeitskräfte stellt sich die Situation anders dar. Wie David Autor schreibt, verteilten sich die Nicht-Akademiker 1980 recht gleichmäßig auf qualifizierte und nicht-qualifizierte Tätigkeiten, wobei 42 Prozent in erstere Kategorie fielen und 43 in letztere. Seither ist jedoch der Anteil der Nicht-Akademiker an qualifizierten Tätigkeiten auf 29 Prozent zurückgegangen, und Arbeitnehmer ohne Hochschulabschluss sind heute vor allem in unqualifizierten Tätigkeiten zu finden.[132] Diese Zahl verdeutlicht den Statusverlust vieler nicht-akademischer Tätigkeiten und die politische Reaktion darauf, wie sie in den vergangenen Jahren in den Vereinigten Staaten und anderswo zu beobachten ist. Sie erklärt auch die Stagnation der Löhne am unteren Ende des Arbeitsmarktes: Es ist nicht so, dass Arbeiter Lohnkürzungen hinnehmen mussten; vielmehr haben sie einen qualifizierten und gut bezahlten Arbeitsplatz verloren und nur unqualifizierte und schlecht bezahlte Stellen gefunden. Der Wirtschaftswissenschaftler Angus Deaton, der die steigende Zahl von Selbstmorden und Drogentoten in den Vereinigten Staaten untersucht, nennt als Beispiel »den Mann, der eine gut bezahlte Stelle bei General Motors verliert und als Parkplatzwächter jobbt«, wobei er seinen Anspruch auf Krankenversicherung und obendrein vielleicht auch seine Frau verliert.[133]

Im gesamten Westen öffnet sich die Einkommensschere immer weiter. Grund ist nicht nur, dass die Akademiker im Verhältnis immer mehr verdienen, wie Wirtschaftswissenschaftler gern vorrechnen; das Phänomen betrifft vielmehr die gesamte Skala der Qualifikationen. Beschrieben wird dies von einem neuen Zweig der Wirtschaftswissenschaften, der Theorie des Humankapitals, die die steigenden Erträge der Ausbildung errechnet. Laut dieser Theorie, die in den Fünfziger- und Sechzigerjahren von Gary Becker und seinen Kollegen von der Chicago University entwickelt wurde, steigert Bildung das »Humankapital« eines Menschen und damit seine Produktivität und sein Verdienstpotenzial.[134] Jede zusätzliche Bildungseinheit – Schuljahre, erworbene Qualifikationen – schlägt sich direkt in Einkommenszuwächsen nieder. Dahinter steht die Annahme, dass Arbeitgeber auf die steigende Zahl der hochqualifizierten Arbeitnehmer reagieren, indem sie Produktionsprozesse ändern, um dieses Potenzial zu nutzen. Wie dem auch sei, hat die Nachfrage nach Akademikern bis vor Kurzem mit dem stark gestiegenen Angebot mitgehalten, womit sie ein Faktor der wachsenden Einkommensunterschiede ist (wobei sich das Bild gerade ändert, wie wir in Kapitel 9 sehen werden).

Akademiker verdanken ihre bessere Bezahlung allerdings nicht unbedingt den Produktivitätssteigerungen, die sie für ein Unternehmen bedeuten, sondern eher den Gepflogenheiten und traditionellen Unterschieden zwischen Arbeitern und Angestellten. Wenn nur nach Qualifikationen gemessen wird, ist die Folge jedoch eine »schleichende Verkopfung«: Eine Tätigkeit wird danach bewertet und bezahlt, welchen Abschluss sie verlangt, und nicht danach, wie produktiv oder anspruchsvoll sie ist oder wie gut oder schlecht sie ausgeführt wird. Gute Pflegekräfte brauchen weniger formale Qualifikationen als vielmehr Geduld, Geschick und emotionale Intelligenz. Das trifft auch auf viele andere Tätigkeiten zu, die man als Außenstehender oft unterschätzt. Nehmen wir zum Beispiel einen Londoner Busfahrer.

> Binnen weniger Sekunden muss ein Fahrer zahlreiche Entscheidungen treffen. Er muss entscheiden, ob er anhalten soll, ob und wann er die Türen öffnen und wie viele Fahrgäste er einsteigen lassen soll, ehe er sie wieder schließt; und er muss entscheiden, ob er weiterfahren kann, wenn der Bus nun so voll ist, dass die Fahrgäste die Sicht durch den Rückspiegel versperren. Auf der Fahrt von Croydon nach Brixton muss der Fahrer an fast jeder Haltestelle eine Reihe schwieriger Entscheidungen treffen.

Das geht beim Fahren weiter: Wann soll er abfahren, wann bremsen, wann vor einer umschaltenden Ampel anhalten oder durchfahren, wann Fahrzeugen aus einer Seitenstraße den Vortritt lassen. Außerdem muss er besonders auf Radfahrer und Fußgänger achten, die in selbstmörderischer Manier im dichten stockenden Verkehr zwischen den Autos die Straße überqueren. Ein großes Fahrzeug mit fast hundert dicht gedrängt zusammenstehenden Fahrgästen zu fahren, verlangt Können, Verantwortung und technische Erfahrung.[135]

Seit 1970 ist der Stundenlohn eines Busfahrers in Großbritannien inflationsbereinigt um 22 Prozent gestiegen, während Werbe- und PR-Manager 111 Prozent mehr verdienen. In den Vereinigten Staaten ist das Gehalt von Busfahrern im gleichen Zeitraum sogar um 20 Prozent *gesunken*.[136] Man kann diese Auseinanderentwicklung der Einkommen noch so ungerecht finden, entkommen kann man ihr kaum. David Autor macht für die vergangenen Jahrzehnte drei Phasen in der Gehaltsentwicklung der Vereinigten Staaten aus: Von 1963 bis 1972 stiegen die Reallöhne für alle Bildungsgruppen. Von 1973 bis 1979 stagnierten infolge des Ölpreisschocks sämtliche Einkommen. Und seit 1980 nahm die Ungleichverteilung zu, die Reallöhne von Akademikern stiegen und die von Nicht-Akademikern fielen.[137] Auch hier lohnt es wieder, sich daran zu erinnern, dass Nicht-Akademiker bis vor nicht allzu langer Zeit die westlichen Gesellschaften dominierten. Noch in der Volkszählung des Jahres 1990 machten Weiße ohne Hochschulabschluss mehr als 60 Prozent der amerikanischen Bevölkerung aus.

Die Schere geht auch in Europa auf, wenn auch weniger stark, weil hier die Mindestlöhne höher und die Gewerkschaften stärker sind: In Großbritannien ist das mittlere Realeinkommen seit 1978 um 78 Prozent gestiegen, in Deutschland um 63 Prozent und in Frankreich um 33 Prozent;[138] in den Vereinigten Staaten ist es unter anderem aufgrund steigender Krankenversicherungskosten konstant geblieben.[139] Dagegen ist der Anteil der Akademiker an den Lohnkosten in den Vereinigten Staaten und Großbritannien von 1980 bis 2004 stärker gestiegen als im übrigen Europa, was Ausdruck eines größeren Einkommensgefälles ist. In den Vereinigten Staaten stieg er um 13,9 Prozentpunkte, in Großbritannien um 16,5, in Deutschland und Frankreich dagegen nur um 8 beziehungsweise 6 Prozent.[140] In Gesamteuropa gab es allerdings einen ähnlich starken Anstieg bei den akademischen Tätigkeiten und einen vergleichbaren Rückgang bei den »guten Stellen« für qualifizierte Arbeiter und Angestellte. Erinnern wir uns nur an die vielen mittleren Fertigungsbetriebe der Siebziger- und Achtzigerjahre mit ihren kleinen Armeen von Angestellten und Facharbeitern, die auf Nimmerwiedersehen verschwunden sind.

Diese Entwicklung verlief verblüffend schnell und umfassend. Von Juni 1978 bis September 2018 fiel der Anteil der Arbeitsplätze in Industrie und Bergbau in Großbritannien von 26,4 auf 7,9 Prozent.[141] In Deutschland und Frankreich verlief die Entwicklung weniger rasant, hier fiel der Anteil auf 15 beziehungsweise 10 Prozent[142] und in den Vereinigten Staaten von 22 auf 9 Prozent.[143] Hand in Hand mit diesem Umbau verloren die Arbeiter an Einfluss. Als Redakteur des Ressorts Arbeit bei der *Financial Times* konnte ich diese Entwicklung Anfang der Achtzigerjahre hautnah miterleben. Zusammen mit vier Kollegen musste ich jeden Tag eine Seite mit Artikeln über Tarifverhandlungen, Streiks und Gewerkschaftspolitik füllen. Damals fiel uns das nicht schwer, denn noch hatten die Gewerkschaften einen letzten Funken Leben in sich. Doch in der Privatwirtschaft brachen bald die Mitglieder weg, weil immer mehr Betriebe mit starker Gewerkschaftspräsenz schließen mussten. Insgesamt fiel der Anteil der gewerkschaftlich organisierten

Arbeitnehmer von rund 50 Prozent im Jahr 1983 auf 23 Prozent im Jahr 2017, wobei heute der überwiegende Teil Angestellte des öffentlichen Dienstes und Facharbeiter sind.[144] In den Vereinigten Staaten war der Anteil der gewerkschaftlich organisierten Arbeitnehmer nie sonderlich hoch, doch der Absturz verlief ähnlich steil und liegt heute bei rund 10 Prozent, in Deutschland lag er 2018 bei etwa 18 Prozent, während er Ende der Achtzigerjahre noch bei über 30 Prozent gelegen hatte. Der Niedergang wurde durch die Gesetzgebung genauso beschleunigt wie durch selbstmörderische Streiks, allen voran der britische Bergarbeiterstreik der Jahre 1984 und 1985.

Der Einfluss der Gewerkschaften auf Ausbildung, Führungsentscheidungen und Gehaltsverhandlungen schwand, abgesehen vom öffentlichen Dienst und einigen privatwirtschaftlichen Nischen. In Großbritannien und den Vereinigten Staaten begann das Zeitalter des deregulierten Arbeitsmarktes mit dem Aufstieg des Wissensarbeiters und der »Akademikerprämie«. Der Anteil des Gesamteinkommens, den Arbeiter einst durch ihre kollektive Verhandlungsmacht beanspruchen konnten, wurde nun teilweise umverteilt zu den Akademikern in den Verwaltungen. Die Zerschlagung der Gewerkschaften ist vor allem eine amerikanische und britische Geschichte. In Deutschland blieb die Sozialpartnerschaft weitgehend intakt, und in Frankreich behielten die Gewerkschaften ihre Macht in Schlüsselsektoren. Trotzdem wurde auch hier die Einkommensumverteilung von unten nach oben spürbar.

Die Geschichte hat durchaus auch ihre gute Seite. In Großbritannien sank der Anteil der »niederen« Arbeiten in den unteren 30 Prozent der Einkommensverteilung, und der in den oberen 30 Prozent wuchs.[145] Die meisten unangenehmen Tätigkeiten wurden in Billiglohnländer ausgelagert, was dann wohl auch der Grund ist, warum trotz aller Klagen viele Umfragen auf eine gestiegene Arbeitszufriedenheit hinweisen. In einer Erhebung der britischen

Regierung aus dem Jahr 2015 gaben 71 Prozent der britischen Arbeitnehmer an, sie seien mit ihrer Arbeit zufrieden, während dies 1989 nur 57 Prozent waren.[146] Und in den Vereinigten Staaten sind nur 15 Prozent der Arbeitnehmer unzufrieden mit ihrer Arbeit, wie eine Umfrage des Pew Research Center ergab. Der Akademikeranteil auf dem britischen Stellenmarkt ist seit 1986 pro Jahr um durchschnittlich einen Prozentpunkt gewachsen (auch wenn sich diese Entwicklung seit 2012 etwas verlangsamt hat) und liegt heute bei fast 40 Prozent.[147] In anderen Industrienationen ist das Bild ein Ähnliches, in den Vereinigten Staaten gelten heute 47 Prozent aller Stellen als Fach- und Führungspositionen.

In Großbritannien und im übrigen Europa mag sich die Einkommensschere weniger weit öffnen als in den Vereinigten Staaten, doch die Unterschiede sind real. In Großbritannien stieg der reale Stundenlohn eines Finanzmanagers zwischen 1975 und 2017 um 137 Prozent und der eines Versicherungsmathematikers oder Statistikers um 86 Prozent, doch der eines Schweißers nur um 21 Prozent und der eines städtischen Müllarbeiters gar nur um 9 Prozent. In den Vereinigten Staaten verläuft die Entwicklung am unteren Ende der Einkommensverteilung im gleichen Zeitraum sogar negativ: Metallarbeiter verdienen real 12 Prozent weniger, Lkw-Fahrer 16 Prozent, Metzger 34 Prozent und Bäcker 42 Prozent.[148] Die OECD beobachtet seit 1980 einen konstanten Einkommensverfall bei weniger qualifizierten Tätigkeiten. Laut einem Bericht aus dem Jahr 2018 verdienen Arbeitnehmer der OECD-Staaten mit einem qualifizierten Sekundarabschluss im Durchschnitt nur 65 Prozent des Gehalts eines gleichaltrigen Akademikers, auch wenn es regional große Unterschiede geben kann.[149]

Diese Akademikerprämie schmilzt zwar mit der Vergrößerung der akademischen Klasse, doch sie bleibt spürbar. In Großbritannien verdient ein 29-jähriger Hochschulabsolvent 25 Prozent mehr als ein Mann mit abgeschlossener Sekundarbildung, bei Frauen beträgt der Unterschied sogar 50 Prozent, was vor allem daran liegt, dass typisch weibliche nicht-akademische Tätigkeiten (oftmals Herz-Tätigkeiten) noch schlechter bezahlt sind.[150] Über ihr Arbeitsleben hinweg verdienen selbst Arbeitnehmer mit A-Level oder Berufsausbildung deutlich mehr als Arbeitnehmer ohne diese Qualifikationen.[151] In den Vereinigten Staaten und Frankreich ist die Situation ähnlich, und in Deutschland trägt ein Studium sogar noch mehr Früchte, weil es hier bis heute weniger Hochschulabsolventen gibt. Laut Statistiken der OECD verdient ein Arbeitnehmer mit Bachelor-Abschluss heute im Durchschnitt 63 Prozent mehr als jemand mit Realschul- oder qualifizierendem Hauptschulabschluss, und wer einen Master oder eine Promotion hat, verdient sogar 83 Prozent mehr. In Frankreich liegt der Unterschied bei 47 beziehungsweise 110 Prozent, und in den Vereinigten Staaten sind es 64 beziehungsweise 131 Prozent.[152]

Denken nicht erlaubt

Der Aufstieg des Wissensarbeiters und die damit einhergehende Auseinanderentwicklung der Einkommen in der Wissensgesellschaft sind inzwischen bekannt. Zwei Aspekte der kognitiven Übernahme sind allerdings weniger gut beleuchtet. Erstens das Ausmaß der Begünstigung von kognitiven Führungskräften in multinationalen Konzernen. Und zweitens die wachsende Zahl von Stellen, die ein abgeschlossenes Studium voraussetzen. Auch andere Entwicklungen in der modernen Wirtschaft haben dazu beigetragen, dass Qualifikationen besser bezahlt werden, etwa der »Krieg um Talente« oder die Entstehung von Quasi-Monopolen. Beide sind das Produkt des technologischen Wandels und der globalen Öffnung. Der Begriff des »Kriegs um Talente« wurde 1997 von McKinsey-Berater Steven M. Hankin geprägt, um den zunehmenden Wettbewerb von Spitzenunternehmen um Wissensarbeiter zu beschreiben.

Schon vor Jahren sagten die beiden amerikanischen Wissenschaftler Robert H. Frank und Philip Cook vorher, dass die Kombination aus Kapitalismus und neuen Technologien eine neue Klasse der Superstars hervorbringen werde. In *The Winner-Take-All Society* beschreiben sie, wie diese wenigen Stars in bestimmten Märkten einen unverhältnismäßigen Anteil des Einkommens kassieren.[153] Frank und Cook zitieren Rabo Karabekian, einen mittelmäßigen Maler aus Kurt Vonneguts Roman *Blaubart*: »Einfaches Mittelmaß wurde wertlos gemacht durch die Druckerpresse, Radio, Fernsehen, Satelliten und dieses ganze Zeug. Ein mittelmäßig begabter Mensch, der vor tausend Jahren der Schatz einer jeden Gemeinschaft gewesen wäre, muss heute aufgeben, er muss sich eine andere Arbeit suchen, weil ihn die modernen Kommunikationsmittel dem täglichen Wettbewerb mit den Weltbesten aussetzen ... Heute kommt die Erde mit einem Dutzend Spitzenleistern in jedem Bereich gut aus.« Seit wir Musik vor allem in Form von Tonkonserven konsumieren, kann die beste Sopranistin der Welt überall gleichzeitig sein. »Und weil es genauso viel kostet, Kathleen Battles meisterhafte Aufnahme von Mozarts Arien zu einer CD zu pressen wie die Aufnahme der zweiten Garnitur, hören wir fast alle Battle. Millionen sind bereit, ein paar Cent mehr zu zahlen, um sie zu hören und nicht eine andere, geringfügig weniger begabte; und deshalb kann Battle jeden Preis verlangen.«[154] Auch in Unternehmen rücken besondere Talente in den Mittelpunkt; das und der Zwang zu Einsparungen und der Maximierung von Aktionärsgewinnen haben die Arbeit multinationaler Konzerne verändert und prägen die viel zitierte »Zukunft der Arbeit«.

Noch in den Achtzigerjahren begannen multinationale Konzerne mit der Einführung von unternehmensweiten IT-Systemen und verlagerten die gesamte Verwaltung in zentrale »Servicecenter«. Da diese Arbeit als nicht strategisch wichtig galt und scheinbar nichts zur Wertschöpfung beitrug, konnte man sie auch in Billiglohnländer outsourcen. Multinationale Konzerne verkleinerten ihre Belegschaft und verbesserten so ihre Pro-Kopf-Produktivität. In dieser Anfangsphase der »Zukunft der Arbeit« unterschied man zwischen Kernaufgaben und anderen, die ausgelagert werden konnten. Ein Bekannter, der Gehaltssysteme für Konzerne entwickelt und daher anonym bleiben möchte, beschreibt, was dann passierte:

Die nächste Phase wird bestimmt von der Furcht der multinationalen Konzerne vor einer Welle kleiner und wendiger digitaler Disruptoren. Dabei handelt es sich um finanziell gut ausgestattete Start-ups, die keinen Ballast mit sich herumschleppen und keine Geduld haben. Viele talentierte Hochschulabsolventen haben keine Lust auf eine Ausbildung in einem multinationalen Konzern und arbeiten lieber in einem kleinen Unternehmen, das alles outsourct außer Kreativentwicklung, Design, Copyright und Marketing. Sie können experimentieren, scheitern und das weiterentwickeln, was funktioniert. Digitale Start-ups bringen ihre Produkte schnell auf den Markt, selbst in traditionellen Bereichen wie der Herstellung von Rasierklingen.
Die multinationalen Konzerne gehen in sich und sehen starre Stellenbeschreibungen, Grabenkämpfe und eine gewachsene Führung, die keine Ahnung von neuesten technischen Entwicklungen hat. Mittlere Führungskräfte sind risikoscheu. Ihre Karriere ist auf den allmählichen Aufstieg in einer beruf-

lichen Hierarchie angelegt, und nicht auf den Erfolg des aktuellen Projekts.

Die neue Unternehmensstruktur besteht aus drei Ebenen: einem Kern von elitären Vollzeitbeschäftigten; Honorarkräften; und Vertragsdienstleistern, wie Reinigungskräften, Sicherheitsleuten und so weiter, davon viele aus der sogenannten Gig-Economy.

Der Kern des Unternehmens sind die Elitetalente, die Zugang zum Erfolgsrezept haben. Diese Elite gilt als besonders talentiert und klug genug, um Werte zu schaffen. Dieser Vorstellung zufolge sind das die Einzigen, die ein Unternehmen motivieren und halten muss. Unterhalb der Elite fallen natürlich eine Menge technische und hochqualifizierte Aufgaben an, die menschlichen Input verlangen, die aber nach Bedarf und zu festen Honoraren an Freiberufler outgesourct werden können. Deren Arbeit gilt als klar umrissen und standardisiert. Dazu gehören auch Spezialisten wie Projektmanager, Wissenschaftler und Ingenieure.

Was mein Bekannter hier beschreibt, bezeichnen Phil Brown und Hugh Lauder als digitalen Taylorismus, den wir uns in Kapitel 9 näher ansehen.[155] Brown und Lauder unterscheiden drei Kategorien von Dienstleistern, die Entwickler, Vorführer und Drohnen. Es sind jedoch nur die Entwickler – etwa 10 bis 15 Prozent der Mitarbeiter –, die ein gewisses Maß an Autonomie und kognitiver Entscheidungsbefugnis haben. Diese strikte Trennung von Mitarbeitern mit »Denkbefugnis« und bloßen Dienstleistern scheint ein Produkt der westlichen Business Schools zu sein und ist interessanterweise in den stärker autoritären und kommunitaristischen Unternehmenskulturen Asiens nicht bekannt. Vor einigen Jahrzehnten überraschten die Japaner westliche Industrielle mit ihrem »Total Quality Management«, in dem Mitarbeiter gefordert sind, sich über Verfahren und Qualität Gedanken zu machen. Die »Zukunft der Arbeit« scheint diese Lektion vergessen zu haben.

Wen du nicht schlagen kannst, mit dem verbünde dich

Die fortgesetzte Akademisierung des Arbeitsmarktes behindert eine gerechtere Verteilung von Einkommen und Status. Im Jahr 2017 erforderten 23 Prozent aller Stellen in Großbritannien keine Qualifikationen, während 38 Prozent ein Studium verlangten.[156] Obwohl die Akademisierung von Berufen in Pflege, Polizei, Bauleitung oder Gefängnisaufsicht auf breite Ablehnung stößt, wird sie von mächtigen Lobbyinteressen weiter vorangetrieben. Heute setzen die meisten der genannten Tätigkeiten noch kein Studium voraus, doch die beteiligten Kammern drängen verstärkt auf diesen Filter.

Kaum ein Arbeitgeber scheint sich zu fragen, ob man für den Akademikerzuschlag tatsächlich einen Mehrwert erhält. Genehmigt sich hier die Klasse der Gebildeten eine Prämie? Wenn die Universität morgen abgeschafft würde, wie viele Aufgaben würden dann liegenbleiben, weil niemand die nötigen Fähigkeiten zur Bearbeitung hat? Steht hinter der Akademisierung von Berufen in der Pflege oder Polizei nur die Sehnsucht nach dem Status, der mit akademischen Berufen einhergeht? Das glaubt zumindest Peter Cheese, Leiter des britischen Verbands der Personalverwalter, der meint: »Ein großes Angebot von Akademikern erzeugt eine Nachfrage bei den Arbeitgebern.« Solange Eltern glauben, dass ein Studium für ihre Kinder Voraussetzung für einen sicheren Arbeitsplatz und

Erfolg ist, wird das Angebot weiter steigen. Das Ergebnis ist ein »Herdeneffekt«, so Cheese: »Wenn alle anderen nur Mitarbeiter mit Hochschulabschluss einstellen, dann muss ich das auch.«[157] Aber wenn man zu viele junge Menschen einstellt, die zwar wissen, wie man in Prüfungen gute Noten bekommt, die aber keine Lebenserfahrung mitbringen, dann könnte es an wichtigen nicht-kognitiven Fähigkeiten mangeln, zum Beispiel Führung, Kommunikation, Urteilsvermögen und dem Umgang mit schwierigen Situationen und Menschen. Cheese berät auch Unternehmen, die viele Akademiker einstellen und als Erstes deren grundlegende menschliche Kompetenzen schulen müssen. Seiner Ansicht nach sollten diese am Arbeitsplatz so wichtigen Grundkompetenzen Bestandteil der Ausbildung sein.

Das ändert nichts daran, dass der Akademisierungsdruck allenthalben steigt. Wie wir noch sehen werden, gibt es durchaus Hinweise, dass ein Studium die Qualität und Effizienz von Pflege oder Polizeiarbeit verbessern könnte. Gleichzeitig besteht allerdings die Gefahr, dass es mit einem Mangel an Lebenserfahrung, unrealistischen Erwartungen und einer Geringschätzung der Kernaufgaben dieser Berufe einhergeht.

Die Akademisierung des Arbeitsmarktes ist ein erstaunlich junges Phänomen, selbst in den Chefetagen. Management und Leitung, die oberste der neun Ebenen der britischen Stellenklassifizierung, waren die Bereiche, in denen in der Vergangenheit der Anteil der Hochschulabsolventen am größten war. Doch noch 1991 lag der Akademikeranteil hier nicht höher als 53 Prozent, um dann bis 2014 auf 78 Prozent zu steigen.[158] Auf der zweithöchsten Ebene der britischen Stellenklassifizierung, die unter anderem die mittlere Führungsebene umfasst, hat inzwischen fast die Hälfte ein Studium, während der Anteil Anfang der Neunzigerjahre noch bei einem Sechstel lag.[159] Die obersten drei Ebenen der Klassifizierung gelten traditionell als »akademisch«, doch selbst hier war für viele Führungspositionen und Berufe in der Vergangenheit kein Studium nötig; dazu gehören auch Tänzer, Choreografen, Sportlehrer, Jugend- und Sozialarbeiter sowie IT-Techniker. In den verbleibenden Berufen – Ebene vier bis neun der Stellenklassifizierung – waren bis 1991 kaum Hochschulabsolventen tätig. Heute liegt deren Anteil jedoch bei 21 Prozent in der Verwaltung, 13 Prozent im Verkauf und in Dienstleistungen und sogar 8 Prozent in gering qualifizierten Tätigkeiten. Nur im Handwerk und in der Fertigung ist ihr Anteil nicht spürbar gestiegen.[160]

Der Wandel von Pflegetätigkeiten zu einem diplomierten Beruf hat in Großbritannien die Debatte um die Akademisierung angeheizt. Der Gedanke, dass Pflegekräfte »unter Gleichen« arbeiten und nicht nur »Handlanger« sein sollten, geht einige Jahrzehnte zurück, doch erst seit 2013 verlangt dieser Beruf ein Studium. Zwar gibt es seit den Siebzigerjahren ein Pflegestudium, doch in den Achtzigerjahren beschloss man, für eine Zulassung eine Ausbildung zu verlangen und kein Diplom. Erst 2009 beschloss der Berufsverband, ein Studium zur Bedingung zu machen. Die Willis-Kommission stellte 2012 fest, es gebe »keinen Hinweis, dass die akademische Ausbildung der Pflegekräfte der Patientenversorgung schade«. Allerdings riet sie auch, unterschiedliche Ausbildungswege in die Pflege anzubieten.[161] Ein Artikel in der Fachzeitschrift *Lancet* verglich 2014 die Sterblichkeit in Krankenhäusern von neun Ländern und erkannte einen Zusammenhang zwischen der besseren Ausbildung des Pflegepersonals und einer niedrigeren Sterberate.[162]

Doch in der Diskussion entsteht oft der Eindruck, Pflegekräfte ohne Studium seien inkompetent. Als 2009 die Entscheidung für eine Akademisierung der Pflege fiel, sagte die damalige Pflegebeauftragte Christine Beasley: »Wir müssen gewährleisten, dass Pflegekräfte nicht nur helfen und mitfühlen, sondern dass sie auch in der Lage sind, zu denken und wichtige Entscheidungen zu treffen, und dass sie über technische Fähigkeiten verfügen.«[163] Die Vorstellung, dass Pflegekräfte vor 2013 nicht in der Lage gewesen sein sollen, Entscheidungen zu treffen, ist schlicht absurd. Es sieht vielmehr so aus, als ginge es um den Status und das Ansehen der (überwiegend weiblichen) Pflegekräfte im Verhältnis zu den (überwiegend männlichen, aber zunehmend auch weiblichen) Medizinern.

Die Willis-Kommission fand allerdings auch heraus, dass studierte Pflegekräfte eine größere Unzufriedenheit bezüglich ihrer beruflichen Aussichten an den Tag legten als ihre nicht-studierten Kolleginnen. In Einklang mit der Theorie des Humankapitals folgerte die Willis-Kommission, man müsse den Pflegekräften nun weiterführende Studiengänge anbieten. Der nationale Gesundheitsdienst NHS und die Universitäten, die diese Studiengänge anbieten, sind natürlich vom Nutzen der Akademisierung überzeugt. Die Öffentlichkeit hingegen bleibt skeptisch, und Bildungsforscher stellen zunehmend fest, dass das Studium nicht unbedingt einen Zuwachs an Kompetenz bedeutet. Die Akademisierung stellt vielmehr einen Filter dar, mit dem Arbeitgeber die Kandidaten auslesen.

Ein Beispiel hierfür ist die Akademisierung der Polizei. Heute hat ein Drittel aller Polizeibeamten einen Hochschulabschluss (gegenüber 1,6 Prozent im Jahr 1979),[164] und 2015 kündigte die Polizeiakademie an, bis 2020 werde das Studium Voraussetzung für alle Beamten in England und Wales. Nach Ansicht von Giles York von der britischen Polizeibehörde »verbessert dies unsere Aussichten, richtig gute Leute zu finden und zu halten«.[165] Es sei nur »fair und richtig«, dass die Polizeitätigkeit als akademischer Beruf anerkannt werde. Wie im Falle der Pflegekräfte kommen hier ein tiefsitzendes Vorurteil zugunsten des Studiums und ein Bedürfnis nach Anerkennung zum Ausdruck. Die »richtig guten Leute«, nach denen die Polizeiakademie sucht, sollen allerdings weniger andere Fähigkeiten mitbringen als eine ganz andere Einstellung. Sie wünscht sich Bewerber mit größerer kognitiver Kompetenz (kritisches Denken, Reflexion, Kommunikation, Analysefähigkeit, Urteilsvermögen, Nachforschung) und Soft Skills wie »Toleranz, die Bereitschaft, andere Sichtweisen einzunehmen, Mitgefühl sowie moralisches und ethisches Denken«.[166] Die Polizeiakademie zitiert Untersuchungen, nach denen studierte Polizeibeamte besser mit komplexen Situationen umgehen, ihre Rolle in der Gesellschaft umfassender verstehen, ihre Befugnisse angemessener einsetzen und offenere Vorstellungen mitbringen. Allerdings erklärt sie auch: »Viele Beamte treffen bereits Entscheidungen in komplexen und unübersichtlichen Situationen, in denen sie nur begrenzte Informationen zur Verfügung haben, das heißt, sie agieren schon heute auf akademischer Ebene.«[167] Die Argumentation für die Akademisierung geht jedoch von einem Trugschluss aus. Die Tatsache, dass ein diplomierter Polizeibeamter besser mit komplexen Situationen umgehen kann, bedeutet nicht, dass das Studium Voraussetzung für den Umgang mit Komplexität ist. Es mag eine hinreichende Voraussetzung sein, aber notwendig ist sie nicht.

Befürworter der Akademisierung behaupten oft, sie verbessere die Kompetenz und den Status. Kritiker halten dagegen, dass sich Kompetenzen auf Gebieten wie Nachforschung, Organisation und Informationstechnik auch ohne Studium erwerben lassen und dass dies ja auch schon geschieht. Die Forderung nach Soft Skills dagegen sei Ausdruck eines nur bedingt wünschenswerten Kulturwandels und schließe zahlreiche geeignete Bewerber von vorneherein aus. Denn für kompetente Nicht-Akademiker kann die Akademisierung einen doppelten Nachteil bedeuten: Vielerorts wird der Aufstieg über eine bestimmte Ebene hinaus schwierig, und gleichzeitig werden sie von Kollegen überflügelt, die ihre Arbeit möglicherweise weniger gut machen.

Ein befreundeter Managementberater wurde vor einigen Jahren bei der Umstrukturierung einer Behörde hinzugezogen. Dabei mussten unter anderem Stellen neu bewertet und klassifiziert werden. Was er dabei erlebte, macht wenig Mut:

> Ich erinnere mich an einen Mittdreißiger, der in der Buchhaltung Bestellungen und Rechnungen zuordnete. Er war seit Langem dabei und führte diese monotone Tätigkeit zuverlässig aus. Die Arbeit war schlecht bezahlt, aber er kam jeden Tag mit Anzug und Aktenköfferchen ins Büro und wirkte wie ein Manager. Die Stelle sollte neu klassifiziert werden und jetzt ein Studium voraussetzen. Ein Hochschulabsolvent wäre auf dieser Stelle gelangweilt und genervt von der Monotonie, er würde mehr Fehler machen, und die Wechselrate würde steigen. Gleichzeitig würde ein anständiger Mensch ausgemustert und abgewertet. Wozu? Um einer abwegigen Theorie von gesellschaftlicher Mobilität genüge zu tun?

Das erinnert an das im vorigen Kapitel angesprochene Problem der fehlenden Mitte und daran, dass Hochschulabsolventen für viele mittlere Tätigkeiten schlichtweg ungeeignet sind. Zu einem ähnlichen Schluss kam die Stiftung Resolution Foundation 2016 in einem Bericht über »die vergessenen 40 Prozent der Arbeitnehmerschaft, die qualifizierten Arbeitnehmer ohne Hochschulabschluss«.[168] Die Stiftung richtete Fokusgruppen für die Angehörigen dieser vergessenen Gruppe ein und kam zu dem Schluss, der Zustrom von Hochschulabsolventen in ihre Berufe beeinträchtige ihre Aufstiegschancen. Eine Mittvierzigerin erklärte: »Ein Freund arbeitet seit dem 16. Lebensjahr in einem Unternehmen. Er ist damals gleich in die Verwaltung gekommen. Er ist so alt wie ich, und heute ist er für die Auswahl von neuen Verwaltungsmitarbeitern zuständig, aber er nimmt nur noch Leute mit Studium.«[169]

In einigen Branchen galt das Studium als Voraussetzung für eine Führungsposition. Das mag daran liegen, dass auf dieser Ebene mehr technisches Wissen gefragt ist, doch nach Ansicht eines anderen Befragten der Fokusgruppe handelt es sich mehr um eine Entscheidung für eine bestimmte Unternehmenskultur. Die Folge ist, dass bessere Mitarbeiter bei der Beförderung übergangen werden. »In meiner Branche hat es mich behindert, dass ich nicht studiert habe. Ich habe es erlebt, wie Leute mit Studium in höhere Positionen aufgerückt sind. Dabei ist es egal, was sie studiert haben, die nehmen sie einfach und befördern sie. Die sind absolut überfordert auf ihren Posten. Der Abschluss ist der Türöffner, egal was für ein Abschluss das ist. Ich musste kämpfen und meine gleichwertige Erfahrung nutzen.«[170]

In den letzten Jahren hat sich die Vorstellung durchgesetzt, dass »die richtig guten Leute«, die fast alles können, nur unter Hochschulabsolventen zu finden sind. Der Erfolg von Programmen wie Teach First scheint das zu bestätigen. Teach First sollte die besten Absolventen der besten Universitäten an die Schulen holen, die sie seit den Sechzigerjahren gemieden hatten. Das Programm bot Quereinsteigern eine verkürzte Lehrerausbildung und verlangte eine Verpflichtung auf mindestens zwei Jahre an Problemschulen. Teach First war ein durchschlagender Erfolg und zieht bis heute talentierte und idealistische junge Menschen an, die oft beim Lehrberuf bleiben (meine älteste Tochter gehört auch dazu). Das Prinzip wurde in der Sozialarbeit und im Strafvollzug kopiert. Trotz dieses Erfolgs sollten wir uns davor hüten, den Kult des Hochschulabsolventen weiter zu schüren. Teach First ist es zwar gelungen, mehr fähige junge Leute an die Schulen zu holen, doch die

Maßnahme wurde meist von anderen begleitet, mit denen man das Monopol der Lehrerseminare oder die im öffentlichen Dienst verbreitete Gruppendenke aufbrach.

Eine weitere Bemerkung: Wissensarbeiter sind überwiegend weiblich. Ihr Aufstieg in den letzten drei Jahrzehnten geht einher mit dem Aufstieg der Frauen in der Berufswelt insgesamt. In akademischen Berufen haben Frauen nicht nur zu den Männern aufgeschlossen, sondern sie haben sie sogar überflügelt. Nach 1997 übten 28 Prozent der Männer und 23 Prozent der Frauen eine Tätigkeit aus, die ein Studium voraussetzte. 2017 waren es 36 Prozent der Männer und 40 Prozent der Frauen.[171] Unter den Studierenden sind heute die Frauen in der Mehrheit, und obwohl es in den Vorstandsetagen der Großkonzerne nach wie vor nur wenige Frauen gibt, ist etwa die Hälfte aller Führungskräfte heute weiblich.[172]

Im oberen Teil des Arbeitsmarkts wurde die Geschlechtertrennung also weitgehend überwunden. Anders im mittleren und unteren Bereich: In Pflegeberufen sind Frauen noch immer in der Mehrheit, genau wie in Kindergärten und Grundschulen. Deshalb ist die Akademikerprämie für Frauen auch höher als für Männer, denn der Einkommensunterschied zwischen Akademikerinnen und den oft in Teilzeit arbeitenden Frauen in den am schlechtesten bezahlten Winkeln des Arbeitsmarktes ist besonders groß. Was die unqualifizierten Tätigkeiten angeht, verdienen Männer in der Regel mehr als Frauen, auch weil ihre Arbeiten, etwa in der Müllabfuhr oder in der Briefzustellung, traditionell von Gewerkschaften repräsentiert werden.

Bei Männern hängt die Lebenszufriedenheit oft stärker mit dem Arbeitsstatus zusammen als bei Frauen.[173] Frauen legen im Allgemeinen größeren Wert auf Haushalt und Kindererziehung als Männer, ihre Zufriedenheit ist eher vom Haushaltseinkommen abhängig. Diese Veränderungen schlagen sich also stärker auf die Statusgefühle von Männern ohne Hochschulabschluss nieder, wie wir in Kapitel 7 noch sehen werden. Und weil Frauen oft die Hausarbeit gegen Erwerbstätigkeit eingetauscht haben, ist zwar ihre Belastung größer geworden, doch gleichzeitig ist das Haushaltseinkommen gestiegen, wie wir uns in Kapitel 8 ansehen werden.

Der Statusgewinn von Frauen hängt nicht notwendig mit dem subjektiven Statusverlust von Männern zusammen. Viele Männer begrüßen die Entwicklung oder sehen zumindest keine negativen Auswirkungen auf ihren eigenen Status. Trotzdem beobachten natürlich viele Männer, dass in den Statusebenen über ihnen die Zahl der Frauen größer wird. Vor allem weibliche Hochschulabsolventen gehören zu den Gewinnern der Wissensökonomie, männliche Facharbeiter zu den Verlierern – vielleicht hätte Hillary Clintons Wahlkampfteam das berücksichtigen sollen. Doch wie wir in Kapitel 9 sehen werden, hat die Klasse der Wissensarbeiter ihren Zenit inzwischen überschritten.

Kapitel 6

Die Diplomdemokratie

Genossen! ... Ihr glaubt doch hoffentlich nicht etwa, wir Schweine täten dies aus Eigennutz oder Privilegdenken? Viele von uns mögen eigentlich Milch und Äpfel gar nicht. Ich persönlich verabscheue sie. Wenn wir diese Dinge zu uns nehmen, so tun wir dies mit dem einzigen Ziel, unsere Gesundheit zu erhalten. Milch und Äpfel (das ist wissenschaftlich erwiesen, Genossen) enthalten Substanzen, die für das Wohlbefinden eines Schweins absolut nötig sind. Wir Schweine sind Kopfarbeiter. Die ganze Leitung und Organisation dieser Farm hängt von uns ab. Wir wachen Tag und Nacht über eure Wohlfahrt. Um euretwillen trinken wir diese Milch und essen wir diese Äpfel.

George Orwell, *Farm der Tiere*

John Adams, der zweite Präsident der Vereinigten Staaten, war der Ansicht, das Parlament solle »ein exaktes Abbild« der amerikanischen Bevölkerung sein. Und der französische Revolutionär Mirabeau fand, die französische Nationalversammlung solle die Bevölkerung »wiedergeben wie eine Landkarte eine Landschaft«.[174] In den vordemokratischen europäischen Gesellschaften des 18. und 19. Jahrhunderts stammten Politiker jedoch überwiegend aus den begüterten Klassen, und hier vor allem aus der Berufsgruppe der Anwälte. Eine zentrale Forderung der Arbeiterbewegungen des

19. Jahrhunderts war daher, Vertreter aus ihren Reihen ins Parlament und in die Regierung zu schicken.

Sollten Politiker den Menschen ähneln, die sie vertreten, und sollten sie ihre Ansichten widerspiegeln? Adams, Mirabeau und die Arbeiterbewegung geben eine andere Antwort als der griechische Philosoph Platon, der in seinem Dialog *Der Staat* die Auffassung vertritt, die besten Herrscher seien Philosophen, die über den primitiven Forderungen und Interessen der Normalsterblichen stehen. Im Gefolge der politischen Turbulenzen von heute entdecken Teile der kognitiven Klasse Platons Ansichten wieder; sie misstrauen der Massendemokratie, vor allem wenn sie mit Brexit und Trump Ergebnisse hervorbringt, die ihnen missfallen, und würden es häufig vorziehen, wenn Entscheidungen von nicht-gewählten Experten getroffen würden.

Ein wichtiges Erbe der Demokratie des antiken Athen ist die Tradition der »Laienpolitik«, also die Vorstellung, dass jeder Politiker sein kann und dass sich die politische Klasse aus allen Schichten der Gesellschaft zusammensetzen soll – gewöhnliche Menschen, die etwas Ungewöhnliches tun. Zu Beginn der Massendemokratie des 20. Jahrhunderts, als die Gesellschaft von sozioökonomischen Gräben durchzogen war, wurde dieses Ideal in der Zusammensetzung der Parteien zumindest zum Teil verwirklicht. Arbeiterparteien wurden durch Arbeiter mit geringer Schulbildung vertreten (unterstützt durch eine Minderheit von idealistischen Bürgern der Mittelschicht), liberale und konservative Parteien wurden von Begüterten und Gebildeten vertreten. Mit der Aufweichung der Klassenstruktur und der Professionalisierung der Politik der letzten Jahrzehnte ist die Forderung leiser geworden, dass Volksvertreter dem Volk ähneln sollten, das sie repräsentieren – zumindest was die Klassenzugehörigkeit angeht, bei Ethnie und Geschlecht sieht es anders aus. Doch mit der aktuellen Welle der Politikverdrossenheit rückt auch diese Frage wieder in den Mittelpunkt der demokratischen Diskussion.

Die Enttäuschung über die politische Elite war einer der Gründe für den Brexit, die Wahl von Donald Trump, die Wahlen in Frankreich 2017 und in Italien 2018. Fast überall honorierten Wähler den *Mangel* an politischer Erfahrung und im Fall von Boris Johnson, Donald Trump und Matteo Salvini auch die kumpelhafte Wortwahl und den gezielten Affront gegen die politische Korrektheit. Diese Liste zeigt allerdings zugleich, dass die Vorstellung, Politiker würden die gewöhnlichen Bürger repräsentieren, ins Reich der Fantasie gehört. Wie es der ehemalige britische Richter Jonathan Sumption 2019 in einem Vortrag sagte: »Die schmerzliche Wahrheit ist, dass alle politischen Systeme Aristokratien sind … Demokratien unterscheiden sich nur darin, dass sie ihre Aristokraten durch Abstimmung ein- und absetzen können.«[175] Politiker werden immer anders sein als die große Masse der Bevölkerung.

Doch *wie* anders? In den letzten Jahren unterscheidet sich die politische Klasse vor allem in einem Punkt von zwei Dritteln der Wählerschaft: Ihre Angehörigen sind Hochschulabsolventen. Mark Bovens und Anchrit Wille bringen es in ihrem Buch *Diploma Democracy* auf den Punkt:

In Westeuropa werden die meisten Demokratien heute von einer ausgewählten Gruppe hochgebildeter Bürger regiert. Diese Diplomdemokratien werden von den am besten Ausgebildeten geleitet. Hochschulabsolventen beherrschen alle wichtigen politischen Einrichtungen, von politischen Parteien über Parlamente und Kabinette bis hin zu den Interessenverbänden und Beratergremien. Nach den britischen Unterhauswahlen des Jahres 2015 waren neun von zehn Abgeordneten Hochschulabsolventen. Im 2013 gewählten Deutschen Bundestag hatten 86 Prozent der Abgeordneten ein abgeschlossenes Hochschulstudium … Nach den Wahlen des Jahres 2012 hatten 97 Prozent der Abgeordneten der Tweede Kammer der Niederlande an einer Hochschule studiert … In Dänemark, Belgien und Frankreich haben zwischen 75 und 90 Prozent der Parlamentsabgeordneten studiert. Nicht, weil heute alle studieren – in Westeuropa haben bis heute durchschnittlich 70 Prozent der Wählerschaft höchstens das Abitur.[176]

Man könnte noch ergänzen, dass während der zweiten Amtszeit von Präsident Obama 93 Prozent der Abgeordneten des Repräsentantenhauses und 99 Prozent der Senatoren mindestens einen Bachelor-Abschluss vorweisen konnten, während es im Rest der Bevölkerung nur 32 Prozent sind.[177]

Die Politiker aus den Regierungsbänken sind wie zu erwarten noch besser gebildet. Von den 15 Ministern in Angela Merkels drittem Kabinett hatten 14 Magister oder Diplom, neun hatten sogar promoviert, sieben hatten an Universitäten gelehrt, zwei waren Professoren. In David Camerons beiden Kabinetten waren 69 beziehungsweise 50 Prozent Absolventen von Oxford oder Cambridge.[178] In Frankreich kommt die Elite von Politik, Medien und Wirtschaft noch immer überwiegend von den *grandes écoles,* obwohl diese nur etwa 4 Prozent aller Hochschulabsolventen hervorbringen. Zwischen 1986 und 2012 kamen 36 Prozent aller Kabinettsmitglieder von diesen Universitäten, allen voran von der École Nationale d'Administration (ENA). Der heutige Präsident Macron ist ein sogenannter *énarque* genauso wie der Premierminister, der Präsident der Zentralbank, der Finanzminister, der Leiter des Präsidialamts, der Chef der Republikanischen Partei, der Chef des Auslandsgeheimdienstes, der Direktor der staatlichen Eisenbahnen sowie die Vorstandschefs einer Reihe von Konzernen. Und die Tatsache, dass in den letzten Jahren immer weniger gesellschaftliche Gruppen in der ENA vertreten sind und nur noch 6 Prozent der Absolventen aus Arbeiterfamilien kommen, macht die Sache nicht gerade besser. Die ENA vergibt pro Jahr gerade einmal achtzig Studienplätze, hat jedoch wie bereits erwähnt vier der letzten acht Präsidenten und acht der letzten 22 Premierminister hervorgebracht. In Großbritannien waren elf der 15 Premierminister der Nachkriegszeit Absolventen der Universität Oxford (die pro Jahr 3000 Studienplätze vergibt) und sechs der 13 US-Präsidenten kamen von Harvard oder Yale (die jeweils rund 2000 Studienplätze pro Jahr vergeben). In vielen Ländern ist die Machtübernahme der kognitiven Klasse ein relativ neues Phänomen. Nach den britischen Unterhauswahlen des Jahres 1964 waren die Hochschulabsolventen noch eine Minderheit unter den Abgeordneten und spiegelten ein Land wider, in dem die meisten Menschen keinen qualifizierenden Schulabschluss hatten. Im 19. und zu Beginn des 20. Jahrhunderts setzte sich die politische Elite noch vor allem aus Angehörigen der vermögenden Schichten zusammen. Sie hatten zwar in der Regel auch eine bessere Bildung genossen als die Durchschnittsbürger, doch das war nicht der Grund für ihre Stellung. Bovens und Wille schreiben: »Im Informationszeitalter sind jedoch Wissen und Information die wichtigsten gesellschaftlichen Güter. Politische Macht konzentriert sich nicht auf Grundbesitzer, Patrizier oder Fabrikanten, sondern auf ›Symbolanalysten‹, ›Kreative‹ und alle anderen Bürger mit der hochentwickelten Fähigkeit zur Informationsverarbeitung.«[179] Diese Machtübernahme der kognitiven Klasse betrifft nicht nur die Parlamente, sondern den gesamten Apparat der politischen Parteien und des politischen Aktivismus. Auch die Wählerschaft selbst spaltet sich zunehmend in Bildungslager.

Bovens und Wille verwenden ein aufschlussreiches Bild für die politische Teilhabe in sechs europäischen Ländern.[180] Ihre »Pyramide« der politischen Partizipation reicht von der informellen Teilnahme (Beschäftigung mit politischen Themen und politische Diskussion) über die Teilnahme an Wahlen, konventionelle Beteiligung (Lobbyarbeit), politischen Protest (Demonstrationen) und Mitgliedschaft in einer Partei bis hin zur Bewerbung um ein politisches Amt. In all diesen Punkten sind Hochschulabsolventen stärker vertreten als andere, wenn man einmal vom politischen Fernsehkonsum absieht. In Frankreich und Großbritannien ist die Bildungskluft bei der politischen Beteiligung besonders groß. Die Autoren schreiben: »Für viele Hochschulabsolventen gehört es zum Alltag, Briefe und E-Mails zu schreiben und an Diskussionen und Sitzungen teilzunehmen. Auf Menschen, für die das nicht zum Alltag gehört, können solche Aktivitäten dagegen einschüchternd wirken.«

Auch die Wege in die Politik haben sich in den vergangenen Jahrzehnten zugunsten der Gebildeten verändert. Parteien, Gewerkschaften, Kirchen und traditionelle Frauengruppen befinden sich auf dem absteigenden Ast, während Interessenverbände, Nichtregierungsorganisationen, Lobbygruppen und politische Internetforen einen Aufschwung erleben. Während Erstere in festen Gemeinschaften verwurzelt waren, setzen Letztere ein besonderes Interesse voraus. Barack Obama ist ein gutes Beispiel: Von einer Eliteuniversität kommend wurde er Gemeindeaktivist. Im Gegensatz zu Gewerkschaftsführern und anderen gewählten Vertretern ernennen sich solche politischen Aktivisten selbst und treten für Gemeinschaften ein, die sich ihrer Ansicht nach nicht selbst vertreten können.

Die Mitgliedschaft in Volksparteien und Gewerkschaften, die oft innerhalb der Familie weitergegeben wird, war eine politische Schule für die weniger Gebildeten. Die kleineren »Kaderparteien« von heute werden dagegen oft von Menschen geführt, die sich an der Universität für Politik zu interessieren beginnen und dann in einem Unternehmen mit Beziehung in die Politik arbeiten – Lobbygruppen, Medien, Thinktanks oder Abgeordnetenbüros; dort können sie Erfahrungen sammeln und ein Netzwerk aufbauen. Die Zahl der belgischen Abgeordneten, die als Parlamentspraktikanten angefangen haben, stieg von 10 Prozent Anfang der Siebzigerjahre auf 35 Prozent im Jahr 2010. Und was die modernen Formen der politischen Teilnahme angeht, etwa in Diskussionsforen im Internet, öffentlichen Befragungen oder Onlinepetitionen, ist die Kluft zwischen den unterschiedlichen Bildungsschichten noch größer als bei traditionellen Formen der politischen Betätigung wie der Teilnahme an Parteiveranstaltungen oder Demonstrationen, wie die Untersuchungen der Hansard Society zeigen.

Warum ist die von Platon herbeigewünschte Republik der Gebildeten ein Problem? Ist es nicht sinnvoll, wenn unsere Institutionen von den Intelligentesten oder zumindest von den am besten Ausgebildeten geleitet werden?

Ja und Nein. Denn die kognitive Übernahme der Politik hat zwei Probleme: Erstens verfolgt die kognitive Klasse in erster Linie ihre eigenen Interessen, auch wenn sie ernsthaft überzeugt ist, dass sie im Interesse aller handelt. Und zweitens ist ein Studium nicht unbedingt die beste Voraussetzung für politische Betätigung. Es ist natürlich richtig, dass sich intelligente Menschen seit jeher zur Politik hingezogen fühlen, und viele, die vor dem Zeitalter der Massenuniversität in die Politik gingen, hätten heute wahrscheinlich auch einen Hochschulabschluss. Doch die kognitive Klasse ist in den vergangenen Jahren immer homogener und damit auch immer engstirniger geworden: Ihre Angehörigen leben an Campusuniversitäten, verheiraten sich untereinander, wohnen in denselben Städten und Vierteln und haben dieselben Interessen und Werte. Amerikaner konzentrieren sich in erschreckend homogenen und nach Bildung und Einstellungen getrennten Communities.[181] Die deutsche Soziologin Heike Wirth hat eine allgemeine Zunahme der sozialen Distanz zwischen Angehörigen unterschiedlicher Bildungsschichten ausgemacht.

Natürlich haben die unterschiedlichen Bildungsschichten auch gemeinsame Interessen, etwa die kompetente Führung von Wirtschaft und Staat. Und es gibt auch keinen Grund, warum Gebildete nicht die Interessen von weniger Gebildeten vertreten könnten, vor allem in sozioökonomischen Fragen, in denen sich konservative und linke Positionen in den letzten Jahren stark angenähert haben. Bei soziokulturellen Fragen wie Zuwanderung, Multikulturalismus, Globalisierung, nationale Souveränität und europäische Integration sieht die Sache dagegen ganz anders aus, hier driften die Angehörigen unterschiedlicher Bildungsschichten in den meisten Ländern immer weiter auseinander. Wie bereits erwähnt, stimmten 75 Prozent der bildungsfernen Schichten für den Brexit, und etwa derselbe Anteil der Gebildeten stimmte dagegen; bei der Wahl Donald Trumps zum Präsidenten der Vereinigten Staaten im Jahr 2016 war die Stimmenverteilung ähnlich.

Die Gebildeten, die in der Regel zugleich wohlhabender und liberaler sind, haben zudem eine unverhältnismäßig laute Stimme im politischen System und nutzen diese, um die Gesellschaft so weit wie möglich in ihrem Interesse zu gestalten. Martin Gilens untersuchte die Politik und politischen Präferenzen in den Vereinigten Staaten zwischen 1964 und 2006 und erkannte weitreichende Überschneidungen zwischen den verschiedenen Wählergruppen, doch wo sich die Präferenzen unterscheiden, setzen sich fast immer die Reichen und Gebildeten durch, egal ob im Freihandel oder in der Sozialpolitik. Andere Untersuchungen wie die von David Kimball stellen fest, dass die Agenda der Lobbyisten nichts mit den Prioritäten der Bevölkerung zu tun hat.[182]

Es besteht eine symbiotische Beziehung zwischen den modernen liberalen Werten der Mobilen und dem Aufstieg der großen kognitiven Klasse der Kopfarbeiter, die Erfolg, Selbstverwirklichung, Offenheit, Neues, Autonomie und Mobilität hoch bewerten und gut mit Veränderungen umgehen können. Wirtschaftliche Offenheit war stets eine Priorität der Gebildeten rechts der Mitte, und gesellschaftliche und kulturelle Offenheit die der Intellektuellen links der Mitte. In den vergangenen Jahrzehnten fanden sich diese beiden Gruppierungen oft in der neuen Mitte wieder, wie sie zum Beispiel von New Labour repräsentiert wird und gegen die sich der aktuelle Populismus auflehnt. In den Vereinigten Staaten und Großbritannien gewann die neue Mitte Wahlen. Doch selbst als die Wirtschaft boomte und die Offenheit mehr Gewinner als Verlierer hervorzubringen schien, fanden die liberalen Werte bei der Mehrheit keinen Anklang.

Heute spricht sich in Großbritannien knapp die Hälfte der Bevölkerung für die Todesstrafe aus.[183] Etwa zwei Drittel halten die Zuwanderung der vergangenen Jahre für zu hoch oder viel zu hoch.[184] Etwa die Hälfte der Bevölkerung unterstützt den Austritt aus der Europäischen Union.[185] Rund 60 Prozent meinen, Großbritannien fühle sich manchmal an »wie ein fremdes Land«.[186] 58 Prozent sind der Ansicht, Zugewanderte integrierten sich schlecht.[187] Die meisten Briten sind für die Gleichstellung von Mann und Frau, doch nur ein Drittel aller Frauen würde sich als Feministinnen bezeichnen.[188] In den Vereinigten Staaten ist die Situation nicht anders: Mehr als die Hälfte der Bevölkerung will die Zuwanderung einschränken,[189] 54 Prozent fordern die Todesstrafe für verurteilte Mörder,[190] nur etwas mehr als ein Drittel der Frauen bezeichnen sich selbst als feministisch,[191] und fast die Hälfte der weißen amerikanischen Arbeiterklasse stimmt der Aussage zu, »das Land hat sich so verändert, dass ich mich in meinem eigenen Land manchmal wie ein Fremder fühle«.[192] Trotzdem würde ich die meisten Wähler, die für Brexit und Trump stimmten, als »anständige Populisten« bezeichnen. Sie haben die Gleichstellung von Mann und Frau, die sexuelle Revolution und andere Aspekte der großen Liberalisierung der vergangenen Jahrzehnte akzeptiert, selbst wenn ihnen diese Themen nie wichtig waren. Sie sind konservativ, nicht autoritär.

Doch wenn man sich die britische und amerikanische Politik der 25 Jahre vor Brexit und Trump ansieht, dann finden sich gerade diese konservativen Ansichten kaum wieder. (Die einzige im Unterhaus vertretene Partei, die den Austritt aus der Europäischen Union forderte, war die Democratic Unionist Party aus Nordirland.) Andererseits kann man spielend ein halbes Dutzend politische Entwicklungen benennen, die den Interessen der weniger Gebildeten zuwiderliefen: Globalisierung und die damit einhergehende Deindustrialisierung; der Ausbau der Wissensgesellschaft, die Zielvorgabe von 50 Prozent Hochschulabsolventen und die Vernachlässigung von Berufsausbildung und Lehre; Zuwanderung in großem Stil, Multikulturalismus und die damit einhergehende Ambivalenz gegenüber Mehrheitsidentitäten; die soziale und räumliche Mobilität, die Talente aus den Regionen abzieht; eine Familienpolitik, die der Kernfamilie ihre Bedeutung nimmt und die Berufstätigkeit beider Elternteile fördert; und schließlich die technokratische und globalisierte Politik der kognitiven Klasse, die internationale Integration, Klimawandel, Menschenrechte und Gleichberechtigung in den Vordergrund stellt und den nationalen Gesellschaftsvertrag und die politische Souveränität der Nation hintanstellt.

Die Wissensgesellschaft dient definitionsgemäß den Interessen der Gebildeten und verlangt einen großen Hochschulsektor. Doch in Großbritannien und den Vereinigten Staaten dachte man in den vergangenen Jahrzehnten erstaunlich wenig an den Statusverlust nichtakademischer Berufe und die Ausbildungsbedürfnisse der einstigen Industrieregionen. Politiker, die überwiegend Hochschulabsolventen sind und ihre Kinder an Eliteuniversitäten schicken, stellen naturgemäß die Universität in den Mittelpunkt des Bildungswesens, während die Berufsausbildung ein Aschenputteldasein fristet. Die psychologischen Auswirkungen auf die nicht-studierenden Menschen vernachlässigen sie dabei genauso wie die wirtschaftlichen Auswirkungen des Wegzugs der Besten aus ländlichen Regionen.

Auch in Fragen der Migration stellt die kognitive Klasse ihre Werte der Offenheit an oberste Stelle und zieht es vor, die Standpunkte der Mehrheit zu ignorieren, die sich mehr Kontrolle und weniger Zuwanderung wünscht. Angela Merkels Entscheidung aus dem Herbst 2015, mehr als eine Million Flüchtlinge in Deutschland aufzunehmen, wird oft als Akt großen politischen Mutes gefeiert, doch sie hinterließ ein tief gespaltenes Land. In den Vereinigten Staaten vor Trump wurde lediglich über *illegale* Einwanderung diskutiert. Doch schon die Zahl der *legalen* Einwanderer war mit über einer Million pro Jahr mehr als der Hälfte der Amerikaner zu hoch, und vor allem die Stimmen der weniger Gebildeten wurden kaum gehört.[193] In Großbritannien hielten zwei Drittel der Bürger die Zuwanderung seit dem steilen Anstieg ab 1997 für zu hoch oder viel zu hoch. Das änderte allerdings nichts daran, dass die Zuwanderung zwei Jahrzehnte lang auf einem beispiellosen Niveau blieb. Der Schlüsselmoment der Einwanderungsproblematik war, als die von den Gebildeten dominierte Labour-Regierung 2003 beschloss, die Ansichten ihrer weniger gebildeten Wähler in den Wind zu schlagen und den Arbeitnehmern der ehemals kommunistischen Länder Osteuropas den sofortigen freien Zugang zum britischen Arbeitsmarkt zu gestatten, als diese Länder 2004 in die Europäische Union aufgenommen wurden. In einer Rede in Polen sprach Labour-Premier Tony Blair im Jahr 2000 von »der verbreiteten, aber unbegründeten Angst, die Freizügigkeit könnte eine massive Völkerwanderung bedeuten«.[194] Großbritannien war somit das einzige Land der Europäischen Union, das keinen Gebrauch von der siebenjährigen Übergangsfrist machte, die laut Beitrittsverhandlungen zulässig war. Diese Entscheidung mochte ihre geopolitischen und wirtschaftlichen Gründe haben, doch sie bleibt ein bemerkenswertes Beispiel dafür, wie sozialdemokratische Parteien die Interessen der liberalen Gebildeten über die ihrer eigentlichen Wählerschaft der Arbeiter stellten und diese in der Folge als Wähler verloren.

Dies gilt auch für eine Familienpolitik, die den öffentlichen Bereich der Arbeit über den privaten Bereich der Familie stellte. In dieser Politik spiegeln sich die Interessen gebildeter Frauen wider, denen es vor allem darum geht, im Beruf auf Augenhöhe mit Männern zu konkurrieren. Die Frauen in der unteren Hälfte des Arbeitsmarktes haben dagegen ganz andere Interessen: Sie haben kleine Kinder und würden in den ersten Jahren nach der Geburt gern in Teilzeit oder auch gar nicht arbeiten; doch diesen Frauen bietet der Staat wenig Unterstützung. Wie Alison Wolf schreibt:

Ein Teil der weiblichen Arbeitnehmerschaft sind Frauen der Elite, für die die berufliche Selbstverwirklichung genauso wichtig ist wie für Männer. Die meisten Frauen haben allerdings ganz andere Arbeitsmuster. Sie gehen Tätigkeiten nach, die sie mit ihrer Verantwortung und ihren Prioritäten in der Familie in Einklang bringen können. Daher arbeiten sie oft in Teilzeit. Für einen großen Teil der berufstätigen Frauen ist die Teilzeitarbeit die Norm und die bevorzugte Option. Das ist auch der eigentliche Grund für den Fortbestand der Einkommensunterschiede zwischen Männern und Frauen.[195]

Soziale Mobilität ist eine weitere Vorstellung, die Politiker der kognitiven Mitte zumindest in ihren Reden unermüdlich fordern. Dabei wird der Preis für die weniger Mobilen meist unterschlagen. Politiker links der Mitte treten für Chancengleichheit ein, weil weitergehende Formen der Gleichheit unrealistisch und unpopulär wären, und Politiker rechts der Mitte können mit der Forderung nach sozialer Mobilität dem Vorwurf begegnen, sie schützten ihre Privilegien. Doch in den Ohren der weniger Gebildeten klingt das Mobilitäts-Mantra der Gebildeten und Erfolgreichen wie die Aufforderung, ihre Wurzeln zu kappen. Einige verlassen ihren Geburtsort gern, andere würden aber lieber bleiben, wenn sie gute und lukrative Arbeit in ihrer Region finden, die ihnen gestattet, in ihrer Gemeinschaft und in der Nähe von Freunden und Verwandten ein erfolgreiches und zufriedenes Leben zu führen. Denn in der Vergangenheit fanden viele verwurzelte Menschen und Gemeinschaften Anerkennung in einer Arbeit, die sich der Familie und der Gemeinschaft widmete. Der Soziologe Geoff Dench schreibt:

> Das Bewusstsein, ihren Familien und ihrer Gemeinschaft zu dienen, gibt gewöhnlichen Menschen die Selbstachtung, die sie brauchen, um ein produktives Leben zu führen, auch wenn sie damit keinen großen Erfolg und keine öffentliche Anerkennung finden … Mobilität bietet einen Platz für talentierte Menschen und ist ein Ausweg aus der als einengend empfundenen Gruppe. Doch wenn die Förderung der Mobilität zum staatlichen Ziel erhoben wird, dann ist das Ergebnis eine zutiefst unzufriedene und instabile Gesellschaft.[196]

Technokratische Entpolitisierung

Auch in der Debatte um eine Technokratisierung der Politik verlaufen die Fronten seit Ende des Kalten Krieges entlang von Bildungsgrenzen. Nach der Brexit-Abstimmung des Jahres 2016 herrschte zumindest unter den extremeren EU-Befürwortern eine gewisse Sympathie für die Philosophenherrschaft. In seinem Buch *So endet die Demokratie* schrieb David Runciman:

Wenn ich nach der Brexit-Abstimmung aus Cambridge herauskam, einer leidenschaftlich pro-europäischen Stadt mit einer Eliteuniversität, hörte ich dieses Argument. Es wurde in der Regel geflüstert – man muss schon mutig sein, um sich in einer demokratischen Gesellschaft als Vertreter der Gelehrtenherrschaft erkennen zu geben –, doch es war vernehmlich. Hinter vorgehaltener Hand raunten hochintelligente Menschen einander zu, so etwas passiere eben, wenn man gewöhnliche Menschen über eine Frage entscheiden lasse, die sie nicht verstehen.[197]

Gebildete Menschen tun die politischen Ansichten von weniger gebildeten gern als moralisch falsch oder unvernünftig ab und halten ihnen die Meinungen von Experten entgegen, die eine Frage in ihrer ganzen Komplexität erfassen. Die Sichtweise ist verbreitet, dass Politiker nur auf Wahlen schielen und sich von politischem Opportunismus leiten lassen, und dass die Politik besser wäre, wenn sie von klugen Technokraten gemacht würde, die keinen politischen Zwängen unterworfen sind. Das mag nicht ganz falsch sein, und auf ihrem Gebiet können Experten durchaus einen sinnvollen Beitrag zur politischen Diskussion leisten, etwa wenn es um die Bekämpfung einer Virusepidemie geht. Aber kein Experte kann sagen, ob es objektiv richtig wäre, rechts oder links, liberal oder konservativ, risikofreudig oder risikoscheu zu sein.*

---

* Es gibt Hinweise, dass intelligentere Menschen politisch tendenziell eher links stehen. Der Psychologe Ian Deary, der an der Edinburgh University lehrt, beobachtete einen Zusammenhang zwischen einem höheren Intelligenzquotienten im Alter von zehn Jahren und progressiven Vorstellungen im Alter von dreißig. Seine Untersuchung bestätigt, dass intelligentere Menschen tendenziell weniger traditionelle moralische Werte vertreten. Doch Intelligenzforscher Noah Carl schränkt dies ein und argumentiert, Menschen mit offener Persönlichkeit entschieden sich eher für eine akademische Ausbildung, und erst durch diese verschieben sich ihre Ansichten nach links.

Das technokratische Politikverständnis hat allerdings zwei weitgehende Schwächen: Erstens geht es davon aus, dass gebildete Menschen vernünftiger sind als weniger gebildete. Meiner Erfahrung nach ist jedoch oft das Gegenteil der Fall, denn Gebildete gehen politischen Ideologien stärker auf den Leim, weshalb sie weniger objektiv an politische Fragestellungen herangehen. Diesem Zusammenhang ging auch der Politikphilosoph John Gray in einem Radiointerview nach:

> Die Ignoranz der Gebildeten ist oft weitaus gefährlicher als die Wald- und Wiesenignoranz. Die Denkfehler gewöhnlicher Menschen lassen sich meist durch ihre alltägliche Erfahrung korrigieren. Die Dummheit der Gebildeten ist dagegen unbezwingbar. Sie glauben gern, sie hätten eine überlegene Sicht auf die Dinge, doch in Wirklichkeit lassen sie sich eher von einer Massenillusion vereinnahmen als der Rest der Menschheit. Akademiker machen sich oftmals Projekte zu eigen, die weniger gebildete Menschen instinktiv als gefährlich und absurd erkennen. Das war zum Beispiel im Großbritannien der Dreißigerjahre der Fall. Weite Teile der britischen Intelligenz waren bereit, die Demokratie über Bord zu werfen und eine Ordnung zu übernehmen, die anderswo aufkam.[198]

Die zweite Schwäche ist, dass die technokratische Entpolitisierung immer mehr Lebensbereiche – von der Zinspolitik bis zur Zuwanderung – von der demokratischen Diskussion ausnimmt und so eine populistische Gegenreaktion bewirkt. Und genau das konnten wir in den vergangenen 25 Jahren beobachten. Als nämlich nach dem Fall der Berliner Mauer die erste Euphorie über den Sieg der Demokratie abgeflaut war, sprachen sich einflussreiche Kommentatoren offen für die Verfassungs- und gegen die Volksdemokratie aus. Der Journalist Fareed Zakaria meinte beispielsweise, das Symbol der westlichen Demokratien seien weniger die Wahlen als die unparteiischen Gerichte, und kam zu dem Schluss: »In der Politik von heute brauchen wir nicht mehr Demokratie, sondern weniger.«[199] Und Alan S. Binder von der amerikanischen Notenbank forderte 1997 in einem Artikel in *Foreign Affairs,* das Modell der unabhängigen Zentralbank solle auch auf andere Bereiche der Politik übertragen werden, etwa die Gesundheits- und Sozialpolitik; Entscheidungen sollten nicht von gewählten Volksvertretern getroffen werden, sondern von unabhängigen Experten.[200] In seinem Buch *Ruling the Void* verwendete Peter Mair die Bezeichnung »Antipolitiker« für Gestalten wie Tony Blair, der New Labour einst als »politischen Arm des britischen Volkes« bezeichnete und sich selbst als parteiübergreifenden Kopf inszenierte. Das ist auch ein Grund für die Beliebtheit der Europäischen Union bei den politischen Klassen Europas; Mair beschreibt die Europäische Union als »geschützten Raum, in dem Entscheidungen den Zwängen der repräsentativen Demokratie entkommen«.[201]

Gebildete Technokraten sind in der Regel der Ansicht, dass sich die komplexen Probleme von heute nicht auf der Ebene der Nationalstaaten lösen lassen: Die Nation ist entweder zu groß für regionale Probleme oder zu klein für globale, so das Klischee. Daher geben sie gern Souveränität ab, um in einer Welt der gegenseitigen Abhängigkeit Märkte und Politik zu optimieren. Das bedeutet nicht nur eine Verlagerung von Entscheidungen in die Europäische Union oder die Welthandelsorganisation. Auch die Innenpolitik ist betroffen: Denken wir nur an die nationalen Notenbanken oder an Gerichte, die politische Entscheidungen zurücknehmen. Natürlich lassen sich in jedem Fall Argumente für eine Einschränkung der demokratischen Kontrolle finden, doch eines ist klar: Wenn Entscheidungen von der demokratischen Diskussion ausgenommen werden, dann werden sie in Einklang mit den Werten und Prioritäten der kognitive Klasse getroffen – zum Beispiel internationale Öffnung, Ertragsmaximierung, Individualismus, Vielfalt und so weiter. Viele gebildete Menschen sind durchaus dazu bereit, einen Teil der nationalen Souveränität abzugeben. Ihrer Ansicht nach wird das durch Wirtschaftswachstum oder Klimaschutz gerechtfertigt, außerdem könnten sie durch ihre Freunde und Netzwerke Beziehungen zur Macht haben. Dazu kommt, dass sie im persönlichen und beruflichen Leben größere Freiräume genießen, weshalb sie sich durch die Einengung der politischen Spielräume der Nation weniger stark eingeschränkt fühlen. Die meisten weniger gebildeten Menschen haben dagegen keinen politischen Einfluss außer dem der Stimmabgabe.

In ihrem Buch *Saving Britain* beschreiben Will Hutton und Andrew Adonis die nationale Souveränität als reine Fiktion.[202] Die kognitiven Eliten erleben technokratische Politik als öffnend und stärkend, während die Nicht-Eliten sie als einschränkend und schwächend empfinden, was eine populistische Reaktion bewirken kann. Wie Ivan Rogers, einst ständiger Vertreter Großbritanniens bei der Europäischen Union, schrieb: »Wenn man den Bürgern sinnvolle Mitsprache in vielen politischen Bereichen verweigert, dann können diese ihren Widerspruch nur äußern, indem sie sich dem gesamten System widersetzen und nicht seine Reform fordern, sondern seine vollständige Beseitigung.«[203]

Zwei Entscheidungen der Labour-Regierung unter Tony Blair – die Zielvorgabe eines Akademikeranteils von 50 Prozent und die sofortige Öffnung der Grenzen für Zuwanderer aus dem ehemals kommunistischen Osteuropa – demonstrieren, wie sehr es der kognitiven Klasse an emotionaler Intelligenz mangelt und wie fern sie den weniger gebildeten Bürgern ist. Derselbe Mangel an politischem Instinkt steht wohl auch hinter der zweifelhaften Entscheidung Tony Blairs und vieler seiner Anhänger, das Brexit-Votum nicht anzuerkennen und auf eine Wiederholung des Referendums zu drängen, statt sich für eine möglichst sanfte Form des Brexits einzusetzen. Angesichts solcher Entscheidungen nimmt es nicht wunder, dass viele der nicht-akademischen Wähler das Vertrauen in die Politik verloren haben. Viele gehen gar nicht mehr zur Wahl und beteiligen sich nicht mehr politisch, weil aus ihrer Sicht alle Parteien denselben technokratischen Liberalismus vertreten. In seinem Buch *Bowling Alone* über den Zusammenbruch der Zivilgesellschaft in den Vereinigten Staaten schreibt Robert D. Putnam, die Wahlbeteiligung sei seit den Sechzigerjahren um 20 Prozentpunkte gesunken, während die Teilnahme an Bürgerversammlungen zu Lokalthemen zwischen 1973 und 1994 sogar um ein Drittel zurückging.[204]

In letzter Zeit sind mehr Wähler bereit, Anti-System-Politiker wie Donald Trump zu unterstützen. So wie die Revolte der Sechziger- und Siebzigerjahre unter den Gebildeten eine neue Form der liberalen und linken Politik hervorbrachte (die europäischen Grünen haben das höchste Bildungsniveau sämtlicher Parteien), so kamen in der vergangenen Generation populistische Parteien als Gegenkraft der weniger Gebildeten auf. Bovens und Wille weisen allerdings auf ein Kuriosum dieser neuen politischen Landschaft hin, nämlich dass die neuen politischen Kräfte die Interessen der weniger Gebildeten gar nicht explizit äußern. Deshalb sorgte Donald Trumps Ausruf »Ich liebe die Ungebildeten!« nach seinem Sieg der republikanischen Vorwahlen in Nevada für solche Furore. Es gibt genauso wenig eine Akademiker-Partei wie eine Gewerkschaft für die Nicht-Akademiker – die Peinlichkeit wäre zu groß.[205]

Dieser Bildungsgraben ist neu. Im Großbritannien der Achtzigerjahre wäre der Labour-Beschluss zur Zuwanderung aus Osteuropa undenkbar gewesen, genauso wie die Zustimmung der Konservativen zur gleichgeschlechtlichen Ehe. Hinter beiden

Entscheidungen steht ein progressiver Fundamentalismus, der die Anliegen der weniger gebildeten, konservativen Bürger ignoriert. Wenn wir weiter zurückblicken in die unmittelbare Nachkriegszeit, dann sind die heutigen Brüche noch unvorstellbarer. In den Fünfzigerjahren tat sich in wirtschaftlichen Fragen ein tiefer Graben zwischen Labour und Konservativen auf, doch in Fragen zu Ethnien, zur Nation und zur Gleichberechtigung von Mann und Frau waren sich die Parteien weitgehend einig. Vor allem waren sie in diesen Fragen einer Meinung mit den Bürgern auf der Straße. Die Länder waren kulturell deutlich homogener und konservativer. Noch 1972 waren in den Vereinigten Staaten 80 Prozent der Wähler der Demokraten der Auffassung, dass Marihuana illegal sein sollte – heute sind es nur 22 Prozent. 78 Prozent lehnten gleichgeschlechtliche Partnerschaften ab, heute sind es nur noch 28 Prozent. Fast 40 Prozent sprachen sich gegen »Mischehen« aus, eine Frage, die heute gar nicht mehr gestellt wird.[206]

In der Vergangenheit war die kognitive Klasse zu klein, um eigene Interessen zu haben, und sie war in gesellschaftlichen und wirtschaftlichen Fragen gespalten. Heute ist sie dagegen groß genug und verortet sich in den parteilichen Flügeln links und rechts der Mitte. Die heutige Spaltung ließe sich jedoch überwinden und der Gedanke der Volkspartei erhalten, wenn die Parteien ein breiteres Spektrum von Bürgern repräsentieren würden. Die eigene Lebenserfahrung spielt durchaus eine Rolle, wenn es darum geht, die Erfahrungen anderer zu verstehen. Paul Johnson, den wir in Kapitel 4 kennengelernt haben, als er eine Lehrstelle für seinen Sohn Tom suchte, beschreibt, was diese Erfahrung mit ihm machte:

Wenn es uns nicht gelingt, genügend Achtzehnjährige in hochwertige Ausbildungen zu vermitteln, sind die Folgen Facharbeitermangel, schlechte Löhne und niedrige Produktivität. Das Problem mit unseren Universitäten ist, dass sich die Studenten für wertlose Studiengänge entscheiden, weil die am einfachsten sind. Das war mir seit Jahren klar. Das sieht man ja in den Daten. Aber was das wirklich bedeutet, das weiß man erst, wenn man es selbst erlebt hat. Nehmen Sie's als eine Art Bekenntnis. Ich selbst war gut in der Schule, und wenn ich nur einen Sohn gehabt hätte, dann hätte ich gedacht, wenn ich es gepackt habe und wenn er es gepackt hat, dann ist doch alles in Ordnung. Man muss nur wollen, dann geht es schon … Aber die Erfahrung mit Tom hat meine Einstellung verändert. Deswegen glaube ich auch David Cameron, wenn er sagt, dass ihm die Behandlung, die sein Sohn Ivan im Krankenhaus bekommen hat, den Wert des Gesundheitssystems besser vor Augen geführt hat als jede Theorie. Meine eigene Erfahrung hat mir auch gezeigt, wie wichtig es ist, Leute mit unterschiedlicher Herkunft in der Politik zu haben. Vielleicht sollte es keine Rolle spielen, dass alle auf Privatschulen waren und in Oxford und Cambridge studiert haben und dass es ihnen finanziell gut geht. Das macht sie noch nicht zu schlechteren Menschen. Sie sind bestens in der Lage, die Daten zu verstehen und die Optionen abzuwägen. Doch es ist nun mal so, dass wir je nach unseren Erfahrungen die Daten anders verstehen und die Optionen anders gewichten. Und besonders trifft das auf die Bildungspolitik zu, wo wir alle unter dem Eindruck der vagen Erinnerung an unsere eigene Schulzeit stehen.[207]

Viele der wenigen nicht-akademischen Wähler sagen, sie wünschen sich mehr Bürger wie sie in der Politik. Allerdings scheinen sie bei der Spitze eine Ausnahme zu machen, wie Donald Trump oder Boris Johnson zeigen. Oder um es mit dem britischen Politologen

Oliver Heath zu sagen: »Menschen mit bestimmten Eigenschaften bevorzugen Kandidaten mit denselben Eigenschaften: Frauen stimmen eher für Frauen als Männer, und Schwarze stimmen eher für Schwarze als Weiße.« Das bestätigen auch die Erkenntnisse von Nicholas Allen und Katja Sarmiento-Mirwaldt: »Es ist gut belegt, dass Bürger von Menschen vertreten werden wollen, die ihnen selbst ähneln, ob äußerlich oder in ihren Ansichten, Menschen aus ihrer Region, die dasselbe erlebt haben wie sie.«[208] Außerdem wollen sie, dass Politiker die Meinungen ihrer Wähler wiedergeben. Laut einer YouGov-Umfrage aus dem Jahr 2019 glauben 80 Prozent der britischen Unterhausabgeordneten, sie wurden gewählt, um nach persönlichem Gutdünken zu entscheiden; dagegen sind 63 Prozent der Wähler der Ansicht, die Abgeordneten sollten sich nach den Wünschen der Wähler ihres Wahlkreises richten, und nur 7 Prozent glauben, sie sollten nach ihrer persönlichen Meinung handeln.[209]

Letztlich sitzen für den Geschmack eines erheblichen Teils der Wählerschaft zu viele Akademiker im Parlament. Die Politologen Rosie Campbell und Philip Cowley stellten zu ihrem Entsetzen fest, dass die Probanden einer Befragung eher einen 16-jährigen Hauptschulabsolventen wählen würden als einen promovierten Kandidaten: »Es mag daran liegen, dass wir unseren Lebensunterhalt an der Universität verdienen, doch die Tatsache, dass die Befragten einen Kandidaten ohne akademischen Hintergrund vorzogen, überraschte (und deprimierte) uns etwas.«[210] Es ist allerdings keineswegs gesagt, dass Akademiker automatisch die besseren Politiker sind. Das lässt sich kaum überprüfen, weshalb auch nur wenige Politikwissenschaftler es versucht haben. Doch die amerikanischen Politologen Nicholas Carnes und Noam Lupu haben diese These überprüft, indem sie sich die Wirtschaftsleistung verschiedener Länder, die Leistung amerikanischer Kongressabgeordneter (Amtsdauer, Zahl der eingebrachten Gesetzesvorlagen, Wiederwahlen) und die Korruption brasilianischer Bürgermeister ansahen. Sie kommen zu dem Schluss: »Politiker mit Hochschulabschluss regieren keine reicheren Staaten, schneiden in Wahlen nicht besser ab und sind nicht weniger korrupt.«[211]

Meine eigenen Erfahrungen mit Freunden und Kollegen von Eliteuniversitäten, die in die Politik gegangen sind, haben mir gezeigt, dass ihr Wissen und ihre Fähigkeit zu abstraktem Denken nur ein Teil dessen sind, was einen fähigen Politiker ausmacht, und nicht einmal der wichtigste. Charlotte Leslie ist eine akademische Überfliegerin, die in Oxford studiert hat und von 2010 bis 2017 als eine der jüngsten Abgeordneten der Konservativen im Unterhaus saß. Ich traf mich mit ihr in Bude in Cornwall, wo sie mir erzählte:

> Während meine Freunde von Oxford Praktika in Anwalts-kanzleien, Banken und Unternehmensberatungen gemacht haben, habe ich in den Ferien hier in Bude als Rettungs-schwimmerin gejobbt. Damals habe ich mich deswegen als Aussteigerin oder Pennerin gefühlt. Heute weiß ich, dass mir das, was ich hier am Strand mitbekommen habe, in der Politik mehr zugute kommt als alles, was ich in Oxford gelernt habe oder was ich in einem Büro in London mitgenommen hätte. Ich habe zusammen mit erfahrenen Rettungsschwim-mern aus Cornwall und Australien gearbeitet. Weil ich studiert habe, haben alle angenommen, dass ich in Sachen Menschenverstand ein bisschen minderbemittelt bin. Wenn ich etwas Dummes gemacht habe, dann haben sie oft gelacht und gesagt, »Schon gut, Charlotte! Du bist halt von der Uni!«

Unter den Rettungsschwimmern hatte sie das Gefühl, dass sie viel zu lernen hatte und dass ihre glänzende universitäre Laufbahn bei ihren Aufgaben am Strand wenig half.

Ich war Wettkampfschwimmerin, Fitness war für mich kein Problem, und die Theorie der Ersten Hilfe auch nicht. Aber ich hatte Schwierigkeiten, mein theoretisches Wissen hier zwischen Sand, Regen und Wind in die Praxis umzusetzen. Welchen Knoten man wann benutzt, davon hatte ich keine Ahnung. Und Szenarien – wie rettet man jemanden in dieser und jener Situation von einem Felsen –, da war ich nicht gut. In einem Notfall hilft es einem halt nicht weiter, Vergils Lehrgedichte interpretieren zu können. In unserer Rettungsschwimmerhütte hatte ich definitiv die Narrenkappe auf.

Leslie meint, ihr Vorgesetzter Martin »Mini« Frei habe ihr auf dem Weg in die Politik mehr geholfen als ihre Tutoren an der Universität:

Von Mini und meinen Freunden bei der Küstenwache habe ich viel gelernt. Ich bin ihnen zutiefst dankbar. Ja, Abgeordnete müssen ein bisschen analytisch denken können, aber die Politik ist eher vergleichbar mit der Reparatur eines Boilers und weniger mit Aufsatzschreiben. Ich glaube, das vergisst man als Akademiker nur allzu leicht … Wenn Sie wollen, dass etwas besser gemacht wird, dann sollten Sie die Leute fragen, die es acht Stunden am Tag machen. Keine Anzugträger.

Ein anderes Beispiel unterstreicht, dass Wissen immer kontextabhängig ist und akademisches Wissen im Tagesgeschäft der Politik nur einen sehr begrenzten Nutzwert hat. Es handelt sich um den britischen Minister Ed Balls, den ich von unserer gemeinsamen Zeit bei der *Financial Times* Anfang der Neunzigerjahre kenne. Er war gerade von Harvard gekommen, sollte Leitartikel schreiben und galt als einer der klügsten jungen Wirtschaftswissenschaftler des Landes, weshalb ihn Gordon Brown 1994 abwarb und zehn Jahre lang als einen seiner engsten Berater an seiner Seite hatte. Vor der Wahl des Jahres 2005 wechselte Balls schließlich vom Berater zum Politiker. Er war entsetzlich. Ich erinnere mich noch, wie ich ihn in einer Radiosendung hörte und mich für ihn in Grund und Boden schämte. Er wirkte hölzern, nicht gerade liebenswert und unverständlich. Das zeigte mir, wie sehr man daran arbeiten muss, sich verständlich ausdrücken, und wie wenig Bildung und Intelligenz allein ausreichen. Der Fairness halber muss man sagen, dass Balls aus seinen Anfängerfehlern lernte. Er feilte an seiner Rhetorik und war daraufhin gar nicht so schlecht, verlor dann jedoch 2015 seinen Wahlkreis.

Es mag auf der Hand liegen, dass Bildungserfolg noch keinen guten Politiker macht. Doch es scheint, als hätten wir uns in den letzten Jahrzehnten bei der Auswahl unseres Führungspersonals zu sehr von unserem kollektiven Vorurteil zugunsten der kognitiven Kompetenz leiten lassen, vor allem links der politischen Mitte. Gute Beispiele sind Überflieger wie die Miliband-Brüder, Ed Balls und Gordon Brown, die nach einem kometenhaften Aufstieg verpufften. Diese Politiker sind für ihre Intelligenz bekannt, nicht aber für ihre menschlichen Qualitäten. Ein Labour-Minister vertraute mir einmal an, sein Kabinettskollege Alan Johnson, der seine Laufbahn als Briefträger begann, wäre als Premierminister sicher geeigneter und beliebter gewesen als Gordon Brown. Im Umfeld hochqualifizierter Akademiker habe er jedoch nicht den Mut aufgebracht.

Es gibt viele Erklärungen für die aktuelle Welle der Politikverdrossenheit im Westen. Eine sieht Politik als ein Problem von Angebot und Nachfrage. Wähler sind anspruchsvoller und lassen sich von Autoritäten weniger einschüchtern. Ihre Erwartungen sind groß, und in einer Konsumwelt, in der die Erfüllung jedes Wunsches nur einen Mausklick entfernt ist, haben die Bürger immer weniger Verständnis für die Ineffizienz von Behörden. Zudem sind sie gebildeter und haben die Möglichkeit, ihre Politiker im Internet und den sozialen Medien zu hinterfragen. Zugleich mit dieser gestiegenen demokratischen Nachfrage stagniert das demokratische Angebot. Die Globalisierung hat die Ungleichverteilung im Westen verschärft und scheint eine stärker technokratische, weniger nationale Politik zu verlangen, die nach Ansicht vieler Menschen keiner Kontrolle mehr untersteht. Das Fiasko des Irakkriegs; die Finanzkrise und die folgende Sparpolitik; die unkontrollierte Zuwanderung; die Befürchtung, dass es unsere Kinder einmal nicht besser haben werden als wir; die zunehmende Hierarchisierung der Gesellschaft durch Bildung – das alles höhlt das Vertrauen in die politische Klasse aus, schürt Ressentiments und motiviert Protestwähler.

Diese Phase des Politikversagens fällt mit der zunehmenden Vorherrschaft der kognitiven Klasse zusammen. Das soll nicht heißen, dass zwischen beiden ein Kausalzusammenhang besteht, doch die rasche Zunahme des Akademikeranteils in den meisten Ländern und die Tatsache, dass die Politik heute fast vollständig von Akademikern und ihren Interessen beherrscht wird, haben die Politik weder besser noch rationaler oder auch nur toleranter gemacht. Es ist vielmehr ein weiterer Grund für die verbreiteten Ressentiments. Eine im Januar 2020 veröffentlichte Untersuchung des Centre for the Future of Democracy der University Cambridge stellte eine weltweit wachsende Unzufriedenheit mit der Demokratie fest; diesem Trend entgingen interessanterweise Länder wie Polen oder Ungarn, die die liberale und von Akademikern dominierte Politik des Westens ablehnen.

Die Spaltung in Akademiker und Nicht-Akademiker trifft zwar nicht auf alle Themen gleichermaßen zu, doch von YouGov erstellte Profile ergeben für Großbritannien deutliche Differenzen bei Werten und Ansichten. Die Profile basieren auf insgesamt rund 330 000 Fragen, die einer großen Gruppe von fast einer Million Briten vorgelegt wurden. Auf jede Frage kommen in der Regel rund 50 000 Antworten, also eine repräsentative Probe mit großer statistischer Aussagekraft. Hier einige der Unterschiede zwischen den beiden Gruppen:[212] Während 71 Prozent der Akademiker der Aussage zustimmen »Ich umgebe mich gern mit einer Vielfalt von Kulturen und Ideen«, sind es bei den Nicht-Akademikern nur 51 Prozent. Nicht-Akademiker sind stärker verwurzelt als Akademiker und messen Region und Familie einen größeren Stellenwert bei. Rund 43 Prozent der Nicht-Akademiker hören regionale Radiosender, verglichen mit 29 Prozent der Akademiker. Rund 73 Prozent der Nicht-Akademiker stimmen der Aussage zu »Die Familie ist alles«, doch nur 62 Prozent der Akademiker sehen das so. Auf die Frage, was sie nach ihnen benannt haben wollen – eine Theorie, ein Enkelkind oder einen Berg –, antworten 54 Prozent der Nicht-Akademiker, aber nur 33 Prozent der Akademiker mit »Enkelkind«. Akademiker identifizieren sich stark mit ihrer Bildung. 73 Prozent geben an, »Ich habe in der Schule Wichtiges gelernt«, doch nur 51 Prozent der Nicht-Akademiker sehen das so. Derselbe Anteil der Akademiker erklärt, Bildung habe sie im Leben vorangebracht, während nur 44 Prozent der Nicht-Akademiker dem zustimmen. 19 Prozent der Akademiker, aber nur 6 Prozent der Nicht-Akademiker sehen sich als »gebildet«. In einer Frage mit drei Wahlmöglichkeiten geben 46 Prozent der Akademiker an, »Der Kopf ist wichtiger als das Herz«, und nur 31 Prozent meinen, das Herz sei wichtiger als der Kopf. Bei Nicht-Akademikern war es genau umgekehrt, 42 Prozent entscheiden sich für das Herz und nur 31 Prozent für den Kopf. Ähnlich sieht es bei der Beurteilung der Arbeit aus: 47 Prozent der Akademiker, aber nur 34 Prozent der Nicht-Akademiker geben an, ihre Arbeit zu lieben.

Akademiker sind erfolgsorientierter und wollen die Zügel ihres Lebens in die Hand nehmen. 36 Prozent geben an, dass »Ziele haben« ihnen hilft, den Alltag zu meistern, bei den Nicht-Akademikern sind es nur 20 Prozent. Bei »Herausforderungen haben« ist die Differenz ähnlich. Bei »Leistung«, »Lernen«, »Anspruch«, »Abenteuer« – alles Dinge, die mit einer offenen Persönlichkeit in Zusammenhang stehen – führen Akademiker mit 10 bis 15 Prozentpunkten vor Nicht-Akademikern. Letztere geben mit 10 bis 20 Prozentpunkten weniger an, dass sie Sport treiben, sich gesund fühlen, Wert auf ihr Äußeres legen oder abnehmen wollen. Und während nur 46 Prozent der Akademiker angeben, dass sie »nicht allzu weit in die Zukunft planen«, sind es bei den Nicht-Akademikern 60 Prozent. Das entspricht dem größeren Fatalismus der Nicht-Akademiker: Von ihnen glauben 36 Prozent an Schicksal, bei den Akademikern nur 22 Prozent. Nicht-Akademiker glauben mit 10 bis 15 Punkten eher an religiöse Vorstellungen wie Wiedergeburt, ein Leben nach dem Tod und Geister. 72 Prozent von ihnen glauben, dass die Welt schlechter wird, während es bei den Akademikern nur 62 Prozent sind.

Ich möchte nicht behaupten, dass eine Nicht-Akademiker-Quote von 50 Prozent in irgendeinem Parlament eine Regierung verbessern würde. Doch die mangelnde Vertretung der Befindlichkeiten und Interessen der Nicht-Akademiker und die Kluft, die sich in vielen Fragen zwischen der politischen Klasse und den Bürgern aufgetan hat, schüren politische Ressentiments und öffnen den Populisten Tür und Tor. Die Argumente für eine größere kognitive und Wertevielfalt in den Parlamenten sind überzeugend. Einige Stimmen fordern daher mehr Bürgerforen und Volksbefragungen. Bei der irischen Volksabstimmung zur Abtreibung und anderen Bürgerbegehren scheint das funktioniert zu haben. Es ist einfach genug, einen repräsentativen Querschnitt durch die Bevölkerung zu finden; schwieriger ist es, Informationen in solchen Foren wirklich neutral zu erörtern. Bovens und Wille sehen diese Bürgerforen skeptisch, weil auch sie Akademiker begünstigen:

> Dieses Modell geht davon aus, dass Bürger politisch informiert sind, ihre Interessen als Einzelne und als Gruppe verstehen, durchdachte politische Standpunkte haben und diese in politischen Foren artikulieren können. Sie sollen in der Lage sein, dicke Gutachten zu lesen, an langen Veranstaltungen teilzunehmen und sich im richtigen Moment mit der richtigen Wortwahl zu beteiligen. Es wäre nicht übertrieben zu sagen, dass man mindestens einen Bachelor in Politikwissenschaften benötigt, um diesen Anforderungen zu genügen. Viele politische Reformen werden von Politologen für Politologen erdacht.[213]

Wenn solche Foren den Schweigenden eine Stimme verleihen, sind sie allerdings willkommen. Warum sollte schließlich die Weisheit der Akademiker besser sein als die Weisheit aller?

Sprache, Werte, Gestaltung

Die Vorherrschaft der kognitiven Klassen schlägt sich auch in unserer Sprache, Kunst und Architektur nieder. Trotz aller Bemühungen um Verständlichkeit kommunizieren die kognitiven Eliten gern in Fachchinesisch, Managementjargon und beschönigenden Floskeln, um sich gegen die Nicht-Experten abzugrenzen und ihnen die Beteiligung zu erschweren. Fachsprache und bürokratische Vernebelung sind eine Form der Expertenmacht. Viele Studienfächer, allen voran in den Geisteswissenschaften (die »Aktivistenfächer«, wie Jordan Peterson sie nennt), werden seit über dreißig Jahren von einem unverständlichen Diskurs beherrscht, und auch Behördentexte sind oftmals aufgeblasen und ausgrenzend. Donald Trump versteht die Wirkung der direkten Sprache, die den Kopf umgeht und direkt auf das Herz zielt. In einem Radiointerview mit BBC 4 sagte einer seiner Wahlkampfmanager, der Satz, mit dem Trump die Wahlen gewonnen habe, sei: »Früher haben wir die Autos in Flint gebaut, und man konnte das Wasser in Mexiko nicht trinken. Heute werden die Autos in Mexiko gebaut, und man kann das Wasser in Flint nicht trinken.« Diese Bilder sind konkret und verständlich, sie sprechen die Gefühle der Menschen an. Und auch Boris Johnson ist deshalb so beliebt, weil er nach Ansicht vieler Menschen keine Angst davor hat, die Dinge beim Namen zu nennen und gegen die Regeln der politischen Korrektheit zu verstoßen, etwa wenn er sagt, eine Frau in einer Burka sehe aus wie ein Briefkasten.

Die Gefahr ist groß, dass eine Sprache der Gewalt reale Gewalt provoziert. Doch genauso groß ist die Gefahr, dass der Unterschied zwischen dem, was die Bürger zu Hause sagen, und dem, was sie in der Öffentlichkeit sagen, immer größer wird. In einer Umfrage zur Polarisierung der amerikanischen Öffentlichkeit sahen 80 Prozent der Befragten die politische Korrektheit als Problem an.[214] Ein befreundeter Regionalpolitiker, der vor einigen Jahren an einem umfangreichen Sozialprojekt in Manchester beteiligt war, erinnert sich, dass die Bürger in Kurse geschickt wurden, in denen sie lernen sollten, was sie in öffentlichen Diskussion sagen konnten und was nicht. »Das war surreal. Es war ihre Gemeinschaft, aber wir sollten ihnen beibringen, wie sie in der Öffentlichkeit darüber zu sprechen hatten.«

Das Problem geht weit über die sogenannte politische Korrektheit hinaus. Aufgrund der Vielfalt unserer modernen Gesell-

schaft wird eine Diskussion über Werte und damit letztlich auch
ein echtes Zusammenleben unmöglich, weil man fürchtet, man
könnte Menschen mit anderen Werten auf die Zehen treten. Der
ehemalige Oberrabbiner Jonathan Sacks sieht hier eine Verwechs-
lung zwischen Verurteilung (»Du bist schlecht!«) und Beurteilung
(»Nicht alle Methoden sind gleich gut«). Manchmal bekommt
man den Eindruck, wir haben die beiden in einen Topf und dann
gemeinsam auf den Müll geworfen. Damit verlagern wir jedoch
die wichtige Frage nach dem guten gesellschaftlichen Zusammenleben ins Private, während die öffentliche Debatte von technokratischen Verfahrensweisen, Wirtschaftsthemen und Expertenjar-
gon beherrscht wird. Wir bringen nicht mehr den Mut auf, in der
Öffentlichkeit über Dinge zu sprechen, die uns allen wichtig sind:
Verzicht, Fleiß, eine gute Ehe, gute Kindererziehung, Verantwortung. Eine befreundete Mitarbeiterin des Bildungsministeriums
erzählte mir, wie sehr sie kämpfen musste, um diese Themen im
Lehrplan unterzubringen, weil viele ihrer Kollegen diese Themen
für altbacken und wertkonservativ hielten. Aber wenn wir nicht
von Herzensbildung sprechen, dann sollten wir uns nicht wundern,
wenn sie keine Rolle mehr spielt.

In seinem Buch *Coming Apart* wirft Charles Murray der amerikanischen Oberschicht vor, dass sie nicht predigt, was sie lebt.
Basierend auf umfangreichen Datensammlungen kommt er zu
dem Schluss, dass die neue Oberschicht hinsichtlich Ehe, Arbeitsethik und Religion noch ganz ähnliche Werte vertritt wie in den
Sechzigerjahren. Die Kluft zur Unterschicht werde immer größer,
denn hier seien diese drei Institutionen teilweise weggebrochen.
1963 waren die meisten Weißen zwischen 30 und 49 verheiratet
(94 Prozent der Hochschulabsolventen, 84 Prozent der Übrigen);
2010 waren es bei den Hochschulabsolventen noch immer 84 Prozent, doch bei den Übrigen war der Anteil der Verheirateten auf

48 Prozent zurückgegangen.[215] Nach Murray herrscht in der neuen Oberschicht ein Ton der »ökumenischen Nettigkeit«. Kinder lernen, ihre Spielsachen zu teilen, einander nicht zu schlagen, sich abzuwechseln, und so weiter. Außerdem lernen sie, das Verhalten anderer unabhängig von Geschlecht, Hautfarbe, sexueller Orientierung und kultureller Herkunft zu respektieren. Diese Nettigkeit habe aber eine grundlegende Schwäche: »Der Wertekanon der dominanten Minderheit sollte Maßstäbe für die gesamte Gesellschaft setzen, doch die ökumenische Nettigkeit gilt nur für diejenigen, über die diese Minderheit zu urteilen bereit ist – also nur für sie selbst … Sie hat das Vertrauen in die Richtigkeit ihrer eigenen Werte und Gepflogenheiten verloren und predigt stattdessen die Urteilsfreiheit.«

Die »ökumenische Nettigkeit« erschwert eine Debatte über die Werte, die wir als Gesellschaft benötigen. Wie wir uns verhalten, ist nicht nur eine private Sache. Es muss doch möglich sein, unterschiedliche Lebensansätze zu respektieren und gleichzeitig eine Debatte darüber zu führen, wie sich das Wohl der Gesellschaft am besten erreichen lässt und wie sich dies in unseren Gesetzen und Institutionen ausdrücken sollte.

Der bereits zitierte Kinderbuchautor David Lucas macht sich seit Jahren Gedanken über Sprache und Werte. Er hat den objektiven Blick eines Außenseiters und sprüht vor Begeisterung, wenn er über die Ideen spricht, die ihn bewegen. Ich besuchte ihn in Leytonstone, wo er mit seiner amerikanischen Ehefrau und seiner fünfjährigen Tochter wohnt, um mit ihm über Sprache und Kunst zu sprechen. Er erzählte mir, wie er sich in die Sprache verliebte: »Den Weg zum Schreiben habe ich über eine fast bildhafte Wahrnehmung von Worten gefunden – gerade alte, einsilbige Wörter sind so lebendig, dass man sie fast als Bilder sehen kann.« Einer der Schätze der modernen Sprache ist für ihn die Bibel mit ihren lebendigen Bildern. »Die biblischen Redewendungen sind uns derart vertraut, dass wir ihre Schönheit gar nicht mehr bemerken«, sagt Lucas. »Es ist nicht leicht, Dinge einfach auf den Punkt zu bringen, und noch schwieriger ist es, sie elegant zu sagen.«

In einem Aufsatz über Politik und Sprache machte sich George Orwell den Spaß, eine Bibelstelle in technokratischen Jargon zu übersetzen, um zu zeigen, wie tot substantivierte Sprache sein kann. Die ursprüngliche Stelle stammt aus dem Buch des Predigers Salomo:

> Wiederum sah ich, wie es unter der Sonne zugeht: Zum Laufen hilft nicht schnell sein, zum Kampf hilft nicht stark sein, zur Nahrung hilft nicht geschickt sein, zum Reichtum hilft nicht klug sein; dass einer angenehm sei, dazu hilft nicht, dass er etwas gut kann, sondern alles liegt an Zeit und Glück.

Und das ist Orwells Übersetzung in Technokraten-Sprech:

> Die Auswertung aktueller Daten legt die Schlussfolgerung nahe, dass Erfolg oder Misserfolg in konkurrenzorientierten Aktivitäten tendenziell nicht in Zusammenhang mit angeborenen Fähigkeiten steht, sondern zu einem signifikanten Anteil unberechenbaren Faktoren geschuldet ist.[216]

Die Substantivierung, wie Akademiker und Wissenschaftler sie so lieben und wie sie gern in Sicherheitshinweisen und Bahnsteigdurchsagen verwendet wird, schafft eine emotionale Distanz. Sie verhüllt schmerzliche Wahrheiten, glättet Kanten, klingt gebildet und vermittelt den Eindruck, als habe der Sprecher alles im Griff. Nach Ansicht von Lucas wird jedoch die Kunst des Erzählens, auch des visuellen Erzählens in Kunst und Architektur, eher vom

Herzen als vom Kopf gesteuert. Er zitiert den einflussreichen britischen Designer Richard Guyatt, der 1950 seine Antrittsvorlesung vor der Königlichen Akademie der Künste unter dem Titel »Kopf, Herz und Hand« hielt. In Kunst und Gestaltung bestimme der Kopf das »Wie« (Funktion oder Nutzen); die Hand beschreibe das »Was« (räumliche Verkörperung) und das Herz das »Warum« (Wert und Bedeutung). Heute werden Kunst und Architektur jedoch weitgehend vom Kopf beherrscht. Architektur ist oft gesichtslos und frei von jenem Ornament, das früher zur visuellen Erzählung gehörte.

Als im 20. Jahrhundert die Moderne an Fahrt aufnahm, rückte das »Wie« in den Vordergrund, sprich die Funktion. In der Architektur wurden Schmuck und Erzählung verworfen, genau wie in den schönen Künsten und der Literatur. Moderne Kunst, schrieb Roger Scruton, laufe oft dem Gedanken der Heimat zuwider. In der Postmoderne setzte sich diese Feindseligkeit gegenüber Zugehörigkeit und Sinn fort. Im Gegensatz dazu ist Lucas ästhetischer Traditionalist und lässt sich gern von Künstlern wie William Hogarth inspirieren. Hogarth bewunderte St. Paul's Cathedral, die zu Beginn des 18. Jahrhunderts noch neu war, denn sie demonstriert »Vielfalt ohne Chaos, Schlichtheit ohne Nacktheit, Üppigkeit ohne Kitsch, Gegensätze ohne Schärfe, Fülle ohne Exzess. So wird das Auge allenthalben unterhalten durch die bezaubernde Vielfalt der Teile.« Für Hogarth, so Lucas, war ästhetische Gestaltung immer ein Konflikt zwischen gegensätzlichen Eigenschaften. Gute Gestaltung ist reich an inneren Widersprüchen, sie lebt von der inneren Spannung.

Das erinnert uns an das Gleichgewicht von Kopf, Hand und Herz. In allen Künsten entsteht Schönheit aus einem Tauziehen starker Kräfte. Auch Erzählungen funktionieren nach diesem Muster: Eine gute Geschichte verwebt gegensätzliche Motive, eine interessante Figur ist voller Widersprüche. Jede Erzählung lebt vom

Konflikt: Eine Figur ist hin und her gerissen zwischen Wünschen und Zwängen, zwischen Herz und Kopf. Jane Austens Emma will nicht nur ihr Leben im Griff behalten, sondern das aller Menschen um sie herum, doch ihr Herz bringt die Pläne des Kopfes durcheinander. Im Verlaufe der Erzählung wird sie ein ausgeglichenerer Mensch: Sie wird erwachsen.

Wie ein guter Roman, meint Lucas, so funktioniert auch die Kathedrale von St. Paul auf mehreren Ebenen, doch bei aller Vielfalt ist sie eine zusammenhänge Erzählung in einer allgemein verständlichen Sprache: In Form, Details und Materialien erzählt sie die Geschichte eines Stammes und reicht bis zu den Ursprüngen des Christentums in der Antike zurück. Auch Louis Sullivan, der Ende des 19. Jahrhunderts den Wolkenkratzer erfand, suchte eine Verbindung von Alt und Neu. Er war der Erste, der mit Stahl baute, doch er liebte das Ornament. Die Tradition verlor an Bedeutung, doch Sullivan wollte sie nicht auf den Müll werfen. Stattdessen spielte er mit ihr und vermischte alle Sprachen und Muster, genau wie der Schmelztiegel der Vereinigten Staaten. Grundlage blieb jedoch eine strenge klassische Geometrie, so wie die Vereinigten Staaten auf klassischen Idealen gegründet waren. Diese Vereinigung der Gegensätze kennzeichnet seine Gebäude und »unterhält das Auge«. Sullivan prägte den Ausdruck »Die Form folgt der Funktion«, doch er wusste auch, dass Architektur die wichtige Funktion hat, die Geschichte des Stammes zu erzählen. »Auch ein großer viktorianischer Bahnhof wie St. Pancras in London ist eine Brücke zwischen Alt und Neu«, sagt Lucas. »Er ist eine beeindruckende Ingenieursleistung, aber reich verziert, voller Hinweise auf die Arbeit der Hand, voller Symbole von Anfang und Ende, wie ein großartiges Portal.«

Mit dem Ersten Weltkrieg aber sei Europa dann implodiert, und in der Katastrophe sahen Intellektuelle die Stunde Null. »In dieser

Wertewüste«, meint Lucas, »entstand die Moderne.« Beispiele hierfür sind Le Corbusier, für den das Haus nichts als eine »Wohnma-
schine« war. Oder das Seagram Building in New York City, das aus
schwarzen Quadern besteht, die nicht von Bögen oder Diagonalen
durchbrochen werden; die Form hat keinerlei Hierarchie, es gibt
keinen großen Eingang, die verschiedenen Ebenen haben keine
erkennbare Funktion, es gibt keinerlei Ornament. Das Äußere
verrät nichts und gibt nichts her. Es ist ein großes »Nein«, ganz
ohne die Energie, die aus der »Vereinigung von Gegensätzen« entsteht; wenn es beeindruckend ist, dann nur aufgrund seiner schie-
ren Größe und der teuren Materialien. »In Ermangelung anderer
Werte«, sagt Lucas, »lassen wir uns von so etwas beeindrucken.
Hierarchie wird im Namen des Fortschritts abgeschafft, aber mit
ihr auch Differenzierung, Eigenheit und Charakter.«

Das ist die Architektur des Kopfes, konzipiert als Steckbau-
kasten. Als Lucas einen befreundeten Architekten bat, den Stil
der Moderne zu verteidigen, konnte dieser nur »Reinheit« nennen. Aber Reinheit ist eindimensional und unmenschlich. Eine
menschliche Architektur würde Lucas zufolge nicht versuchen, die
menschliche Natur zu verbiegen, oder die Geschichten, Traditionen und das Erbe verleugnen, die uns unsere Identität geben. Sie
würde vielmehr anerkennen, dass Menschen Gebäude mit Gesicht
mögen; Gebäude mit Symmetrien, die den menschlichen Körper nachahmen; Gebäude, die den Besucher willkommen heißen.
Es ist in unserer Natur, Gebäude zu vermenschlichen. Gebäude
haben eine Persönlichkeit. Wir mögen sie, wenn sie uns angenehme
Gesellschaft leisten, wir dulden sie, wenn sie uns langweilen, und
wir hassen sie, wenn sie tyrannische Monster sind. Letztlich schätzen wir an Gebäuden dieselben Eigenschaften wie an Menschen:
Selbstachtung, Großzügigkeit, Autorität, Wärme, Witz, Haltung,
Höflichkeit. Es gefällt uns, wenn sie uns etwas zu erzählen haben

und wenn sie ein wenig anders sind, und es gefällt uns nicht, wenn sie gesichtslos, überheblich und arrogant sind oder um Aufmerksamkeit heischen.

»Der Gedanke, dass Schönheit eine Vereinigung von Gegensätzen ist, geht auf Heraklit zurück«, sagt Lucas. »Für mich ist es eine universelle Wahrheit: Ein Kunstwerk ist auf dieselbe Weise schön wie das gute Leben oder die Persönlichkeit eines Menschen. Ein ausgewogener Mensch ist eine Vereinigung von Gegensätzen. Genau wie ein erfolgreiches Leben. Und schöne Gestaltung. Wenn das jahrtausendelang so war, warum sollte es seit Anfang des 20. Jahrhunderts plötzlich nicht mehr stimmen?«

In den großen Auseinandersetzungen unserer Zeit geht es um Werte und Bedeutung. Doch in den Medien geht es vor allem um das Wie, nicht um das Warum. Beim Brexit ging es den meisten Menschen um Werte wie Souveränität, Zugehörigkeit oder Identität. Noch einmal David Lucas: »Unser Kindermädchen meinte zur Pro-Europa-Kampagne: ›Warum glauben die eigentlich, dass es uns immer nur ums Geld geht?‹ Sie ist eine einfache Frau von vierzig Jahren, sie lebt in einer Sozialwohnung und hatte mit 17 ihr erstes Kind. Für uns unerfahrene Eltern war sie eine weise Frau und eine echte Freundin.« Viele Europaanhänger glauben, die Brexit-Befurworter seien nicht ausreichend informiert gewesen, um im Referendum die richtige Entscheidung zu treffen. Sie wollen einfach nicht wahrhaben, dass jemand gegen seine vermeintlichen wirtschaftlichen Interessen gestimmt haben könnte. Und das, obwohl sie es eigentlich besser hätten wissen müssen. Haben gut verdienende Sozialdemokraten der kognitiven Klasse nicht jahrzehntelang eine Politik der hohen Steuern befürwortet, die ebenfalls nicht in ihrem eigenen wirtschaftlichen Interesse war? In der Politik ist das Herz nun einmal stärker als der Kopf.

TEIL 3

HAND UND HERZ

Kapitel 7

Das Schicksal der Hand

Was normale Menschen früher selbst gemacht haben, das kaufen sie heute; und was sie früher selbst repariert haben, das ersetzen sie, oder sie lassen es von Fachleuten reparieren ... Die Fertigung ist zu einem erschreckenden Ausmaß verschwunden, das Handwerk jedoch nicht. Wenn Sie eine Terrasse anlegen oder Ihr Auto reparieren wollen, dann helfen Ihnen die Chinesen nicht. Die sind schließlich in China. Aber auf dem Bau und in der Autowerkstatt fehlen sogar Arbeitskräfte.

Matthew B. Crawford

In meinem letzten Buch ging es um die Polarisierung der Werte, die hinter den jüngsten politischen Verwerfungen steht. Bei Veranstaltungen habe ich oft darauf hingewiesen, dass der Statusverlust vieler nicht-akademischer Tätigkeiten der Grund für die zunehmende Politikverdrossenheit ist. Überall nickten meine Zuhörer zustimmend, klingt es doch plausibel, vor allem vor dem Hintergrund der bereits beschriebenen relativen Einkommensverluste für weniger qualifizierte Arbeitnehmer und der Akademisierung vieler attraktiver Tätigkeiten. Status ist jedoch eine komplexe, schwer greifbare und subjektive Vorstellung. Die Kategorisierung nach Status ist schwieriger als die nach Einkommen oder Milieu, auch wenn sich die drei zum Teil überschneiden. Status gilt manchmal als der äußerliche Aspekt der Klasse, aber darauf reduzieren lässt er sich nicht. Wo steht zum Beispiel ein Pfarrer? Oder ein Taxifahrer, der an seiner Doktorarbeit schreibt?

Status wird unweigerlich mit Über- und Unterlegenheit assoziiert. Im vordemokratischen Europa wurde er oft über Kleidung und Anrede ausgedrückt. In einer Zeit der größeren Gleichheit mag dies zwar noch spürbar bleiben, wird aber nicht mehr in dieser Form zum Ausdruck gebracht. Das Vermögen ist und bleibt eine wichtige Quelle des Status, auch wenn an die Stelle des Grundbesitzes heute oft Prominenz oder Bildungserfolg treten. In ihrem Klassiker *The Injuries of Class* aus den Siebzigerjahren zitieren Richard Sennett und Jonathan Cobb einen Anstreicher, der sagt: »Wenn ich bei Gebildeten bin oder bei Leuten, die nicht von meiner Art sind, dann habe ich immer das Gefühl, ich mache mich zum Deppen, wenn ich mich normal verhalte.«[217] Fünfzig Jahre später beschreibt J. D. Vance eine ähnliche Erfahrung in seiner Autobiografie *Hillbilly Elegy*. Vance stammt aus einer Arbeiterfamilie in Kentucky und studierte später Jura an der Eliteuniversität Yale, und er erinnert sich an so einige Momente, in denen er sich dem sozialen und Bildungsstatus seiner Kommilitonen unterlegen fühlte.

In ihrer Milieustudie *Family and Kinship in East London* aus dem Jahr 1957 schrieben Michael Young und Peter Willmott: »Eine große Minderheit von Bethnal Green hat ein ganz anderes Bild vom Status manueller Arbeit als zum Beispiel Angestellte. Sie stellen Tätigkeiten wie die eines Fabrikdirektors oder eines Buchhalters ans untere Ende der Leiter und die eines Landarbeiters, Kumpels und Maurers ganz nach oben.«[218] Gleichzeitig wollten Arbeiter oft, dass ihre Kinder der körperlichen Arbeit entkommen und über eine gute Schulbildung in eine Kopf-Branche aufsteigen. Ein Bekannter, der aus einer Arbeiterfamilie im Osten von England stammt, erinnert sich an seine Kindheit Anfang der Sechzigerjahre.

Ich erinnere mich noch daran, wie ich als kleines Kind mit meinen Spielsachen gespielt habe, während meine Mutter, meine Oma und meine Tanten sich unterhalten haben. Sie alle waren sich einig, dass ihre Kinder mal einen Bürojob bekommen und nicht körperlich arbeiten sollten. Mein Vater war Maurer und mein Held, deswegen hat mich das geärgert (das tut es immer noch). Aber sie haben es ernst gemeint. Das war auch geschlechterspezifisch. Männer aus der Arbeiterklasse hatten nichts als Verachtung für Leute, die in Büros arbeiten.

Die starre Klassentrennung, die einst so typisch war für die britische Gesellschaft, gehört inzwischen der Vergangenheit an, wie zuletzt Mike Savages Umfrage 2011 zeigte.[219] An die Stelle der alten Einteilung in Ober-, Mittel- und Arbeiterklasse, die in den Fünfzigerjahren noch bestand, ist eine größere fließende Mitte getreten, mit einer kleineren, leistungsorientierten Elite von rund 6 Prozent der Bevölkerung am oberen und einer größeren Gruppe von rund 15 Prozent der Bevölkerung in prekären Beschäftigungsverhältnissen am unteren Ende.* Zwei Drittel der Befragten der Umfrage gaben an, sie identifizierten sich mit keiner gesellschaftlichen Klasse. Diese fließenden Zugehörigkeiten wurden früher mit der »klassenlosen Gesellschaft« der Vereinigten Staaten in Verbindung gebracht. Doch gerade in den letzten Jahren identifizieren sich wieder mehr Amerikaner als Angehörige der Arbeiterschicht. In einer Umfrage des National Opinion Research Center aus dem

---

* Als die BBC die Ergebnisse der Umfrage veröffentlichte, stellte sie einen »Klassenrechner« zur Verfügung, den 7 Millionen Menschen – 10 Prozent der Bevölkerung – benutzten, um herauszufinden, zu welcher Klasse sie gehörten. Mike Savage sagt, dies allein sei ein Hinweis darauf, dass die Klassenzugehörigkeit heute nicht mehr offensichtlich ist.

Jahr 2014 sagten 47 Prozent der Befragten aus, sie gehörten der Arbeiterschicht an, und 42 Prozent sahen sich in der Mittelschicht.

Heute rührt Status oft aus der höheren Bildung, womit in Großbritannien immer öfter ein Magister oder eine Promotion gemeint ist. Die proletarische Gegenkultur der Fünfzigerjahre, die mit einer männlichen Hand-Kultur einherging, ist heute weitgehend verschwunden. Der Streber, der einst als Witzfigur galt, lacht zuletzt.

Und das nicht nur, weil kognitiver Erfolg beruflichen Aufstieg und ein sicheres Einkommen bedeutet, wie Harry, der Sohn eines früheren Kollegen, erleben musste. Harry wurde auf eine Privatschule geschickt und war ein guter Schüler, doch vor den A-Levels verlor er jegliches Interesse an der Schule. Nach einem Jahr an der Universität hörte er auf sein Herz und seine Hand. Er brach sein Studium ab, wurde Kfz-Mechaniker und schaffte es bis zum erfahrenen Techniker bei Volkswagen. Er verdient mehr als viele seiner früheren Mitschüler, die studiert haben. »Er verdient 36 000 Pfund (43 000 Euro) im Jahr, macht um 17 Uhr Feierabend und liebt seine Arbeit und seine Kollegen. Aber er ist kein Akademiker, und deswegen fühlt er sich manchmal wie ein Bürger zweiter Klasse«, so sein Vater. Harry ist ein intelligenter, redegewandter und attraktiver junger Mann mit Eigenheim, der mehr verdient, als er zum Leben braucht. Bei der Suche nach einer Partnerin merkt er jedoch, dass er als Automechaniker entschieden im Nachteil ist. Er teilt viele Interessen und Ansichten seiner früheren Mitschüler. Er spielt Cricket und fühlt sich in den Unterhaltungen der Mittelschicht wohl, doch er stellt fest, dass sein Beruf beim Kontakt mit anderen jungen Menschen, die studiert haben und oft nur halb so viel verdienen wie er, als Filter wirkt. Bei Treffen mit ehemaligen Klassenkameraden stellt er enttäuscht fest, dass diese auf seine Kollegen (und ihn) herabschauen, die komplexe technische Tätigkeiten verrichten (ohne Laptop kann man heute keine Autoinspektion durchführen) und sich die Hände schmutzig machen. Aber auch im Unternehmen selbst steht die soziale Pyramide Kopf, wenn smart gekleidete Angestellte glauben, sie seien etwas Besseres als die Techniker, auch wenn sie deutlich weniger verdienen.

Einige Hand-Tätigkeiten – zum Beispiel Chirurgie und Kunst – genießen großes Ansehen, weil hier handwerkliches Geschick mit Wissen und kognitiver Kompetenz einhergeht. Doch sie sind die Ausnahme. Das kollektive Vorurteil gegenüber körperlicher Arbeit – selbst wenn sie wie im Fall von Harry gut bezahlt ist und ähnliche technische Kompetenz voraussetzt wie die eines Mediziners – sitzt tief, und das erklärt, warum sich so wenige Bewerber für gut bezahlte technische Stellen finden.

Interessanterweise geht dies einher mit einer Nostalgie für das Handwerk, auch wenn es die Eltern lieber sehen, wenn ihre Kinder keines ergreifen. Der amerikanische Soziologe Mike Hout fand heraus, dass der soziale Status ausgewählter Arbeiten in der Fertigung 2012 so hoch war wie zuletzt 1989 und 1968.[220] »Kognitiv weniger anspruchsvolle Tätigkeiten sind so angesehen wie eh und je, auch wenn heute nur noch ein Bruchteil der Beschäftigten dort arbeitet. Der Mann, der während der ersten zwanzig Jahre seines Arbeitslebens schwere Maschinen in einer Auto- oder Stahlfabrik bedient hat, jammert über seine aktuelle Tätigkeit als Gabelstaplerfahrer in einem Auslieferzentrum – wenn er denn überhaupt so eine gute Arbeit gefunden hat. Heute erledigt ein Roboter seine Arbeit, entweder am selben Standort, oder in Mexiko oder Brasilien. Er würde lieber Sachen herstellen als Sachen herumfahren«, so Hout.[221]

Nostalgie ist allerdings verfehlt. Die Millionen qualifizierten Stellen in Bergbau, Metallverarbeitung oder Druck sind für immer verloren. Genau wie die mittleren Angestelltentätigkeiten, die heute von Computern erledigt werden. Dennoch sollten wir die psychischen und politischen Konsequenzen des Verschwindens anständiger Hand-Tätigkeiten nicht unterschätzen. Umfragen und Erhebungen ergeben ein verbreitetes Gefühl des Verlusts, auf das wir in der Folge noch näher eingehen werden.

Ein Ausbildungsberuf mit mittlerem Einkommen und Status garantierte gesellschaftliche Stabilität. Diese wiederum vermittelte vor allem Männern ein Gefühl der Anerkennung und Wertschätzung. Die Arbeit eines gelernten Drehers in einer Fabrik erforderte nur mäßige kognitive Kompetenz, doch ein guter Dreher brauchte jahrelange Erfahrung. Damit hatte der Arbeiter einen sicheren Status, und genau das machte Erfahrung für Arbeiter so attraktiv. Sie konnten nicht einfach durch jemanden mit einem höheren Schulabschluss ersetzt werden. Man sollte sich zwar vor Romantisierungen hüten, doch einige der Ausbildungsberufe, vor allem in der Leder-, Holz-, Stein- und Tonverarbeitung, vermittelten Lebenssinn und Verbundenheit weit über den wirtschaftlichen Nutzen hinaus. Bei der Identifizierung mit einer handwerklichen Tätigkeit, die Können, Konzentration und ein gründliches Materialverständnis verlangt, verschwimmen die Grenzen zwischen Subjekt und Objekt, das Selbst wird erweitert und man wird eins mit seiner Tätigkeit. Winston Churchill meditierte, indem er mauerte. In Japan werden alte handwerkliche Tätigkeiten in Meditation ausgeführt.

Die Geschichte des relativen Einkommensverlusts der geringqualifizierten Tätigkeiten durch Globalisierung und Technologisierung ist bekannt. Branko Milanovic erfasst das große Bild in seiner berühmten Elefantengrafik, in der er die Verteilung der weltweiten Einkommenszuwächse zwischen 1988 und 2008 darstellt.[222] Dabei stellt er fest, dass die Ärmsten der Welt, die neue Mittelschicht der armen Länder und die Reichen in den reichen Ländern profitieren, während die Einkommen der Arbeiterklasse und der unteren Mittelschicht des Westens stagnieren. Ein typisches Beispiel dafür sind die rund dreihundert Mitarbeiter des britischen Autoherstellers MG Rover, die 2005 ihren Arbeitsplatz verloren haben. Über einen Zeitraum von drei Jahren wurden sie von drei Soziologen bei der Arbeitssuche begleitet. Die meisten kamen im Dienstleistungssektor unter, einige machten eine Umschulung. Rund 90 Prozent fanden eine neue Arbeit, doch die wenigsten verdienten auch nur annähernd so viel wie in ihrer früheren Tätigkeit – im Durchschnitt verdienten sie sogar 6000 Pfund weniger pro Jahr als bei MG Rover. Ein Viertel musste auf Ersparnisse zurückgreifen oder geriet in finanzielle Schwierigkeiten.[223]

Aber hier geht es nicht nur um Einkommen, sondern um eine ganze Hand-Kultur. In den meisten Ländern des Westens ist die körperliche und praktische Kompetenz der Bevölkerung dramatisch geschwunden. Die neuen Technologien bieten zwar neue Räume für Kreativität und Kommerz – etwa für YouTuber oder Spieleentwickler –, doch für die meisten Menschen führt der Weg weg von der handwerklichen Tätigkeit in die Passivität. Die vergangenen fünfzig Jahre zeichnen sich durch einen schleichenden Verlust handwerklicher Kompetenzen aus, und zwar nicht nur am Arbeitsplatz, sondern auch zu Hause – ob beim Musizieren, Stricken oder Schreinern. Dank neuer und immer raffinierterer Programme gibt es heute viele Künstler, die nicht zeichnen, und viele Musiker, die kein Instrument spielen können. Ein befreundeter Lehrer erzählte mir von einem Gespräch mit einem zwölfjährigen Jungen der Arbeiterschicht: »Der Junge hat sich nicht an meinem Unterricht beteiligt. Als ich ihn gefragt habe, was ihn interessiert und was er in seiner Freizeit macht, hat er mir nur von seinem Computerspiel *Fortnite* erzählen können. Es ist nicht seine Schuld: Hier geht es um die Verarmung einer gesamten Kultur, die Passivität der Menschen, die nur konsumieren und nicht produzieren.«

Matthew Crawford beschreibt in seinem Buch *Ich schraube, also bin ich,* wie in den Achtziger- und Neunzigerjahren der Werkunterricht von amerikanischen Schulen verschwand. In diesem Unterricht lernten Kinder praktische Fähigkeiten wie Schreinern und Metallverarbeitung. Heute hat kaum noch eine Schule Werken im Lehrplan. Die Technologieexpertin Tara Tiger Brown bedauerte das 2012 in der Zeitschrift *Forbes:*

> Im ersten Jahr der High School hatte ich Hauswirtschafts- und Werkunterricht, wo ich einige Grundkenntnisse in Nähen, Kochen, Holz- und Metallverarbeitung mitbekommen habe. Kochen habe ich leider nie gelernt, aber ich erinnere mich gern daran, wie wir kurze Hosen genäht haben, wie wir Löcher in eine Metallplatte gestanzt haben, um einen Haken für meinen Bademantel herzustellen, wie wir aus Blech ein Kästchen gebogen haben, in dem ich immer noch meine Stifte aufbewahre, und wie ich mit einer Kreissäge einen Untersetzer gesägt habe, den wir zu Hause auf den Tisch gestellt haben. Zwanzig Jahre später erinnere ich mich immer noch voller Stolz daran, wie ich mit minimaler Anleitung meines Lehrers eine blaue Blechkiste hergestellt habe. An diesen Mann erinnere ich mich noch gern, er hatte einen dunkelblauen Arbeitskittel und eine dicke Brille und an einem Finger hat ihm die Kuppe gefehlt … Das, was ich da gelernt habe, kommt mir heute im Beruf genauso zugute wie zu Hause.
>
> In Kalifornien wird der Werkunterricht heute abgeschafft, weil die Universitäten diese Anforderung gestrichen haben. Daher wird er nicht mehr benotet, und die Schulen sehen ihn nur noch als Kostenfaktor. Die Universitäten von Kalifornien legen den Schwerpunkt auf Theorie, nicht auf praktische Fähigkeiten. Sie glauben, einen Hammer zu benutzen oder eine gute Lötnaht von einer schlechten unterscheiden zu können, gehöre der Vergangenheit an und werde von der

Gesellschaft nicht mehr gebraucht – als wäre das nur etwas, das wir tun, wenn uns gar nichts anderes mehr übrig bleibt. Diese Sicht des Werkunterrichts ist kurzsichtig und schadet der Zukunft des Landes.[224]

Brown vertritt die Ansicht, dass das Erlernen von praktischen Fähigkeiten außerdem dabei hilft, abstrakte naturwissenschaftliche und mathematische Gedanken nachzuvollziehen. Paul Corby stimmte ihr zu, dass das Praktische oft einen Zugang zum Theoretischen eröffnet. Der lebhafte und unverblümte 68-Jährige aus Huddersfield in Yorkshire war Gewerkschaftsführer und Ausbildungsbeauftragter des Baugewerbes:

Wie die meisten Arbeiterkinder der Fünfziger- und Sechzigerjahre habe ich die Aufnahmeprüfung zur Grammar School nicht gepackt und bin in einer miesen Secondary Modern School gelandet, auf der ich nichts gelernt habe. Algebra und Geometrie habe ich nie kapiert. Viele von uns hat man als begriffsstutzig abgetan, aber die meisten waren nicht dumm. Viele von uns sind in der Arbeit aufgeblüht. Ich bin mit 15 von der Schule runter und habe bei der Baufirma Wimpenny in Huddersfield eine fünfjährige Lehre gemacht. Da habe ich dann den Satz von Pythagoras angewendet, um Winkel zu berechnen. Anderthalb Jahre nach Ende der Lehre habe ich mit Pythagoras das Fundament für millionenschwere Gebäude gelegt.[225]

Theorie und Praxis ergänzen einander. Es gibt eine alte Geschichte von einem Mönch, der Schwimmen lernen will, indem er ein Buch über Schwimmtechnik liest. Daran erinnerte sich ein befreundeter Lehrer, als er erlebte, wie seine Kollegen im Lehrerseminar lernen sollten, Unterricht zu planen und das Verhalten der Kinder zu managen. Er selbst war zusammen mit einigen anderen Kollegen direkt ins kalte Wasser der Schule geworfen worden und kannte das alles aus eigener Anschauung; die trockenen Einheiten im Lehrerseminar erschienen ihm komisch und irrelevant.

Der Niedergang der Facharbeit

Die Vernachlässigung der Facharbeiterausbildung haben wir bereits in Kapitel 4 angesprochen. In Großbritannien ist der Facharbeitermangel auf dem Bau besonders groß. Aktuell sind hier 2 Millionen Menschen beschäftigt, und das Baugewerbe ist bis heute der größte Arbeitgeber für junge Männer.[226] Da jedoch mehr als 90 Prozent der Unternehmen weniger als 13 Mitarbeiter haben und fast die Hälfte überhaupt niemanden beschäftigen, können die wenigsten eine Ausbildung anbieten.[227] Und weil die Arbeit witterungsabhängig ist, wollen weder Arbeitgeber noch Arbeitnehmer in Fähigkeiten investieren, für die sie einen erheblichen Teil des Jahres gar keine Verwendung haben.

So wenig Ausbildungsplätze es im britischen Baugewerbe gibt, es werden noch weniger. Von 2009 bis 2017 fielen sie von fast 17 000 auf knapp über 8000, und in den meisten Fällen handelt es sich um zweijährige Ausbildungen.[228] Laut Informationen des Verbands ging außerdem die Zahl der Lehrlinge in Berufsakademien von 2005 bis 2017 von 47 000 auf 16 000 zurück.[229] Die meisten dieser Ausbildungsgänge entsprachen ISCED-Niveau 2, während entsprechende Ausbildungen in Deutschland mindestens Niveau 3, teilweise auch 4 oder 5 erreichen. Bauarbeiter waren zwar schon immer mobil, doch es ist kein Wunder, dass ein Drittel der Londoner Arbeiter der Branche im Ausland geboren wurde.[230]

Laut Umfrage unter Arbeitgebern konnte 2017 mehr als ein Drittel der freien Stellen auf dem Bau nicht besetzt werden, weil Fachkräfte fehlten.[231] In Industrienationen sind die unteren und mittleren Bereiche des Arbeitsmarktes heute genauso vom Fachkräftemangel betroffen wie kognitive Branchen wie Maschinenbau oder der IT-Bereich.[232] Vierzig Prozent der Berufe trifft der Fachkräftemangel, darunter Köche, Elektriker und Kfz-Mechaniker.[233] In einer Umfrage von CBI/Pearson aus dem Jahr 2018 waren nur 54 Prozent der Unternehmen zuversichtlich, dass sie auch in Zukunft ausreichend geringqualifizierte Arbeitskräfte finden würden, und nur 42 Prozent glaubten das auch bei Stellen, die eine mittlere Qualifizierung verlangten.[234]

In den Vereinigten Staaten ist die Kombination aus mangelnder Investition in die Ausbildung und Ausscheiden der geburtenstarken Jahrgänge ein Grund, warum sich Arbeitgeber für mehr Einwanderung aussprechen. In den letzten Jahren hatten Arbeitgeber größere Schwierigkeiten, Arbeiter zu finden als Angestellte mit Hochschulabschluss. Die meisten freien Stellen gab es 2018 bei Pflegehilfen und im Hotelgewerbe,[235] an Lkw-Fahrern herrscht akuter Mangel.[236] Auch in Frankreich fehlen ausgebildete Fachkräfte, insbesondere Schreiner, Fertigungstechniker, Dachdecker und Metallarbeiter.[237] In Deutschland ist die Situation dank des dualen Ausbildungssystems noch etwas entspannter als in anderen Industrienationen, doch selbst hier haben Bäckereien und andere Branchen mit ungewöhnlichen Arbeitszeiten Schwierigkeiten, Nachwuchs zu finden.

Warum ist das Handwerk heute derart unbeliebt? Einer der Gründe sind die Verlockungen des Studiums und der akademischen Positionen selbst für mittelmäßige Schüler. Gleichzeitig herrscht das Gefühl vor, dass handwerkliche Tätigkeiten der Vergangenheit angehören und in Zukunft keine langfristige Sicherheit mehr bieten können. Es stimmt zwar, dass die Nachfrage nach handwerklichen

Tätigkeiten zurückgegangen ist und wohl auch weiter sinken wird. Viele Tätigkeiten werden durch den technischen Wandel überflüssig oder weiter entqualifiziert – ein treffendes Beispiel ist der Wandel vom Londoner Taxifahrer, der den gesamten Londoner Stadtplan auswendig kennen musste, zum Uber-Fahrer, der nach den Anweisungen seines Handys fährt. In Großbritannien ging die Zahl der Stellen für Facharbeiter zwischen 1990 und 2018 um fast 30 Prozent zurück und sank von 4,7 auf 3,2 Millionen, und das, obwohl die Bevölkerung im gleichen Zeitraum um 15 Prozent wuchs. Viele Handwerker aus Mittel- und Osteuropa kommen auch deshalb ins Land, weil junge Briten immer weniger Interesse an einer Ausbildung haben. Nicht umsonst stammen geschätzte 14 Prozent der 3,2 Millionen gelernten Handwerker in Großbritannien aus dem Ausland.[238] Auch in anderen Industrienationen hat das Handwerk an Beliebtheit eingebüßt: In Frankreich und den Vereinigten Staaten ist der Anteil der gelernten Arbeitnehmer in diesen Branchen von 12 Prozent in den Neunzigerjahren auf heute 8 bis 9 Prozent gesunken. In Deutschland liegt der Anteil noch bei etwa 12 Prozent.

Dazu kommt, dass das Einkommen in diesen Branchen nicht mit dem allgemeinen Anstieg Schritt gehalten hat. In Großbritannien ist das mittlere Einkommen seit 1975 um 78 Prozent gestiegen, doch Elektriker verdienen nur 41 Prozent mehr, Klempner 52 Prozent, Köche 39 Prozent, Lkw-Fahrer 38 Prozent und Maurer 27 Prozent (wobei man hinzufügen muss, dass Handwerker mit besonderen Spezialisierungen deutlich mehr verdienen können, als diese Zahlen vermuten lassen). In den Vereinigten Staaten, wo das mittlere Einkommen seit den Siebzigerjahren stagniert, haben Handwerker reale Einkommensverluste hinnehmen müssen: Elektriker verdienen 8 Prozent weniger, Klempner und Verputzer 9 Prozent. Aufgrund des beschriebenen Fachkräftemangels wird das Einkommen in einigen dieser Branchen in den kommenden

Jahren allerdings wieder steigen. Das wiederum wird wieder mehr Menschen in diese Branchen bringen, vorausgesetzt, dass es noch Ausbildungsgänge und Berufsakademien gibt.

In Großstädten wie London hat die Kultur des Handwerks einen Wandel durchgemacht, und zwar in der Regel zum Schlechteren. Mein Neffe Sam Kershaw wurde Klempner – eine eher ungewöhnliche Berufswahl für ein Kind der Oberschicht und einen Abgänger einer Privatschule. Als Legastheniker hatte es Sam in der Schule schwer gehabt. Er machte daher eine zweijährige Lehre bei einer kleinen Spenglerei im Westen von London und besuchte an einem Tag in der Woche die Berufsschule von Willesden. Er berichtet, nach seiner Ausbildung habe er noch zwei oder drei Jahre Berufserfahrung gebraucht, um ein guter Klempner zu werden. In dieser Zeit kauften er und vier weitere Mitarbeiter die Spenglerei und veränderten ihr Geschäftsmodell, um der Tristesse des Londoner Klempnerlebens, einer trostlosen Welt der lieblosen und rein geschäftlichen Beziehungen, zu entkommen. »Man wird regelrecht dazu motiviert, die Arbeit irgendwie hinzupfuschen, weil man ja weiß, dass man nie dafür zur Rechenschaft gezogen wird und man in der Anonymität der Großstadt keine Angst haben muss, seinen Ruf zu verlieren. In Kleinstädten und auf dem Land ist das anders und besser, weil hier persönliche Empfehlungen noch etwas wert sind.«

Sams Spenglerei ist heute ein Bauunternehmen, das unter anderem Klempnerdienste anbietet, weil man mit Renovierungen und Neubau zufriedenere Kunden gewinnt und die Arbeit planbarer ist. Allerdings bildet das Unternehmen nicht mehr aus. Seit Studium und Bürotätigkeiten als das große Tor zu einer sicheren und angesehenen Beschäftigung gelten, hat die Handwerkerlehre eben viel von ihrem einstigen Prestige eingebüßt. »Die Lehrlinge hatten übertriebene Erwartungen: Sie wollten gleich nach Abschluss der Lehre das volle Gehalt. Aber einige waren einfach nicht geeignet, sie haben Dreck in die Häuser geschleppt, sich den Kunden gegenüber respektlos verhalten und so weiter. Aber selbst als Klempner braucht man eben Soft Skills.« Heute hat das Unternehmen zwanzig Mitarbeiter, davon etwa die Hälfte Ausländer. Es würde gern noch mehr Mitarbeiter beschäftigen, doch oft erscheinen Kandidaten nicht zu Vorstellungsgesprächen oder zum ersten Arbeitstag. Und das, obwohl ein guter Klempner im Jahr 80 000 bis 100 000 Pfund verdienen kann. »Einer von unseren Leuten ist so gut, der arbeitet immer einen Monat, dann nimmt er sich einen Monat Urlaub.«

Viele Arbeitgeber können ein Lied von der gesunkenen Arbeitsmoral im Handwerk singen. Toby Baxendale, der mit Direct Seafoods die größte Verarbeitungsanlage für Frischfisch in Großbritannien aufgebaut hat, sagt, schon in den Neunzigerjahren seien die Hälfte seiner gelernten Kräfte aus dem Ausland gekommen, vor allem Metzger für seine Fleischverarbeitung. Aber nicht nur handwerkliche Kompetenzen sterben aus. »Irgendwann hat unsere Personalabteilung ein Vorurteil gegen britische Bewerber entwickelt. Die wenigen, die wir noch einstellen, halten es mit ihrer Erwartungshaltung, ihrer Unzuverlässigkeit und ihrer mangelnden Arbeitsmoral oft nicht einmal eine Woche lang aus.«

Das Handwerk hat auch deshalb an Ansehen eingebüßt, weil heute immer weniger repariert wird und man stattdessen das Alte lieber wegwirft und etwas Neues anschafft. Eine Bekannte erzählte mir eine traurige Geschichte von einem Waschmaschinenreparateur:

So gegen 2011 habe ich einen Waschmaschinenreparateur gerufen. In den vergangenen zwanzig Jahren war er schon ein oder zwei Mal da gewesen. Er wohnte in Essex und hatte da ein Unternehmen zur Reparatur und Aufarbeitung von Waschmaschinen. Er muss so Mitte fünfzig gewesen sein. Er hat seine Arbeit verstanden und mir wahrscheinlich ein

paar Hundert Pfund gespart, weil ich eine seiner runderneu-
erten Maschinen gekauft habe, die nur den Bruchteil einer
neuen gekostet hat. Die Maschine hat ewig gehalten, zwölf
Jahre oder so, dann haben wir wieder eine gekauft, die auch
gut gelaufen ist. Beim letzten Mal hat er mir gesagt, dass das
Geschäft schlecht geht. Erstens sind die neuen Maschinen so
billig, dass er kaum mithalten kann. Und zweitens sind die
neuen Maschinen heute so schlecht, dass sie schnell kaputt-
gehen und schwer aufzuarbeiten sind.
Er war verbittert, weil diese billigen Maschinen alle zwei oder
drei Jahre auf dem Müll landen. Er war bestimmt kein Umwelt-
schützer, aber sogar er hat gesehen, wie verrückt das ist. Er hat
gesagt, dass er es mit seinem Geschäft wahrscheinlich nicht bis
zur Pensionierung schafft. Er war sauer. Es war mir so pein-
lich, wie ich da mit ihm gestanden habe. Seine Fähigkeiten sind
überflüssig geworden, dabei sind sie so wichtig.

Geschichten wie diese sollen nicht dazu dienen, die Vergangenheit
zu verklären. Es geht vielmehr um die Ausgrenzung so vieler Menschen, vor allem älterer Menschen aus einer Zeit, in der handwerkliche Fähigkeiten etwas galten, und die nun erfahren müssen, dass es
in einer Gesellschaft, in der sich alles um akademische Qualifikationen und Digitaltechnik dreht, keinen Platz mehr für sie gibt. Es sind
Menschen aus Mittelstädten, die nicht studiert haben und in Umfragen angeben, dass es in den vergangenen dreißig Jahren mit ihrem
Land bergab gegangen ist und dass es ihre Kinder einmal nicht so
gut haben werden wie sie. In Großbritannien vertreten immerhin 68
beziehungsweise 62 Prozent der Erwachsenen der Arbeiterschicht
diese Ansicht, in anderen Industrienationen sind die Zahlen ähnlich.
Aufgrund der beschriebenen Entwicklungen in Gesellschaft und
Bildung wird es immer schwerer, jemanden für die unqualifizierten,

aber lebenswichtigen Arbeiten am untersten Ende der Hierarchie zu finden (auch in den Supermärkten und Lieferunternehmen, die während der Coronakrise auf neue Weise sichtbar wurden). Vor allem junge Männer sind kaum zu motivieren, solche Tätigkeiten anzunehmen. Warum eine Arbeit annehmen, die nicht wertgeschätzt und besser von »Versagern und Ausländern« erledigt wird – vor allem, wenn man mit Schwarzarbeit mehr verdienen kann? Dazu kommt, dass kognitive Arbeit nicht nur angesehener und besser bezahlt ist; sie ist in der Regel auch angenehmer und ermöglicht größere Autonomie und eine flexiblere Einteilung der Arbeitszeit.

Die Überbetonung von Bildung und Mobilität bedeutet auch, dass Nicht-Akademiker im unteren Teil des Arbeitsmarktes gefangen sind und den Akademikern unterstehen, was für einen Großteil der Erwachsenen zutrifft. Viele junge Menschen ziehen es daher vor, lieber ganz aus diesem System auszusteigen, als dieses Schicksal auf sich zu nehmen. (Dieser Trend könnte sich zumindest zeitweise umkehren, denn in der Coronakrise wird den Mitarbeitern von Supermärkten, Apotheken und anderen wichtigen Versorgungseinrichtungen neue Wertschätzung entgegengebracht.)

Statusmessung

Es scheint, als sei in den vergangenen beiden Jahrzehnten ein gewaltiger Staubsauger über die Gesellschaft hinweggefegt, der körperlichen und handwerklichen Tätigkeiten die Anerkennung und den Status genommen und sie zu den kognitiven Tätigkeiten und den reichen urbanen Zentren umverteilt hat. Doch hinter dem Begriff des Status verbergen sich unscharfe und umstrittene Vorstellungen. In der Regel bezieht er sich auf Berufe und hat neben objektiven auch subjektive Aspekte. »Objektiver Status« ist ein Rang, auf den sich alle einigen können: Ein Chirurg oder Architekt genießt einen höheren Status als ein Klempner (wobei das nichts mit dem Einkommen zu tun hat, denn ein erfolgreicher Klempner verdient unter Umständen mehr als ein Architekt). »Subjektiver Status« ist dagegen »die persönliche Wahrnehmung der Anerkennung, die jemand im Vergleich zu anderen von der Gesellschaft erhält«, wie es die Soziologen Noam Gidron und Peter Hall definieren.[239]

Der Verlust von subjektivem Status ist schwer zu belegen. Von wenigen Ausnahmen abgesehen (darunter Gidron und Hall) haben sich Sozialwissenschaftler nicht mit der Frage beschäftigt, inwieweit sich vor dem Hintergrund der neuen kognitiven Hierarchisierung und des Verschwindens so vieler mittlerer Tätigkeiten die subjektive Statuswahrnehmung der Menschen in reichen Industrienationen verändert hat. Es existieren jedoch einige ethnografische Feldforschungen, die mithilfe strukturierter Gespräche die Gefühle der Abgehängten und Globalisierungsverlierer dokumentieren. Diese Arbeiten, die sich häufig mit der Wählerschaft von Populisten beschäftigen, schildern das Gefühl des Verlusts und die »Anerkennungslücke«, wie die Soziologin Michèle Lamont es nennt. Für ihr Buch *The Dignity of Working Men* führte sie strukturierte Interviews mit 150 Arbeitern in Frankreich und den Vereinigten Staaten. Sie untersuchte den Zusammenhang von Abgrenzung und Anerkennung und beobachtet, wie sich Menschen als Versager fühlen, wenn Fleiß nicht mehr von Erfolg gekrönt ist. Unter anderem geht es um ethnische Zugehörigkeit und den wahrgenommen Verlust »kultureller Privilegien« für weiße Amerikaner der Unterschicht, die mitansehen müssen, wie andere Gruppen wirtschaftlich an ihnen vorüberziehen oder von der Elite stärker beachtet werden.[240] Dasselbe beobachtet Lamont in Frankreich:

Das Gefühl der Isolation und Ohnmacht der Arbeiter wird noch verstärkt durch die Tatsache, dass kulturelle und reli-

233

giöse Institutionen von Einwanderern in ihrem Umfeld an Sichtbarkeit gewinnen … Das Gefühl des Verlusts wird noch unterstrichen durch die Wahrnehmung, dass es mit Frankreich bergab geht, was vor allem mit der Anwesenheit der Einwanderer zusammenhängt … Die Arbeiter sind verärgert über diesen subjektiven Statusverlust der französischen Nation, zumal ihre Nationalität eine der wenigen Eigenschaften ist, aus der sie selbst noch einen hohen Status beziehen.

In *The New Minority* macht Justin Gest ähnliche Ressentiments im gesamten Westen aus:»In den deindustrialisierten Regionen Westeuropas und Nordamerikas haben Angehörige der weißen Arbeiterschicht das Gefühl, aus dem Mittelpunkt des Bewusstseins ihres Landes an den Rand gedrängt worden zu sein … Viele fühlen sich als Opfer der Diskriminierung … Ihre politische Wahrnehmung ist von Nostalgie für ein vergangenes Zeitalter geprägt, das sie wiederherstellen wollen.« Er zitiert eine Londonerin namens Nancy Pemberton mit den Worten:»Wir sind eine Minderheit … Ich werde nicht zulassen, dass ich mich in meinem eigenen Land als Außenseiterin fühle. Aber viele Leute haben Angst.«[241] Gest hat ein Maß für die wahrgenommene wirtschaftliche, gesellschaftliche und politische Zentralität entwickelt, mit dem er den subjektiven Verlust ermittelt. Er beobachtet in Großbritannien und den Vereinigten Staaten ähnliche Entwicklungen, mit dem Unterschied, dass sich Briten gesellschaftlich ausgegrenzt fühlen, Amerikaner wirtschaftlich.

Für ihr Buch *Strangers in Their Own Land* begab sich Arlie Russell Hochschild in das Herz des republikanischen Amerika nach Louisiana und machte dort die Bekanntschaft von Klempnern, Fließbandarbeitern, Lkw-Fahrern, Telefonmonteuren, Briefträgern und so weiter, denen jeder Stolz auf ihre Arbeit abhandengekommen ist.[242]

Ein Mann sagte ihr, je mehr man auf eigenen Beinen stehe und je weniger man auf den Staat angewiesen sei, umso höher der Status. Das erinnert an den Soziologen Thorstein Veblen, der Ende des 19. Jahrhunderts erkannte, dass die Ehre umso größer werde, je weiter man sich über die Notwendigkeit erhebt. Hochschild schreibt:

> Man fühlt sich als Fremder im eigenen Land. Man erkennt sich in der Wahrnehmung durch andere nicht mehr wieder. Wahrgenommen zu werden und Anerkennung zu finden ist ein Kampf … Es geht bergab, ohne dass man etwas dafür kann und ohne dass es jemand wahrnimmt.
>
> Die meisten Menschen, mit denen ich gesprochen habe, lieben den Süden, sie lieben Louisiana, sie lieben ihre Stadt und ihr Viertel. Sie sind sich ihres mangelnden Status schmerzlich bewusst – »Wir sind ein Staat, über den man hinwegfliegt«, sagte ein Anhänger der Tea-Party-Bewegung. »Wir gelten als rückschrittlich und arm«, klagte ein anderer.

So wertvoll ethnografische Untersuchungen wie diese sein mögen, muss man auch sehen, dass es für Feldforscher nie schwer ist, das zu finden, wonach sie suchen. Zudem ist ungewiss, wie repräsentativ die Befragten in den abgehängten Städten für ihre jeweilige Gesellschaft sind. Neben diesen ethnografischen Untersuchungen gibt es allerdings auch handfeste Belege für den Preis des Statusverlusts – Depression, Alkoholismus, Drogenmissbrauch und Selbstmord. In Ländern wie den Vereinigten Staaten und in geringerem Umfang auch Großbritannien sind gerade bildungsferne Schichten von der Zunahme der Selbstmorde, Drogentode und Alkoholkrankheiten – dem bereits erwähnten »Tod durch Verzweiflung« – betroffen. Noch 1990 waren weiße Amerikaner deutlich weniger von diesen Todesfällen betroffen als Menschen in Frankreich, Deutschland oder Schweden. Doch während ihr Anteil in diesen Ländern heute um 40 pro 100 000 Einwohner liegt, ist er unter weißen Amerikanern auf 80 pro 100 000 Einwohner geschnellt. In Großbritannien lag der Anteil 1990 ungewöhnlich niedrig, um dann rasch auf das europäische Mittel von 40 pro 100 000 Einwohner anzusteigen, wobei er bei Frauen von 15 auf 26 und bei Männern von 30 auf 60 pro 100 000 gestiegen ist.

Nach Ansicht von Angus Deaton und Anne Case hat diese Zunahme der Tode durch Verzweiflung vor allem unter 45- bis 55-jährigen Weißen dafür gesorgt, dass die statistische Lebenserwartung der Amerikaner insgesamt erstmals seit Beginn der Aufzeichnungen wieder im Rückgang begriffen ist. Wenn die Lebenserwartung ihren Anstieg fortgesetzt hätte, dann wären in den vergangenen zwanzig Jahren 600 000 Todesfälle weniger zu verzeichnen gewesen. Deaton und Case sehen einen Zusammenhang zwischen dieser Entwicklung der Sterblichkeit und einer zunehmenden Benachteiligung von weniger gebildeten Bürgern sowie Auflösungserscheinungen traditioneller Institutionen wie Kirche und Familie. Hatten weiße Amerikaner ohne Hochschulabschluss noch 1999 eine um 30 Prozent geringere Sterblichkeit als Afroamerikaner, ist sie heute um 30 Prozent höher.[243]

Auch der britische Sozialwissenschaftler Michael Marmot beschäftigt sich mit dem sozialen Gefälle, insbesondere dem Zusammenhang zwischen sozioökonomischem Status, Gesundheit und Lebenserwartung. So stellte er beispielsweise bei der Untersuchung von Regierungsbeamten fest, dass das Herzinfarktrisiko umso größer wurde, je weiter man die Hierarchieleiter hinunterstieg. Männer auf den unteren Hierarchieebenen erlagen viermal so häufig einem Herzinfarkt, wobei Faktoren wie Nikotin und Cholesterin nur ein Drittel des Sozialgefälles erklärten. Diese Erkenntnis bestätigte sich auch jenseits der Regierung und zeigt, dass eine niedrigere Position innerhalb einer Hierarchie mehr Belastung bedeutet, weil der Körper größere Mengen des Stresshormons Cortisol ausschüttet, das dem Immunsystem schadet; Männer sind hiervon stärker betroffen als Frauen, weil ihr Status stärker von ihrer Arbeit abhängt.[244] Der Zusammenhang zwischen Armut, schlechterer Gesundheit und geringerer Lebenserwartung liegt zwar auf der Hand, doch Marmot wurde für seine Annahmen zu Status und Stress kritisiert. Denn viele Menschen arbeiten nur, um sich ihren Lebensunterhalt zu verdienen, und beziehen ihren Status aus Aktivitäten, die nichts mit der Arbeit zu tun haben; außerdem empfinden auch Menschen mit hohem Status und großer Verantwortung Stress.

Mich interessiert allerdings die Frage, wie sich die zunehmende Hierarchisierung durch Bildung und das Wachstum der kognitiven Klasse in den vergangenen Jahrzehnten auf diejenigen ausgewirkt hat, denen der Zugang zu dieser Klasse beziehungsweise ihren höheren Ebenen verwehrt blieb, und inwieweit dies das Statusgleichgewicht der Gesellschaft beeinträchtigt hat. Um das Gefühl des Statusverlusts unter Nicht-Akademikern zu dokumentieren, ist eine breitere empirische Basis nötig. Wie ich weiter unten ausführen werde, glaube ich, dass ich ausreichend Belege für diese Entwicklung gefunden habe.

Belege für den Statusverlust müssen allerdings in den umfassenden Wandel des Arbeitsmarktes in Industrienationen eingeordnet werden. Dieser ist durchaus widersprüchlich, und es gibt viele Hinweise, dass selbst Hand-Tätigkeiten mit einem hohen Maß an Arbeitszufriedenheit einhergehen können, wie in Kapitel 5 erwähnt. Viele Behauptungen zum Arbeitsmarkt – etwa die Unsicherheit der Beschäftigungsverhältnisse vor allem für junge Menschen und das Verschwinden von Arbeiten der mittleren Einkommensebene – erweisen sich bei genauerem Hinsehen zudem als übertrieben.

Seit den vergangenen zwanzig Jahren liegt der Anteil der klassischen Vollzeitarbeit in Großbritannien konstant bei 63 Prozent,[245] trotz eines steilen Anstiegs bei den Selbstständigen. Die durchschnittliche Dauer der Beschäftigungsverhältnisse liegt seit Jahrzehnten bei neun Jahren.[246] Auch der Anteil der befristeten Beschäftigungsverhältnisse bleibt konstant, der Anteil der sogenannten Null-Stunden-Verträge lag 2018 bei 2,4 Prozent, und die meisten der Betroffenen äußerten sich zufrieden.[247] In den Vereinigten Staaten macht die sogenannte Uber-Ökonomie – befristete und durch Internetplattformen vermittelte freiberufliche Tätigkeiten – nur 1 Prozent aller Beschäftigungsverhältnisse aus.[248]

2018 erreichte die Beschäftigungsquote in Großbritannien, Deutschland und 22 weiteren OECD-Staaten eine neue Rekordhöhe.[249] Das Internet hat die Arbeitssuche sowohl für Arbeitgeber als auch für Arbeitnehmer erleichtert und verbilligt. Dank hoher Mindestlöhne ist in Europa auch die Zahl der Stellen im Niedriglohnsektor gesunken; in Großbritannien ist der Anteil seit 2015 von 21 auf 17 Prozent zurückgegangen.[250] Der britische Arbeitsmarktforscher Francis Green beobachtet:

In den reichen Industrienationen hat die Arbeit seit Beginn des 21. Jahrhunderts kuriose und faszinierende Entwicklungen genommen. Von einigen bedeutsamen Ausnahmen abgesehen, verdienen Arbeitnehmer mehr, müssen mehr kognitive Fähigkeiten einsetzen, genießen sicherere und angenehmere Arbeitsbedingungen und verbringen weniger Zeit am Arbeitsplatz. Gleichzeitig wurde die Arbeit intensiver und belastender … In vielen Fällen wurde die Arbeit Gegenstand verstärkter und unerwünschter Kontrolle von oben, wodurch Arbeitnehmer weniger Einfluss auf ihre alltägliche Arbeit haben und diese entsprechend als weniger befriedigend empfinden.[251]

Es ist also zutreffend, dass viele der qualifizierten Tätigkeiten des Industriezeitalters – von Drehern bis Sekretärinnen – unter dem Druck der Globalisierung und Technologisierung verschwunden oder von Einkommensstillstand betroffen sind. Gleichzeitig trat an ihre Stelle eine »neue Mitte«, zumindest was das Einkommen angeht, wenn auch nicht unbedingt bei den Fähigkeiten. In einem Bericht des britischen Thinktanks CIPD heißt es:

> Der Anteil der Tätigkeiten mit laut OECD-Definition niedrigen Stundenlöhnen sank von 22 Prozent im Jahr 1997 auf knapp unter 18 Prozent im Jahr 2018. Der Anteil der gut bezahlten Tätigkeiten hat sich seit 1997 nicht signifikant verändert und liegt nach wie vor bei 25 Prozent. Daraus folgt, dass der Anteil der Tätigkeiten im Mittelfeld in diesem Zeitraum nicht kleiner geworden sein kann ... Die Mitte hat keinen kleineren Anteil an der Einkommensverteilung, weil an die Stelle der »alten Mitte« der Arbeiter und Angestellten eine »neue Mitte« getreten ist, zu der unter anderem Manager in Niedriglohnbranchen [wie Catering] sowie Büro- und technische Tätigkeiten zählen.[252]

Die größten Zuwächse in Großbritannien gab es im vergangenen Jahrzehnt bei besser bezahlten Tätigkeiten. Hier entstanden 1,2 Millionen neue Arbeitsplätze, davon 600 000 für Angestellte und über eine halbe Million für Führungskräfte.[253] In den Vereinigten Staaten ergibt sich ein ähnliches Bild, hier entstanden zwischen 2008 und 2018 rund 10 Millionen im weitesten Sinne akademische Stellen, und in der Europäischen Union waren es noch mehr.[254]

Der einfache Gegensatz zwischen »guten« zumeist Kopf- und »schlechten« zumeist Hand- und Herztätigkeiten wird auch durch die Social-Attitudes-Umfrage des Jahres 2015 infrage gestellt, in der es insbesondere um Einstellungen zur Arbeit ging. Die Teilnehmer wurden gefragt, ob sie ihre Arbeit als »gut« beschreiben würden, und zwar basierend auf den sieben Aspekten Arbeitsplatzsicherheit, Einkommen, Aufstiegschancen, Interesse, Autonomie, gesellschaftlicher Nutzen und der Möglichkeit, anderen zu helfen. Der Anteil der Befragten, die ihre Arbeit als »gut« bezeichneten, stieg gegenüber 1989 von 57 auf 71 Prozent.[255] Die Situation in den Vereinigten Staaten ist ähnlich. Etwa die Hälfte der amerikanischen Arbeitnehmer gibt an, mit ihrer Arbeit sehr zufrieden zu sein, 30 Prozent sind zufrieden, der Rest etwas unzufrieden (9 Prozent) oder sehr unzufrieden (6 Prozent). Dabei sind Arbeitnehmer umso zufriedener, je höher ihr Ausbildungsgrad ist.[256] Dieselbe positive Entwicklung ist beim allgemeinen Wohlbefinden zu erkennen, das in vielen Industrienationen konstant ist oder sogar steigt. Auch das subjektive Wohlbefinden nimmt tendenziell mit besserer Bildung und Arbeit zu.[*] Diese erfreulichen Entwicklungen hängen sicher auch mit dem Verschwinden von körperlichen Routinetätigkeiten und Fließbandarbeiten in den Industrienationen zusammen. Bei aller Nostalgie um die Industriearbeit arbeiten die meisten Menschen dann doch lieber im Call Center als am Band.

Diese und andere Erhebungen zeigen allerdings auch weniger erfreuliche Tendenzen wie zunehmenden Stress und abnehmende Autonomie. Im Jahr 2015 gaben 37 Prozent der Befragten an, ihre Arbeit sei oft oder immer stressreich, gegenüber 28 Prozent im Jahr 1989, wobei der Anteil der gestressten Akademiker und Führungskräfte noch etwas höher lag.[257] Der Autonomieverlust der vergangenen Jahre trifft dagegen Arbeitnehmer in Hand- und Herz-Tätigkeiten am härtesten. Akademiker und Führungskräfte arbeiten

---

[*] Die Nationale Statistikbehörde ONS erhebt seit 2012 Daten zum Wohlbefinden, und zumindest vor der Coronakrise gingen die Werte stetig nach oben.

autonomer, doch der Anteil der Menschen in Routinetätigkeiten, die keinen Einfluss auf die Einteilung ihrer täglichen Arbeit hatten, stieg von 42 Prozent im Jahr 2005 auf 57 Prozent im Jahr 2015.[258] Das ist Marx' Theorie der Entfremdung in modernem Gewand. Für viele Menschen hat die Arbeit nichts mit Selbstverwirklichung oder Selbstbestimmung zu tun. Wie Daniel Bell in seinen Untersuchungen zur postindustriellen Gesellschaft prognostizierte, geht der zunehmende Status der Kopf-Arbeit einher mit Standardisierung und Autonomieverlust weiter unten in der Hierarchie.

Dieser Verlust der Autonomie charakterisiert auch das »Prekariat«, eine neue unsichere Klasse von Arbeitnehmern, die aufgrund ihrer ungewissen Zukunftsaussichten nicht in der Lage sind, eine dauerhafte Arbeitsidentität aufzubauen. Zwar überzeichnen Analysen des Prekariats gern die Arbeitsunsicherheit im Westen, doch sie beschreiben Menschen, die nicht in der Lage sind, aus einer Tätigkeit eine berufliche Laufbahn zu machen.

Aber auch wenn man zur Kenntnis nimmt, dass für durchschnittliche Arbeitnehmer in vielen Industrienationen die Arbeitsbedingungen im Allgemeinen besser geworden sind, kann man immer noch einen relativen Statusverlust für Menschen in nichtkognitiven Tätigkeiten beobachten, vor allem wenn man das kulturelle Umfeld mit einbezieht.

Zu diesem Umfeld gehört auch, dass die meisten Menschen bis vor Kurzem aus ähnlichen Gründen arbeiteten, egal ob sie im Management einer Bank oder bei der Müllabfuhr tätig waren. Ihr Hauptmotiv war ein Pflichtgefühl und die Notwendigkeit, sich und ihre Familien zu ernähren. Doch seit der Zunahme der kognitiven Tätigkeiten in den Siebzigerjahren spaltet sich die Arbeitnehmerschaft in eine große Minderheit mit »Karrieren« – früher das Privileg einer kleinen Elite – und den Rest, der einfach eine Arbeit hat. Ronald Inglehart und seiner These vom »Postmaterialismus«

zufolge sehen Menschen mit Karrieren die Arbeit zunehmend als Ort der Selbstverwirklichung, so wie einst die Handwerker. Nach Schätzungen von Inglehart stieg der Anteil der Arbeitnehmer, die in Europa und den Vereinigten Staaten Karrieren nachgehen, zwischen 1970 und 2006 auf gut die Hälfte an.[259]

Andererseits sehen laut der Social-Attitudes-Umfrage des Jahres 2015 mehr als 40 Prozent der britischen Arbeitnehmer ihre Arbeit als bloßen Broterwerb – genauso viele wie in den Achtzigerjahren.[260] In den Vereinigten Staaten ist der Anteil ähnlich hoch, hier beziehen laut Pew Research Center 51 Prozent der Arbeitnehmer ihr Identitätsgefühl aus ihrer Arbeit, und 47 Prozent arbeiten nur, um sich ihren Lebensunterhalt zu verdienen.[261]

Die Grenze verläuft vermutlich nicht sauber zwischen Kopf auf der einen Seite und Hand und Herz auf der anderen, und auch nicht zwischen Akademikern und Nicht-Akademikern. Trotzdem können wir vermuten, dass es sich bei der Mehrheit der akademischen Tätigkeiten um Karrieren handelt, aus denen die Arbeitnehmer ein hohes Maß an Lebenssinn und Identität beziehen. Und in der Tat sagen 77 Prozent der Amerikaner mit einem höheren akademischen Abschluss aus, dass ihnen ihre Arbeit ein Gefühl der Identität vermittelt, 60 Prozent mit einem Bachelor, dagegen nur 48 Prozent mit einem anderen College-Abschluss und 38 Prozent mit einem High-School-Abschluss.[262] Arbeitnehmer mit Bachelor oder einem höheren Hochschulabschluss bezeichnen ihre Tätigkeit doppelt so häufig als »Karriere« als Arbeitnehmer ohne Hochschulabschluss.[263] Tätigkeiten der »neuen mittleren Angestellten« vermitteln vermutlich weniger Identität als eine höhere akademische Laufbahn oder die Arbeit eines Schweißers in einer Werft, wo Sinn und Wert der Arbeit auf der Hand liegen. In einer Umfrage von YouGov gab ein Drittel der britischen Arbeiter an, mit ihrer Arbeit keinen sinnvollen Beitrag zur Gesellschaft zu leisten.[264]

Angesichts des sinkenden relativen Einkommens, der fehlenden Sinnhaftigkeit und Autonomie der Arbeit und der mangelnden Aufstiegschancen ist es also kein Wunder, dass nicht-akademische Tätigkeiten an Status verlieren. So stellte auch eine große internationale Erhebung fest, dass Männer ohne Hochschulabschluss in den vergangenen 25 Jahren an Sozialstatus eingebüßt haben, zum Teil sogar erheblich. In der Befragung des International Social Survey Programme (ISSP) sollen die Teilnehmer ihre soziale Position innerhalb einer Zehn-Punkte-Skala verorten. Die Befragung zeigt, dass Männer ohne Hochschulabschluss in Großbritannien, der Schweiz, Australien, Schweden und Polen am meisten Status verloren haben, während ihr Statusverlust in Deutschland, Österreich, den Vereinigten Staaten und Norwegen weniger stark ausfiel. In Ungarn und Slowenien erlebten diese Männer sogar eine leichte Aufwertung. Die Mischung aus wirtschaftlichem Abstieg und Kulturwandel treiben diese Männer in die Arme der populistischen Parteien, so die Autoren der Studie.[265]

Weitere Fragen des ISSP unterstützen die These vom Statusverlust. Hier sollten Arbeiter und Angestellte aus Frankreich, Deutschland, Großbritannien und den Vereinigten Staaten angeben, ob sie ihrer Einschätzung nach mehr oder weniger Status genießen als ihre Väter. Mehr als die Hälfte der Angestellten, aber deutlich weniger als die Hälfte aller Arbeiter schätzte ihren Status höher ein. In der Arbeiterschicht sank der Anteil von 57 Prozent im Jahr 1992 auf 46 Prozent 2009, und in Großbritannien sank er von 35 Prozent im Jahr 1999 auf 30 Prozent im Jahr 2009.[266]

Wie wir in Kapitel 5 gesehen haben, spielt in dieser Frage auch das Geschlecht eine Rolle. Handwerkliche Berufe werden in der Regel bis heute von Männern beherrscht. Doch seit immer mehr Frauen auf den Arbeitsmarkt kommen, und zwar in allen Positionen, wurden einige Männer auf der Hierarchieleiter nach unten gedrückt und haben an relativem Status eingebüßt. Aus den ISSP-Daten geht hervor, dass in neun von zwölf untersuchten Ländern der Sozialstatus von Frauen im Vergleich zu dem der Männer in den vergangenen 25 Jahren gestiegen ist.[267] Es gibt also Belege, dass Arbeitnehmer in nicht-akademischen Tätigkeiten in den letzten Jahrzehnten an Status verloren haben. Bei den Unterstützern des Brexit und anderer populistischer Strömungen scheint jedenfalls der Status eine wichtigere Rolle gespielt zu haben als die Klassenzugehörigkeit.[268]

Angesichts der dünnen Datenlage in der Statusfrage habe ich jedoch eigene Umfragen in Auftrag gegeben. YouGov hat für mich zwei landesweite Umfragen durchgeführt, eine in den Vereinigten Staaten und eine zweite in Großbritannien. Die Ergebnisse bestätigen die Wahrnehmung des Statusverlusts von Nicht-Akademikern in diesen Ländern. Auf die Frage »Ist es für Menschen ohne Studium leichter oder schwerer geworden, eine gute Arbeit zu finden, als vor einer Generation, oder hat sich nichts geändert?«, waren 53 Prozent der britischen und 57 Prozent der amerikanischen Teilnehmer der Ansicht, es sei schwieriger geworden. Auf eine Frage zum Status waren die Ergebnisse ähnlich. Die Frage lautete: »Genießen Menschen mit gewöhnlichen Berufen – etwa Lkw-Fahrer oder Verkäufer – heute mehr oder weniger Ansehen als vor 25 Jahren, oder hat sich nichts geändert?« Die Antwort: 53 Prozent der Briten und 51 Prozent der Amerikaner waren der Ansicht, dass sie weniger angesehen waren. Und bei Schulabschlüssen meinten 39 Prozent der Briten und 49 Prozent der Amerikaner, dass Nicht-Akademiker an Ansehen verloren hatten. Wenige der Teilnehmer widersprachen der Aussage, dass Nicht-Akademiker schlechtere Berufsaussichten hatten und weniger Anerkennung fanden – der Anteil lag je nach Frage zwischen 12 und 17 Prozent. Auch die politische Präferenz schien bei den Antworten keine Rolle zu spielen, außer bei der Frage, ob es für Nicht-Akademiker schwieriger geworden ist, eine gute Arbeit zu finden. Hier sahen Labour-Wähler tendenziell eher ein Problem. Konservative waren dagegen weniger bereit zu glauben, dass Arbeiter in den vergangenen 25 Jahren an Ansehen eingebüßt haben.

Diese breite Zustimmung über gesellschaftliche und politische Gruppen hinweg lässt vermuten, dass die Kopf-Hand-Herz-Politik tiefe Wurzeln hat. Auch in den Vereinigten Staaten spielten die politischen Lager keine Rolle. (Die folgende Grafik zeigt den ungewöhnlichen Konsens, dass Nicht-Akademiker innerhalb der letzten Generation an Status und Chancen verloren haben.) Ist der Statusverlust nun aber ein wirtschaftliches oder ein kulturelles Phänomen? Offensichtlich beides. Es hat eine Umverteilung von der Hand zum Kopf stattgefunden, und zwar sowohl bei der Bezahlung als auch beim Status.

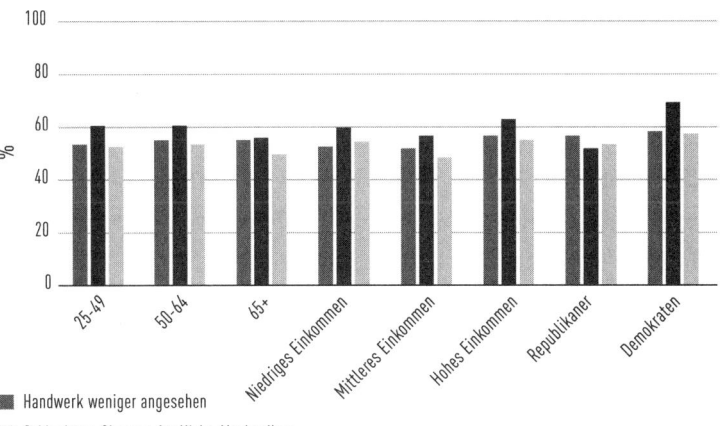

Statusverlust nicht-akademischer Tätigkeiten

■ Handwerk weniger angesehen
■ Schlechtere Chancen für Nicht-Akademiker
▨ Nicht-Akademiker weniger angesehen

Kapitel 8

Das Schicksal des Herzens

Im modernen Liberalismus dreht sich alles um Entscheidungsfreiheit und Autonomie. In Erziehung und Pflege ist das Thema dagegen die Abhängigkeit: Zu Beginn und Ende unseres Lebens sind wir nun einmal stark auf andere Menschen angewiesen.

Madeleine Bunting

Wenn man sich ansieht, wie sich die Wirtschaft der reichen Industrienationen in den vergangenen Jahrzehnten entwickelt hat, dann käme man schwerlich auf den Gedanken, dass wir das Herz – sprich: die Sektoren Gesundheit und Soziales – vernachlässigt haben könnten. In den meisten Ländern machen Gesundheits- und Sozialausgaben einen immer größeren Anteil des Bruttoinlandsprodukts aus, und heute arbeiten deutlich mehr Menschen, überwiegend Frauen, in der Alten- und Krankenpflege sowie in Kindergärten und Grundschulen als noch vor fünfzig Jahren. In Europa begann nach dem Krieg der Aufstieg des Sozialen, und die Coronakrise sowie die Furcht vor neuen Epidemien werden dies vermutlich noch einmal verstärken.

Auch ist die Bezahlung in diesem Sektor gar nicht so schlecht, wie man oft annimmt. Eine befreundete junge Lehrerin hat nach fünf Berufsjahren ein Jahreseinkommen von 41 000 Pfund

(50 000 Euro), eine junge Krankenschwester aus meinem Bekanntenkreis verdient mit drei Jahren Berufserfahrung 36 000 Pfund (43 000 Euro; allerdings inklusive Nachtzuschläge und Hauptstadtbonus). Im sozialen Sektor waren die Gehälter in den letzten Jahrzehnten dennoch sehr unterschiedlich und richteten sich in erster Linie nach der Qualifikation. Seit 1975 ist das mittlere Realeinkommen in Großbritannien um 78 Prozent gestiegen; das Einkommen von Krankenpflegern stieg um exakt diesen Prozentsatz, das von Hebammen um 91 Prozent, das von Sozialarbeitern um 79 Prozent. In anderen Bereichen stellt sich die Situation allerdings ganz anders dar, Grundschullehrer verdienen heute real lediglich 19 Prozent mehr, Erzieher 13 Prozent, Rettungssanitäter gar nur 6 Prozent mehr. In den Vereinigten Staaten bietet sich ein ähnliches Bild, in der Krankenpflege stiegen die Realeinkommen seit 1975 um 96 Prozent, für Lehrkräfte der Mittelschule dagegen nur um 26.[269] Britische Altenpfleger verdienen real 20 Prozent mehr als 1975, und besonders schlecht ist es um Einkommen in der häuslichen Pflege bestellt. In Deutschland und Japan sieht die Situation etwas besser aus, aber insgesamt kann man sagen, dass Investitionen in den Altenbereich fehlen und das Herz politisch an einem sehr kurzen Hebel sitzt.

Das Private und die Sinnkrise

Wenn man das moderne Leben aus einer nicht nur wirtschaftlichen und politischen Sicht betrachtet, erkennt man eine zunehmende Sinn- und Wertkrise, eine Krise des Herzens. Der Historiker Yuval Noah Harari beschreibt die liberale Moderne als Faustschen Pakt, in dem wir Herz gegen Kopf eintauschen: »Die Moderne ist ein Pakt. Das Geschäft lässt sich in einem einzigen Satz zusammenfassen: Wir tauschen Sinn gegen Macht.«[270] Dank dieser Macht über unsere Umwelt geht es uns Menschen in vielerlei Hinsicht materiell besser denn je, sowohl in reichen als auch in armen Ländern, trotz Umweltzerstörung und der neuen Gefahr durch Epidemien. In den vergangenen zwei Jahrhunderten ging es im Westen jeder Generation wirtschaftlich um 50 Prozent besser als der ihrer Eltern, die Lebenserwartung hat sich verdoppelt, und in letzter Zeit sinkt weltweit auch die Armut.

Für diese Macht zahlen wir allerdings auch einen Preis, und dieser Preis ist die Entzauberung. Harari prophezeit, dass an die Stelle der moralischen und kosmischen Gewissheiten der Religionen eine Datenreligion treten wird, ein universeller Glaube an die Macht der Algorithmen. Selbst die Vereinigten Staaten, die sich jahrzehntelang der Säkularisierung widersetzten, holen diesbezüglich auf – die meisten Amerikaner sind heute weit entfernt von der Karikatur des bibeltreuen Frömmlers, wie sie in Europa so beliebt ist. 1976 bezeichneten sich noch 76 Prozent der weißen Amerikaner als Christen; dieser Anteil liegt heute bei 43 Prozent, davon 17 Prozent bibeltreue Protestanten. Ärmere Bürger sind weniger gläubig als reichere.[271] Insgesamt bezeichnen sich 70 Prozent aller Amerikaner als Christen,[272] doch auch dieser Anteil ist in den vergangenen Jahren deutlich zurückgegangen, 56 Prozent glauben an den Gott der Bibel.[273]

Europa ist weitaus weltlicher. In der Social-Attitudes-Befragung des Jahres 2018 gaben 52 Prozent aller Briten an, keiner Religionsgemeinschaft anzugehören.[274] Das mag ein Ausreißer sein; in anderen Erhebungen bezeichnen sich 55 Prozent der Befragten als nicht-praktizierende Christen, in Deutschland sind dies 49 Prozent, in Frankreich 46 Prozent. Als dezidiert nicht-religiös bezeichnen sich 28 Prozent der Franzosen, 24 Prozent der Deutschen und 23 Prozent der Briten, wobei der Anteil der aktiven Gläubigen in Deutschland und Frankreich etwas höher ist als in Großbritannien.[275] Die Säkularisierung Europas mag sich durch die Religiosität der wachsenden ethnischen Minderheiten und durch die Wiederentdeckung der Religion in den ehemals kommunistischen Staaten verlangsamen, doch umkehren wird sie sich wohl nicht mehr.

Harari sieht eine säkulare Zukunft von extremer Ungleichheit vorher, in der sich die reiche technokratische Elite zu Herren des Datenuniversums aufschwingt und in den Genuss von langem Leben und übermenschlichen Eigenschaften kommt. Und die anderen? Harari schreibt:

> Die russische, chinesische und kubanische Revolution wurde von Menschen durchgeführt, die wirtschaftlich unersetzlich, aber politisch machtlos waren. Brexit und Trump wurden von Menschen unterstützt, die politisch eine gewisse Macht hatten, aber um ihre wirtschaftliche Stellung fürchteten. Die populistischen Revolutionäre des 21. Jahrhunderts werden sich vielleicht nicht mehr gegen eine wirtschaftliche Elite erheben, die sie ausbeutet, sondern gegen eine wirtschaftliche Elite, die sie nicht mehr braucht. Diese Schlacht könnte aussichtslos sein. Der Kampf gegen die Bedeutungslosigkeit ist ungleich schwerer als der Kampf gegen die Ausbeutung.[276]

Handelt es sich bei den von Angus Deaton beschriebenen Verzweiflungstoten nicht um Menschen, die an gebrochenem Herzen sterben, konkret an ihrer gesellschaftlichen, wirtschaftlichen und persönlichen Bedeutungslosigkeit? Deaton schreibt dazu: »Unter weißen Amerikanern ohne Hochschulabschluss wächst das seelische und psychische Leid … Das Erstaunliche ist, wie wenig dieses Leid mit materiellem Mangel zusammenhängt.«[277] Nicht umsonst findet die neue Glücksforschung heraus, dass Beziehungen, Arbeit und Gemeinschaft für unser Wohl deutlich wichtiger sind als das Einkommen.[278] So ist laut Deaton der Zerfall der Familie eine der wichtigsten Ursachen für Verzweiflung in den Vereinigten Staaten. Weiße Frauen ohne Hochschulabschluss haben im Mittel ein uneheliches Kind, Partnerschaften sind deutlich kurzlebiger als in Europa. Viele Männer der Unterschicht kennen ihre Kinder nicht und haben keine familiäre Unterstützung, wie sie in früheren Generationen selbstverständlich war. Wie in Kapitel 6 gesehen, waren Mitte der Sechzigerjahre die meisten weißen Amerikaner zwischen 30 und 49 Jahren verheiratet; 2010 waren es bei Amerikanern mit Hochschulabschluss noch 84 Prozent, bei denen mit lediglich einem High-School-Abschluss jedoch nur 48. Und im Jahr 2005 lebten 85 Prozent der Kinder aus Familien der oberen Mittelschicht bei ihren leiblichen Eltern, als ihre Mutter vierzig war; bei Kindern der Arbeiterschicht waren es nur 40 Prozent.[279] Auch die Zugehörigkeit zu Religionsgemeinschaften ist unter den weniger gebildeten Amerikanern eingebrochen, zwei Drittel sehen die Politik mit Zynismus und glauben, Wahlen würden von Reichen und Großkonzernen manipuliert.[280]

In der Beurteilung dieses Werteverfalls sind sich konservative Beobachter wie Charles Murray und Liberale wie Robert Putnam erstaunlich einig. Putnam sieht eine Welle von »violetten Problemen« und meint damit eine Mischung aus demokratischen (blauen) Sorgen um wirtschaftliche Gleichheit und Gleichberechtigung und republikanischen (roten) Ängsten um Status, Ordnung und Tradition.

Auch in Europa lassen sich viele der drängenden sozialen Probleme – angefangen bei der Knappheit von bezahlbarem Wohnraum über die Altenpflege bis hin zu psychischen Problemen und Einsamkeit – zumindest zum Teil auf die Schwächung familiärer Bindungen zurückführen. In Großbritannien leben heute 40 Prozent aller 15-Jährigen nicht bei ihren leiblichen Eltern – in den letzten Jahren ist diese Zahl leicht zurückgegangen[281] –, Scheidungskinder versagen doppelt so häufig in der Schule.[282] Auch wenn Statistiken zu psychischen Erkrankungen nicht sonderlich zuverlässig sind, da sie häufig auf Selbsteinschätzungen basieren und die Entstigmatisierung nicht berücksichtigen, ergab eine Untersuchung der britischen Gesundheitsbehörde, dass 2016 rund 19 Prozent aller Briten eine psychische Erkrankung hatten; im untersten Einkommensviertel war dieser Anteil deutlich höher.[283] Im Zeitraum von 2006 bis 2016 verdoppelte sich die Menge der verschriebenen Antidepressiva.[284] Der Anteil der Bevölkerung, der sich in Behandlung begibt, stieg allerdings nur allmählich: 2017 nahmen rund 4,5 Prozent der Briten wegen Lernbehinderungen, Autismus und psychischen Problemen wie Angststörungen, schweren Depressionen und so weiter psychotherapeutische oder psychiatrische Dienstleistungen in Anspruch.[285] Der Psychiater Simon Wessely hält die These von einer »Epidemie« von psychischen Erkrankungen für Panikmache. Er verweist jedoch auf Erhebungen, die zeigen, dass in einer ganz bestimmten Bevölkerungsgruppe der Anteil der Personen mit sogenannten gewöhnlichen psychischen Störungen – Depression, Angststörung, Panikattacken – in den letzten Jahren von 19 auf 26 Prozent gestiegen ist. Bei dieser Gruppe handelt es sich um junge Frauen im Alter von 18 bis 24 Jahren.[286]

In den Vereinigten Staaten sind psychische Erkrankungen heute nach Schäden des Halt- und Stützapparats der zweitwichtigste Grund für Anträge auf Behindertenbeihilfe.[287] Laut einem Bericht des Gesundheitsministeriums leiden 18 Prozent aller Erwachsenen in den Vereinigten Staaten an psychischen Problemen.[288] Nach Erkenntnissen des klinischen Psychologen Stephen Ilardi erleben 23 Prozent aller Amerikaner vor dem 75. Lebensjahr eine depressive Episode, und unter den jüngeren Kohorten nehme dieser Anteil zu. Außerdem nehme jeder neunte Amerikaner über zwölf Jahren heute Antidepressiva.[289] Und wie wir im vorigen Kapitel gesehen haben, schlägt sich der Anstieg der Verzweiflungstode in den Vereinigten Staaten heute schon auf die statistische Lebenserwartung nieder.

Einsamkeit ist ein großes Thema in unserer modernen Gesellschaft. In den Vereinigten Staaten sind vor allem die Angehörigen der geburtenstarken Jahrgänge der Nachkriegszeit betroffen, von denen jeder sechste allein lebt. Laut einer offiziellen Erhebung schrumpften die sozialen Netzwerke der Amerikaner zwischen 1985 und 2009 um ein Drittel, gemessen an der Zahl der engen Vertrauten, die die Befragten nannten.[290] In Europa ist die Einsamkeit etwas geringer, vermutlich weil die Familie noch stärker ist: Rund 8 Prozent der Deutschen und Niederländer geben an, sich meist oder immer einsam zu fühlen, in Schweden sind es 10 Prozent. In den weniger individualistischen und stärker familienorientierten Gesellschaften Südeuropas war der Anteil interessanterweise größer. In den Vereinigten Staaten liegt der Anteil je nach Umfrage bei 16 Prozent oder deutlich darüber.[291] In Großbritannien fühlen sich laut einer Umfrage des Roten Kreuzes aus dem Jahr 2016 rund 18 Prozent der Erwachsenen immer oder oft einsam.[292]

Man sollte sich allerdings vor einer Verklärung des »goldenen Zeitalters der Familie« hüten. Zumindest in Nordeuropa oder den Vereinigten Staaten leben ältere Menschen traditionell nicht bei ihren Kindern, anders als etwa in Japan oder Indien. Trotzdem verkleinerten sich mit der abnehmenden Zahl der intakten Familien im Westen auch die privaten Netzwerke, in denen Junge wie Alte versorgt werden, vor allem am unteren Ende des Einkommensspektrums. Eine große Mehrheit bedauert diese Entwicklung: In einer Umfrage hielten 72 Prozent der befragten Briten den Zerfall der Familie für ein gravierendes Problem.[293] (In den Vereinigten Staaten gibt es Hinweise auf die Rückkehr von Mehrgenerationenhaushalten, vor allem in ärmeren Familien, die sich keine Pflege- und Erziehungsdienstleistungen leisten können.)[294]

Natürlich kommt es vor, dass Beziehungen mit Kindern unrettbar zerrüttet sind – es kommt vor, dass man sich bei der Partnerwahl irrt. Doch Stiftungen zur Familienförderung sind der Ansicht, dass sich viele Trennungen vermeiden oder zumindest aufschieben ließen, bis die Kinder älter sind, wenn der wirtschaftliche Druck auf junge Paare geringer wäre: Die Hälfte der Trennungen erfolgt vor dem dritten Lebensjahr eines Kindes, wobei es sich hier vor allem um unverheiratete Paare handelt.[295] Während Großfamilien immer seltener werden, wird im Westen das Singledasein zunehmend zur Norm. In einigen Ländern bestehen mehr als ein Drittel aller Haushalte heute aus nur einer Person, in Nordeuropa nähert sich der Anteil sogar den 40 Prozent.[296]

Die kognitive Klasse Europas und Nordamerikas, allen voran die Untergruppe der kreativen Klasse, neigt zu Materialismus, Offenheit, Mobilität, Autonomie und Wandel; sie ist misstrauisch gegenüber Nationalismus und anderen Ismen und bevorzugt gleichberechtigte Partnerschaften. Zugehörigkeit und Gemeinschaft werden zwar als wichtig erkannt, doch das Vorbild ist das durch nichts belastete Individuum, das Tradition und Autorität hinter sich lässt.* Gesellschaften, die der Freiheit und Leistung des Einzelnen einen so hohen Stellenwert beimessen, sind natürlich weniger bereit, die Einschränkungen einer langfristigen Partnerschaft, familiärer Verpflichtungen und Gemeinschaften hinzunehmen; das ist eine der zentralen Spannungen der freiheitlichen Moderne. Eine unvermeidliche Folge der Verbreitung der kreativen Einstellungen ist die Schwächung der Fürsorge und Familie – der private Bereiche der Pflichten, der bedingungslosen Anerkennung und der Unterordnung unter die Be-

---

* Siehe Richard Florida, *The Rise of the Creative Class, Revisited*. Größe, Bedeutung und Definition der »kreativen Klasse« sind umstritten, doch die Verbindung mit liberalen Einstellungen und wirtschaftlicher Ungleichheit ist es nicht. Florida schreibt: »In liberalen Regionen der Vereinigten Staaten ist die Ungleichverteilung nicht nur geringfügig, sondern deutlich größer als in konservativen. Laut einer Auswertung aus dem Jahr 2014 wurden die 25 Kongressbezirke mit den größten Einkommensunterschieden durchgängig von Demokraten vertreten.«

dürfnisse anderer. Wo Menschen ihre persönlichen Interessen über alles andere stellen, geht die Praxis der Fürsorge verloren.

Selbst im reichen Westen entfällt noch immer ein größerer Anteil der Arbeitszeit auf Erziehung und Pflege als auf jede andere Tätigkeit. Nach Schätzung von Caregivers UK kümmern sich in Großbritannien 9 Millionen Menschen ganz oder teilweise um andere. Und Fürsorge – egal ob in der Familie oder als Beruf – gehört zu den emotional, körperlich und geistig anspruchsvollsten Tätigkeiten überhaupt. Doch die meisten Wirtschaftswissenschaftler übergehen Kindererziehung und Pflege im privaten Bereich, weil sie nicht bezahlt werden und damit nichts zum Bruttoinlandsprodukt beitragen; viele Feministinnen sehen in ihnen eine Fessel und Bürde für die Frauen, und die Vorredner der Leistungsgesellschaften tun sie als Verschwendung kognitiven Potenzials ab. An die Stelle traditioneller Geschlechterrollen wie Versorger und Hausfrau tritt das Ideal flexibler Familienbeziehungen.

Die freiheitliche Gesellschaft stellt zwangsläufig viele der kulturellen Kräfte infrage, die mit dem Dienst an anderen in Zusammenhang stehen: Großfamilien mit ihren zahlreichen wirtschaftlichen und sozialen Funktionen im häuslichen Bereich, der meist Frauen unterstand; Religiosität und die Vorstellung des gottgefälligen Handelns; die traditionelle Verbindung von Weiblichkeit mit Fürsorge und Selbstlosigkeit; stabile Gesellschaften mit klaren Geschlechterrollen und starken wechselseitigen Verpflichtungen. In der liberalen Moderne stoßen Vorstellungen wie diese auf wenig Gegenliebe.

In utilitaristischen, lösungs- und zielorientierten Gesellschaften ist die Fürsorge heute in der Krise. Madeleine Bunting, Autorin von *Labours of Love,* sieht einen Konflikt zwischen Fürsorge und liberalen Werten wie Entscheidungsfreiheit und Autonomie.[297] »Gute Fürsorge«, sagt sie, »verlangt Selbstlosigkeit, doch in der modernen Kultur steht dieser Wert nicht eben hoch im Kurs. Außerdem handelt es sich um körperliche Arbeit in einer Kultur, die von Abstraktion und Analyse beherrscht wird.«[298] Das Resultat dieser kulturellen Geringschätzung des Herzens ist absehbar. Im reichen Westen mit seiner alternden Bevölkerung steigt die Nachfrage nach Pflegetätigkeiten, die sich der Automatisierung weitgehend entziehen; trotzdem bleibt es schwierig, Arbeitskräfte für diesen Sektor zu gewinnen, und es deutet nichts darauf hin, dass die steigende Nachfrage eine Aufwertung oder bessere Bezahlung bewirken könnte.

Von den 300 000 Pflegestellen des britischen Gesundheitswesens sind heute 41 000 nicht besetzt, 2017 brachen 24 Prozent der Auszubildenden ihre dreijährige Ausbildung vorzeitig ab, vermutlich aufgrund der hohen Anforderungen vor allem im klinischen Bereich. In der Altenpflege stellt sich die Situation noch dramatischer dar, von 1,4 Millionen Stellen können 110 000 nicht besetzt werden.[299] Pro Jahr scheidet fast ein Drittel aller Pflegekräfte aus, um eine besser bezahlte und weniger anspruchsvolle Tätigkeit etwa im Einzelhandel anzunehmen.[300] In den Vereinigten Staaten geht man davon aus, dass 2026 eine halbe Million Pflegekräfte fehlen werden, in Deutschland werden im sozialen Sektor in zwanzig Jahren doppelt so viele Arbeitskräfte gebraucht wie derzeit, und das in dem Wissen, dass es schon heute schwierig ist, Stellen zu besetzen.[301] In anderen Ländern des Westens ist das Bild ähnlich.

Frauen und Fürsorge

Grund für den Arbeitskräftemangel im sozialen Sektor, vor allem in der Alten- und Krankenpflege, ist eine im Grunde positive Entwicklung: Frauen haben heute mehr berufliche Möglichkeiten als vor fünfzig Jahren und verfügen im Durchschnitt über mehr Bildung. Die Anwerbung von Pflegekräften ist sicher schwerer geworden, seit Frauen die gläserne Decke durchbrochen haben. In der Nachkriegszeit arbeiteten im Westen einige der fähigsten Frauen als Oberschwestern oder Grundschulleiterinnen. Ihr Töchter leiten heute Anwaltskanzleien, Unternehmensberatungen oder Arztpraxen. Die Gesellschaft als Ganze profitiert von den größeren Freiräumen der Frauen, doch die Sozialwirtschaft hat darunter gelitten.

Meine inzwischen verstorbene Schwiegermutter Deborah Kellaway ist ein Beispiel für diesen Generationswandel. Um ihren Aufgaben in der Familie nachkommen zu können, arbeitete sie als Lehrerin einer Mittelschule, solange ihre drei Kinder selbst noch zur Schule gingen, und das obwohl sie in Oxford studiert und zwei Studienabschlüsse hatte. Sie war eine mitreißende Englischlehrerin an einer Grammar School im Norden Londons, doch ihre Kinder entschieden sich für lukrativere und glanzvollere Karrieren im Journalismus und im Finanzsektor.

Vermutlich will heute kaum jemand zurück zu den Werten der Fünfzigerjahre, als Frauen vom Einkommen der Männer abhängig waren, häusliche Gewalt grassierte und alleinerziehende Eltern stigmatisiert waren.* Trotzdem sollte es möglich sein, soziale Tätigkeiten in Familie und Gesellschaft besser zu würdigen (und zwar von Frauen und Männern), ohne die Entscheidungsmöglichkeiten und Freiräume infrage zu stellen, die sich Frauen in den vergangenen Generationen erkämpft haben.

Der Kompromiss, den wir heute gefunden haben, ist jedenfalls sehr unbefriedigend. Gerade Frauen erleben die Aufgaben im familiären Bereich oft als Einschränkung der Freiheit. Der Staat tut

---

* Laut Social-Attitudes-Befragung des Jahres 2012 waren nur 13 Prozent der Befragten der Ansicht, »Der Mann sollte das Geld verdienen und die Frau sollte sich um den Haushalt und die Familie kümmern«, wobei der Unterschied zwischen Männern und Frauen nicht ins Gewicht fällt. Mitte der Achtzigerjahre waren es noch 49 Prozent. Umfragen in den Vereinigten Staaten ergaben etwas konservativere Einstellungen.

vielerorts zu wenig zur Unterstützung der Familie und zwingt Mütter, so rasch wie möglich auf den Arbeitsmarkt zurückzukehren. Dennoch übernehmen viele Frauen oft freiwillig die Hauptverantwortung im Haushalt und haben aufgrund dieser Doppelbelastung Schwierigkeiten, im Beruf mit Männern mitzuhalten. Der Anteil der berufstätigen Mütter ist in Großbritannien von 50 Prozent im Jahr 1975 auf 72 Prozent im Jahr 2017 gestiegen;[302] Männer beteiligen sich zwar heute stärker, sie arbeiten 16 Stunden pro Woche im Haushalt, doch bei Frauen sind es immer noch 26 Stunden.[303]

In Berufen, die ein Studium voraussetzen, arbeiten inzwischen genauso viele Frauen wie Männer, doch gerade der mittlere und untere Bereich des Arbeitsmarktes ist nach wie vor stark von Geschlechtertrennung geprägt. In britischen Krankenhäusern sind nur 12 Prozent der Pflegekräfte Männer, gegenüber 11 Prozent vor zwanzig Jahren. In den Vereinigten Staaten ist der Anteil noch geringer. »Heute werden Frauen weniger zu sozialen Aufgaben erzogen, und viele haben sich ganz davon abgewandt, doch die Männer sind nicht in die Lücke gesprungen«, so Bunting.[304] Immerhin übernehmen Männer heute einen größeren Anteil der Hausarbeit als früher, und die Altenpflege ist gleichmäßiger verteilt als die Kindererziehung. Doch viele Frauen arbeiten mehr in der Erziehung und Pflege denn je, vor allem die Altersgruppe zwischen Mitte 40 und Anfang 60: Weil die Ausbildung der Kinder heute länger dauert und die Eltern älter werden, fällt ihnen heute oft die Aufgabe zu, sich gleichzeitig um ihre heranwachsenden Kinder und ihre Eltern zu kümmern.

Meine ehemalige Kollegin Joanna Williams, die in einer Arbeiterfamilie in Middlesbrough aufgewachsen ist, hat eine interessante Sicht auf die sich wandelnde Einstellung zu den sozialen Aufgaben in der Familie. Ihre Mutter war Hausfrau und machte später eine Ausbildung zur Sozialarbeiterin, als Älteste musste Joanna oft auf ihre Geschwister aufpassen. (Ihr Vater übernahm einen für einen Mann seiner Generation ungewöhnlich großen Anteil der Hausarbeit, er achtete jedoch immer sehr darauf, dass ihn die Nachbarn nicht beim Aufhängen der Wäsche sahen.)»Ich habe mich dagegen gewehrt, dass Fürsorge das Schicksal der Frau sein muss«, sagt sie. »Als ich mit 24 mein erstes Kind bekommen habe, war ich drei Monate später wieder in der Schule und habe unterrichtet. Mein Mann und ich haben die Hausarbeit gerecht geteilt.« Das zweite Kind bekam sie mit 26, auch um ihrer Arbeit zu entkommen, die ihr keinen Spaß mehr machte. Diesmal nahm sie sich zwei Jahre Elternzeit. Das gefiel ihr allerdings auch nicht. »Ich war eine kontrollsüchtige Mutter und habe ein anderes Ventil für meine Energie gebraucht.« Williams ist eine erfolgreiche Autorin und Akademikerin, die keine Hausfrau und Mutter sein wollte. Trotzdem findet sie, dass auch Frauen, die sich für diese Rolle entscheiden, Respekt verdienen: »Ob das angeboren oder anerzogen ist, wer weiß. Aber viele Frauen wollen sich um ihre Kinder kümmern, weil ihnen das Stolz und Status gibt.« Sie beobachtet, dass viele Feministinnen den Versuch der Aufwertung von Erziehung und Pflege mit gemischten Gefühlen verfolgen.

Für sie sind Kindererziehung und Pflege nicht die entscheidenden Themen, weder zu Hause noch im Beruf. Das liegt auch daran, dass Feministinnen vor allem aus der Mittelschicht kommen und sich eher für Frauenquoten in Parlamenten und Aufsichtsräten interessieren. Aber eine Umfrage nach der anderen zeigt, dass sich nur wenige Frauen als Feministinnen in diesem Sinne verstehen … Ausgerechnet die Bildungsrevolution hat die Klassentrennung bei Frauen zurückgebracht. Ende der Sechziger-, Anfang der Siebzigerjahre, als das mit dem Feminismus losging, machten alle Frauen unabhängig von ihrer sozialen Herkunft mehr oder weniger dieselben Erfahrungen – Mutterschaft, Hausarbeit, fehlende Möglichkeiten auf dem Arbeitsmarkt. Als immer mehr Frauen studierten und arbeiteten, verschwanden diese Gemeinsamkeiten, und die Kluft zwischen den Klassen wurde größer.

Einige Feministinnen fürchten offenbar, mit der Aufwertung des Sozialen fiele einmal mehr den Frauen der größte Teil dieser Tätigkeiten zu. Das wiederum würde die Gleichsetzung von Frauen und Fürsorge bekräftigen, und selbst wenn diese Arbeit besser bezahlt und mehr Anerkennung finden würde, dann liefe dies dem Ziel einer geschlechtsneutralen Gesellschaft zuwider. Ein Land wie Schweden bestätigt diese Befürchtung: Hier genießen Frauen einen hohen Status, Pflege und Kindererziehung genießen mehr Ansehen und bessere Bezahlung als irgendwo sonst auf der Welt. Gleichzeitig ist die Geschlechtertrennung dort größer, und Frauen konzentrieren sich im sozialen Sektor.[305]

Viele Feministinnen sähen es dagegen lieber, wenn mehr Männer diese traditionell weiblichen Aufgaben in Familie und Beruf wahrnehmen würden. Das passiert zwar, doch nur sehr allmählich. Wenn Frauen also weiterhin in Familie und Beruf den größten Teil der Erziehung und Pflege übernehmen, dann sollte es der Politik und vor allem Feministinnen darum gehen, ihre Bezahlung und ihren Status zu verbessern. Dies ist jedoch kein allgemeines Anliegen, wie Alison Wolf, Joanna Williams und andere bestätigen: Die Geschlechterpolitik wurde von der kognitive Klasse vereinnahmt, insbesondere von Akademikerinnen, die ganz andere Interessen haben als die meisten anderen Frauen.

In den Siebzigerjahren kam eine Bewegung auf, die ein Einkommen für Hausarbeit verlangte; diese Forderung scheiterte, seither ist die Gleichstellung von Mann und Frau im Beruf ein Hauptanliegen der Frauenpolitik, und in letzter Zeit geht es vor allem um die Gleichstellung in Führungspositionen. In dieser Richtung wurden nach Ansicht von Wolf große Fortschritte gemacht, heute wird etwa die Hälfte aller Stellen im Management mit Frauen besetzt, nur in der absoluten Spitze fehlten sie noch. Frauen verdienen nur geringfügig schlechter als Männer, allerdings wird die Mutterschaft bestraft, weil viele Frauen auf Teilzeitstellen oder gar nicht arbeiten und weibliche Führungskräfte ihre Laufbahn unterbrechen und so aus dem Rennen um Spitzenpositionen ausscheiden.

Die Politik hat viel getan, damit Akademikerinnen so wenig wie möglich durch die Mutterschaft behindert werden. Doch für konservativere Frauen oder Frauen der Unterschichten geht es weniger um Möglichkeiten der Kinderbetreuung. Sie wünschen sich vielmehr Unterstützung, um während der ersten Lebensjahre der Kinder zu Hause bleiben zu können, statt sie Fremden zu überlassen und in ihre schlecht bezahlte Arbeit zurückzukehren. In Umfragen geben die meisten britischen Frauen an, dass sie sich während der ersten Lebensjahre ihrer Kinder noch immer eine wie immer geartete Versorgung durch den Mann wünschen und dass sie, wenn sie es sich leisten könnten, lieber zu Hause bleiben würden, solange die Kinder noch nicht zur Schule gehen. Eine im Auftrag der Regierung durchgeführte Umfrage stellte 2019 fest, dass 37 Prozent der Mütter mit kleinen Kindern lieber ganz zu Hause bleiben würden, während 65 Prozent gern weniger arbeiten würden, um sich um die Kinder zu kümmern.[306]

Meinungsforscher beobachten immer wieder, dass kein Widerspruch besteht zwischen Gleichberechtigung und einer modernen Form der Häuslichkeit. Die Social-Attitudes-Umfrage des Jahres 2012 wollte wissen, inwieweit die Befragten der Aussage zustimmen: »Die meisten Mütter mit Kleinkindern ziehen es vor, nicht

selbst zu arbeiten und dem Mann die Rolle des Versorgers zu überlassen.« Nur 15 Prozent der Befragten widersprachen. Der Anteil
der Befragten, die die Rolle der Hausfrau und Mutter als genauso
befriedigend empfinden wie die Berufstätigkeit, stieg sogar leicht
von 41 Prozent im Jahr 1981 auf 45 Prozent im Jahr 2012. Die
Aussage »Die Kinder heranwachsen zu sehen, gehört zu den größten Freuden des Lebens« findet seit mehr als dreißig Jahren über
80 Prozent Zustimmung. Wolf kommt zu dem Schluss:

> Die öffentlichkeitswirksamen Forderungen von Frauen der
> Elite und die Bemühungen der Parteien um die weibliche
> Wählerschaft haben sich erstaunlich weit von den Anliegen
> der Mehrheit entfernt ... Unterschiedliche Frauen führen
> unterschiedliche Leben und haben unterschiedliche Interes-
> sen, genau wie Männer, und die Politik sollte nicht nur auf die
> Stimmen von der Spitze hören.[307]

Soziale Tätigkeiten und Gleichberechtigung sollten nicht im Widerspruch zueinander stehen. Doch mit ihren Interessen spielt die
Elite die Gleichstellung in Arbeit und Politik gegen den häuslichen
Bereich der Fürsorge aus. Aber wenn das Herz in Zukunft gleich-
berechtigter Partner von Hand und Kopf sein soll, dann müssen
wir erkennen, dass dies kein Gegensatz ist. Die amerikanische Phi-
losophin Virginia Held schreibt in ihrem Buch *The Ethics of Care:*

> Wenn Frauen mit ihrer berechtigten Forderung nach Gleich-
> stellung die Gerechtigkeit auf Kosten der Fürsorge verfolgen,
> dann leidet darunter die Moral. Wenn sich diejenigen, die
> einst in der Fürsorge tätig waren, immer mehr den freien, glei-
> chen, rationalen und unbelasteten Individuen der Gerechtig
> keitstheorie annähern, dann bleibt niemand mehr übrig, der

sich um Familien- und Freundschaftsbeziehungen kümmert und die Bande der Fürsorge unterhält.[308]

Ist eine familienfreundlichere und pluralistischere Form des Feminismus denkbar, die Platz bietet für ein größeres Spektrum von weiblichen (und männlichen) Möglichkeiten, von der Karriere bis zur Familie? Wie können Arbeitsmarkt und Gesellschaft den Prioritäten des Herzens besser Rechnung tragen? Viele von uns, egal ob Männer oder Frauen, haben nicht das Wissen und die Fähigkeiten, uns um unsere Angehörigen zu kümmern, geschweige denn um andere. Altenpflege setzt Erfahrung voraus, mit guten Absichten allein kommen wir nicht weit.

Doch der soziale Sektor steht vor einem zweifachen Problem. Aus den genannten Gründen wollen immer weniger Menschen hier arbeiten. Und viele derjenigen, die hier arbeiten, stellen bald fest, dass der Sektor sein Herz verloren hat, und kehren ihm enttäuscht den Rücken. In Großbritannien gibt es 690 000 zugelassene Krankenpfleger, von denen nur 350 000 tatsächlich berufstätig sind (300 000 im staatlichen Gesundheitswesen, der Rest in der Altenpflege und in privaten Kliniken).[309] Nach Ansicht von Wirtschaftstheoretikern liegt das daran, dass die Pflege zwar einen gesellschaftlichen Nutzen produziert, die Pflegenden selbst jedoch wenig von diesem Nutzen abbekommen.[310] Früher löste man das Problem, indem man den Frauen gar keine anderen Möglichkeiten bot. Heute sind diese Zwänge aufgehoben, doch wir haben noch keine Alternative gefunden und müssen nun mit den Konsequenzen leben. Aber warum sollten Pflegende nicht den Lohn und die Anerkennung erhalten, die ihnen zustehen? Die Prioritäten von Wirtschaft und Gesellschaft sind nicht in Stein gemeißelt. In demokratischen Gesellschaften reagieren sie mal schneller, mal langsamer auf die mysteriösen Befindlichkeiten der Elite und der breiten Masse. Und wer hätte schon etwas gegen mehr Herz?

Die Zukunft der Pflege

Es würde wohl kaum jemand bestreiten, dass Arbeiten wie Kochen, Waschen und Pflegen seit jeher wirtschaftlich unterbewertet werden, weil sie überwiegend von Frauen übernommen werden. In Großbritannien sind Erziehung und Pflege eine Frauendomäne: 88 Prozent der Krankenpfleger, 82 Prozent der Altenpfleger und 85 Prozent der Erzieher und Grundschullehrer sind Frauen.[311] In anderen Industrienationen sind die Zahlen ähnlich. Die Verteilung von Einkommen und Anerkennung geht zudem Jahrzehnte zurück in eine Zeit, als Frauen eher in Teilzeit arbeiteten, selten Alleinverdiener waren und sich in erster Linie um die Familie kümmerten. Was die Bezahlung angeht, sind Krankenpflege und Unterricht besser aufgestellt, weil sie meist in großen Zusammenhängen stattfinden, weil sie von Gewerkschaften vertreten werden und weil die Lohnstruktur in Tarifverträgen geregelt wird. Wobei die Krankenpflege zwar ein gutes Einstiegsgehalt, aber kaum Aufstiegsmöglichkeiten bietet; so sind kaum Einkommenssteigerungen möglich, und angesichts der Belastungen sehen viele Frauen zum Beispiel nach einer Babypause wenig Anreiz, ins Berufsleben zurückzukehren. In der Altenpflege und der Kindererziehung sind die Einkommen dagegen von Anfang an schlecht.

Die Anerkennung folgt demselben Muster. Kindererziehung und die Pflege von Kranken und Alten gelten seit jeher als »intuitive« Fähigkeiten, die Frauen leicht fallen. Es handele sich um eine Gabe, die im Vergleich mit kognitiven Leistungen keine besondere Anerkennung verdient, so die Logik. Und wenn man also einen

Wirtschaftstheoretiker fragen würde, warum Altenpfleger so wenig verdienen, dann würde man vermutlich zur Antwort erhalten: »Weil das fast jeder kann.« Doch wie wir alle wissen, stimmt das nicht. Wer auch nur eine halbe Stunde in einem Altenpflegeheim oder Krankenhaus verbracht hat, der weiß, dass es gute, mittelmäßige und schlechte Pflegekräfte gibt, ganz so wie in allen Berufen. Allerdings hätte unser Wirtschaftstheoretiker recht, wenn er auf die niedrigen Einstiegsanforderungen anspielt: Für ihre einfachsten Stellen verlangen viele Heime kaum oder gar keine Qualifikationen, auch wenn man in der zweiten Arbeitswoche vielleicht schon einen Katheter wechseln muss. So werden Pflegetätigkeiten nach kognitiven Maßstäben beurteilt, einen eigenen Pflegemaßstab gibt es nicht.

Viele Pflegetätigkeiten sind anspruchsvoll und verlangen neben Erfahrung auch kognitive Leistung; Krankenschwestern müssen über medizinisches Grundwissen verfügen, Medikamente verabreichen, den Zustand von Patienten beurteilen und sogar kleinere Behandlungen vornehmen. »Es gibt kaum etwas, das mehr körperliches Geschick verlangt und emotional anspruchsvoller ist, als einen schwer verletzten Patienten zu entkleiden und zu waschen«, sagte mir eine Pflegerin des St. George's Hospital im Londoner Stadtteil Tooting. Man braucht emotionale Intelligenz, um die Mimik von Patienten zu verstehen und einfühlsam und geschickt auf körperliches und seelisches Leid zu reagieren. Diese Fähigkeiten lassen sich erlernen, meint Madeleine Bunting. Ihrer Ansicht nach werden sie mithilfe von Vorbildern und einer Sozialkultur erworben: »Es erfordert eine Kombination aus Absicht – dem Wunsch, anderen zu helfen –, Vorstellungskraft und kognitiven Fähigkeiten. Es verlangt Herz und Verstand.« In einer instrumentalistischen und utilitaristischen Kultur wie der unseren ist die Pflege allerdings in einer Zwickmühle, denn es geht oft um die Linderung von Schmerz oder Leid, und die Ergebnisse sind kaum zu messen. Am wenigsten Anerkennung findet die Geriatrie: Anders als in der Intensivmedizin mit ihren modernen Geräten lässt es sich kaum messen, wenn man dazu beiträgt, den Tag eines sehr alten Menschen etwas weniger freudlos und einsam zu gestalten.

Der Gedanke, dass Krankenpfleger ärztliche Aufgaben übernehmen sollen, der ja vielerorts hinter der Akademisierung des Berufs steckt, steht oft der Anerkennung der Pflege als eigenständiger Fähigkeit und Tradition entgegen. Dabei müssen diese beiden Herangehensweisen an die Pflege allerdings nicht im Widerspruch zueinander stehen. Schon Florence Nightingale war sowohl eine fürsorgliche Krankenpflegerin als auch eine sorgfältige Statistikerin. Doch die Akademisierung der Pflege und die zahlreichen Skandale um die Zustände in Krankenhäusern und Pflegeheimen haben der Beschwerde Nahrung gegeben, dass sich viele Pfleger für ihre Aufgaben zu gut sind und dass die altmodische Pflege aus dem System verdrängt wurde. Es trifft zu, dass es in der Pflege große Qualitätsprobleme gibt, doch die Akademisierung spielt dabei eine untergeordnete Rolle. Nicht umsonst zeigen Krankenhäuser mit einem höheren Anteil von gut ausgebildeten Pflegekräften bessere Ergebnisse.[312]

Wenn an die Stelle der informellen Pflege in der Familie eine unpersönliche und kommerzielle Pflege tritt und die Pflegenden keine emotionale Beziehung mehr zu den betreuten Menschen haben, dann ist ein Qualitätsverlust vielleicht unvermeidlich. Andere Ursachen sind jedoch vermeidbar und hängen mit organisatorischen und wirtschaftlichen Faktoren zusammen, auf die wir sehr wohl einen Einfluss haben. Im Sommer 2019 hielt ich einen Vortrag vor Schwestern des Lehrkrankenhauses von St. George. Einige erinnerten sich voller Nostalgie an früher, als sie mehr Zeit für die Patienten hatten und eine Beziehung zu ihnen aufbauen konnten. Die meisten hatten den Beruf vor 2013 aufgenommen, als noch kein Studium verlangt wurde, doch sie hatten entsprechende Qualifikationen erworben, und keine hatte etwas gegen die Akademisierung der Pflege. Eine Schwester meinte, moderne Krankenhäuser vermittelten leicht den Eindruck einer Verschlechterung der Pflege:»Als meine Mutter Stationsschwester war, haben die Patienten oft wochenlang im Krankenhaus gelegen, und man hat sie kennengelernt. Mit der stärker technisierten Medizin von heute ist der Durchlauf viel schneller, und es wird schwieriger, eine Beziehung aufzubauen. Aber ich glaube nicht, dass wir uns weniger um die Patienten kümmern als früher.«

Spezialabteilungen seien besser, meinte eine andere Schwester, die die jüngsten Entwicklungen ebenfalls mit gemischten Gefühlen sah:»Es ist eine seltsame Mischung. Im Zeitalter der Diplompflegerin haben wir mehr Autorität und Status, und wir können mehr ärztliche Aufgaben übernehmen als früher, wir können Medikamente verschreiben, Punktionen durchführen und Röntgenaufnahmen und Blutentnahmen verordnen. Aber auf der anderen Seite sind die Protokolle wichtiger als die Patienten, und am Ende haben wir weniger Freiheiten.« Wie andere Branchen haben sich die Pflegerinnen von St. George offenbar mit der Akademisierung arrangiert. Wenn sie die Anerkennung, die ihnen zusteht, nur bekommen, indem sie sich der kognitiven Revolution beugen, dann tun sie das eben. Julie Goldie, eine erfahrene Pflegerin und Leiterin der Entwicklungsabteilung von St. George, teilt die gemischten Gefühle. Sie räumt ein, dass Menschen heute älter werden und komplexere Pflegebedürfnisse haben, und dass die Pflege daher technisch und kognitiv anspruchsvoller wird.»In der Pflege hat es nie ausgereicht, einfach nur ein guter Mensch zu sein; man braucht bestimmte Fähigkeiten, um gut pflegen zu können. Aber ich habe die Sorge, dass Soft Skills – Reden, Zuhören und der Umgang mit den Hygiene- und Ernährungsbedürfnissen der Patienten – weniger anerkannt werden. Diese Grundfähigkeiten werden oft abgewertet.« Mit ähnlicher Sorge betrachtet sie ein bereits angesprochenes Problem: die Erwartungen der diplomierten Kräfte. »Hohe Ansprüche sind an sich nichts Schlechtes, aber es kann bedeuten, dass ambitionierte Pflegekräfte in andere Berufe wechseln oder nach dem Abschluss weiter studieren wollen«, sagt sie.

In Großbritannien, den Vereinigten Staaten, Frankreich oder Skandinavien ist die Diplompflegekraft heute die Regel. In anderen europäischen Ländern wie Deutschland oder Portugal wird die entsprechende Kompetenz dagegen meist in einer nicht-universitären Ausbildung erworben. In den Vereinigten Staaten haben Pflegeschulen lange Wartelisten, weil man mit Diplom besser verdient und sich selbstständig machen kann. Hat die Akademisierung die Pflege in Großbritannien aufgewertet? »Das wissen wir nicht, aber ohne Akademikerstatus wäre die Situation vielleicht noch schlechter«, meint Ian Norman, Dekan des Fachbereichs Pflege am King's College in London.

Alison Leary, Professorin für Gesundheit an der Londoner South Bank University, hält es für selbstverständlich, die Pflege zu den MINT-Berufen und der »selbstkritischen« Wissensbranche zu zählen. Sie will mit ihrer Arbeit Wege finden, die Ergebnisse der Pflege genauso messbar zu machen wie zum Beispiel die der Chirurgie. Leary sieht die Ursache für die vermeintlichen Qualitätsprobleme der Pflege in der zunehmenden Arbeitsbelastung. Ihren Berechnungen zufolge kommt es im staatlichen Gesundheitswesen innerhalb von 17 Stunden zu einer Million Pflegehandlungen. Die Anforderungen an die Pflegekräfte seien einfach zu groß. »Das setzt viele Pflegekräfte unter moralischen Druck, dem sie nur entkommen, indem sie auf Abstand zum Leid in ihrer Umgebung gehen«, so Leary. Die Geschichte einer befreundeten Autorin bestätigt das:

Nachdem ich meine Tochter mit Kaiserschnitt zur Welt gebracht habe, hatte ich eine seltene Komplikation. Die Symptome sind immer schlimmer geworden, aber die Schwestern in der Entbindungsklinik haben sie ignoriert, obwohl meine Familie alles getan hat, um Hilfe zu bekommen. Das lag nicht daran, dass die Schwestern gleichgültig oder fahrlässig gewesen wären. Es lag eher daran, dass sich jede um 15 Mütter mit ihren Babys kümmern musste und dass sie einfach keine Zeit hatten, um irgendetwas mitzubekommen. Als die endlich bemerkt haben, dass mit mir etwas nicht in Ordnung ist, haben sie mich mit meiner Tochter auf die Intensivstation verlegt. Der Qualitätsunterschied war enorm, und das, obwohl es zum Teil dieselben Schwestern waren, die mich in der Entbindungsklinik ignoriert hatten. Der einzige Unterschied war, dass jede Schwester hier nur drei Betten betreuen musste, nicht 15. Man könnte einige Mängel in der Pflege beheben, wenn man den Schwestern einfach mehr Zeit geben würde.

Leary fügt hinzu, dass aufgrund der hohen Wechselrate in vielen Krankenhäusern zu viele unerfahrene Pflegekräfte arbeiten. Wie in anderen Branchen seien die finanziellen Anreize so aufgestellt, dass Mitarbeiter Führungspositionen anstrebten, für die sie gar nicht geeignet seien; es wäre sinnvoller, sie dafür zu belohnen, dass sie in ihrer Abteilung bleiben und dort gute Arbeit leisten.

Gesundheitsexpertin Elaine Maxwell setzt einen anderen Schwerpunkt. Ihrer Ansicht nach leidet die Pflege unter unklaren Definitionen und sollte als eigene und von der Medizin unterschiedene Disziplin behandelt werden.

Pflegekräfte sind mehr als nur technische Assistenten der Ärzte. Die Pflege wurde geblendet von einem quasi-ärztlichen

Status. Aber die Vergabe von Medikamenten kann auch von anderen Spezialisten übernommen werden, zum Beispiel Pharmazeuten. Die Pflege muss auf ihrer Autonomie bestehen. Ihre Aufgabe ist es, Menschen zu helfen, sich ihrem Gesundheitszustand anzupassen. Die moderne Methode besteht darin, auf Abstand zum Menschen zu gehen und nur die Symptome zu behandeln. Aber bei der Pflege geht es um den ganzen Menschen.

Mit anderen Worten kann man Gesundheit nicht verabreichen, man kann Patienten nur bei der Genesung helfen. Nach Ansicht von Maxwell ist es gerade die Beförderung zu Ärzten zweiter Klasse, die viele der 690 000 Pflegekräfte des Landes veranlasst hat, ihrem Stand den Rücken zu kehren. »In den Achtzigerjahren hatte ich als Krankenschwester mehr Autonomie«, sagt sie. »Ich konnte zum Beispiel selbst entscheiden, wie häufig ich nach einem Patienten gesehen und wann ich Medikamente verabreicht habe. Das entscheiden heute alles die Ärzte.« Wie die Schwestern von St. George und Alison Leary sicht sie die Ursache der Pflegekrise im modernen Krankenhausmanagement: Im Mittelpunkt stehen Zielvorgaben und Bettenmanagement, die Arbeitsbelastung ist zu groß.

Auch Maxwell möchte die Statuslücke zwischen Ärzten und Pflegekräften schließen. Wie Leary glaubt sie, dass Quantifizierung und Honorierung von Soft Skills genauso dazu beitragen können wie die Erkenntnis, dass Pflege so erlernbar ist wie Führung. Jonathan Hanbury, früher stellvertretender Leiter der Gesundheitsstiftung Barts Health, stimmt Maxwell zu, setzt jedoch einen anderen Schwerpunkt:

Pflegekräfte übernehmen heute viele der Aufgaben von Ärzten, und das ist im Großen und Ganzen gut so. Aber wir verkaufen die Pflege unter Wert. Krankenpfleger sind der Motor des Gesundheitswesens. Krankenhausleitungen bestehen zu einem großen Teil aus ehemaligen Pflegekräften, nur ein Drittel sind Ärzte. Eine leitende Stationsschwester hat vierzig Mitarbeiter und verantwortet Ausgaben in Millionenhöhe … Aber wir bekommen nicht genug der besten Schulabgänger. Dabei eröffnen sich zahlreiche Möglichkeiten und Betätigungsfelder für Pflegekräfte, die ein paar Jahre an der Front waren. Es gibt alle möglichen Spezialisierungen, sie haben Führungserfahrung, und wer sich für Mathematik interessiert, kann zur IT-Seite wechseln. Im Gesundheitswesen fehlen Datenexperten, die etwas von der Pflege verstehen.

Diese unterschiedlichen Versuche, die Gesundheitsarbeit aufzuwerten, müssen sich nicht gegenseitig ausschließen. Die Herausforderung besteht darin, sowohl diejenigen zu gewinnen, die Quasi-Ärzte werden wollen, als auch diejenigen, die ganzheitlicher an die Pflege herangehen. Auf den Feldern Jura und Maschinenbau gibt es viele Spielarten, aber für die Pflege gibt es nur eine einzige und zudem schlecht definierte Kategorie.

Jonathan Hanbury hat inzwischen seinen Abschied aus dem staatlichen Gesundheitswesen genommen und sein eigenes Unternehmen für Demenzpatienten und ihre Angehörigen gegründet. Mit der steigenden Lebenserwartung nimmt auch die Demenz zu. Nach Zahlen der Alzheimer's Society gibt es in Großbritannien rund 850 000 Demenzpatienten, und bis 2025 wird diese Zahl auf über eine Million steigen. Man geht davon aus, dass die Hälfte aller 75- bis 85-Jährigen von leichter bis schwerer Demenz betroffen sein wird, und drei Viertel aller über 85-Jährigen.[313] Hanbury klagt, aufgrund der Unterfinanzierung der Altenpflege fehle es an Innovationen: »Die Innovation folgt dem Geld, und ein Sektor mit vielen Kleinunternehmen, Stiftungen und Freiwilligen hält sich eher an Vertrautes.«

In Ländern wie Japan und Deutschland, wo es Pflegeversicherungen gibt, ist die Innovation größer. In Japan gibt es sogenannte »Glückszentren« für Senioren und ihre Familien, und Patienten können mithilfe von Digitaltechnik aus der Ferne beobachtet werden. In den Niederlanden gibt es Modelldörfer, in denen Rentner länger unabhängig bleiben, und das sogenannte Buurtzorg-System gibt Pflegern größere Autonomie.

Jenny, die sechzigjährige Cousine einer Bekannten, weiß aus ihrer Erfahrung als ambulante Pflegerin in Warwickshire, wie trist die Situation sein kann. Sie besuchte Patienten zu Hause, verabreichte Medikamente, kochte für sie, zog sie an und badete sie, wechselte Windeln, und so weiter. Wie alle sozialen Helfer hat sie so manche Extremsituation miterlebt. »Das war wahrscheinlich die schwerste Arbeit, die ich je hatte«, sagt sie. Ihre Besuche dauerten zwischen 15 Minuten und einer Stunde, und wenn bei einem »Klienten« etwas nicht in Ordnung war, dann hechelte sie den Rest des Tages hinter ihrem Zeitplan her.* Dafür bekam sie den Mindestlohn, und wenn die Fahrtzulage nicht ausreichte, war es auch weniger.

Gute Pflege ist unter solchen Bedingungen nicht möglich. Camilla Cavendish, Autorin der 2013 veröffentlichen Studie *Cavendish Review*, untersuchte die Ausbildung von nicht-akkreditierten Pflegekräften und erzählt die Geschichte eines alten Mannes, der sich die Namen aller Pflegekräfte notierte, die ihn besuchten, um sie mit Namen begrüßen zu können; am Ende eines Jahres kam er auf 102 Namen. Cavendish klagt zudem, dass die Leute, die in Krankenhäusern, Altenpflegeheimen und in der ambulanten Pflege arbeiten, oft nicht von den Kollegen geschätzt werden, weil sie als unausgebildet gelten. In ihrem Bericht schrieb sie:

---

* Laut offiziellen Zahlen war 2013 ein Viertel der zwei Millionen Pflegebesuche fünf Minuten lang.

Das Wort »Pflege« beschreibt die Tätigkeit dieser Menschen nicht annähernd. Einem alten Menschen beim Essen und Schlucken zu helfen, jemanden würdevoll und schmerzfrei zu baden, mit einem Menschen im Frühstadium der Demenz zu kommunizieren, und all das intelligent, freundlich, würdevoll, fürsorglich und respektvoll, das erfordert besondere Fähigkeiten. Und das auf sich gestellt im Haus eines fremden Menschen zu tun, ohne Anweisungen von der Leitstelle, wenn man nur eine halbe Stunde bezahlt bekommt, das verlangt erhebliche Reife und Robustheit.[314]

Allzu oft reicht die Zeit nicht aus. Jenny erinnert sich: »Am ersten Arbeitstag habe ich gehört, wie einer der Manager gesagt hat: ›Das ist eine von denen, die sich zu sehr kümmern.‹« Aber sie sieht die Schuld nicht bei den Pflegeanbietern, die meist alles tun, um mit ihren begrenzten Mitteln auszukommen. Besonders entsetzt war sie über Angehörige, die wussten, dass ein älterer Mensch in ein Pflegeheim gehörte, die aber die Kosten scheuten. Da Jenny auch schon in einem Altenpflegeheim gearbeitet hat, weiß sie, dass diese Arbeit etwas weniger belastend war als die ambulante Pflege, und doch fiel es ihr hier auf, dass die Heimleitung den Bewohnern, die Besuch bekamen, mehr Aufmerksamkeit schenkte als den anderen.

In Großbritannien schlagen selbst konservative Thinktanks inzwischen vor, die Pflege zu verstaatlichen. Heute kostet das System rund 22 Milliarden Pfund pro Jahr, wovon etwa die Hälfte von den Klienten bezahlt wird. 1,4 Millionen Mitarbeiter versorgen rund 400 000 Pflegefälle in Heimen und 500 000 zu Hause. Wenn der Staat die Kosten übernähme, würde dies eine Erhöhung des Staatshaushalts um 1 Prozent bedeuten.[315] Aber unabhängig von der Finanzierung bleibt der Status der Mitarbeiter das zentrale Problem bei der Bewältigung des zunehmenden Pflegekräftemangels.

Die langfristige Reaktion auf die Coronakrise kann nicht nur im Ausbau der Intensivkapazitäten bestehen, sondern auch darin, die Pflege aus ihrem Aschenputteldasein zu erlösen.

Studien zur Zukunft der Ausbildung in der Pflege betonen eine Kombination aus technisch-kognitiven Kompetenzen und Soft Skills. Letztere werden mehr Arbeitsplätze schaffen, um die Bewegungs-, Pflege- und Gesundheitsbedürfnisse der alternden Bevölkerung zu decken, was aktuelle Arbeitsmarktdaten aus Großbritannien bestätigen: Ein Viertel der zwanzig am schnellsten wachsenden Berufe finden sich in der Pflege. (Die größten Zuwächse gab es allerdings mit 160 000 neuen Stellen in der Kategorie Softwareentwicklung.)[316] Wie wir wiederholt gesehen haben, sind viele der Tätigkeiten in der Sozialwirtschaft heute unterbewertet und unterbezahlt. Die Prognosen des amerikanischen Arbeitsministeriums gehen davon aus, dass bis 2024 acht der zehn am schnellsten wachsenden Branchen unterdurchschnittliche Löhne bezahlen; ein Drittel davon befindet sich im weitesten Sinne im Gesundheitssektor.[317]

Auch andere Bereiche des britischen sozialen Sektors wurden in den vergangenen Jahren akademisiert, allen voran die Kindererziehung. Mitarbeiter von Kinderhorten und Vorschulen müssen Qualifikationen nachweisen, in jeder Einrichtung müssen bestimmte Kompetenzen vorhanden sein, Mitarbeiter müssen in Erster Hilfe für Kinder geschult werden. Anders als in der Pflege ist auch das Zahlenverhältnis von Kindern zu Erziehern geregelt. Inspektoren überprüfen die Qualifikationen und Einrichtungen, und all das scheint den Status der Erziehungsarbeit verbessert zu haben. Jill Manthorpe vom King's College in London meint, die Professionalisierung von Kindergärten könne als Vorbild für die Altenpflege dienen. »Ist es zu viel erwartet, diese Veränderungen auch in anderen Berufen zu verlangen? Mitarbeiter brauchen eine angemessene Ausbildung und Berufsstolz. Die Pflege braucht ihren eigenen Berufsverband, der die Ausbildungsstandards überwacht.« Die Ärzte haben ihren Verband genauso wie die Krankenpfleger, aber für die Altenpflege gibt es keinen. In ihrer Studie über die 1,3 Millionen staatlichen Alten- und Krankenpfleger, die zum Teil keine formelle Ausbildung erhalten haben, schlägt Camilla Cavendish einheitliche Ausbildungsstandards vor. Allerdings sieht sie die Professionalisierung der Kindererziehung nicht als Vorbild, weil sie fürchtet, das könnte zu abschreckend wirken.

Die Rolle der Männer im sozialen Sektor

Was ist die Rolle der Männer in der Aufwertung von Erziehung und Pflege? Untersuchungen zeigen, dass der Anteil der britischen Männer an der Hausarbeit seit den Siebzigerjahren von 27 auf 38 Prozent gestiegen ist.[318] Dies liegt allerdings vor allem daran, dass Frauen heute durchschnittlich weniger Zeit mit Kochen, Putzen und Wäschewaschen zubringen als früher, weil sie selbst berufstätig sind und zudem mehr Haushaltsgeräte zur Verfügung stehen. Sowohl Männer als auch Frauen verbringen heute mehr Zeit mit Kindererziehung als noch in den Neunzigerjahren, als vor allem in der gebildeten Schicht das Ideal des aktiven Vaters aufkam. In entwickelten Ländern gelten heute zwei Drittel aller Väter als »aktiv«, das heißt, sie kümmern sich durchschnittlich zwei Stunden am Tag um ihre Kinder. Eltern mit Hochschulabschluss bevorzugen oft Aktivitäten zur Verbesserung der sozialen und kognitiven Kompetenzen ihrer Kinder, und Männer sind eher bereit, ihren Anteil an der Hausarbeit zu übernehmen. Bei Männern ohne Hochschulabschluss ist das Bild weniger eindeutig. Früher bedeutete die Rolle des Ernährers Status und war eine Form der Fürsorge: Die Lohnarbeit war ein Dienst an der Familie. Da Männer heute nur noch selten die Alleinverdiener sind und oft nicht einmal den Löwenanteil nach Hause bringen, hat diese Rolle an Bedeutung verloren.

Die alte Vorstellung, dass Männer durch familiäre Pflichten zu fürsorglicheren Menschen und besseren Staatsbürgern werden, wird durch Statistiken bestätigt: Familienväter sind seltener arbeitslos, und Häftlinge, die Familienbesuch erhalten, werden mit 40 Prozent geringerer Wahrscheinlichkeit rückfällig.[319] Umgekehrt werden Männer deutlich schlechter mit einer Scheidung fertig als Frauen, und einige geraten in eine stete Abwärtsspirale. Man liest immer wieder, die Männlichkeit sei in der Krise, weil sich Männer an ein überkommenes Herrschaftsmodell hielten; sie müssten weiblicher werden und besser mit ihren Emotionen umgehen, heißt es. Das mag stimmen, doch genauso wahr ist, dass gerade Männer aus der Unterschicht ihre Rolle als Versorger verloren haben, die ihnen Anerkennung und Würde gab, und dass sie dafür noch keinen angemessenen Ersatz gefunden haben.

Auch das Fehlen körperlicher Herausforderungen im modernen Alltag setzt vielen Männern zu. Um diese Lücke zu schließen, flüchten sich einige in Extremsportarten oder gehen in Arbeit und Beziehung verantwortungslose Risiken ein. Wenn die moderne Sicherheitskultur vielerorts belächelt wird, dann auch, weil sie Männern die Fähigkeit abzusprechen scheint, Risiken selbst einzuschätzen und Anerkennung für ihren Mut und ihre Initiative zu finden. Ballerspiele – die sogenannten Ego-Shooter – sollen diese Bedürfnisse befriedigen, aber hier gehen die jungen Männer natürlich keinerlei Risiko ein und erleben weder reale Gefahren, noch können sie ihren Mut unter Beweis stellen. Es fehlt ein neues Bild der Männlichkeit für eine Welt, in der traditionelle männliche Werte wie Kraft, Kühnheit und Gleichmut weniger Anerkennung finden. Das feministische Modell, das den Mann weiblicher machen will, hat sich nicht durchgesetzt, doch der konservative Wunsch nach einer Rückkehr zu einer Welt der männlichen und ritterlichen Werte ist noch viel weniger umsetzbar.

Ein unverhältnismäßig großer Anteil der Tätigkeiten, die sich nicht von Maschinen wegrationalisieren lassen, wird seit jeher von Frauen übernommen. Aber wenn die Vergangenheit Schlüsse auf die Zukunft zulässt, dann ist kein Ansturm von Männern in die Erziehung und Pflege zu erwarten – eine Umfrage in Großbritannien ergab, dass 85 Prozent der Männer eine Arbeit in der Sozialwirtschaft für sich ausschließen.[320] Daniel Susskind schreibt in seinem Buch *A World Without Work*, dass Männer, die ihre Arbeit in der Industrie verloren haben, lieber gar nicht arbeiten, als eine Stelle im sozialen Sektor anzunehmen.

Das Gesundheitswesen ist in den vergangenen Jahren noch weiblicher geworden, seit Frauen auch Medizin studieren (in Großbritannien sind Hausärzte inzwischen mehrheitlich Frauen). In der Altenpflege mit ihrem Männeranteil von 18 Prozent ist das Ungleichgewicht weniger ausgeprägt als in der Krankenpflege,[321] und einige Nischen des Gesundheitswesens, etwa Psychiatrie und Rettungsdienste, sind sogar überwiegend männlich. Und wenn Männer ihren Anteil an der Hausarbeit rasch ausbauen, dann könnte dies auch im sozialen Sektor passieren. Jamie, ein 25-jähriger Krankenpfleger eines Londoner Lehrkrankenhauses, war einer von 13 Männern und 447 Frauen, die an der University of Nottingham ein Studium in Krankenpflege absolviert haben. Nach drei Berufsjahren empfindet er seine Arbeit als befriedigend, aber manchmal kommt er sich als Mann in einer sehr weiblichen Branche ein wenig sonderbar vor (ein Gefühl, das Frauen in klassischen Männerberufen gut kennen). »Einige der älteren Pflegerinnen wissen nicht so recht, was sie mit männlichen Kollegen anfangen sollen«, meint er. Für männliche Pfleger gibt es durchaus historische Vorbilder, etwa

DAS SCHICKSAL DES HERZENS

die Malteser, aus denen später ein Ritterorden hervorging, deren ursprüngliche Aufgabe jedoch die medizinische Versorgung der Jerusalempilger war. Veränderungen kommen manchmal schnell: In den Sechzigerjahren galt Informationsverarbeitung als Tätigkeit für Sekretärinnen, doch als sie technischer und besser bezahlt wurde, drängten Männer in den Beruf. Das ist auch in bestimmten Bereichen der Kranken- und Altenpflege vorstellbar.

Was die Frage nach dem gläsernen Aufzug für Männer aufwirft: Schon heute sind unverhältnismäßig viele Männer in angeseheneren Bereichen wie der Intensivpflege und der Pflegeleitung tätig. Die Krankenschwestern von St. George wiesen mich darauf hin, dass drei Viertel der Führungspositionen von Männern besetzt werden. Gleichzeitig erkannten sie allerdings auch an, dass heute viele Frauen in der traditionell von Männern beherrschten ärztlichen Leitung arbeiten. Das staatliche Gesundheitswesen in Großbritannien plante eine Kampagne zur Anwerbung männlicher Pflegekräfte, die damit warb, wie einfach es sei, in Führungspositionen aufzusteigen; diese Kampagne wurde allerdings nach einem Aufschrei weiblicher Pflegeleiterinnen abgesetzt.

Jamie möchte Diplompfleger werden und eng mit Ärzten zusammenarbeiten. Davon erhofft er sich größere Autonomie. Es ist nicht klar, ob er als Vorbild für eine männlichere Pflege taugt, doch um auch in Zukunft ausreichend Pflegekräfte zu finden, wäre dies vielleicht nötig.

Soziale Maßzahlen

Es steht zu erwarten, dass eine alternde Gesellschaft, die Wert auf Gleichberechtigung legt, auch der bezahlten und unbezahlten Pflegearbeit einen größeren Stellenwert beimessen wird. Voraussetzung ist allerdings ein Gesinnungswandel bei Bürgern und Politikern – ein Wandel, der sich in der Folge der Coronakrise beschleunigen könnte.

Offizielle Ehrungen könnten zur Aufwertung der Pflege beitragen. Die Selbstlosigkeit, die oft mit der Pflege verbunden ist, wird von der Gesellschaft noch nicht ausreichend gewürdigt. In Großbritannien wurde mit der Medaille des British Empire immerhin eine Ehrung für Menschen wiedereingeführt, die oftmals unsichtbar und als Freiwillige an Orten wie Sterbekliniken arbeiten. Solche Ehrungen können dazu dienen, die Werte zu honorieren, die einer Gesellschaft besonders am Herzen liegen. Genau wie die Maßzahlen unserer Wirtschaft. Der Wirtschaftswissenschaftler Paul Ormerod meinte:»Es wäre einfach, der unbezahlten Hausarbeit einen wirtschaftlichen Wert zuzuweisen und sie dem Bruttoinlandsprodukt zuzurechnen – das Bruttoinlandsprodukt enthält schon heute eine Menge nicht-wirtschaftlicher Anteile.«

Mithilfe unserer Daten über geleistete Arbeitsstunden wissen wir heute recht gut, wie viele Arbeitsstunden auf wirtschaftliche und nicht-wirtschaftliche Tätigkeiten entfallen. So könnte in Großbritannien die Einbeziehung der Hausarbeit das Bruttoinlandsprodukt um 500 Milliarden Pfund im Jahr anheben.[322] (Das britische Statistikamt schätzt den Wert der gesamten unbezahlten Arbeit im Jahr 2014 auf 1,01 Billionen Pfund.)[323] Natürlich hätte das keinen Einfluss auf unseren Lebensstandard, und auf den Status der Arbeit in der Familie hätte dies kurzfristig auch keine Auswirkungen. Doch es würde ein besseres Bild davon vermitteln, was in der Gesellschaft passiert, und uns helfen, der Bedeutung der Herz-Arbeit im privaten Bereich Rechnung zu tragen.

Genauso sinnvoll könnte es sein, das Bruttoinlandsprodukt stärker mit der Lebenszufriedenheit der Bürger zu koppeln. Wenn wir nur selten einen Zusammenhang zwischen dem vermeintlichen Wirtschaftswachstum und unserer Zufriedenheit erkennen, dann auch deshalb, weil Wirtschaftswachstum oft mit einem Verlust an häuslicher Fürsorge zusammenhängt. Die Arbeitszeitforscher Jooyeoun Suh und Christopher Payne erklären:»1971 war die Hälfte aller Frauen im Alter von 16 bis 64 Jahren berufstätig, 2014 waren es 74 Prozent. Die Zunahme der Berufstätigkeit bei Frauen geht mit einer Abnahme der unbezahlten Hausarbeit einher. Bei Männern haben die unbezahlten Arbeitsstunden in dieser Zeit geringfügig zugenommen, doch diese Zunahme reichte nicht aus, um die Rückgänge bei den Frauen aufzufangen.«[324] Die Autoren kommen zu dem Schluss, dass der Einfluss des Bruttoinlandsprodukts auf den Lebensstandard von Familien überschätzt wird; zwar ist das Familieneinkommen durch den Verdienst der Frauen gestiegen, doch Lebensstandard und Lebenszufriedenheit könnten eher gelitten haben, weil weniger Fürsorge geleistet wird.

Diese Verzerrung ist die Folge einer wirtschaftszentrierten Messung, die alles vernachlässigt, was sich nicht in klingender Münze ausdrücken lässt; dazu gehören eben auch Erziehung und Pflege in der Familie. Darin kommt auch unsere kollektive Geringschätzung des Beitrags von Hausfrauen und Müttern vergangener Generationen zum Ausdruck. Diese Frauen haben ja nicht zu Hause herumgesessen und Däumchen gedreht. Sie haben mit der Kindererziehung und Altenpflege produktive Arbeit geleistet und oftmals in Vereinen und anderen Gemeindeorganisationen tragende Aufgaben übernommen. Für den Rückgang der Freiwilligenarbeit haben Familien und Gesellschaft einen hohen Preis bezahlt.[325]

Kindererziehung und Altenpflege in der Familie können als einschränkend und geisttötend erlebt werden – eine Art »komfortables Konzentrationslager«, wie Betty Friedan meinte –, weshalb viele Frauen die Hausarbeit liebend gern gegen die Lohnarbeit eingetauscht haben. In ihrem Klassiker *Frauen* aus dem Jahr 1977 schrieb

Marilyn French:»Die Jahre, in denen man mit einem Küchenmesser die Scheiße aus Windeln gekratzt, grüne Bohnen im Sonderangebot gesucht und nach möglichst effizienten und zeitsparenden Methoden gesucht hat, um die weißen Hemden des Mannes zu bügeln und den Küchenboden zu wachsen, haben nicht nur Kraft und Mut und Geist gekostet, sie könnten die Essenz eines ganzen Lebens ausmachen … Ich hasse diese schmutzigen Details genauso wie Sie.«[326] In den vergangenen Jahrzehnten stand diese Wahrnehmung hinter dem Wechsel der Frauen von der Hausarbeit in die Berufstätigkeit. Andere jedoch erleben Kindererziehung und Pflege in der Familie als sinnstiftend. In den Vereinigten Staaten leistet jeder siebte Erwachsene unbezahlte Pflegearbeit, und die allermeisten empfinden diese Arbeit als sehr sinnvoll.[327]

Gebildete junge Frauen aus gleichberechtigten Gesellschaften sind oft schockiert, wenn sie mit den harschen Geschlechterunterschieden konfrontiert werden, wie sie die Mutterschaft mit sich bringt. So die Polit-Bloggerin Mary Harrington:

> Eine stillende Mutter muss in der Nähe ihres Babys bleiben, ihr Tagesablauf richtet sich monatelang nach dem des Babys … Der Partner kann die Mutter zwar praktisch unterstützen, doch er hat mehr Freiheiten, nach seinem normalen Rhythmus zu leben und zu arbeiten. Genau das tun die meisten Väter auch … Es wird immer wieder bedauert, dass Männer die Elternzeit nicht nutzen, doch da sie nicht stillen können, ist das eigentlich kein Wunder … Das wiederum hat Folgen für die häusliche Arbeitsteilung. Zwar spielt auch die Sozialisierung eine Rolle bei der Aufteilung der Hausarbeit, doch die Stunde der Wahrheit schlägt mit der Geburt der Kinder. Viele Frauen wollen bei ihren Kindern sein, und sie haben nichts dagegen, während ihrer Mutterzeit den Löwen-

anteil der Hausarbeit zu übernehmen. Wenn die Mutter dann wieder arbeiten geht – und in Großbritannien arbeiten mehr als drei Viertel aller Mütter von minderjährigen Kindern –, dann hat sich mit großer Wahrscheinlichkeit ein Muster eingestellt, in dem sie den Haushalt managt, während der Partner stärker auf die Arbeit fokussiert ist.[328]

Jede Frau, jeder Mann ist anders, und wenn es mehr Wahlmöglichkeiten gäbe, dann ließe sich eine Vielzahl von Kombinationen von Arbeit und Familie denken. Nach Catherine Hakim fallen britische Frauen in drei große Gruppen: 20 Prozent sind überwiegend arbeitsorientiert, 20 Prozent überwiegend familienorientiert, und 60 Prozent sind flexibel, das heißt, sie wollen beides in unterschiedlichem Maße vereinen.[329] Laut Erhebungen vom Ende des 20. Jahrhunderts sind die glücklichste Bevölkerungsgruppe Frauen mit kleinen Kindern, die in Teilzeit arbeiten.[330]

Was die Altenpflege angeht, fragte ich in einem Gespräch mit einer führenden Mitarbeiterin des Gesundheitsministeriums: »Wenn Sie einen Wunsch frei hätten, mit dem Sie das Gesundheitswesen verbessern könnten, was würden Sie sich wünschen?« Ihre Antwort verblüffte mich: »Ich würde mir wünschen, dass die Bürger dieselbe moralische und rechtliche Pflicht hätten, sich um ihre alternden Eltern zu kümmern, wie für ihre Kinder.« Ein Vorbild könnten Zuwanderer sein, deren Kultur familiäre Pflichten stärker in den Mittelpunkt stellt. Auch eine Verbesserung der staatlichen Altenpflege und finanzielle Sanktionen für Menschen, die sich nicht um ihre pflegebedürftigen Eltern kümmern, sind für die kommenden Jahre denkbar.

Wenn ein neuer Feminismus die Arbeit der Frauen in Erziehung und Pflege sowohl in der Familie als auch im Beruf besser würdigt, wenn sich junge Männer Pflegeberufen oder der Kindererziehung zuwenden und wenn die Nachfrage nach kognitiven Kompetenzen auf dem Arbeitsmarkt weiter sinkt, dann ist in Zukunft ein ausgewogeneres Gleichgewicht zwischen Kopf, Hand und Herz nicht nur vorstellbar, sondern wahrscheinlich. Oft erkennen wir viel zu spät, was uns wirklich etwas bedeutet. Auf dem Sterbebett wünscht sich wohl kaum jemand, mehr Stunden im Büro gesessen oder eine bessere Position erreicht zu haben. Sozialpsychologen haben das sogar in Befragungen ermittelt: Wenn der Tod naht, dann bereuen wir Dinge, die mit Zugehörigkeit, Liebe und Familie zusammenhängen, aber nicht mit Leistungen im Beruf oder der Öffentlichkeit.[331] Eine befreundete Leiterin einer Sterbeklinik sagte mir, sie erlebe es immer wieder, wie Männer ihre Frauen und Kinder um Vergebung bitten, weil sie ihnen nicht mehr Liebe und Zuwendung geschenkt haben.

TEIL 4

DIE ZUKUNFT

Kapitel 9

Der Niedergang des Wissensarbeiters

Die gebildeten Städter, die gegen den Populismus gestimmt haben,
werden die Dinge ganz anders sehen, wenn sie selbst von Globalisierung
und Rationalisierung betroffen sind.

Richard Baldwin

Wenn die kognitive Kompetenz heute über Status und Einkommen entscheidet, dann hat das zwei Gründe. Erstens benötigen die industrielle und nun die postindustrielle Gesellschaft mehr hochqualifizierte Fachkräfte mit überdurchschnittlichen kognitiven Fähigkeiten. Und zweitens vermitteln die Auswahl, Beförderung und Entlohnung von Mitarbeitern nach dem Kriterium der kognitiven Kompetenz den Eindruck der Gerechtigkeit. Wie in Kapitel 3 gesehen, wird diese Gerechtigkeit allerdings eingeschränkt durch die Tatsachen, dass kognitive Kompetenz zum Teil erblich ist und dass Intelligenztests und Prüfungen die erwünschten Kompetenzen nur unzureichend wiedergeben.

Ken Charman kennt die Situation gut. Der Oxford-Absolvent arbeitete im Zulassungsausschuss seiner Alma Mater und ist Vorstandschef der Tochter eines Weltkonzerns. Als jemand, der oft an Personalentscheidungen beteiligt ist, weiß er, dass es den Türstehern nur darum geht, einigermaßen gerecht zu wirken. »Wir reden uns gern ein, dass wir die besten Leute erkennen. Aber in Wirklichkeit reicht es uns schon, wenn wir Kandidaten finden, die unter den besten oder intelligentesten x Prozent sind. Damit hat man ein objektives Kriterium, mit dem man Fehlbesetzungen vermeidet und sich keine Diskriminierung vorwerfen lassen muss.«

Charman selbst kommt aus einer einfachen Familie. Er erzählt gern, dass er durch seine A-Levels in Mathematik gerasselt ist und in der Schule nur in Sport und Werken gut war. »Nach der Auswahl nach Noten, wie sie heute gängig ist, hätte ich nicht mal ein Vorstellungsgespräch bekommen«, meint er. 1968 besuchte er eine der damals neuen Polytechnischen Hochschulen mit modernen Chemielabors. »Damals wurden selbst schlechte Schüler wie ich in akademische Berufe gedrängt«, erinnert er sich. Er hat klare Ansichten zu Gerechtigkeit und sozialer Mobilität:

> Der gesunde Menschenverstand sagt einem doch, dass man die wichtigsten und schwierigsten Aufgaben an die besten Leute vergeben muss. Aber das ist noch die leichtere Übung. Das größere Problem ist, dass diese Leute mit ihrem Einkommen und Status viel zu weit über den anderen stehen. Dann bekommen sie nämlich Angst, dass es ihren Kindern einmal nicht so gut gehen könnte wie ihnen, und sie tun alles, um ihnen unter die Arme zu greifen. Das weiß ich deshalb, weil ich es selbst genauso gemacht habe … Aber damit werden die Kinder anderer Leute am Aufstieg gehindert, die es vielleicht eher verdient hätten. Wenn die Unterschiede beim Status und Verdienst nicht so dramatisch wären, dann würden sich die Leute vielleicht locker machen und nicht versuchen, Einfluss auf das System zu nehmen.
>
> Das mag egalitär und skandinavisch klingen, aber mir geht es weniger um Einkommen als um Status. Das sage ich auch,

weil viele Leute gar kein Interesse daran haben, Teil der Mittelschicht zu werden, um ein anständiges Leben führen zu können. Das wollte ich ja auch nicht! Ich interessiere mich nicht für Kunst und Oper und Dinnerpartys. An den Privatschulen meiner Kinder habe ich mich immer vor Elterngesellschaften gedrückt. Da habe ich mich einfach nicht wohlgefühlt … Mit dem Aufstieg in die Mittelschicht konnte ich ein sicheres und angenehmes Leben führen und meinen Kindern eine gute Zukunft geben. Aber dazu sollte man nicht studieren und in ein anderes Milieu wechseln müssen. Warum sollten Leute, die im Supermarkt arbeiten oder Lastwagen fahren, das nicht auch können?

Von meinen Kommilitonen von der Bradford University sind viele erfolgreich und kommen wie ich aus Arbeiterfamilien. Wenn wir uns treffen, geht es oft um dieses Thema. Wir lieben die Wärme der Arbeiterklasse, den Witz, den Zynismus, den Pragmatismus, die Gelassenheit, die Unverblümtheit, den trockenen Humor, die Bescheidenheit, die Einfachheit, die Menschlichkeit, die Schwächen, die Unflätigkeit … Das macht uns nicht zu besseren und nicht zu schlechteren Menschen. Aber ich will das nicht aufgeben müssen, nur um anerkannt zu werden und bei wichtigen Entscheidungen mitreden zu dürfen.

Dieser Wunsch nach einer weniger schroffen Ungleichverteilung von Status könnte die Geschichte und Wirtschaft auf seiner Seite haben, denn die Kräfte, die in den letzten Jahrzehnten die kognitive Kompetenz so sehr in der Vordergrund gerückt haben, verlieren immer weiter an Bedeutung.

Kehren wir zum Panorama von Kopf, Hand und Herz zurück. Andy Haldane, Chefökonom der Bank von England, erklärte es mir so: »In den ersten drei industriellen Revolutionen brauchten die Arbeiter kognitive Kompetenzen, um der Maschine einen Schritt voraus zu bleiben. Daher fördern wir bei Kindern und jungen Erwachsenen kognitive Kompetenzen, um ihnen einen besseren Platz in der kognitiv anspruchsvollen Arbeitswelt der Zukunft zu geben.« Deshalb die Massenbildung und heute die Massenuniversität. Doch in der vierten industriellen Revolution der Roboter und Künstlichen Intelligenz »werden wir Menschen das kognitive Feld nicht mehr für uns alleine haben«, so Haldane. Sogar Entscheidungen und nicht-standardisierte Tätigkeiten werden zunehmend an Maschinen delegiert, die in vielen Bereichen schneller, billiger und besser sind als menschliche Arbeitskräfte.

In der Arbeitswelt stehen zwei große Umbrüche an. Der erste ist demografischer Natur. Die heute Geborenen werden eine Lebenserwartung von gut hundert Jahren haben. Sie müssen damit rechnen, dass sie im Laufe ihres Lebens nicht nur mehrmals den Arbeitsplatz, sondern sogar den Beruf wechseln. Der zweite Umbruch betrifft die nachgefragten Fähigkeiten. In der Vergangenheit hat sich diese Nachfrage nach Kompetenzen stets in eine einzige Richtung verschoben: weg von Hand und Herz, hin zum Kopf. »Das könnte sich jetzt umkehren«, so Haldane.

Haldane kam in Sunderland zur Welt und ging in Leeds zur Schule; wenn er spricht, hört man ihm an, dass er aus Yorkshire kommt. Er ist einer der kreativsten und renommiertesten Wirtschaftswissenschaftler des Landes. Ihm ist es zu verdanken, dass sich die Bank von England der Sorgen annahm, die in der Brexit-Abstimmung zum Ausdruck kamen. In dem elitären Bankgebäude, in dem wir uns treffen, scheint er ein wenig fehl am Platz. Die künftige Rolle des Menschen ist ein Thema, bei dem er sich warm redet:

Ich würde vermuten, dass es drei Bereiche gibt, in denen der Mensch auf absehbare Zeit seinen Vorsprung gegenüber der Maschine behält. Der erste betrifft kognitive Tätigkeiten, die Kreativität und Intuition erfordern, zum Beispiel Aufgaben, die logische Sprünge verlangen, nicht schrittweises Abarbeiten … Selbst in einer Welt der lernenden Maschinen werden noch Leute gebraucht, die diese Maschinen programmieren, überprüfen und überwachen. Wir brauchen immer noch eine Ebene, auf der diese automatisierten Prozesse der menschlichen Entscheidung unterliegen.

Der zweite Bereich, den Haldane anspricht und in dem Menschen nach wie vor gebraucht werden, ist Maßdesign und -anfertigung. Standardisierte Aufgaben lassen sich einfach von Maschinen ausführen und werden wahrscheinlich verschwinden. Anders dagegen nicht-standardisierte technische Aufgaben, etwa die Herstellung von Gütern und Dienstleistungen, die exakt auf bestimmte Bedürfnisse zugeschnitten sein sollen. Schon heute entsteht eine neue Klasse von Handwerkern, die diese Nachfrage bedient.

Der dritte und wahrscheinlich größte Wachstumsbereich sind nach Haldane die sozialen Fähigkeiten – Tätigkeiten also, die weniger kognitive als emotionale Intelligenz wie Mitgefühl, Beziehungsfähigkeit, Verhandlungsgeschick, Widerstandsfähigkeit und Persönlichkeit verlangen. Diese Fähigkeiten lassen sich wohl kaum an Roboter delegieren. Und selbst wenn Maschinen sie übernehmen könnten, würden wir es wahrscheinlich vorziehen, diese Aufgaben von Menschen erledigen zu lassen. In Zukunft könnte also der EQ in der Arbeitswelt so wichtig sein wie der IQ, so Haldane. Berufe mit hohen Anforderungen an zwischenmenschliche Kompetenzen – in der Gesundheit, Pflege, Bildung oder Freizeit – werden immer stärker nachgefragt. Das Gleichgewicht zwischen kognitiven und sozialen Kompetenzen könnte sich stark verschieben, selbst in traditionell kognitiven Bereichen.

Nehmen wir die Medizin. In Zukunft kommt es bei Ärzten vielleicht viel weniger auf klassische klinische Kompetenzen wie Diagnose und Behandlung an. In einer Welt der digitalen Krankenakten und Diagnoseprogramme könnten das auch Maschinen übernehmen. Aber damit werden Ärzte nicht überflüssig. Patienten wollen ja immer noch über ihre Diagnose und Behandlung sprechen. Und sie wollen, dass Empfehlungen persönlich und einfühlsam kommuniziert werden. Bei Befragungen zur Zufriedenheit der Patienten ist das Verhalten der Ärzte wichtiger als die klinische Kompetenz. In Zukunft könnte sich dieses Verhältnis von sozialen und klinischen Kompetenzen noch weiter verschieben. Für diese sozialen Kompetenzen wünschen wir uns weiterhin Mediziner aus Fleisch und Blut, keine Arztroboter.

Nach Einschätzung von Haldane verlangt die Zukunft ein ausgewogeneres Verhältnis von kognitiven, technischen und sozialen Kompetenzen – Kopf, Hand und Herz. Damit steht er nicht allein. Der in Kapitel 1 zitierte Paul Krugman sah schon 1996 in seinem fiktiven Rückblick vom Ende des 21. Jahrhunderts vorher, dass Investitionen in die Bildung bald wieder geringere Erträge abwerfen könnten.

In den 1990er-Jahren glaubten alle, Bildung sei der Schlüssel zum wirtschaftlichen Erfolg. Ein abgeschlossenes Studium war Voraussetzung für alle, die eine der begehrten Stellen in der Symbolverarbeitung bekommen wollten … Computer sind ausgezeichnet in der Verarbeitung von Symbolen, dafür haben sie umso größere Schwierigkeiten mit den Unwägbarkeiten des Lebens … So kam es, dass im Verlauf des 21. Jahrhunderts viele der Stellen, die einst ein Studium voraussetzten, wegrationalisiert wurden.[332]

Richard Baldwin, Autor von *Globotics Upheaval* und einer der führenden Experten zu den Auswirkungen der Robotertechnik, sieht ähnlich wie Haldane die Zukunft der menschlichen Arbeit in Kreativität, Handwerk, Erziehung und Pflege:

> Maschinen hatten bislang keinen Erfolg beim Erwerb von sozialer Intelligenz, emotionaler Intelligenz, Kreativität, Erfindungsgeist oder beim Umgang mit unbekannten Situationen … Experten gehen davon aus, dass die Künstliche Intelligenz noch fünfzig Jahre brauchen wird, um soziale Kompetenzen in einem Umfang zu erwerben, wie sie am Arbeitsplatz verlangt werden … Die sicheren Sektoren der Zukunft sind diejenigen, in denen Menschen zusammenkommen und Dinge tun müssen, bei denen Menschlichkeit gefragt ist. Daher werden Fürsorge, Miteinander, Verständnis, Kreativität, Mitgefühl, Innovation und Menschenführung in unserer Arbeit einen viel größeren Raum einnehmen.[333]

Das heißt, dass die Wirtschaft in Zukunft weniger Wissensarbeiter brauchen wird. Und wenn man Philip Brown, Hugh Lauder und David Ashton Glauben schenken mag, dann ist diese Zukunft bereits angebrochen. In ihrem Buch *The Global Auction* bezeichnen sie die verbreitete Vorstellung, der Westen sei der globale Kopf und die Entwicklungsländer gäben sich mit der Rolle der Hand zufrieden, als historisches Kuriosum. Dank der Entwicklung in Technik und Bildung können Menschen in ärmeren Ländern auch die Wissensarbeit übernehmen, die heute als Vorrecht westlicher Akademiker gilt.

Seit Ende der 1990er-Jahre haben wir die sich wandelnden Konturen der Weltwirtschaft untersucht und mit Konzernvorständen und Politikberatern in den Vereinigten Staaten, Deutschland, China und Indien gesprochen. Aus Gesprächen mit über 250 Führungskräften können wir den überzeugenden Schluss ziehen, dass sich die Beziehung zwischen Bildung, Laufbahn und Einkommen in einer Weise verändert, die die verbreitete Gleichsetzung von Wissen und Einkommen genauso in Zweifel zieht wie die Schlüsselrolle der Bildung bei der Schaffung von Arbeitsplätzen der Mittelschicht.[334]

Deutsche Autobauer, die es noch Ende der Neunzigerjahre für unmöglich hielten, ihre Spitzenfahrzeuge im Ausland zu bauen, verlagern inzwischen ihre gesamte Produktpalette in Schwellenländer. Sie gehörten zu den Letzten, die sich der Globalisierung der Branche beugten. Doch inzwischen folgen selbst Dienstleistungen: Die Schwellenländer sind heute keine bloßen Datenverarbeiter und Call Center mehr. Als Beispiel führen Brown und Lauder eine internationale Anwaltskanzlei aus New York an, die einen Teil der Arbeit, die sie früher New Yorker und Londoner Junganwälten mit Jahresgehältern von 100 000 Dollar übertrugen, an Anwälte in den Philippinen outsourcen, die dieselbe Arbeit für weniger als 15 000 Dollar im Jahr erledigen.[335] Die Bastion der Hochschulbildung, mit der sich einst die Mittelschicht des Westens abschirmte, fällt. »China und Indien holen erfolgreich Jahrzehnte der westlichen Technologieentwicklung auf und konkurrieren auf dem Gebiet der hochqualifizierten Wertschöpfung, darunter auch in der Forschung und Entwicklung«, so die Autoren. China bewegt sich auf die Marke von 200 Millionen Akademikern zu, die Universitäten des Landes bringen jährlich mehr Absolventen hervor als die der Vereinigten Staaten.[336]

Doch es geht nicht nur darum, dass der Dienstleistungssektor in die Fußstapfen der globalisierten Industrie tritt. Beide Entwicklungen ließen sich durch Protektionismus oder eine neue Regionalisierung aus Angst vor Pandemien wieder umkehren. Es ist jedoch genau die Technik, die einen einzigen globalen Dienstleistungsmarkt schafft, die auch die westlichen Wissensarbeiter durch den sogenannten digitalen Taylorismus sabotiert. Brown und Lauder führen aus:

> Wenn das 20. Jahrhundert das Zeitalter des mechanischen Taylorismus war – Massenfertigung, die das Wissen der Handwerker nutzt, kodifiziert und am Fließband in neue Form bringt –, dann gehört das 21. Jahrhundert dem digitalen Taylorismus. Hier kodifiziert, standardisiert und digitalisiert man Wissen zu Programmen, Plattformen und Paketen, die an jedem Ort der Welt von anderen genutzt werden können.[337]

Neue Technologien haben zunehmend das Potenzial, Wissensarbeit in arbeitendes Wissen zu verwandeln, und bieten damit die Möglichkeit zur Standardisierung von immer mehr technischen, akademischen und Führungspositionen. Gerade Manager verlieren durch die neue Technologie zunehmend an analytischen Kompetenzen und Entscheidungsspielräumen. Das klassische Beispiel ist der Direktor der Bank vor Ort, der früher aufgrund seiner eigenen Urteilsfähigkeit und seiner Kenntnis der örtlichen Gegebenheiten entschied, ob er einem Unternehmen einen Kredit gab oder nicht. In vielen Banken prüft schon heute ein Programm die Kreditwürdigkeit der Kunden nach standardisierten Kriterien. Die Aufgabe des Direktors besteht heute nur noch darin, das Programm zurate zu ziehen. Ein anderes Beispiel ist die Reisekauffrau, die einst ihren Lebensunterhalt damit verdiente, Schnäppchen für ihre Kunden zu suchen; das übernehmen heute Internetanbieter wie Expedia oder die Portale der Fluggesellschaften.

Brown und Lauder zeigen, dass viele Konzerne ihre Talente heute sehr restriktiv managen und die Zahl der hochqualifizierten kognitiven Mitarbeiter stark reduzieren, während die übrigen Akademiker im Unternehmen zunehmend Routineaufgaben erledigen. Die Autoren unterscheiden drei Kategorien von Tätigkeiten: Entwickler, Vorführer und Drohnen.

Entwickler, die nicht mehr als 10 bis 15 Prozent der Belegschaft eines typischen Unternehmens ausmachen, haben die »Erlaubnis zum Denken«; dazu gehören Forscher, Manager und Akademiker. Auf der zweiten Ebene folgen die Vorführer, teilweise entqualifizierte Akademiker, deren Hauptaufgabe darin besteht, vorhandenes Wissen anzuwenden. Ihre eigentliche Aufgabe ist in der Regel die Kommunikation. Drohnen erledigen schließlich monotone Routineaufgaben und sollen am besten gar nicht denken.

Diesen raschen Niedergang der Akademiker sagten schon Richard und Daniel Susskind in ihrem Buch *The Future of the Professions* vorher: »Unser Blick richtet sich unter anderem auf Ärzte, Rechtsanwälte, Lehrer, Buchhalter, Steuerberater, Unternehmensberater, Architekten, Journalisten und Geistliche … Wir behaupten, dass wir beim Umgang mit dem Fachwissen dieser Spezialisten am Beginn eines umfassenden und unumkehrbaren Umbruchs stehen.«[338] Diese Behauptung untermauern sie mit Beispielen. So hat etwa die medizinische Internetplattform WebMD mehr Besucher als sämtliche Ärzte der Vereinigten Staaten zusammengenommen. Und in der Welt der Juristen werden jährlich dreimal so viele Streitigkeiten von eBay-Nutzern per »Online-Schlichtung« beigelegt, wie Rechtsstreitigkeiten vor die amerikanischen Gerichte kommen.

Für die Susskinds ist die entscheidende Frage, wie in unserer Gesellschaft Expertenwissen weitergegeben wird.

In der auf dem Buchdruck basierenden Industriegesellschaft spielten die akademischen Berufe eine wesentliche Rolle bei der Erschließung dieses Wissens. Sie waren der eigentliche Kanal, durch den Einzelpersonen und Unternehmen Zugang zu konkretem Wissen erhielten. In einer auf Digitaltechnologie basierenden Internetgesellschaft werden immer intelligentere Maschinen viele der Aufgaben übernehmen, die einst das Privileg der Akademiker waren.[339]

Die Gegenposition behauptet, dass wir uns immer mitfühlende menschliche Experten wünschen werden. Darauf erwidern sie:»Wir wollen die Bedeutung des zwischenmenschlichen Kontakts keineswegs in Abrede stellen. Im Gegenteil, unserer Ansicht nach spielt ›das Mitfühlende‹ eine wichtige Rolle in der Zukunft. Doch unserer Erfahrung nach wünschen Kunden in erster Linie Lösungen und erst in zweiter einen vertrauten Ratgeber.«[340] Wie Haldane und Baldwin legen die Susskinds jungen Menschen daher nahe, sich nach Berufen umzusehen, in denen menschliche Fähigkeiten wie Kreativität und Mitgefühl wichtiger sind als Intelligenz oder in denen sie zum Beispiel als Datenforscher oder Wissensingenieure direkt an der Entwicklung und Verbreitung dieser Maschinen beteiligt sind.

An der Spitze wird die Luft dünn

Es sind durchaus Zweifel angebracht, ob sich die Künstliche Intelligenz so schnell durchsetzen wird wie vielerorts behauptet. Doch selbst wenn sich einige Prognosen als allzu euphorisch erweisen sollten, ist der Niedergang der Wissensarbeiter inzwischen mit Händen zu greifen, etwa in Gestalt der sinkenden Akademikerprämie, der zunehmenden Zahl von Akademikern in nicht-akademischen Tätigkeiten und dem Schrumpfen (oder zumindest verlangsamten Wachstum) der obersten Führungsebene.

Die Zahl der Akademiker ist in den vergangenen Jahrzehnten so dramatisch gestiegen, dass das Ansehen und die Erträge eines Studiums unvermeidlich sinken werden. Eine aktuelle Studie beobachtet, dass die Akademikerprämie für die heute 55- bis 64-Jährigen in allen OECD-Staaten bei durchschnittlich 70 Prozent liegt, die der jüngeren Erwachsenen dagegen nur noch bei 35 Prozent. Diese Prämie werde in Zukunft noch weiter sinken, so der Bericht.[341] Ein genauerer Blick auf die Situation in Großbritannien zeigt, dass ein 29-jähriger männlicher Hochschulabsolvent im Jahr 2018 durchschnittlich nur noch 25 Prozent mehr verdiente als jemand mit einem qualifizierenden Schulabschluss. Bei Frauen beträgt der Unterschied noch 50 Prozent, was vor allem daran liegt, dass viele Frauen ohne Hochschulabschluss in Teilzeitbeschäftigungen oder in schlecht bezahlten Pflegetätigkeiten arbeiten. Wenn man nicht-akademische Faktoren wie die Herkunft herausrechnet, schnurrt dieser Akademikerzuschlag noch weiter zusammen: Bei 29-jährigen Frauen liegt er dann nur noch bei durchschnittlich 28 Prozent und bei Männern gar nur bei 8 Prozent. Bei einem ganzen Drittel aller männlichen Akademiker hat das Studium keinerlei Auswirkungen auf die Lohntüte.[342]

Anna Vignoles, eine der führenden Expertinnen auf dem Gebiet, zeigt, dass Absolventen der 23 Universitäten, die am unteren Ende der Rangliste stehen, im Mittel weniger verdienen als Nicht-Akademiker.[343] Zwölf Universitäten liefern ihrer Schätzung nach für 29-jährige Männer gar signifikant schlechtere Erträge.[344] Denn die Höhe der Prämie wird unter anderem durch eine brutale Hierarchie unter den Universitäten bestimmt. Absolventen von Oxford,

Cambridge und den anderen Universitäten der Russell Group erzielen deutlich höhere Prämien als die der ehemaligen Polytechnischen Hochschulen. Bei den männlichen Absolventen sind es 40 Prozent mehr Gehalt, bei Frauen sind es 35 Prozent. Wenn man hier die nicht-akademischen Faktoren herausrechnet, bedeutet der Abschluss einer Eliteuniversität immer noch einen Mehrverdienst von 10 bis 13 Prozent gegenüber einer normalen Universität.[345] Die Hälfte der britischen Studierenden kann im Durchschnitt eine Prämie von unter 10 Prozent erwarten.[346]

Natürlich hat auch die Wahl des Fachs großen Einfluss auf den Verdienst. Ein Abschluss in Medizin oder Volkswirtschaft bringt die höchsten Zuschläge – rund 20 Prozent mehr als ein durchschnittlicher Abschluss (und 25 Prozent mehr als ein Studium der Literatur oder Geschichte).[347] Auch Betriebswirtschaft, Informatik und Architektur bieten ordentliche Prämien.[348] Ein Studium eines schöngeistigen Fachs, wie es rund 10 Prozent aller Studierenden wählen, bringt dagegen ausgesprochen schlechte Erträge: rund 15 Prozent weniger als ein durchschnittlicher Studienabschluss.[349] Zu den Verlierern gehören auch die Alten- und Krankenpflege, Sportwissenschaften, Kommunikation, Literatur, Soziologie, Psychologie und Bildung, was der Einkommenssituation in diesen Bereichen geschuldet ist.[350]

Die soziale Herkunft schlägt sich ebenfalls in der Akademikerprämie nieder. Wenn man Faktoren wie Fach und Universität herausrechnet, verdienen Absolventen von Privatschulen 7 bis 9 Prozent mehr als Absolventen aus den niedrigsten sozioökonomischen Schichten.[351] In den Vereinigten Staaten verdienen Absolventen von staatlichen Universitäten bis zu 30 Prozent mehr als männliche weiße Durchschnittsarbeitnehmer. Und Absolventen von Eliteuniversitäten verdienen durchschnittlich doppelt so viel wie die Absolventen anderer Hochschulen.

Im Grunde ist es bemerkenswert, dass es überhaupt noch eine Akademikerprämie gibt. Der Grund ist wohl, dass die Wirtschaft bis vor Kurzem immer mehr Arbeitsplätze für Hochschulabsolventen geschaffen hat. Ein anderer ist ein reines Rechenphänomen, das der Bildungsforscher Ken Mayhew von der Universität Oxford so erklärt:

> Stellen Sie sich eine Stellenhierarchie vor. Oben befinden sich die am besten bezahlten Arbeiten, und je weiter Sie in der Hierarchie nach unten kommen, umso schlechter wird die Bezahlung. Akademiker befinden sich an der Spitze der Einkommenshierarchie, doch wenn mehr und mehr davon auf den Arbeitsmarkt drängen, übernehmen sie auch Stellen weiter unten in der Hierarchie. Damit sinkt das Durchschnittseinkommen der Akademiker, aber auch das der Nicht-Akademiker. Das heißt, die durchschnittliche Akademikerprämie bleibt gleich, obwohl nun viele junge Menschen nur studiert haben, um Stellen einzunehmen, für die ihre Eltern keinen Hochschulabschluss gebraucht hätten ... Aus Sicht des Einzelnen mag ein Studium wirtschaftlich sinnvoll sein, angesichts der aktuellen Struktur der Bildung und der Anreize für junge Menschen. Das bedeutet allerdings nicht, dass es für die Gesellschaft als Ganze sinnvoll ist. Deshalb sollten wir uns fragen, ob das Studium für viele die kosteneffizienteste Vorbereitung auf das Erwerbsleben ist.[352]

Das trifft auch auf die jüngsten Entwicklungen in den Vereinigten Staaten zu. Seit zwei Jahrzehnten stagnieren die mittleren Einkommen unterhalb der 20 Prozent der Bestverdiener. Gegenüber Nicht-Akademikern bleibt eine satte Prämie – im Durchschnitt 30 000 Dollar im Jahr –, und obwohl diese in den letzten Jahren kleiner geworden ist, lohnt sich ein Studium für diejenigen, die es sich leisten können.[353]

Der Ausbau der Hochschulen basiert auf der Annahme, dass die Wirtschaft stetig mehr gut bezahlte Arbeitsplätze mit hohen kognitiven Anforderungen schafft. Doch das stimmt so nicht mehr, und das schlägt sich allmählich auch in den Entscheidungen junger Menschen nieder, die einerseits von den schlechten Erfahrungen von Älteren in der Universität und am Arbeitsmarkt hören und andererseits von den guten Erfahrungen von Leuten, die nicht studiert haben und sich so den doppelten Schlag der Verschuldung und der Enttäuschung am Arbeitsmarkt erspart haben. Zwar werden in Großbritannien junge Menschen immer noch zum Studium gedrängt, doch Politiker und Leitartikelschreiber äußern sich allmählich positiver zu nicht-akademischen Ausbildungswegen, etwa einer hochqualifizierten Lehre. Denn die Absolventen einer nicht-universitären technischen Ausbildung – ISCED-Niveau 4 oder 5 – verdienen besser als die meisten Absolventen von Nicht-Eliteuniversitäten.[354] Wirtschaftsforscher Stefan Speckesser stellte fest, das ein 30-jähriger Absolvent einer Nicht-Eliteuniversität 11 Prozent weniger verdient, als er mit einer technischen Lehre verdient hätte.

Der Niedergang des Wissensarbeiters drückt sich auch in der großen Zahl der Akademiker aus, die keine Arbeit gefunden haben, die ihren Qualifikationen entspricht. In einer Erhebung der OECD gab rund ein Drittel aller Arbeitnehmer an, ihr Wissen nicht anwenden zu können.[355] Und in einer Befragung unter LinkedIn-Nutzern aus dem Jahr 2015 gaben 37 Prozent der überwiegend akademischen Teilnehmer an, in ihrer aktuellen Tätigkeit nicht ihr ganzes Wissen nutzen zu können. Die Zahlen in Großbritannien sind ähnlich: Während 2001 noch 37 Prozent aller Hochschulabsolventen kurz nach ihrem Studium in einer Position arbeiteten, die keine solche Qualifikation verlangte, waren es 2013 schon 47 Prozent und

2017 sogar 49 Prozent. Nach mehr als fünf Beschäftigungsjahren lag der Anteil der Hochschulabsolventen, die keine ihren Qualifikationen entsprechende Anstellung gefunden hatten, immer noch bei 35 Prozent.[356] Wie zu erwarten ist dieser Anteil in den ärmeren Regionen des Landes höher, weil hier weniger hochqualifizierte Arbeit nachgefragt wird. Der Arbeitsforscher Peter Elias geht sogar so weit zu sagen, dass die Hälfte aller Akademiker in Positionen arbeitet, die eine Investition in ein Studium nicht rechtfertigen.[357]

Auch die britische Statistikbehörde untersucht das Ausmaß der Überqualifizierung. Sie stellte fest, dass 2017 rund 16 Prozent aller 16- bis 64-jährigen Arbeitnehmer für ihre Stelle überqualifiziert waren; bei Akademikern waren es sogar 31 Prozent.[358] Auch Absolventen mit Master und Promotion sind davon nicht ausgenommen. Laut einer Erhebung aus dem Jahr 2017 arbeitet nur rund die Hälfte auf einer Position, die diese Qualifikation verlangt, ein Viertel auf Positionen, für die ein Bachelor ausreichend gewesen wäre, und der Rest in Tätigkeiten, für die überhaupt kein Studium erforderlich wäre.[359] Akademiker, die keine ihren Qualifikationen angemessene Stelle finden, arbeiten oft in Positionen, für die sie nicht geeignet sind und die sie schnell langweilen, wie wir in Kapitel 4 gesehen haben.

Ken Mayhew und Craig Holmes haben Arbeitsplätze untersucht, die zwar als akademisch gelten, bei denen die im Studium erworbenen Kenntnisse jedoch weitgehend überflüssig sind. Dafür werteten sie 29 Tätigkeiten aus, die rund ein Drittel der Arbeitnehmerschaft ausmachen, und kamen zu dem Schluss, dass in den vergangenen drei Jahrzehnten der Akademikeranteil in diesen Berufen stark angestiegen ist, während sich die Anforderungen an die Tätigkeit kaum verändert haben.[360] Zu den untersuchten Tätigkeiten gehören unter anderem Verwaltungsaufgaben in Produktion, Kommunikation, Gesundheitswesen und öffentlichem

Dienst sowie Techniker in der Herstellung, Erzieher, Sportlehrer und Fitnesstrainer.[361]

Ken Mayhew, dessen Name in diesem Abschnitt mehrfach gefallen ist, kennt sich in dieser Ecke des Irrgartens bestens aus. Der Sohn eines Schneiders erhielt ein Stipendium für die Grammar School; für einen Regierungsberater kann er den Arbeitsmarkt sehr lebendig darstellen und mit vielen Beispielen aus seiner eigenen Familie untermalen. Wir treffen uns im Café Rouge im Norden von London, wo wir uns über die wachsende Zahl von Akademikern auf nicht-akademischen Stellen unterhalten. Er blickt sich um und sagt: »Ein Einkäufer für eine Kaffeehauskette wie diese hier muss heute ein abgeschlossenes Studium nachweisen, aber das ist eher symbolischer Natur oder dient als Filter. Hier werden sie wohl nichts von dem gebrauchen können, was sie in ihrem Bachelor-Studium gelernt haben.«

So kommt es, dass viele Akademiker heute auf Stellen arbeiten, für die ihre Eltern noch kein Studium brauchten. Heute haben 41 Prozent der Berufseinsteiger im Immobiliensektor studiert, gegenüber 3,9 Prozent im Jahr 1979; im Post- und Banksektor sind es 35 Prozent gegenüber 3,5 im Jahr 1979. Was den Finanzsektor angeht, hat die Zunahme des Akademikeranteils nicht zu einer Höherqualifizierung der Branche geführt; schätzungsweise 45 Prozent der studierten Berufseinsteiger arbeiten auf Stellen, deren Anforderungen sich nicht verändert haben und die jemand mit einem qualifizierten Schulabschluss genauso gut erledigen kann.[362] Untersuchungen von Immobilienmaklern, Presseabteilungen, Informatikern, Finanzanalysten und Labortechnikern zeigen, dass in diesen neuerdings von Akademikern beherrschten Branchen die an der Universität erworbenen Fähigkeiten kaum von Nutzen sind.[363]

Der Niedergang der Wissensarbeiter zeigt sich auch im Anteil der nicht zurückgezahlten Studienkredite. Wenn Hochschulabsolventen überwiegend lukrative qualifizierte Anstellungen finden würden, dann hätten wohl nicht so viele von ihnen Schwierigkeiten, ihre Kredite zurückzuzahlen. Unter den aktuellen Rückzahlungsbedingungen werden die wenigsten Absolventen genug verdienen, um ihre Schulden vollständig zurückzuzahlen – die Regierung schätzt, dass 77 Prozent der Studenten am Ende der dreißigjährigen Rückzahlungsfrist mindestens einen Teilnachlass bekommen werden.[364] In Frankreich und Deutschland stellt sich die Lage kaum besser dar. Auch hier ist es üblich, dass Akademiker auf Stellen arbeiten, die kein Studium verlangen. Allerdings glauben hier deutlich weniger, dass sie ihr Wissen nicht nutzen können.[365] In den Vereinigten Staaten liegt der Anteil der Akademiker auf nicht-akademischen Stellen bei rund 32 Prozent, in Frankreich sind es 28 und in Deutschland 16 Prozent.[366] In seinem Buch *A World Without Work* schreibt Daniel Susskind, ein Drittel aller Mitarbeiter der Fastfood-Branche habe studiert und ein Drittel aller Amerikaner mit einem Abschluss in einem MINT-Fach arbeite in Funktionen, die diese Qualifikationen nicht verlangen.[367] Die Folge dieser Entwicklungen ist, dass die obersten Beschäftigungsgruppen langsamer oder gar nicht mehr wachsen. Nach einer Phase der stetigen Ausweitung ist in den letzten Jahren »die Luft oben dünner geworden«, so der Soziologe John Goldthorpe.[368]

Wie bereits angesprochen, geht die Bildungs- und Gesellschaftspolitik der meisten reichen Industrienationen davon aus, dass die kognitive Klasse in akademischen Berufen stetig weiter wächst. In den vergangenen Jahrzehnten war dies ja auch der Fall. Die obersten drei der neun Beschäftigungskategorien in Großbritannien scheinen tatsächlich noch weiter zu wachsen, der Anteil der leitenden Manager und der akademischen und technischen Berufe am Arbeitsmarkt ist von 39 Prozent im Jahr 2001 auf 45 Prozent im

Jahr 2018 gestiegen.[369] Zwar gelten diese drei Kategorien als akademisch, aber wenn man sich diese Berufe genauer ansieht, dann gibt es gerade unter den technischen Berufen viele, die kein Universitätsstudium, sondern vielmehr höhere berufliche Qualifikationen verlangen. Anna Vignoles sieht hier ein Klassifizierungsproblem: »Steht ein Webdesigner eher auf der Stufe eines leitenden Managers oder auf der eines Müllmanns?« Wie Goldthorpe ist sie der Ansicht, dass die Zahl der höher qualifizierten und dotierten Arbeiten stagniert, das heißt, an der Spitze der Beschäftigungshierarchie gibt es inzwischen mehr Ab- als Aufsteiger.

Das alles legt den Schluss nahe, dass die Theorie des Humankapitals, die sich vom Ausbau der Hochschulen steigende Erträge für den Einzelnen und eine höhere Produktivität für die Wirtschaft verspricht, nicht mehr greift. Der Begriff des Humankapitals erfreute sich großer Beliebtheit unter Politikern und Wirtschaftswissenschaftlern, weil er das Leistungsprinzip ins Zentrum der modernen Politik der Mitte rückte und das wirtschaftliche Problem und die soziale Frage auf einen Streich zu lösen schien. Neuen Auftrieb erhielt er Ende der Achtzigerjahre mit dem Aufkommen der Wissensökonomie (ein Begriff, der in letzter Zeit etwas außer Mode gekommen scheint). Nun aber unterstützen Prognosen über Arbeitsplatzverluste durch Rationalisierung und die Arbeit der Zukunft die These vom Niedergang des Wissensarbeiters, vor allem auf mittleren und unteren Ebenen. Kopf-Kompetenzen werden weiter nachgefragt, doch es werden nur noch die fähigsten und kreativsten Köpfe gesucht. Am stärksten steigen wird die Nachfrage nach Herz-Kompetenzen sowie nach technischen Aufgaben, die Hand und Herz verbinden.

Experten gehen davon aus, dass durch die Automatisierung zwischen 10 und 50 Prozent der heutigen Arbeitsplätze verlorengehen. Die meisten sind der Ansicht, dass zwar viele Stellen verschwinden werden, nicht aber ganze Branchen. Einige Auswirkungen der Automatisierung auf Arbeitsplätze und Einkommen zeichnen sich schon ab. Das Beratungsunternehmen McKinsey rechnet vor, dass 18 Prozent der Gesamtarbeitszeit der Vereinigten Staaten auf »schematische körperliche Tätigkeiten« entfällt und dass schon durch die derzeit vorhandene Technik die Hälfte dieser Stunden verloren gehen wird. Derselbe McKinsey-Bericht bewertete die Zukunftsaussichten für 25 Qualifikationen in den fünf Kategorien körperlich, einfach kognitiv, gehoben kognitiv, sozial-emotional und technisch. Ihrer Prognose zufolge werden zwischen 2016 und 2030 rund 11 Prozent der körperlichen Tätigkeiten verlorengehen (auch wenn dieser Bereich mit einem Anteil von 26 Prozent an der Gesamtarbeitszeit der wichtigste bleibt); die einfachen kognitiven Tätigkeiten werden um 14 Prozent zurückgehen, die gehobenen kognitiven Tätigkeiten um 9 Prozent zunehmen (wobei ihr Anteil bei 22 Prozent bleiben wird), während soziale und emotionale Tätigkeiten um 26 Prozent wachsen werden, und technische sogar um 60 Prozent (auf einen Anteil von 16 Prozent an der Gesamtarbeitszeit im Jahr 2030). Für Westeuropa sieht die Prognose ähnlich aus.[370] Für die Wissensarbeiter sind die Aussichten also nicht ganz düster, doch es wird weniger von ihnen geben. Im McKinsey-Bericht heißt es:

Die Nachfrage nach Kreativität wird in vielen Bereichen zunehmen, zum Beispiel in der Entwicklung von hochwertigen Marketingstrategien. Die Nachfrage nach anderen kognitiven Kompetenzen – gehobene schriftliche, quantitative und statistische Kompetenzen – erlebt keinen vergleichbaren Anstieg, und unsere Analyse lässt den Schluss zu, dass sie bis 2030 stagniert oder zurückgeht. Schon heute werden einfache Agenturmeldungen über Sportereignisse oder Börsenkurse von Computerprogrammen generiert. Die sinkende Nachfrage bedeutet nicht, dass es in Zukunft keine Autoren, Journalisten oder Redakteure mehr geben wird, doch wie in vielen anderen Bereichen werden einfachere Aspekte der Arbeit an Maschinen delegiert werden.

Der Bankdirektor, dessen Urteil durch ein Programm zur Einschätzung der Kreditwürdigkeit ersetzt wurde, ist eine Symbolfigur für den Umbruch bei den einfacheren Finanzdienstleistungen, der große Auswirkungen auf Volkswirtschaften mit hohem Bankenanteil haben wird. Im Bericht heißt es weiter: »Eine Reihe von Bürotätigkeiten lässt sich automatisieren, darunter Finanzberichte, Buchhaltung, Versicherungsmathematik, Bearbeitung von Schadensmeldungen, Bewertung der Kreditwürdigkeit, Kreditbewilligung und Steuerberechnungen. Mithilfe von Computerprogrammen und Robotern lässt sich die für diese Tätigkeiten aufgewendete menschliche Arbeitszeit drastisch reduzieren.«[371]

Kapitalismus im Roboterzeitalter

Alles läuft also darauf hinaus, dass die Wissensökonomie weniger Arbeitskräfte benötigt als erwartet. Der Ausbau der Hochschulen im Westen wird stagnieren oder kehrt sich um, weil die Nachfrage nach Wissensarbeitern sinkt. Unternehmen werden auch aufgrund von schlechten Erfahrungen wieder weniger auf den symbolischen Wert des Studiums achten und mehr betriebliche Ausbildungen anbieten. Einige Großunternehmen gehen bereits dazu über, und es scheint sich um mehr zu handeln als um eine Modeerscheinung. So sorgte die Unternehmensberatung EY für Aufregung, als sie 2015 ankündigte, von Bewerbern für ihr Trainee-Programm kein abgeschlossenes Studium mehr zu verlangen.[372] Das Unternehmen erklärte, es suche nach bestimmten Stärken und wolle »kommunikationsfähige Mannschaftsspieler, die anpassungsfähig, analytisch, mathematisch begabt und klug« sind.[373] Andere Unternehmensberatungen wie KPMG und Deloitte sowie Banken wie Barclays zogen mit ähnlichen Ankündigungen nach.

Dass es nun auch andere Zugänge zu statusträchtigen kognitiv-analytischen Tätigkeiten gibt, ist an sich noch keine Abkehr vom Kopf, sondern schwächt eher die Stellung des Studiums. Doch es gibt Hinweise, dass das Prestige-Pendel ganz allmählich von den kognitiv-analytischen zu den anspruchsvollen Tätigkeiten in Pflege, Erziehung und Sport schwingt, oder auch in gehobene Nischen von Technik und Handwerk. Außerdem wird das Interesse an der alten Tradition der Generalisten wieder aufleben, die neben den Spezialisierungen oft als Gentleman-Studium abgetan wurde und heute gern als »interdisziplinäre« Kompetenz verkauft wird. Ein Beispiel dafür ist der Webdesigner, der technisches Wissen mit ästhetischem Gespür verbinden muss.

Doch mit dieser im Grunde positiven Entwicklung droht eine neue Klassengesellschaft. Die Wissensökonomie wird viele ihrer Fußsoldaten abstoßen und sich in ein Elitecorps von Experten verwandeln, die die Maschinen der vierten Industriellen Revolution steuern und zu Superstars der Monopolmärkte werden. Nach der Explosion der Vorstandsgehälter der vergangenen Jahrzehnte verdienen die CEOs der großen amerikanischen Konzerne schon heute 379-mal so viel wie der durchschnittliche Arbeitnehmer, in Großbritannien 149-mal so viel.[374] Auch nüchterne Beobachter wie Adair Turner, ehemaliger Leiter der Londoner Finanzaufsicht, sorgen sich um die wachsende Ungleichverteilung, die sie den Wirtschaftstrends entnehmen. Am oberen Ende der Einkommensskala wird ein konzentriertes und mächtiges Expertentum stehen. 2018 schrieb Turner in einem Aufsatz:

In einer Welt der zunehmenden Automatisierungsmöglichkeiten werden nur noch einige wenige IT-kompetente Menschen gebraucht, die sämtliche für die Robotertechnik benötigten Programme, Apps und Videospiele schreiben. Nur eine winzige Minderheit der Weltbevölkerung ist nötig, um den unaufhaltsamen Fortschritt in Richtung der immer umfassenderen Künstlichen Intelligenz und Superintelligenz voranzutreiben … Drei Jahrzehnte nach Anbruch des Computerzeitalters arbeiten in den Vereinigten Staaten noch immer nur 4 Prozent aller Erwerbstätigen in der Entwicklung und Produktion von Hardware und Software, und das Arbeitsministerium geht davon aus, dass es in der Softwareentwicklung 2024 nur 135 000 Stellen mehr geben wird als 2014. In der Altenpflege wird der Stellenbedarf dagegen um 458 000 Stellen steigen, in der ambulanten Krankenpflege um 348 000. Die Zahl der Beschäftigten in der gigantischen Branche der Mobiltelefon-, Software- und Internetkonzerne, zu denen die reichsten Unternehmen der Welt gehören, macht nur einen winzigen Bruchteil des gesamten Arbeitsmarktes aus. Facebook, das einen Börsenwert von 500 Milliarden Dollar hat, beschäftigt gerade einmal 25 000 Mitarbeiter.[375]

Turner widerspricht Tyler Cowen, der in seinem Buch *Average Is Over* behauptet, die Ungleichverteilung sei unvermeidlich, werde aber nicht zu sozialen Spannungen führen, weil die Geringverdiener immer einen angemessenen Lebensstandard haben, solange der Wohnraum bezahlbar bleibe. Cowen malt eine Zukunft, in der »10 bis 15 Prozent der Bürger extrem reich sind und ein fantastisch angenehmes und anregendes Leben führen«. Der Rest der Bevölkerung »lebt mit stagnierenden oder sinkenden Reallöhnen, hat jedoch mehr billige Unterhaltungs- und Bildungsangebote«

dank der kostenlosen oder günstigen Dienstleistungen im Internet.[376]

Durchschnittsbürger werden sich das Leben in den Großstädten nicht leisten können, sondern in andere Regionen ziehen, in denen der Baugrund günstig und der Wohnraum bezahlbar ist. Talentierte Kreative, die nichts mit dem Konkurrenzkampf der obersten 10 bis 15 Prozent zu tun haben wollen, werden sich in Städten wie Berlin oder Detroit sammeln, in denen durch den wirtschaftlichen Niedergang der Vergangenheit ein Überschuss an Wohnraum zur Verfügung steht und sie ihr erfülltes und entschleunigtes Leben durch ein bescheidenes Einkommen aus künstlerischen Aktivitäten finanzieren können. Die Zukunft wird sich durch große Ungleichheit auszeichnen, doch dank der Verfügbarkeit von billigem Wohnraum, Kleidung, Lebensmitteln, Videounterhaltung und Computerspielen wird es nicht zu einer Sozialrevolte kommen.

Turner widerstrebt dieses Zukunftspanorama, doch er stimmt Cowen zu, dass die Ungleichverteilung der Zukunft nicht notwendig zu einer Verarmung der Massen führen muss, sondern mit einem relativ hohen Lebensstandard einhergehen kann. Er glaubt auch, dass die hohen Mietkosten die Geringverdiener aus den erfolgreichen Metropolen vertreiben werden und dass es zu einer Klassentrennung zwischen den reichsten 15 Prozent und dem Rest kommen wird. Im dicht besiedelten Europa wird diese Apartheid zwar weniger krass ausfallen, doch auch hier sehen wir schon heute Anzeichen einer wirtschaftlichen und kulturellen Segregation, vor allem dank der Mobilität der Hochschulabsolventen.

Cowens Zukunftsszenario könnte also sehr wohl eintreten,

wenn sich die heutige Gewichtung von Kopf, Hand und Herz nicht ändert. Und dennoch subventionieren wir weiterhin den Ausbau der Hochschulen und die Ausbildung kognitiv-analytischer Fähigkeiten, in dem Irrglauben, dass die Akademikerschwemme auf dem Arbeitsmarkt automatisch zu einer Schaffung lukrativer und angesehener Tätigkeiten führt.

Die Aufwertung von Hand und Herz braucht Zeit und verlangt politische Maßnahmen, die das Wohlstandsgefälle und die Bevorzugung der kognitiven Kompetenzen abbauen, die Einkommen in der Sozialwirtschaft verbessern, handwerkliche Fähigkeiten aufwerten und lebenslanges Lernen fördern. Wie das aussehen kann, werden wir im letzten Kapitel erörtern.

Kapitel 10

Kognitive Vielfalt und die Zukunft der Arbeit

Nicht alles, was zählt, kann gezählt werden, und nicht alles, was gezählt werden kann, zählt.

Albert Einstein

Der Titel dieses Buchs könnte leicht missverstanden werden. Er scheint anzudeuten, dass Kopf, Hand und Herz beziehungsweise Denken, Machen und Fühlen voneinander getrennt sind. Natürlich sind sie das nicht, und doch rühren viele Probleme des kognitiven Zeitalters genau von ihrer allzu starren Trennung her.

Viele Hand-Berufe verlangen viel Kopf. Der amerikanische Philosoph Matthew Crawford, der auf diesen Seiten schon mehrfach zu Wort gekommen ist, hat seinen Job bei einem Thinktank gekündigt, um eine Motorradwerkstatt aufzumachen; er sagt, die Arbeit mit den Händen sei für ihn geistig befriedigender, als sich mit politischen Fragen zu beschäftigen. Liebevoll schildert er das diagnostische Denken, mit dessen Hilfe er den Schaden am Motor einer alten italienischen Maschine findet – hier sind logisches Denken und Erfahrung genauso gefragt wie eine Portion Fantasie. Und auch Herz und Kopf sind nicht voneinander zu trennen. Wie wir in Kapitel 8 gesehen haben, erfordern soziale Tätigkeiten ein großes Maß an Intellekt. Die Überbetonung des Kopfs auf Kosten des Herzens ist eine der großen Schwächen der modernen liberalen Gesellschaften.

Politik ist eine Diskussion um unsere Werte, und im öffentlichen Leben können die Dinge genauso aus dem Gleichgewicht geraten wie im Privaten. In den vergangenen Jahrzehnten wurde der öffentliche Diskurs zu stark von der kognitiven Klasse beherrscht, die gelernt hat, dem Zählbaren und kognitiv Komplexen einen besonders hohen Stellenwert beizumessen. Ein engstirniger Rationalismus und eine Übergewichtung der Wirtschaft sind häufig die Folge. *New York Times*-Kolumnist Richard Brooks schreibt, laut Google habe in den vergangenen dreißig Jahren die Verwendung von wirtschaftlichen Begriffen zu- und die von moralischen Begriffen abgenommen: Begriffe wie »Dankbarkeit«, »Bescheidenheit« oder »Güte« kommen nur noch halb so häufig in unserem Wortschatz vor.[377]

Im Sommer 2019 hörte ich einen Vortrag des früheren britischen Außenministers David Miliband zum Brexit; auf die Frage, ob die Labour Party, die zwischen 1997 und 2010 regierte, zu der Politikverdrossenheit beigetragen haben könnte, die im Votum zum Ausdruck kam, flüchtete er sich in Ausführungen zu Wirtschaftswachstum und Ungleichheit. Kein Wort zu Identität, Zuwanderung, nationaler Souveränität und den raschen Veränderungen, die vielen Bürgern das Gefühl geben, dass früher alles besser war als heute. In den drei Jahren seit der Brexit-Abstimmung hat dieser außergewöhnlich talentierte Mann offenbar nichts über die Bedeutung der Emotionen in der Politik gelernt.

Privilegierte und erfolgreiche Menschen haben oft weniger Anreiz, über Werte nachzudenken. Sie wirken oft lau und unverwundbar. Verlust und Scheitern sind dagegen gute Lehrer. So erkennt die von James Stewart gespielte Hauptfigur im Film *Ist das*

Leben nicht schön? aus dem Jahr 1949 den Wert ihres Lebens und ihrer Familie erst, als sie ganz unten ist. Und auch ich lernte bei der Arbeit an diesem Buch eine schmerzhafte Lektion. Meine noch frische Partnerin, zu der ich eine tiefe Verbindung empfand, beendete ganz unerwartet unsere Beziehung. Etwa zur selben Zeit bekam ich Rückenbeschwerden, die mich außer Gefecht setzten. Dabei hatte ich gedacht, dass gerade eine angenehme neue Lebensphase begonnen hatte. Nach 25 Jahren Ehe hatte ich mich gütlich von meiner Frau getrennt und einen Bestseller veröffentlicht. Ich erfreute mich bester Gesundheit, hatte keine Geldsorgen, fühlte mich wohl in meiner Umgebung und war höchstens ein bisschen zu selbstzufrieden. Nach dem Absturz überlegte ich nun, warum ich so viel in diesen einen Menschen investiert hatte. Wir alle sind auf der Suche nach einer Art Ganzheit, vor allem wenn wir älter werden. War mein Leben aus dem Lot geraten? Ließ ich mich zu sehr vom beruflichen Erfolg und dem Gefühl der Unverwundbarkeit des Kopfes beherrschen? Hatte ich darüber andere wesentliche Dinge vergessen? Gute Freunde, Gespräche mit meinen Kindern, ein anspruchsvolles Hobby, ehrenamtliche Arbeit in meiner Gemeinschaft, ein unverstellter Blick auf mich selbst?

In dieser Zeit der emotionalen Turbulenzen fiel mir das Buch *The Master and His Emissary* in die Hand, in dem Iain McGilchrist die radikal unterschiedliche Weltsicht der rechten und der linken Hirnhälfte beschreibt.[378] »Die verborgene Geschichte der westlichen Kultur, die in diesem Buch erzählt wird, handelt vom allmählichen Sieg der abstrakten, instrumentellen, verbalen und selbstsicheren linken Hirnhälfte über die kontextbezogene, humane, systemische, ganzheitliche, aber relativ sprachlose und zögerliche rechte Hirnhälfte«, schreibt der Philosoph Jonathan Rowson über das Buch.[379] Wir leben in einer Welt des Kopfs und insbesondere der linken Hirnhälfte. McGilchrists Schilderungen der Abstraktion, des Instrumentalismus und Utilitarismus der linken Hirnhälfte mit ihrem Wunsch nach Gewissheit und ihrer übersteigerten Wahrnehmung der eigenen Unabhängigkeit und Klugheit liest sich wie eine Beschreibung der Pathologien der kognitiven und mobilen Klasse. Die rechte Hirnhälfte ist dagegen der Ort der Ganzheit und des Geheimnisses, mit einer großen Toleranz für das, was sich nicht sagen oder verstehen lässt: »Es ist, was es ist, sagt die Liebe«, in den Worten von Erich Fried.

Die beiden Hirnhälften sind genauso aufeinander angewiesen wie Kopf und Herz. Heute sind sie allerdings aus dem Gleichgewicht geraten. Mancher Leser mag diesen kleinen Ausflug als lästige Abschweifung in Biografie und Mystik empfinden. Doch McGilchrist ist ein renommierter Psychiater, dessen Positionen zwar nicht unumstritten sind, aber auf harten Forschungsergebnissen basieren.

Bei der Arbeit an diesem Buch ist mir noch klarer geworden, dass ein ausgewogenes Verhältnis von Kopf, Hand und Herz keine Gefühlsduselei ist, sondern eine politische Notwendigkeit – mehr noch seit der Coronakrise. Zum einen, weil wirtschaftliche Entwicklungen unter den kognitiven Tätigkeiten aufräumen werden, aber auch aufgrund der grundlegenden Fragen nach Sinn und Werten, auf die wir mit unserer nationalen und globalen Politik Antworten geben müssen. In den letzten beiden Generationen wurde die westliche Politik von Zentrifugalkräften beherrscht, die zwar die Freiräume des Einzelnen vergrößerten, allerdings auf Kosten kollektiver Bindungen und Tradition gingen. Dabei haben wir die kognitive Kompetenz politisch und wirtschaftlich über Gebühr belohnt. Die kognitive Elite hat an Einfluss gewonnen, doch viele andere Menschen haben ihren Platz und Sinn verloren. Das Ende des Kalten Krieges und der Aufstieg der postindustriellen Gesellschaft haben kollektive nationale und soziale Bindungen geschwächt; der Kultur- und Wertepluralismus hat das Vertrauen und die gemeinsamen sozialen Normen ausgehöhlt; die sozialen Medien fördern zusätzlich eine »vernetzte Isolation«, engstirniges Stammesdenken und vereinzelnde Politik. Gleichzeitig nehmen Depression und andere psychische Erkrankungen zu.

Aktuelle politische Trends, die sicher durch die Pandemie verstärkt wurden, lassen darauf schließen, dass wir am Beginn einer stärker zentripetalen Phase stehen, in der nationale Grenzen wieder schärfer gezogen und wirtschaftliche und kulturelle Offenheit zurückgefahren werden. Diese Phase wird bestimmt von einem Bedürfnis nach gesellschaftlicher Stabilität und Wertschätzung für die Weisheit der Institutionen. Die Skepsis gegenüber den Verheißungen des Kopfes wird genauso wachsen wie die Sensibilität für die Zumutungen der modernen Leistungsgesellschaft und die Ressentiments, die sie bewirken. Schon vor Jahren schrieb der amerikanische Historiker Christopher Lasch, eine demokratische Gesellschaft dürfe nicht auf einem Wettbewerb aufgebaut sein, in dem nur die Fähigsten gewinnen. Doch genau das ist in den vergangenen Jahrzehnten mit dem Siegeszug der Leistungsideologie und dem Aufstieg der mobilen kognitiven Klasse passiert.

Der Wettbewerb ist eine wichtige Kraft, die Innovation ermöglicht und starre wirtschaftliche und politische Verhältnisse aufbricht. Doch zu viel davon kann uns in einen dauerhaften Angstzustand stürzen und daran hindern, unsere Erwartungen in ein realistisches Verhältnis zu unseren Möglichkeiten zu setzen. Letzteres aber ist eine der entscheidenden Voraussetzungen für persönliches Glück. In allen menschlichen Tätigkeitsbereichen wird es immer eine Kompetenzhierarchie geben. Wichtige Aufgaben müssen an die Fähigsten delegiert werden, egal ob es um die Führung des Landes oder einer Fußballmannschaft geht. Gleichzeitig müssen wir Wege finden, um Anerkennung und Status gerechter zu verteilen.

Der zentripetale Reaktion auf 25 Jahre der zentrifugalen Öffnung ist nicht etwa ein Zeichen dafür, dass die Demokratie gescheitert ist, sondern dafür, dass sie funktioniert. Brexit, Trump und der europäische Populismus sind eine Provokation für die Werte des einstigen politischen Mainstreams, und wie die lange Brexit-Blockade gezeigt hat, haben wir keine Übung in der Aushandlung unserer Grundwerte. Zwar steht der moderne Liberalismus ja angeblich für einen Wertepluralismus, doch vielen Liberalen fällt genau dieser Pluralismus schwer, wenn plötzlich ihre eigenen Werte zur Debatte stehen. Nachdem jahrzehntelang die Spielräume des Einzelnen erweitert und eine großzügige Vielfalt von Zielen, Werten und Göttern gefördert wurden, sind unsere Gesellschaften psychisch und politisch offenbar nicht mehr in der Lage, sich auf ein Gemeinwohl zu einigen.

Der britische Philosoph John Gray sieht den Wertepluralismus als dauerhaftes Kennzeichen freiheitlicher Demokratien, doch damit er funktionieren kann, muss er auf einem Fundament gemeinsamer Normen und Regeln stehen: Rechtsstaatlichkeit, Mehrheitsentscheidungen mit Rücksicht auf Minderheiten, friedlich und in gegenseitigem Respekt ausgetragene Meinungsverschiedenheiten, und so weiter. Je solider das Fundament, umso einfacher lassen sich Diskussionen über Wertedifferenzen führen – Diskussionen, die durch die »ökumenische Nettigkeit« erstickt wurden – und die anstehenden großen Aufgaben bewältigen.

An oberster Stelle stehen der Klimawandel und die Zukunft des Planeten. In der Weltsicht der linken Gehirnhälfte und des Kopfes ist der menschliche Körper nichts anderes als eine Maschine und die Natur ein natürlicher Ressourcenschatz, den man nach Belieben ausbeuten kann. Das hat Konsequenzen, und wenn uns die Technik nicht zuhilfe kommt, dann stehen uns schwierige nationale und internationale Verhandlungen über die Verteilung der

Lasten bevor. Noch sind wir nicht imstande, diese Verhandlungen zu führen. Wir verstehen heute zwar besser, wie tief der Fußabdruck ist, den wir hinterlassen. Doch auch wenn im Westen eine fromme Einigkeit über die Gefahr der Klimaerwärmung besteht, schlägt sich dies noch nicht in unserem Verhalten nieder, und das wird es wohl auch erst, wenn wir noch konkreter bedroht sind. Selbst wenn es eine allseits anerkannte Autorität gäbe, die uns die Risiken jeder möglichen Strategie aufzeigen könnte, wären wir uns aufgrund unserer unterschiedlichen Temperamente trotzdem nicht einig über den richtigen Kurs. Das gilt auch für die Frage, inwieweit wir zum Beispiel unseren Konsum einschränken sollten, um in die Bekämpfung künftiger Pandemien zu investieren.

Vor eine weitere Wertediskussion stellt uns die Biotechnologie. Schon heute bietet die Pharmazie Mittel, mit denen sich die Leistung unseres Hirn kurzfristig steigern lässt, und in Zukunft könnten wir mithilfe der Gentechnik unsere kognitiven Fähigkeiten optimieren oder Embryos nach Talent selektieren.* Optimisten erhoffen sich von solcherlei Techniken eine Verringerung der kognitiven Ungleichheit, vergleichbar mit einer Brille, die Ungleichheiten bei der Sehschärfe beseitigt. Pessimisten erwarten dagegen eine verschärfte Ungleichverteilung von kognitiven Fähigkeiten und wirtschaftlichem Reichtum und die Entstehung einer Kastengesellschaft aus Normalmenschen und Superintelligenten, die sich die teuren Behandlungen leisten können.

Im Vergleich dazu ist die Kontrolle der sozialen Medien ein Kinderspiel. Diese Plattformen stecken noch in den Anfängen

---

* Einige sahen die Grenze schon überschritten, als der chinesische Biophysiker He Jiankui behauptete, er habe in den Embryos zweier Zwillingsschwestern das Erbgut so verändert, dass diese immun gegen das HI-Virus seien. Anders als andere experimentelle Genmanipulationen ist dieser Eingriff in die Keimbahn von Dauer und wurde fast einmütig abgelehnt. Das Wissen um dieses Verfahren wird sich allerdings kaum unterdrücken lassen.

und werden ihre pubertäre Phase aus Trotz und neurotischen Ängsten irgendwann überwinden. Eine juristische Unterscheidung zwischen neuen und alten Medien lässt sich immer weniger rechtfertigen, doch es wird einige Zeit dauern, bis wir wissen, wie sich die schädlichen Aspekte der neuen Technologie bekämpfen lassen, ohne gleichzeitig die guten zu unterdrücken. Wie Richard Layard schreibt, forderte der Autoverkehr 1930 in Großbritannien 7300 Menschenleben; dank der Straßenverkehrsordnung war diese Zahl bis 2016 auf 1700 gesunken, obwohl es mittlerweile viel mehr Autos gibt.[380] Gleichzeitig muss jeder von uns lernen, besser mit dieser Technik umzugehen.

In der Vergangenheit haben wir es geschafft, große nationale und internationale Probleme gemeinsam zu lösen – wir haben die Pocken besiegt, das Ozonloch geschlossen und Chemiewaffen geächtet. Doch die Vermittlung zwischen Werten ist schwieriger als der Umgang mit den sozioökonomischen Interessenkonflikten der Nachkriegszeit. In Wertefragen ist es schwieriger, sich in der Mitte zu treffen, als zum Beispiel in der Frage der Staatsausgaben oder der Besteuerung. Umso wichtiger ist daher eine größere Wertschätzung für die kognitive Vielfalt. Es war nie besonders klug, den obersten 15 Prozent der Intelligenzverteilung die Spitzenpositionen von Wirtschaft und Gesellschaft zu überlassen. Im Sport, im Konzertsaal, im Labor und selbst in Behörden mag Leistung ihren Platz haben, doch die Hochintelligenten sollten der Gesellschaft dienen, nicht über sie herrschen. Das ist kein Plädoyer für dumme Politiker. Daraus spricht vielmehr die Einsicht, dass wir die größtmögliche Vielfalt von Sichtweisen benötigen, um gute Entscheidungen zu treffen.

Wir haben uns viel Zeit gelassen, doch nach einigen Jahrzehnten der Debatte um die Gleichberechtigung von Mann und Frau und Gleichbehandlung von Ethnien sprechen wir endlich auch über kognitive Vielfalt. In seinem Buch *Rebel Ideas* schreibt Matthew

Syed, die in abstraktem und analytischem Denken geschulte kognitive Klasse sei allein nicht in der Lage, um die anstehenden komplexen Probleme zu bewältigen. Syed schreibt, kognitive Vielfalt bedeute »unterschiedliche Sichtweisen, Modelle und Heuristiken, die wir anwenden, um die Welt zu verstehen. Dazu kommen Unterschiede im Denken: Einige von uns denken analytisch, andere ganzheitlich und kontextbezogen.« Er führt zahllose Fachartikel an, die belegen, dass kognitive Vielfalt in Wirtschaft, Verwaltung und Forschung zu besseren Ergebnissen führt.[381] Auch ein Artikel von Wissenschaftlern der Carnegie Mellon Universität unterscheidet drei große Denkweisen: »Sprachliches Denken, räumliche Visualisierung und gegenständliche Visualisierung … Journalisten sind tendenziell sprachliche Denker, Ingenieure und Menschen in anderen mathematischen Disziplinen sind räumliche Visualisierer und denken analytisch, und Künstler sind gegenständliche Visualisierer, die das große Ganze sehen.«[382]

Großes Interesse gilt zudem der »kollektiven Intelligenz« – ein viel diskutiertes Thema, hinter dem sich die Vorstellung verbirgt, dass wir unsere unterschiedlichen Intelligenzen kombinieren, um mehr zu erhalten als die Summe unserer Einzelintelligenzen. Geschworenengerichte können eine Art kollektiver Intelligenz sein. Ein Bekannter von mir wurde vor einigen Jahren zum Geschworenen berufen und erinnert sich, wie ganz unterschiedliche Denkweisen bei der Urteilsfindung zusammenkamen. »Einige der Geschworenen haben sich auf ihr Bauchgefühl und ihre Menschenkenntnis verlassen. Andere waren skeptischer und haben sich auf Beweise gestützt. Zusammen waren wir ein Gleichgewicht aus Kopf und Herz. Ich habe gelernt, darauf zu vertrauen, dass andere schon das Richtige tun.«

Auch bei politischen Ideologien und Werten brauchen wir Vielfalt. Das betont zum Beispiel der Sozialpsychologe Jonathan Haidt,

der mit seiner Heterodox Academy ein Gegengewicht zur Vorherrschaft des linksliberalen Denkens an amerikanischen Universitäten
schaffen will. Auf der Website der Heterodox Academy schreibt der
Soziologe Musa al-Gharbi:»Wenn uns an demografischer Vielfalt
gelegen ist, dann muss uns auch an ideologischer (politischer, religiöser und so weiter) Vielfalt gelegen sein. Jeder Versuch, eines auf
Kosten des anderen zu erreichen, ist zum Scheitern verurteilt.« Seiner Erfahrung nach sind sich weiße Liberale oft gar nicht bewusst,
wie kulturspezifisch ihr Leistungsdenken ist und wie sehr es gerade
diejenigen Menschen ausschließt, die es einbeziehen will. »Amerikanische Hochschulen werden von weißen, protestantischen und bür-
gerlichen Vorstellungen von Autonomie, Leistung und Egozentris-
mus beherrscht. Angehörigen von Minderheiten fällt es oft schwer,
sich einzufügen, erfolgreich zu sein und ein Gefühl der Zugehörigkeit zu entwickeln, weil ihre Kulturen und Werte die wechselseitige
Verpflichtung, Unterstützung und Abhängigkeit betonen und in der
Regel weniger egozentrisch sind.«[383]

Diese Initiativen und neuen Denkweisen klingen wie Variati-
onen über das Thema von McGilchrist und dessen Versuch, die
rechte und linke Hirnhälfte in ein harmonischeres Verhältnis zu
bringen. Sie haben auch vieles mit dem neuen Interesse an Weisheit zu tun (dazu mehr unten) und suchen nach einem neuen Fundament der gemeinsamen Annahmen, auf dem unser Pluralismus
fester stehen kann.

Robin Wales, ehemaliger Bürgermeister des ausgesprochen plu-
ralistischen Londoner Stadtteils Newham, wurde als Leiter einer
großen Verwaltung zum begeisterten Verfechter der kognitiven
Vielfalt.»Ich habe mich intensiv mit der Frage auseinandergesetzt,
wie man eine große Organisation führen kann. Unsere Initiative für
Kleinunternehmer hat zum Beispiel Selbstständige unterstützt und
ihnen bei der Bildung von Rücklagen geholfen. Viel gelernt haben

wir dabei aus der Analyse von gescheiterten Großunternehmen, die von Akademikern geführt wurden.«Seiner Ansicht nach scheitern diese Organisationen häufig, weil Akademiker gelernt haben, alles wegzudiskutieren, was ihren Ansichten widersprechen könnte. Anders ausgedrückt haben viele Menschen aufgrund ihres Erfolgs an der Universität allzu großes Vertrauen in ihre eigenen Fähigkeiten und nehmen an, dass sie immer recht haben.

Ein weiteres Problem besteht darin, dass das Transparenzgebot für moderne Behörden eine Kultur der Scheintugenden fördert, die Identifikation und Kompromisse erschwert. Vertrauen ist in unserer Gesellschaft ein rares Gut geworden, vor allem Vertrauen in Expertentum; gleichzeitig haben wir zu Recht hohe Ansprüche an Rechenschaft und Messbarkeit. Die Zahl von Verordnungen und Instrumentarien zur Regelung der alltäglichen Arbeit wächst täglich, da das in homogeneren Kulturen übliche unausgesprochene Einvernehmen schwindet. Das alles bedeutet Arbeit für die kognitiven Klassen. Ein gutes Beispiel ist der Vergleich zwischen dem Glass-Steagall-Gesetz des Jahres 1933, mit dem die Banken der Vereinigten Staaten an riskanten Spekulationsgeschäften gehindert werden sollten, und dem Dodd-Frank-Gesetz von 2010, das den Zweck hatte, künftige Finanzkrisen zu verhindern. Das Glass-Steagall-Gesetz hatte 37 Seiten und war in verständlicher Sprache geschrieben; das Dodd-Frank-Gesetz hatte 848 Seiten und wurde durch 398 Regelungen von insgesamt 30 000 Seiten ergänzt.[384]

Ein neues Gleichgewicht

Dieses Buch will eine Diagnose liefern, aber von einem Buch, das einen Kurswechsel verlangt, erwarten Sie wahrscheinlich auch konkrete Vorschläge. Daher will ich in diesem letzten Abschnitt einige

Überlegungen präsentieren, wie wir das Gleichgewicht von Kopf, Hand und Herz wiederherstellen können.

Dass die Aufwertung von Hand und Herz quer durch die ganze Gesellschaft auf breite Unterstützung stößt, haben die Meinungsumfragen im letzten Kapitel gezeigt. In reichen Ländern sind bereits erste Tendenzen in diese Richtung erkennbar: die Automatisierung vieler mittlerer kognitiver Arbeitsplätze und das Ende des goldenen Zeitalters der Massenhochschule; das Altern der Bevölkerung und die zunehmende Sichtbarkeit von Pflegeberufen; die Sorge um Umwelt und Identität, die in der Umweltbewegung oder der populistischen Revolte ihren Ausdruck findet. Wir wissen auch, wie schnell sich gesellschaftliche Normen ändern können. Cass Sunstein erinnert uns daran, dass weder die Französische noch die Russische oder die Iranische Revolution absehbar waren. Normen und Erwartungen können sich sehr schnell verändern, wenn Menschen erkennen, dass ihre Ansichten von vielen geteilt werden. Wenn sich neue Normen bezüglich der Gleichberechtigung, der Homosexualität, des Rauchens und des Tierschutzes in relativ kurzer Zeit durchsetzen konnten, warum dann nicht auch eine Neubewertung von Kopf, Hand und Herz?

In der Folge möchte ich einige Überlegungen zu fünf Bereichen anstellen: Ungleichheit und kognitive Leistungsgesellschaft; Verortung und Mobilität; die Aufwertung des Sozialen; die Aufwertung des Handwerks; und Lernen fürs Leben.

Ungleichheit und die kognitive Leistungsgesellschaft. Es gibt erste Anzeichen, dass die Kräfte des Marktes die zuletzt stark überhöhten Erträge der Kopfarbeit korrigieren: Die Akademikerprämie sinkt, und der Arbeitskräftemangel in einigen Sektoren lässt die Einkommen für Hand-Tätigkeiten steigen. Ganz oben wird die Ungleichheit allerdings erhalten bleiben. Dafür ist der »Krieg um

Talente« genauso verantwortlich wie die überzogenen Vorstandsgehälter, die Quasimonopole und der Pioniervorteil auf digitalen Märkten, wo Berufseinsteiger Vermögen verdienen können,
ohne jahrzehntelang Aufbauarbeit in ein Unternehmen stecken zu
müssen.

Viele Beobachter glauben, dass in modernen liberalen Gesellschaften die Einkommensunterschiede unweigerlich immer größer
werden und eine Klasse von Superreichen entsteht, die dank der
Wissenschaft sogar zu einer neuen Menschenart mutieren könnte.
Das scheint mir übertrieben, denn selbst die Superreichen müs-
sen schließlich irgendwo leben, Steuern zahlen und sich Gesetzen
unterwerfen (die auch ihren lebensverlängernden medizinischen
Experimenten Grenzen setzen). Und wie Adair Turner schreibt:
»Wenn der neue Wohlstand nicht geschaffen wurde, sondern von
Preissteigerungen auf dem Immobilienmarkt herrührt, und wenn
die unkontrollierte Vererbung dieses Wohlstands einen großen
Einfluss auf die Lebenschancen hat, dann gibt es gute Argumente
für eine stärkere Besteuerung von Eigentum, Kapitalgewinnen und
Erbschaften.« Zudem wäre es denkbar, den Schutz von geistigem
Eigentum zu lockern und das Urheberrecht knapper zu befristen,
um die unverhältnismäßigen Gewinne von Pionieren gerade auf
dem Digitalmarkt zu beschneiden. Die Wirtschaftswissenschaftle-
rin Mariana Mazzucato hat darauf hingewiesen, wie stark die vermeintlich private Erfindungen auf staatlich subventionierter Forschung aufbauen.

Vormoderne Agrargesellschaften benötigten Krieger, um sich
gegen andere Krieger zu verteidigen. So entstanden Monarchie
und Aristokratie. In diesen Gesellschaften hatten Mut und Kraft
einen hohen Stellenwert, der Kopf spielte nur eine untergeordnete
Rolle. Als die wachsende Komplexität eine immer bessere Verwaltung erforderlich machte, kam der Kopf zum Zug und rich-

tete seine eigenen Lehranstalten ein, allen voran die Universitäten. Heinrich I. hatte noch keine Verwendung für sie, Heinrich VIII. wäre nicht mehr ohne sie ausgekommen.

Sollten wir in einer Art postapokalyptischen Dystopie in ein finsteres Mittelalter zurückfallen, dann wird der Muskelprotz den Streber wieder von der Spitze der Hierarchie verdrängen, und man müsste ihn mit Tributen und Schmeicheleien gewogen stimmen, die Gemeinschaft zu beschützen, statt sie zu plündern. Doch auch in einer auf Naturwissenschaften und Handel basierenden postindustriellen Gesellschaft muss man den Besten Anreize geben, ihre Fähigkeiten in den Dienst der Gesellschaft zu stellen. Aber es lässt sich durchaus darüber diskutieren, worin diese Anreize bestehen sollen. Wie viel muss zum Beispiel ein Vorstandschef verdienen, um ordentliche Arbeit zu machen? Muss er Geld bekommen? Warum nicht Ehre? Im staatlichen Sektor hat die öffentliche Auszeichnung durchaus ein gewisses Gewicht. Deshalb gibt es in Großbritannien ein System der Ehrungen: In Erwartung ihres Ritterschlags bleiben viele hochintelligente Menschen dem Staatsdienst erhalten, obwohl sie dort viel weniger verdienen als in der Privatwirtschaft. Könnte das im privaten Sektor genauso funktionieren? Das klingt wenig plausibel; hier scheint eine negative Spielart eher zu wirken, nämlich der Pranger für überbezahlte Manager. Beschämung ist ein erstaunlich wirksames Instrument bei der Zügelung der Superreichen. Die öffentlichkeitswirksame Spendentätigkeit einiger digitaler Milliardäre scheint zu belegen, wie sehr diesen Leuten an ihrem Ansehen in der Öffentlichkeit gelegen ist. Von 2020 an müssen alle britischen Aktiengesellschaften mit mehr als 250 Mitarbeitern das Verhältnis zwischen den Vorstandsbezügen und den Mitarbeitergehältern offenlegen – ein kleiner Schritt in die richtige Richtung.

Die kognitive Leistungselite ließe sich auch regulieren, indem man ihre Tätigkeit befristet und streng nach Leistung belohnt.

Erfolg in jungen Jahren führe dann nur noch selten zu Lebensstellungen, wie Nicholas Lemann meint: »Die Erfolgreichen hätten eine weniger ruhige Laufbahn vor sich als heute und könnten mehr Mitgefühl für Menschen entwickeln, deren Leben nicht so glatt läuft.«[385]

Verortung und Mobilität. Die Brexit-Abstimmung war unter anderem ein Votum für eine Art des internationalen Regionalismus. Sie war aber nicht nur ein Votum gegen Brüssel, sondern auch gegen London, wie Boris Johnson am Tag nach seiner Ernennung zum Premierminister in einer Rede in Manchester einräumte. Die meisten reichen Industrienationen stehen dem Konzept der Gemeinschaft zwiespältig gegenüber. Wir wollen Sicherheit, Vertrautheit, Zugehörigkeit und all die anderen kuscheligen Dinge, die wir mit Gemeinschaft verbinden, aber gleichzeitig wünschen wir uns Freiheit, Autonomie und soziale Mobilität, die vor allem talentierte Menschen zum Weggang animieren und damit die Gemeinschaft aushöhlen. So wie in den Vereinigten Staaten ein Graben zwischen republikanischen und demokratischen Bundesstaaten verläuft, in Frankreich zwischen Peripherie und Zentrum[386] und in Deutschland zwischen West und Ost, so tut sich in England eine Kluft zwischen London und dem Rest des Landes auf. Mancherorts handelt es sich nicht nur um eine wirtschaftliche, sondern auch um eine kulturelle Kluft.

Die Konsequenz ist ein Balanceakt: Wir müssen genug in die teuren Metropolen investieren, damit auch ärmere Menschen dort mit angemessenem Lebensstandard wohnen können, und gleichzeitig muss verhindert werden, dass sich die Bewohner der Peripherie wie Bürger zweiter Klasse fühlen. Um selbst Geringverdienern in den Metropolen einen angemessenen Lebensstandard zu geben, wären nach Ansicht von Adair Turner gute staatliche Dienstleistungen – Gesundheitswesen, Bildung, öffentlicher Nahverkehr oder öffentliche Räume – wirkungsvoller als die Einführung eines bedingungslosen Grundeinkommens. Ein solches bewirkt nämlich eine Entfremdung von der Arbeit, in der viele Menschen Sinn und Gemeinschaft finden. Glücksforscher wie der britische Wirtschaftswissenschaftler Richard Layard sind daher der Ansicht, dass es dem Wohlbefinden zuträglicher wäre, wenn der Staat Langzeitarbeitslosen eine Tätigkeit mit Mindestlohn garantiert (und denjenigen die Leistungen kürzt, die sie ablehnen). Das träfe vor allem zu, wenn diese Tätigkeiten einen erkennbaren Nutzwert für die Gemeinschaft haben, etwa die Wärmeisolierung von Gebäuden oder die Installation von Solarzellen.

Ein weiterer Punkt, der seit einiger Zeit in vielen Ländern auf der Agenda steht, ist die Veränderung der oft hässlichen baulichen Umgebungen, wie sie in der Brachialarchitektur der Nachkriegszeit, die oft jeglichem ästhetischen Empfinden der Menschen zuwiderlief, entstanden sind. Nach Ansicht des Städtebauexperten Nicholas Boys Smith gab es in Großbritannien selbst in den vergangenen Jahren noch zu viele abschreckende Beispiele: »Es wurden viktorianische Stadthäuser abgerissen, um Städte im Norden wiederzubeleben, oder Einkaufszentren im Nirgendwo errichtet, wodurch die Stadtzentren verödeten. Die würdevollsten Bauwerke in unseren Städten sind öffentliche Gebäude aus dem 19. Jahrhundert. Es sieht so aus, als seien wir heute nicht mehr imstande, schöne öffentliche Gebäude zu bauen, und als hätten wir auch gar kein Interesse mehr daran. Diese Fähigkeit müssen wir wieder lernen.«[387] Als Beispiel führt Boys Smith die Aussage eines Architekten an, der ein Krankenhaus entwerfen sollte: »Der Bauleiter hat ihm gesagt, er solle ein teureres Material verwenden, weil es billiger aussieht; die Leute reagierten empfindlich, wenn am Gesundheitswesen irgendetwas teuer aussehe.« Dabei könnten gerade die Krankenhäuser unsere neuen Kathedralen sein: vornehme Bauwerke, die einem vornehmen Zweck dienen. In vielen Städten sind es die größten und wichtigsten Gebäude, doch sie wirken oft schäbig und austauschbar. Ich habe das Privileg, in Hampstead im Norden von London zu wohnen, und während ich diese Zeilen schreibe, blicke ich auf das Royal Free Hospital, ein Schandfleck in einer der architektonisch wertvollsten Ecke Londons.

Und die Mittelzentren, Vororte und ländlichen Regionen, die sich so oft vom Zentrum vernachlässigt fühlen? Das ist in allen Ländern ein Problem, vor allem aber in Großbritannien, wo sich alles auf London konzentriert und viele junge Menschen zum Studium ihren Heimatort verlassen. Um junge Menschen in ihrer Heimatregion zu halten, muss man ihnen dort ansprechende Ausbildungsmöglichkeiten anbieten, die Arbeit besser verteilen, den Pendelverkehr durch einen Ausbau des öffentlichen Nahverkehrs erleichtern und den Lokalpatriotismus fördern, indem man Stadtzentren wieder lebenswert macht und die Zivilgesellschaft und Regionalmedien unterstützt. Das alles ist leichter gesagt als getan. Doch obwohl kleinere Städte und Dörfer oft das Gefühl haben, dass sie nicht aus dem Schatten der Metropole herauskommen, bieten sie häufig mehr Lebensqualität und ein besseres Gemeinschaftsgefühl. Wenn man das Land aufwertet und den Menschen einen guten Grund gibt, dort zu bleiben, dann wäre dies ein wertvoller Beitrag zum nationalen Wohlbefinden. In Deutschland leben beispielsweise 70 Prozent der Bevölkerung in Städten mit weniger als 100 000 Einwohnern.

Mobilität ist natürlich kein Übel an sich. Zudem sieht sie heute ganz anders aus als im 19. Jahrhundert. Wer damals seine Heimat verließ, sah seine Familie oft nicht mehr wieder. Heute, da man mit Telefon, E-Mail und sozialen Netzwerken in Verbindung bleiben und die Eltern am Wochenende besuchen kann, ist der Umzug kein ganz so großer Einschnitt. Den Mobilen erleichtert die Kommunikationstechnik so den Kontakt, und den Verorteten kann sie das Gefühl geben, nicht gehen zu müssen, um dabei zu sein. Kleinstädte und ländliche Unternehmen haben mit dem Internet die Möglichkeit, Entfernungen zu überwinden und Netzwerke in der Region zu knüpfen, vorausgesetzt das Breitbandnetzwerk ist vorhanden. Das unterstrich ein Bericht in der Zeitschrift *New Yorker* über McKee, die Kleinstadt mit der schnellsten Internetverbindung der Vereinigten Staaten. Keith Gabbard, der für den Aufbau dieses Netzes verantwortlich war, sagt:»Ich glaube nicht, dass wir damit eine Fabrik mit 500 Arbeitsplätzen hierher holen werden, aber es verbessert die Lebensqualität der Menschen und sorgt dafür, dass sie nicht jeden Tag 150 Kilometer pendeln müssen … Es trägt zur Bildung, Unterhaltung, Wirtschaft und Gesundheit bei. Es könnte sogar die Einstellung der Leute verändern.«[388]

In den zurückliegenden Jahrzehnten haben wir räumliche Mobilität begrüßt und belohnt (zum Beispiel durch Bildung und bessere Einkommen in den Metropolen). Vielleicht sollten wir nun diejenigen belohnen, die zu Hause bleiben. Nicht alles kann bleiben, wie es ist, einige Gemeinschaften können sich nicht selbst tragen. Doch gerade in reichen Ländern haben viele Menschen den Eindruck, dass sich in den letzten Jahrzehnten zu viel zu schnell verändert hat, von ihrem unmittelbaren Umfeld bis hin zum ganzen Land. Wäre es zum Beispiel zu viel verlangt, einen Pub zu unterstützen, der Gemeinschaft stiftet, aber von der Schließung bedroht ist? Auch Regionalzeitungen fördern das Gefühl der Zugehörigkeit; wenn sie aussterben, treten hier und da Blogger an ihre Stelle, die Regionalpolitikern auf die Finger schauen, doch vielerorts werden sie durch nichts ersetzt.

Die Aufwertung des Sozialen. Herz-Tätigkeiten werden aufgewertet, wenn die Politik mehr in Gesundheit, Pflege und Bildung investiert. So wie Krankenhäuser oft das größte Gebäude weit und breit sind, ist das Gesundheitswesen in vielen Regionen der wichtigste Wirtschaftsfaktor. Anders als das Finanzgeschäft und die Industrie ist es naturgemäß dezentral, in jeder Region werden Krankenhäuser und Ärzte gebraucht. Das Gesundheitswesen beschäftigt Menschen aller Schichten und Fähigkeiten und kurbelt die regionale Wirtschaft an. Es ist eine Umverteilungsmaschine, die Wohlstand von der Metropole und den kognitiven Eliten in den Rest des Landes bringt.

Der Ausbau des Sozialen bedeutet allerdings nicht nur mehr Investition, auch wenn die gerade in Großbritannien dringend gebraucht wird. Er bedeutet auch, Pflegetätigkeiten in unserem technokratischen Gesundheitswesen mehr Autonomie zuzugestehen, um die Tätigkeit attraktiver zu machen und dem Arbeitskräftemangel zu begegnen. Wobei die Technik allein nicht das Problem ist, denn wenn sie richtig eingesetzt würde, gäbe sie Ärzten und Pflegekräften die Möglichkeit, ihre Patienten ganzheitlicher zu behandeln. Daher muss sich die Ausbildung der Pflegekräfte und aller Mitarbeiter des Gesundheitswesens ändern. Sie muss neben den praktischen und kognitiven Fähigkeiten die emotionalen und zwischenmenschlichen Interaktionen in den Mittelpunkt stellen. Lehrpläne und Anforderungen müssen neu gestaltet werden, um das Gesundheitswesen patientenzentrierter zu machen und Mitarbeiter im komplexen Umgang mit Patienten und Angehörigen zu schulen.

In einer Gesellschaft, die alles quantifiziert, hat die Pflege gelitten, weil sie sich nicht messen lässt. Es ist daher an der Zeit, auch die unbezahlte häusliche Pflege ins Bruttoinlandsprodukt einzubeziehen. Das würde uns nicht nur reicher machen, sondern unserem Alltag besser Rechnung tragen und die Arbeit in der Familie aufwerten. Denn der Grund für den gestiegenen Druck auf das Gesundheitswesen und die Pflege ist auch die Schwächung der familiären Bindungen und die Tatsache, dass sich immer weniger intakte Paare umeinander oder um ihre pflegebedürftigen Eltern kümmern. Es ist eine Frage des gesunden Menschenverstandes, Familien zu fördern und Partnerschaft und häusliche Pflege zu belohnen, vor allem da dank der modernen Technologie viele ältere Menschen zu Hause gepflegt werden könnten. Doch in vielen westlichen Ländern werden junge Familien diesbezüglich nicht ausreichend unterstützt. (Gerade in einkommensschwachen Haushalten ist die Institution der Ehe spürbar geschwächt: Im Großbritannien sind 90 Prozent der Eltern aus dem einkommensstärksten Fünftel der Bevölkerung verheiratet, im einkommensschwächsten Fünftel sind es dagegen nur 10 Prozent.) Warum also bietet der Staat keine kostenlose Eheberatung an? Selbst wenn sich damit nur 5 Prozent der Trennungen verhindern ließen, wäre dies ein großer Gewinn für die Allgemeinheit. Und warum entlastet man junge Familien nicht, indem man einem Elternteil ermöglicht, zu Hause zu bleiben, solange die Kinder noch klein sind? Wenn wir die Rückkehr zur Arbeit subventionieren, indem wir Kindertagesstätten einrichten, warum fordern wir dann nicht auch Eltern, die zu Hause bleiben wollen? Ist das etwa keine wichtige Arbeit?

Die Wiederentdeckung des häuslichen Bereichs im Zeitalter der Gleichberechtigung könnte auch eine Förderung von Heimarbeit und Kleinunternehmertum bedeuten, in denen sich Arbeit und Familie vereinbaren lassen. Schriftsteller, Babysitter, Therapeuten oder Kosmetiker arbeiten seit jeher zu Hause, und mit einer guten Internetverbindung könnten noch viel mehr Tätigkeiten in die eigenen vier Wände verlegt werden. Während der Coronakrise haben viele Menschen das Potenzial der Heimarbeit entdeckt und lernten den Umgang mit der neuen Technik.

Der soziale Sektor ist zu 85 Prozent weiblich. Männer beteiligen sich heute stärker im Haushalt als früher, fast zwei Drittel aller

Väter bezeichnet sich als »aktive Väter«. Doch bei der Alten- und Krankenpflege und der Kindererziehung hat sich bislang wenig getan.[389] Im Gegenteil, seit immer mehr Frauen Medizin studieren, sind die Krankenhäuser eher noch weiblicher geworden. Mithilfe eines gewissen Maßes an positiver Diskriminierung könnte man eine kritische Masse von Männern in eine Branche holen, in der sie heute weitgehend fehlen. Auch könnte eine begrenzte Automatisierung der Altenpflege Einkommen und Status von Tätigkeiten in Pflegeheimen aufwerten und sie so attraktiver für Männer machen. Das alternde Japan experimentiert mit Pflegerobotern, die zum Beispiel Senioren in die Badewanne heben. In der Pflege der Zukunft könnten Techniker gebraucht werden, die diese Roboter steuern.

Freiwilligenarbeit kann die Schwächung der Familie zwar nicht wettmachen, doch es gibt hier noch ungenutztes Potenzial, vor allem unter Verwendung des Internets. Die Coronakrise hat gezeigt, dass viele Menschen einen regelrechte Hunger nach ehrenamtlichen Tätigkeiten haben. Warum nutzen wir diese Erfahrung nicht und richten in der Kranken- und Altenpflege regionale Freiwilligengruppen ein, die eine einfache Grundausbildung erhalten, um in Krisen helfen zu können? Das ließe sich auch in normalen Zeiten aufrechterhalten, vorausgesetzt, die ehrenamtlichen Helfer werden nicht dazu missbraucht, bezahlte Pflegekräfte einzusparen. Auch Sozialprogramme von Unternehmen könnten sich der Altenpflege annehmen und ihre Mitarbeiter anregen, alleinstehende Senioren in der Region zu besuchen, ihnen vorzulesen, für sie einzukaufen oder Ausflüge mit ihnen zu unternehmen.

Auch Erziehung ist sowohl Kopf- als auch Herzarbeit, vor allem in der Grundschule. Ich staune immer wieder, wie viele Lehrer davon sprechen, dass sie ihre Kinder lieben (auch wenn sie ihnen manchmal auf den Nerven herumtanzen). Eine Bekannte, die in mittleren Jahren in die Schullaufbahn wechselte, sagte: »Das Beste am Grundschulunterricht ist, dass man eine echte Beziehung zu den Kindern bekommt. Wenn man die Arbeit gut machen will, muss man die Kinder lieben, man muss sich emotional einbringen.« Das bestätigen auch aktuelle Untersuchungen zu gutem Unterricht. Nach Erkenntnissen von Andreas Schleicher, Leiter der internationalen PISA-Vergleichsstudie der OECD, kommt es mehr auf die Beziehung von Lehrern und Schülern an als auf die Lerninhalte. Kinder lernen besser, wenn sie das Gefühl haben, dass ihre Lehrer sie kennen und für sie da sind. Das wussten schon unsere Großmütter, und unsere Schulen sollten diese Erkenntnis ernst nehmen.

Soziale Tätigkeiten sind wie die Handarbeit etwas, das viele Menschen in ihrer Freizeit tun, ob aus Pflichtgefühl oder aus Spaß an der Freude. Es kann eine langweilige Pflichtübung sein, für Oma einkaufen zu gehen oder ein Kind auf den Spielplatz zu begleiten, aber die meisten Menschen wissen, dass die Zeit, die sie mit hilfsbedürftigen Angehörigen verbringen, zu den wertvollen Momenten des Lebens gehört. Wenn ich während der Parkausflüge mit meinen Kindern gelangweilt war oder wie so oft telefoniert habe, dann war das Ausdruck meiner Unfähigkeit, ganz im Hier und Jetzt zu sein. Wie viele Eltern klagen, dass ihre Kinder so schnell groß werden, wie kann die Zeit nur so schnell vergehen? Hierin ähneln sich Pflege- und Handarbeit, denn beide verlangen, dass wir dem, was wir tun, unsere ungeteilte Aufmerksamkeit schenken. Im Falle der Handarbeit stehen die Bedürfnisse des Materials im Mittelpunkt, im Fall der Pflege die eines Menschen. Das Gefühl, dass wir in unserer verkopften Welt nicht genug auf die Dinge achten, auf die es wirklich ankommt, ist der Grund für das größer werdende Interesse an Achtsamkeit und Meditation. Aufmerksamkeit ist das Wesen von Achtsamkeit und Meditation – sehen, was wirklich von Wert ist, langsam statt schnell zu leben.

Die Aufwertung der Handarbeit. Der Verfall einer offenen
Leistungsgesellschaft zu einer erblichen Kastengesellschaft ließe
sich verhindern, indem man die wirtschaftliche Unsicherheit für
alle beseitigt und so fähige Menschen dazu motivieren könnte,
befriedigendere Lebenswege einzuschlagen als eine Laufbahn in
einer Bank oder Anwaltskanzlei. Es wird immer weniger eine einzige Hierarchie von Wohlstand und Status geben. Wir können dies
vielleicht schon in privilegierten Familien sehen, aus denen sich
mindestens ein Spross für eine Laufbahn in der Gastronomie oder
im Handwerk entscheidet. Und auch darüber hinaus sind Tätigkeiten, die trotz schlechter Bezahlung ein hohes Maß an Zufriedenheit
bieten, schon heute gefragt. Und wenn auf dem Land die konventionelle Landwirtschaft zunehmend durch den arbeitsintensiveren
Bioanbau ersetzt wird, entstehen auch hier neue landwirtschaftli-
che Hand-Herz-Tätigkeiten.

Die Politik sollte entsprechend nach Möglichkeit jene Arbeit
begünstigen, die ein hohes Maß an Zufriedenheit vermittelt. Das
ist oft die gemeinsame Arbeit an einem kollektiven Problem.
Aber auch viele der handwerklichen Tätigkeiten, die im Laufe
des 20. Jahrhunderts verschwunden sind, zum Beispiel Steinmetz
oder Strohdachdecker, werden heute wiederentdeckt. Der Erhalt
hübscher alter Gebäude verlangt fähige Handwerker. 2019 stand
erstmals das Weben im Mittelpunkt der Frieze Kunstmesse in London. Im kommenden Jahrhundert werden mehr Menschen befriedigende Arbeit als Künstler, Gärtner, Surfboard-Designer, Köche,
Biobauern und Bienenzüchter finden als in der Softwareentwicklung oder der Robotertechnik.[390] So hat beispielsweise der britische Markt für Bioprodukte heute schon einen Jahresumsatz von
2,5 Milliarden Pfund. Überall schießen Mikrobrauereien aus dem
Boden, in Großbritannien gibt es heute 2000 davon, und im Rest
von Europa wächst die Branche ähnlich schnell. Heute gibt es in

Großbritannien über dreihundert unabhängige Käseproduzenten, Mitte der Siebzigerjahre waren es nur 62.[391] Und die Umsatzentwicklungen im Einzelhandel lassen darauf schließen, dass Menschen wieder mehr selbst kochen.[392]

Wie in Kapitel 1 angesprochen, widmen sich viele Menschen nach ihrer Pensionierung einem Hobby wie Sport, Musik oder Basteln, das mit körperlicher Betätigung zu tun hat. Und da wir immer mehr Lebenszeit als Rentner verbringen, werden die jungen Alten mit ihrem Interesse an Hand und Herz in unserer Kultur eine immer wichtigere Stellung einnehmen. Wenn wir zudem davon ausgehen, dass uns die kommende Etappe der Automatisierung mehr Freizeit bringt, dann werden wir alle mehr Zeit haben, unsere sportlichen, musischen und handwerklichen Fähigkeiten zu entwickeln, weshalb es umso wichtiger ist, dass diese Fächer in der Schule unterrichtet werden. Denn warum sollten Schüler nicht die Grundlagen wenigstens einer handwerklich-technischen Fähigkeit erwerben, egal ob Schreinern oder Programmieren? Wobei es sinnvoll wäre, diesen Unterricht nicht in der Schule selbst abzuhalten, sondern in besonderen Jugendzentren, die gleichzeitig Begegnungsstätten für junge Menschen unterschiedlicher Herkunft sein könnten.

Lernen fürs Leben. Manchmal bekommt man den Eindruck, dass wir heute mehr Schule, aber weniger Bildung haben als je zuvor. Dabei ist es absurd, dass sich die höhere Bildung fast ausschließlich an die 18- bis 22-Jährigen richtet. Das Fließband, das so viele junge Menschen in die Universität befördert, sollte gedrosselt werden. Sicher, viele von ihnen sammeln hier wertvolle Lebenserfahrungen, weil sie zum ersten Mal auf sich gestellt sind. Sicher, viele erwerben hier nützliches Fachwissen oder gehen aus reiner Freude am Lernen intellektuellen Interessen nach. Aber allzu viele lernen nichts, was sie wirklich gebrauchen können, und haben ihr Wissen schnell wieder vergessen. Ihr Abschluss dient letztlich nur als Signal für künftige Arbeitgeber, dass sie die richtigen persönlichen Eigenschaften mitbringen, um der aufgeblähten kognitiven Klasse beizutreten. Daher sollten sich viele besser jenen Rat zu Herzen nehmen, den ein Freund seinem Neffen gab, als dieser ihn fragte, ob er nach der versiebten Zwischenprüfung sein Soziologiestudium fortsetzen sollte:»Statt dich mit etwas weiterzuquälen, für das du kein Talent oder Interesse hast, und dabei 50 000 Pfund Schulden zu machen, solltest du dir lieber 15 000 Pfund leihen und einen sechsmonatigen Programmierkurs belegen, mit dem du einen gut bezahlten Job in einem Technologieunternehmen bekommst. Wenn du in fünf oder zehn Jahren dann Lust hast, tiefer in die Informatik einzusteigen oder dich mit Byzanz zu beschäftigen, hast du mehr von einem Studium.«

Der Risikokapitalgeber Peter Thiel gibt angehenden Unternehmern Geld, damit sie ihr Studium abbrechen und sich stattdessen auf ihr Internet-Start-up konzentrieren können, und einige britische Privatschulen halten ihre Schüler zu Lehren in Betrieben, der Gastronomie und so weiter an, um nach der Schule direkt einen Beruf aufnehmen zu können. Die Northeastern University in Boston bietet eine Mischform von Lehre und Studium an, die drei sechsmonatige Praktika verlangt.[393] In Israel nehmen viele junge Leute ihr Studium später auf, weil sie zuerst ihren Wehrdienst absolvieren müssen; wenn sie schließlich an die Universität kommen, sind sie reifer und profitieren deutlich stärker vom Studium.

Meine Kritik am Ausbau der Hochschulbildung in Kapitel 4 richtete sich gegen unsere Begünstigung des akademischen und in der Praxis oft nutzlosen Wissens, während die Wirtschaft kürzere und vor allem praxisnähere Formen der Ausbildung braucht. Das Problem wird sich noch umso mehr verschärfen, je weiter die Künstliche Intelligenz in den kognitiven Sektor vordringt. »Die Universitäten bringen Akademiker von gestern hervor, um Aufgaben zu übernehmen, für die die Maschinen von heute besser geeignet sind«, so Richard und Daniel Susskind. Wenn wir also in die Zukunft der Universität und der Bildung blicken, dann müssen wir uns mehr Gedanken über Lernen fürs Leben und lebenslanges Lernen machen. Das ist ein geflügeltes Wort geworden. Wir sprechen endlos von lebenslangem Lernen, aber wir tun nichts dafür. In Großbritannien machen wir eher Rückschritte, es gibt weniger ältere Studenten oder Arbeitnehmer, die sich an der Universität weiterbilden.

Das »Lebenszyklus-Modell« der vergangenen Jahrhunderte, in dem auf eine feste Lebensphase der Ausbildung eine feste Lebensphase der Arbeit folgt, hat ausgedient. Stattdessen brauchen wir ein »Rotationsmodell«, in dem sich Phasen der Ausbildung und der Arbeit im Laufe eines Lebens abwechseln. Aber wie Andy Haldane von der Bank von England weiß, sind die Universitäten der meisten Länder nicht darauf ausgelegt. Daher muss die Hochschule der Zukunft ganz anders aussehen. »Sie kann sich nicht allein auf die Jungen konzentrieren, sondern braucht je nach Alter unterschiedliche Zugänge«, meint Haldane. »Außerdem braucht sie Zugänge für andere als kognitive Fähigkeiten, also auch für soziale und technische Kompetenzen. Im Grunde müsste es eine ›Multiversität‹ sein, keine ›Universität‹.«[394]

Der Geist des alten Autodidakten, der das Bedürfnis hat, zum Beispiel alles über Botanik zu lesen, ist selbst aus unserer gebildeteren Gesellschaft nicht verschwunden. Es wird immer eine große Minderheit geben, die aus Spaß an der Freude lernt, wie populärwissenschaftliche Erfolgsautoren wie Brian Cox, Martin Rees, Steven Pinker, Jared Diamond oder Yuval Noah Harari beweisen. Und auch das Ideal des rundum gebildeten Menschen des 19. Jahrhunderts kehrt zurück. Heute spricht man von »fächerübergreifendem« oder »interdisziplinärem« Wissen, das oft naturwissenschaftliches und künstlerisches Denken vereint, wie dies zum Beispiel in der Architektur schon immer der Fall war. Themen wie digitale Kompetenz, Unternehmertum und emotionale Intelligenz werden immer wichtiger.

In einer Welt, in der Produktivitätssteigerungen von einer kleinen Minderheit von Programmierern und Spitzenmanagern vorangetrieben werden, bedeutet dies, dass wir Übrigen unsere fürsorglichen, handwerklichen und kreativen Fähigkeiten ausbauen müssen, sowohl für die Arbeit der Zukunft als auch für die langen Stunden der Freizeit, die wir dann haben werden. Hier könnte man den alten Gedanke des Lernkontos wiederbeleben, einer festen Summe, die der Staat jedem Bürger zur Verfügung stellt und auf die wir im Laufe unseres Lebens immer wieder zugreifen können.

Das Ziel, das akademische Niveau der Sekundarbildung für alle zu heben, ging oft auf Kosten der Breite der Schulbildung. Die meisten Formen der Kreativität lassen sich jedoch genauso lernen wie Mathematik oder Biologie. Das gilt auch für handwerkliche Fähigkeiten. Jugendliche, die später nicht studieren wollen, könnten parallel zur Schule eine Art Teilzeit-Lehre in Betrieben vor Ort machen. Auf diese Weise bekämen die Unternehmen kostenlose Hilfskräfte, und im Gegenzug für Steuererleichterungen könnten sie die Jugendlichen in einfache Arbeitstechniken einweisen. Wenn das System funktioniert, könnten die Jugendlichen am Tag nach ihrem Schulabschluss ins Erwerbsleben einsteigen.

Und was bedeutet Lernen fürs Leben? In unserer Diskussion um die Bildung steht die Wirtschaft viel zu sehr im Mittelpunkt, und dieses Buch ist keine Ausnahme. In den leidenschaftlichen Bildungsdebatten des 19. Jahrhunderts spielte die Wirtschaft kaum eine Rolle, obwohl die Gesellschaft damals so viel ärmer war. Heute sprechen wir vor allem viel zu wenig darüber, dass Bildung der demokratischen Teilhabe und dem seelischen und körperlichen Wohl dienen sollte. Der Bildungsforscher E. D. Hirsch unterstreicht, dass eine demokratische Gesellschaft gebildete Bürger voraussetzt, die Tatsachen von Lügen unterscheiden, Andersdenkende respektieren und die Komplexität der anstehenden Aufgaben verstehen. Deshalb sollte es im Geschichtsunterricht nicht um Noten gehen. Es ist doch kein Problem, wenn jemand ein »Ausreichend« im Abschlusszeugnis stehen hat, solange er etwas über die Geschichte seines Landes gelernt hat.

Bei der Wiederherstellung des Gleichgewichts von Kopf, Herz und Hand geht es auch darum, unser Verständnis von »Wissen« und »Können« zu korrigieren und den Fähigkeiten von Hand und Herz denselben Stellenwert beizumessen wie den kognitiven Fähigkeiten. Ein Anfang wird in innovativen Projekten wie der von Peter Hyman, Oli de Botton und Ed Fidoe gegründeten School21 gelegt. Ein würdiges Schlusswort dieses Abschnitts ist Iain McGilchrists Liste von Kopf-, Hand- und Herzkompetenzen, die Kinder neben dem Lernstoff aus der Schule mitnehmen sollten:

Kinder sollten praktische körperliche Fähigkeiten in Handarbeiten und Künsten erwerben. Sie sollten nicht nur mit Maschinen und Ideen umgehen, sondern mit realen Materialien wie Holz, Metall und Stoff, und sie sollten Dinge herstellen, die nützlich und schön sind. Alle Kinder sollten Achtsamkeit und eine Form der spirituellen Übung erlernen. Sie sollten Dinge lernen, die fürs Leben relevant sind, etwa Denkfehler bei sich und anderen zu erkennen und in Streitigkeiten zu vermitteln. Diese praktischen Fähigkeiten sind leicht zu lernen, und sie können ein ganzes Leben verändern.

Neue Galaxien

Das Thema Religion hat in diesem Buch keine Rolle gespielt. Ich bin kein religiöser Mensch, doch während der Arbeit an diesem Buch sind mir einige Aspekte der religiösen Weltsicht sympathischer geworden. Und wenn es um die Wiederherstellung des Gleichgewichts von Kopf, Hand und Herz geht, schwingt immer auch das Thema Spiritualität mit.

In der säkularen Welt des Kopfes ist wenig Platz für die Geheimnisse des Lebens. Das ist wohl einer der Gründe, warum sich heute so viele Menschen Yoga, Meditation oder dem Umweltschutz zuwenden. Der Humanismus hat in vieler Hinsicht enttäuscht und versagt. Seine Kritik an der Religion war wirkungsvoll, doch auf der Suche nach einem guten Leben bietet er uns keine überzeugende Alternative. In einem Aufsatz über die Welt seiner Enkelkinder hat John Maynard Keynes vorhergesehen, dass die Menschheit nach dem Sieg über die Notwendigkeit zur Religion zurückkehren wird. »Dann sind wir frei, uns wieder einigen der festesten und sichersten Grundsätzen der Religion und traditionellen Tugend zuzuwenden … Wir werden wieder Zwecke über Mittel stellen und das Gute über das Nützliche. Wir werden diejenigen schätzen, die uns lehren, den Tag tugendhaft und gut zu nutzen, diese angenehmen Menschen, die Dinge so genießen können, wie sie sind, die Lilien auf dem Felde, die nicht spinnen und nicht weben.«[395]

Unlängst stattete ich der Kathedrale von Bury St. Edmund einen Besuch ab. Die Führerin erzählte uns von den geschnitzten Engeln, die mit ihren ausgebreiteten Flügeln das Dach tragen und auf die versammelte Gemeinde herabschauen. Die Rücken der Engel sind offenbar mit derselben Liebe zum Detail geschnitzt wie die Vorderseiten, obwohl niemand sie zu sehen bekommt. Die mittelalterlichen Handwerksleute taten ihr Werk für Gott. In unserer egozentrischen Welt lässt uns das staunen. Aber dazu ist gar kein Gott nötig: In unserer heutigen Sprache könnte man vielleicht sagen, dass der Schnitzer sein Bestes gegeben oder die Arbeit um ihrer selbst willen getan hat.

Viele weltlich erzogene Menschen misstrauen der Religion, weil sie sie für dogmatisch halten. Dogmatismus wäre das Letzte, was wir in unserer Zeit der Polarisierung brauchen: Denn wie sollte man die fälligen Wertediskussionen mit Menschen führen, die alles besser wissen?

Doch auch liberal und weltlich denkende Menschen haben ihre eigenen Formen des religiösen Denkens.[396] Religion entsteht aus der Notwendigkeit, dem Tod ins Auge zu sehen, und auch wir weltlich denkenden Menschen sterben. Auch der noch immer revolutionäre Gedanke, dass alle Menschen unabhängig von ihrem Talent und Vermögen moralisch gleich sind – ein Gedanke, der hinter der Gleichbehandlung von Kopf, Hand und Herz steht –, kommt eigentlich aus dem Christentum.

Auf unserem Weg brauchen wir Weisheit, und diese Weisheit ist eine so religiöse wie weltliche Vorstellung. Diese Weisheit steht heute vor ihrer Wiederentdeckung. In seinem Buch *The Happiness Curve* schreibt Jonathan Rauch, dass es die Weisheit zwar in unserer zivilgesellschaftlichen und politischen Kultur schwer haben mag, dass sie jedoch in der Medizin, der Psychologie und der Neurowissenschaft zu ihrem Recht kommt. Rauch sprach mit einem der Pioniere der Weisheitsforschung, dem in den Vereinigten Staaten lebenden indischen Psychiater Dilip Jeste, der Weisheit als eine klar erkenn- und messbare menschliche Eigenschaft beschreibt, die über Kulturen und Epochen erstaunlich konstant bleibt. Rauch schreibt:

Moderne Definitionen nennen immer wieder ganz bestimmte Eigenschaften: Mitgefühl und soziale Einstellungen, in denen sich ein Interesse am Gemeinwohl äußert; praktische Lebenserfahrung; die Verwendung dieser Lebenserfahrung zur Lösung persönlicher und gesellschaftlicher Probleme; die Fähigkeit, Unklarheit, Ungewissheit und unterschiedliche Sichtweisen auszuhalten; emotionale Festigkeit und Selbstbeherrschung; und eine Fähigkeit zur Reflexion und objektiven Selbstbetrachtung. Man sollte meinen, dass Menschen mit den größten kognitiven Kapazitäten ihre Denkpower zum Denken verwenden und daher weiser sind. Doch die Forschung zeigt immer wieder, dass Intelligenz und Weisheit nicht unbedingt deckungsgleich sind. In einigen Bereichen, etwa dem weisen Umgang mit Konflikten zwischen Gruppen, scheint kognitive Fähigkeit geradezu ein Widerspruch zur Weisheit zu sein.[397]

Weisheit ist oft der Gegenpol der Ideologie. Während die Ideologie auf Gewissheit, Reinheit und Konflikt besteht, steht Weisheit für Bescheidenheit, Vielschichtigkeit und Kompromiss. Auf das rechte Gleichgewicht kommt es an: »In der Fernsehserie *Raumschiff Enterprise* fehlen der intelligentesten Figur, dem Vulkanier Spock, das instinktive Mitgefühl von Dr. McCoy und die praktische Entschlossenheit von Captain Kirk. Keiner der drei ist für sich genommen weise. Die Weisheit entsteht im (manchmal angespannten) Austausch der drei.«[398]

Auf der *Enterprise* sind Kopf, Hand und Herz in Harmonie, und deshalb dringt sie in Galaxien vor, die nie ein Mensch zuvor gesehen hat.

Dank

In meinem letzten Buch *The Road to Somewhere* ging es um Themen, die mich schon seit Jahren umtreiben, weshalb ich das Buch schnell und weitgehend ohne Hilfe schreiben konnte. Diesmal war das anders. Dieses Buch behandelt zahlreiche Themen wie Pflege oder Intelligenz, zu denen ich nur allgemeine Vorkenntnisse hatte. Bei der Recherche erhielt ich wertvolle Hilfe von Richard Norrie und Tom Hamilton-Shaw. Außerdem haben mich verschiedene Institutionen und Einzelpersonen unterstützt. Vor allem danke ich Dean Godson und anderen Kollegen des Londoner Thinktanks Policy Exchange, für den ich in Teilzeit arbeite, die mir die Möglichkeit gegeben haben, an diesem Buch zu arbeiten und im Rahmen meiner Tätigkeit für Policy Exchange einige der Themen zu vertiefen. Ich hoffe, dass ich mich in den kommenden Jahren für die Großzügigkeit revanchieren kann. Außerdem verbrachte ich im März 2019 auf Einladung einen Monat am wunderbaren Institut für die Wissenschaften vom Menschen (IWM) in Wien, wo ich dieses Buch anschieben und mit aufgeweckten Denkern aus ganz Europa einige meiner Überlegungen erörtern konnte. Mein besonderer Dank gilt Ivan Krastev und Dessy Gavrilova, die meinen Aufenthalt so angenehm gemacht haben. Mein Dank auch an David Lucas, der den Anstoß zu diesem Buch gegeben hat; meinem Agenten Toby Mundy, der es aufgegriffen hat; Ken Charman, Alun Francis und Paul Morland für Austausch und Feedback; Madeleine Bunting und Julie Goldie für ihre Erkenntnisse aus der Welt der ambulanten und institutionellen Pflege; Eric Kaufmann,

Matt Goodwin, Pamela Dow, Mary Harrington und Michael Lind für wichtige Hinweise. Mein Dank gilt auch dem Verlag, insbesondere Maria Bedford, meiner Lektorin bei Penguin, für ihre klugen Hinweise. Für die französischen und deutschen Ausgaben mein Dank an Susanna Lea und Mark Kessler von Susanna Lea Associates; Hélène de Virieu und Jérôme Lambert bei Les Arènes in Paris sowie Julia Hoffmann und Elisabeth Schmitten beim Penguin Verlag in München.

Viele Menschen haben auf die eine oder andere Weise einen Beitrag geleistet, und ich entschuldige mich schon jetzt, falls ich jemanden vergessen haben sollte. Andrew Adonis, Claire Ainsley, Douglas Alexander, Jake Arnold-Forster, Ewa Atanassow, Toby Baxendale, Mark Bovens, Paul Broks, Belinda Brown, Phillip Brown, Jochen Buchsteiner, Noah Carl, Emily Carver, Camilla Cavendish, Peter Cheese, Daisy Christodoulou, Robert Colls, Paul Corby, Ian Deary, Peter Dolton, Edward Fidoe, Catherine Fieschi, Beccy Goodhart, Charles Goodhart, Rose Goodhart, Christine Goronowicz, Helen Goulden, Alexander Gray, John Gray, Manuela Grayson, Andy Haldane, Jonathan Hanbury, Nick Hillman, Craig Holmes, Paul Johnson, Allyson Kaye, Lucy Kellaway, Sam Kershaw, Mark Leach, Alison Leary, Simon Lebus, Charlotte Leslie, Oliver Letwin, Tim Leunig, Paul Lewis, Warwick Lightfoot, John Lloyd, Iain Mansfield, Jill Manthorpe, Elaine Maxwell, Ken Mayhew, Jasper McMahon, Rosie Meek, Munira Mirza, James Mumford, Joanna Newman, Orna NiChionna, Ian Norman, Tim Oates, Paul Ormerod, Edward Peck, Louise Perry, Nina Power, Jonathan Rauch, David Robson, Juliet Rodgers, Jonathan Rutherford, Freddie Sayers, Isabel Scholes, Tom Simpson, Swaran Singh, Richard Sloggett, David Soskice, Yuli Tamir, Nick Timothy, Adair Turner, Bobby Vedral, Anna Vignoles, Robin Wales, Adele Waters, Amy Wax, Simon Wessely, Joanna Williams, Mark Williams, Christopher Winch, Alison Wolf, Jon Yates und Toby Young.

Schließlich möchte ich einige der Podcasts erwähnen, die ich während der Arbeit an diesem Buch regelmäßig gehört habe, ob zur Unterhaltung oder Inspiration. LSE Public Lectures & Events; Unherd Confessions von Giles Fraser; Talking Politics; Exponential View; Rebel Wisdom; Real Talk with Zuby; Conversations with Tyler; The Psychology Podcast von Dr. Scott Barry Kaufman; Making Sense, Sam Harris.

Anmerkungen

Kapitel 1

1 James Flynn, *Are We Getting Smarter? Rising IQ in the Twenty-First Century* (New York: Cambridge University Press, 2012).

2 »Income Inequality«, OECD, https://data.oecd.org/chart/5NKF.

3 Nikou Asgari, »One in Five UK Baby Boomers are Millionaires«, *Financial Times,* 8. Januar 2019, https://www.google.com/amp/s/amp.ft.com/content/c69b49de-1368-11e9-a581-4ff78404524e.

4 David Lucas, www.paradoxographia.com.

5 Randall Collins, »Credential Inflation and the Future of Universities«, *Italian Journal of Sociology of Education,* 2, 2011.

6 Damian Hinds, Bildungsminister, 6. Dezember 2018.

7 Vortrag vor der UK Social Mobility Commission, 30. März 2017.

8 Sir Peter Lampl, Vorwort zu Michael Donnelly und Sol Gamsu, *Home and Away. Social, Ethnic, and Spatial Inequalities in Student Mobility,* Sutton Trust/University of Bath (Februar 2018), S. 2, 7. http://dro.dur.ac.uk/27367/1/27367.pdf?DDD34+drmg83.

9 Michael Lind, *The New Class War. Saving Democracy from the Managerial Elite* (New York: Portfolio/Penguin, 2020), S. 16.

10 Ebd.

11 Abhijit V. Banerjee und Esther Duflo, *Good Economics for Hard Times. Better Answers to Our Biggest Questions* (London: Penguin, 2019).

12 Nicholas Carr, *The Shallows. What the Internet Is Doing to Our Brains* (New York: W. W. Norton, 2010). Deutsche Ausgabe: *Surfen im Seichten: Was das Internet mit unserem Hirn anstellt* (München: Pantheon, 2013).

13 Paul Krugman, »White Collar Workers Turn Blue«, *New York Times Magazine,* 29. September 1996, https://web.mit.edu/krugman/www/BACKWRD2.html.

14 *Economist,* 22. Juni 2019, S. 65.

15 »Woman and Work: Do Attitudes Reflect Policy Shifts?«, *British Social*

Attitudes 36, https://www.bsa.natcen.ac.uk/media/39297/4_bsa36_women-and-work.pdf.

Kapitel 2

16 Kirby Swales, »Understanding the Leave Vote«, *NatCen,* Dezember 2016, http://natcen.ac.uk/our-research/research/understanding-the-leave-vote.

17 OECD Family Database, http://www.oecd.org/social/family/database.htm.

18 »Populations Past – Atlas of Victorian and Edwardian Population«, University of Cambridge, aktualisiert am 29. Mai 2018, https://www.populationspast.org/about.

19 David Brooks, »The Nuclear Family Was a Mistake«, *Atlantic,* März 2020.

20 Guy Routh, *Occupations of the People of Great Britain 1801 – 1981* (London: Macmillan, 1987). French Occupational Census of 1911, Monthly Review of the U. S. Bureau of Labor Statistics 5/1 (Juli 1917). US Census Bureau, Part II: Comparative Occupation Statistics, 1870 – 1030: A Comparable Series of Statistics Presenting a Distribution of the Nation's Labor Force, by Occupation, Sex, and Age; »Employment by occupation – ILO modelled estimates«, International Labor Organization, November 2018.

21 Geoffrey Millerson, *The Qualifying Associations. A Study in Professionalism* (London: Routledge & Keegan Paul, 1964).

22 Alison Wolf, *Does Education Matter? Myths About Education and Economic Growth* (London: Penguin, 2002), S. 51.

23 Geoffrey Millerson, *The Qualifying Associations.*

24 Ebd.

25 Michael Sanderson, »Education and the Economy, 1870 – 1939«, *ReFRESH* 17 (Herbst 1993).

26 Robert Anderson, *British Universities. Past and Present* (London: Bloomsbury, 2006).

27 Matthew Crawford, *Shop Class as Soulcraft. An Inquiry into the Value of Work* (New York: Penguin, 2009), S. 161 f.

28 David F. Labaree, *A Perfect Mess. The Unlikely Ascendancy of American Higher Education* (Chicago: University of Chicago Press, 2017), S. 25.

29 Nicholas Lemann, *The Big Test. The Secret History of the American Merito-cracy* (New York: Farrar, Straus and Giroux, 1999), S. 347.

30 Michael Sanderson, »Education and the Economy«.

31 Ebd.

32 Frederick Jackson Turner, *The Significance of the Frontier in American History* (American Historical Association, 1893).

33 Charles Murray, *Coming Apart, Uncommon Knowledge*. Interview mit Peter Robinson (Hoover Institution), YouTube, 10. April 2012, https://www.youtube.com/watch?v=6q3zy4NRzz4.

Kapitel 3

34 Polly Mackenzie, »The Myth of Meritocracy«, *UnHerd,* 17. April 2019, https://unherd.com/2019/04/the-myth-of-meritocracy.

35 Linda S. Gottfredson, »Mainstream Science on Intelligence: An Editorial with 52 Signatories, History, and Bibliography«, *Intelligence* 24/1 (1997), S. 13.

36 Carol Dweck, *Mindset. The New Psychology of Success* (New York: Ballantine, 2007). Deutsche Ausgabe: *Selbstbild: Wie unser Denken Erfolge und Niederlagen bewirkt.* (Frankfurt: Campus, 2007).

37 Siehe zum Beispiel Robert Plomin und Sophie von Stumm, »The New Genetics of Intelligence«, *National Review of Genetics* 19/3 (2018), S. 148–159.

38 Nicholas Lemann, *The Big Test,* S. 23.

39 Tomas Chamorro-Premuzic, »Ace the Assessment«, *Harvard Business Review* (Juli/August 2015).

40 Interview mit Dr. Scott Barry Kaufman, Psychology Podcast, Juni 2015.

41 James Flynn, *Are We Getting Smarter?*.

42 James Flynn, »Massive IQ Gains in 14 Nations: What IQ Tests Really Measure«, *Psychological Bulletin* 101/2 (1987), S. 171–191.

43 James Flynn, »The Mean IQ of Americans: Massive Gains 1932 to 1978«, *Psychological Bulletin* 95/1 (1984), S. 29–51.

44 Toby Young, »The Fall of the Meritocracy«, *Quadrant Online,* 7. September 2015, https://quadrant.org.au/magazine/2015/09/fall-meritocracy.

45 David Robson: *The Intelligence Trap. Why Smart People Make Dumb Mistakes* (New York: W. W. Norton, 2019).

46 Apenwarr Blog, https://apenwarr.ca/log/?m=201407.

47 Zitiert in Julia Ingram, »Cardinal Conversations Speaker Charles Murray Stirs Campus Debate«, *Stanford Daily*, 30. Januar 2018.

48 Robert Plomin, *Blueprint. How DNA Makes Us Who We Are* (London: Allen Lane, 2018).

49 Niki Erlenmeyer-Kimling und Lissy Jarvik, »Genetics and Intelligence: A Review«, *Science* 142/3590 (1963), S. 1477 f.

50 Daniel W. Belsky, Benjamin W. Domingue, Robbee Wedow u. a., »Genetic Analysis of Social-Class Mobility in Five Longitudinal Studies«, *PNAS* 115/31 (2018), S.7275–7284, https://www.pnas.org/content/115/31/E7275.

51 James Bloodworth, *The Myth of Meritocracy* (London: Biteback, 2016), S. 102.

52 Erzsébet Bukodi und John H. Goldthorpe, *Social Mobility and Education in Britain: Research, Politics and Policy* (Cambridge, UK: Cambridge University Press, 2018).

53 Alice Sullivan, »The Path from Social Origins to Top Jobs: Social Reproduction via Education«, *British Journal of Sociology* 69/3 (2018), S. 782 ff.

54 Jo Blanden, Paul Gregg und Stephen Machin, *Intergenerational Mobility in Europe and North America: A Report Supported by the Sutton Trust,* Centre for Economic Performance, London School of Economics/Sutton Trust (2005).

55 Peter Saunders, *Social Mobility Myths* (London: Civitas, 2010), S. 69.

56 Michael Young, *The Rise of the Meritocracy, 1870–2033* (London: Thames & Hudson, 1958). Deutsche Ausgabe: *Es lebe die Ungleichheit* (Düsseldorf: Econ, 1961).

57 Charles Murray, »The Bell Curve Explained: Part 1, the Emergence of a Cognitive Elite«, American Enterprise Institute, 12. Mai 2017, https://www.aei.org/society-and-culture/the-bell-curve-explained-part-1-the-emergence-of-a-cognitive-elite.

58 Eine Zusammenfassung siehe Toby Young, »The Fall of the Meritocracy«, *Quadrant Online,* 7. September 2015, https://quadrant.org.au/magazine/2015/09/fall-meritocracy.

59 »The Rise and Rise of the Cognitive Elite: Brains Bring Ever Larger Rewards«, *Economist,* 22. Januar 2011.

60 »Modern Women Marrying Men of the Same or Lower Social Class«, IPPR 4. Mai 2012, https://www.ippr.org/news-and-media/press-releases/modern-women-marrying-men-of-the-same-or-lower-social-class.

61 David Willetts, *The Pinch. How the Baby Boomers Took Their Children's Future—and Why They Should Give it Back* (London: Atlantic, 2011).

62 Charles Murray, *Coming Apart. The State of White America, 1960–2010* (New York: Crown, 2012), S. 59.

63 Richard Reeves, *Dream Hoarders. How the American Upper Middle Class Is Leaving Everyone Else in the Dust, Why That Is a Problem, and What to Do About It* (Washington, DC: Brookings Institution, 2017).

64 Daniel Markovits, *The Meritocracy Trap. How America's Foundational Myth Feeds Inequality, Dismantles the Middle Class, and Devours the Elite* (London: Allen Lane, 2019).

65 James Bloodworth, *The Myth of Meritocracy,* S. 67.

66 Richard Breen, *Social Mobility in Europe* (Oxford: Oxford University Press, 2004).

67 Andrew Hacker, »The White Plight«, *The New York Review of Books,* 10. Mai 2012.

68 David Robson, *The Intelligence Trap.*

69 Dalton Conley und Jason Fletcher, *The Genome Factor. What the Social Genomics Revolution Reveals About Ourselves, Our History, and the Future* (Princeton: Princeton University Press, 2017).

70 Kwame Anthony Appiah, »The Myth of Meritocracy: Who Really Gets What They Deserve?«, *Guardian,* 19. Oktober 2018, https://www.theguardian.com/news/2018/oct/19/the-myth-of-meritocracy-who-really-gets-what-they-deserve.

71 Michael Young, *The Rise of the Meritocracy,* S. 135 f.

72 Kwame Anthony Appiah, *The Lies That Bind. Rethinking Identity* (New York: Profile Books, 2018), S. 178.

Kapitel 4

73 Mark Bovens und Anchrit Wille, *Diploma Democracy. The Rise of Political Meritocracy* (Oxford: Oxford University Press, 2017), S. 21.

74 Terry Wrigley, »The Rise and Fall of the GCSE. A Class History«, History Workshop Online, 1. Dezember 2012.

75 Mike Hicks, *The Recruitment and Selection of Young Managers by British Business, 1930 – 2000,* St. Johns College, Oxford, Doktorarbeit 2004, S. 109.

76 US Department of Education, https://nces.ed.gov/programs/digest/d19/tables/dt19_103.20.asp?current=yes.

77 David Willetts, »Abolishing Private Schools Is Not the Education Fight We Need«, *Financial Times,* 27. September 2019, https://www.ft.com/content/3f77e02c-e101-11e9-b8e0-026e07cbe5b4.

78 David Soskice und Torben Iversen, *Democracy and Prosperity* (Princeton: Princeton University Press, 2019).

79 Nicola Woolcock, »Vocational Courses Get a Makeover«, *Times,* 8. Juli 2019.

80 Michael Shattock, *Making Policy in British Higher Education* (Maidenhead: Open University Press/McGraw-Hill Education, 2012).

81 Robbins Report (Higher Education: Report of the Committee appointed by the Prime Minister under the Chairmanship of Lord Robbins), S. Committee on Higher Education, Oktober 1963, Absatz 26, http://www.educationengland.org.uk/documents/robbins/robbins1963.html.

82 John Pratt, *The Polytechnic Experiment, 1965 – 1992* (London: Taylor & Francis, 1997).

83 Chris Belfield, Christine Farquharson und Luke Sibieta, 2018 Annual Report on Education Spending in England (IFS, September 2018), S. 10.

84 Robert C. Feenstra, Robert Inklaar und Marcel P, Timmer, »The Next Generation of the Penn World Table«, *American Economic Review* 105 / 10 (2015), S. 3150 – 3182.

85 »Tuition Fees Changes ›to Save Students £15,700‹«, BBC News, 3. Oktober 2017.

86 »Post-18 Education Review«, *Augar Review,* Mai 2019.

87 Ebd.

88 Alison Wolf, »We Must End the ›One Degree and You're Out‹ Education System«, *Financial Times,* 1. Juni 2019.

89 Will Tanner und James O'Shaughnessy, *The Politics of Belonging. What Is Driving the Sea Change in Our Politics and Why We Must Embrace Con-*

servatism for the Common Good, Onward, https://www.ukonward.com/wp-content/uploads/2019/10/Politics-of-Belonging-FINAL.pdf.

90 Paul Lewis, »The Missing Middle. How to get more young people to level 3-5« Vortrag auf Policy Exchange Seminar, London, 6. Juni 2019.

91 Francis Green, Alan Felstead, Duncan Gallie u. a., »What Has Been Happening to the Training of Workers in Britain?«, LLAKES research paper 43, 2013, https://www.llakes.ac.uk/sites/default/files/43.%20Green%20et%20al.pdf.

92 Paul Johnson, »My Son Taught Me a Lesson About University«, *Times,* 5. Januar 2018.

93 »Many Recent Graduates Are Unconvinced That University Was Worth the Cost«, YouGov, 23. Juni 2017.

94 Damian Hinds Vortrag.

95 Richard Reeves, »Yes, Capitalism Is Broken. To Recover, Liberals Must Eat Humble Pie«, *Guardian,* 25. September 2019, https://www.theguardian.com/commentisfree/2019/sep/25/broken-capitalism-liberals-economy-politics.

96 Daniel Markovits, *The Meritocracy Trap.*

97 *Demos Quarterly,* Winter 2014–15.

98 Matthew Crawford, *The Case for Working with Your Hands: Or Why Office Work Is Bad for Us and Fixing Things Feels Good* (London: Penguin, 2010), S. 19. Deutsche Ausgabe: Ich schraube, also bin ich: Vom Glück, etwas mit den eigenen Händen zu schaffen (Berlin: Ullstein, 2010).

99 Ebd., S. 20.

100 Laura Bridgestock, »How Much Does It Cost to Study in the US?«, Top Universities, 17. Mai 2019.

101 Erin Duffin, »Community Colleges in the United States—Statistics and Facts«, *Statista,* 6. Februar 2020, https://www.statista.com/topics/3468/community-colleges-in-the-united-states.

102 Ebd.

103 Nat Malkus, »The Evolution of Career and Technical Education, 1982–2013«, American Enterprise Institute, 1. Mai 2019, https://www.aei.org/research-products/report/the-evolution-of-career-and-technical-education 1982-2013.

104 Claudia Goldin und Lawrence F. Katz, *The Race Between Education and Technology,* Harvard University Paper, Juli 2007.

105 Nicholas Lemann, *The Big Test,* S. 351.

106 Apprenticeship Toolbox, https://www.apprenticeship-toolbox.eu. Higher Education and Research in France, Facts and Figures, https://publication.enseignementsup-recherche.gouv.fr/eesr/10EN/EESR10EN_RESUME-higher_education_and_research_in_france_facts_and_figures_summary.php.Euroeducation.net.

107 John Lichfield, »French Universities Crisis: Low Fees and Selection Lotteries Create Headaches in Higher Education«, *Independent,* 25. September 2015.

108 *HochschulKompass,* https://www.hochschulkompass.de/en/study-in-germany.html. Statistisches Bundesamt, https://www.destatis.de/DE/Home/_inhalt.html.

109 Für meine Informationen zum dualen Ausbildungssystem in Deutschland danke ich Dr. Michael Meister vom Bundesministerium für Bildung und Forschung, mit dem ich im September 2019 in Berlin gesprochen habe.

110 Alison Wolf, The Kings Lectures: Making Higher Education Policy, Lecture III: »Falling Productivity and Slowing Growth: Do Our Post-2008 Problems Have Anything to Do with Universities?«, 25. März 2019, https://www.kcl.ac.uk/events/series/kings-lectures-2019.

111 Der Zusammenhang zwischen einer Zunahme der Zahl der Akademiker und einer Abnahme der Produktivität wurde vom Deutschen Institut für Wirtschaftsforschung DIW belegt: https://www.diw.de/sixcms/detail.php?id=diw_01.c.672546.de.

112 Peter Walker, »Rising Number of Postgraduates ›Could Become Barrier to Social Mobility‹«, *Guardian,* 7. Februar 2013, https://www.theguardian.com/education/2013/feb/07/rising-number-postgraduates-social-mobility.

113 Bryan Caplan, *The Case Against Education. Why the Education System Is a Waste of Time and Money* (Princeton: Princeton University Press, 2018).

114 Richard Arum und Josipa Roksa, *Academically Adrift. Limited Learning on College Campuses* (Chicago: University of Chicago Press, 2011), S. 2.

115 Jean Twenge, W. Keith Campbell und Ryne A. Sherman, »Declines in Vocabulary Among American Adults within Levels of Educational Attainment, 1974–2016«, *Intelligence* 76 (September 2019).

116 HEPI Student Academic Experience Survey, 2019.

117 *Demos Quarterly,* Winter 2014/2015.

118 Andrew Hindmoor, *What's Left Now? The History and Future of Social Democracy* (Oxford: Oxford University Press, 2018).

119 Fraser Nelson, »I'll Eat You Alive‹ – Angela Rayner Interview«, *Spectator,* 6. Januar 2018.

120 Paul Swinney und Maire Williams, »The Great British Brain Drain«, Centre for Cities, 21. November 2016, https://www.centreforcities. org/reader/great-british-brain-drain/migration-students-graduates.

121 Sarah Knapton, »British Industrial Regions Suffer ›Gene Drain‹ with the Healthier and More Academically Gifted Moving Away«, *Daily Telegraph,* 21. Oktober 2019, zu einem Artikel aus *Nature Human Behaviour,* https://www.telegraph.co.uk/science/2019/10/21/british-industrial-regions-suffer-gene-drain-healthier-better.

122 Sandy Haldane Vortrag in St. James's Park, Newcastle, 24. September 2019, zitiert in David Smith, *Times,* 4. Dezember 2019, S. 43.

123 Ken Mayhew und Craig Holmes, *Over Qualification and Skills Mismatch in the Graduate Labour Market,* CIPD Policy Report, August 2015, S. 3.

124 Sally Weale, »Levels of Distress and Illness Among Students in UK ›Alarmingly high‹«, *Guardian,* 5. März 2019.

125 William Whyte, *Somewhere to Live: Why British Students Study Away from Home—and Why It Matters,* Higher Education Policy Institute Report 121, November 2019, S. 9.

Kapitel 5

126 Siehe zum Beispiel Claudia Goldin und Robert A. Margo, »The Great Compression. The Wage Structure in the United States at Mid-Century«, *Quarterly Journal of Economics* 107 (Februar 1992), S. 1 – 34.

127 Richard Baldwin, *The Globotics Upheaval. Globalization, Robotics, and the Future of Work* (New York: Oxford University Press, 2019), S. 33.

128 Ebd., S. 35.

129 David Autor, »Work of the Past, Work of the Future«, *AEA Papers and Proceedings* 109 (2019), S. 1 – 32, https://economics.mit.edu/files/16724.

130 Ebd.

131 Ebd.

132 Ebd.

133 Sir Angus Deaton, »Why Is Democratic Capitalism Failing So Many? And What Should We Do About It?«, Keynote Address, Tri-Nuffield Conference, 16. Mai 2019, https://www.nuffieldfoundation. org/news/why-is-democratic-capitalism-failing-so-many-sir-angus-deatons-keynote-lecture-to-the-tri-nuffield-conference.

134 Gary S. Becker, »Investment in Human Capital. A Theoretical Analysis«, *Journal of Political Economy* 70/5 (1962).

135 John Burton, *Leading Good Care. The Task, Heart and Art of Managing Social Care* (London und Philadelphia: Jessica Kingsley, 2015), S. 13 f.

136 New Earnings Survey, Annual Survey of Hours and Earnings UK; Statistical Abstract of the United States 1976, Bureau of Labour Statistics Mai 2017 National Occupational Employment and Wage Estimates US.

137 David Autor, »Work of the Past, Work of the Future«.

138 Statistisches Bundesamt; INSEE (National Institute of Statistics and Economic Studies).

139 Robert J. Samuelson, »Where Did Our Raises Go? To Healthcare«, *Washington Post,* 2. September 2018.

140 Guy Michaels, Ashwini Natraj und John Van Reenen, »Has ICT Polarized Skill Demand? Evidence from Eleven Countries over Twenty-Five Years«, *Review of Economics and Statistics* 96/1 (2014), S. 60 – 77.

141 »UK Labour Market: December 2018«, Office for National Statistics, https://www.ons.gov.uk/releases/uklabourmarketstatisticsdec2018.

142 »Employment by Occupation – ILO Modelled Estimates«, International Labour Organisation, November 2018.

143 »The Decline of Blue Collar Jobs, in Graphs«, CEPR Blog, 22. Februar 2017.

144 »Trade Union Statistics, 2018«, Department for Business, Energy & Industrial Strategy, https://www.gov.uk/government/statistics/trade-union-statistics-2018.

145 Resolution Foundation, Ebd., S. 6.

146 Stephen McKay und Ian Simpson, »Work«, British Social Attitudes 33, Natcen, 2016, https://www.bsa.natcen.ac.uk/media/39061/bsa33_work.pdf.

147 Golo Henseke, Alan Felstead, Duncan Gallie und Francis Green, *Skills Trends at Work in Britain. First Findings from the Skills and Employment*

Survey 2017, Economic and Social Research Council, Cardiff University, and the Department for Education Mini-Report, 2018, Section 5.

148 Errechnet von Mark Williams nach New Earnings Survey, Annual Survey of Hours and Earnings UK; Statistical Abstract of the United States 1976, Bureau of Labour Statistics Mai 2017 National Occupational Employment and Wage Estimates US.

149 »Education at a Glance 2018«, OECD Publishing, 2019, https://www.oecd-ilibrary.org/education/education-at-a-glance-2018_eag-2018-en.

150 Chris Belfield, Jack Britton, Franz Buscha u. a., *The Impact of Undergraduate Degrees on Early-Career Earnings,* Institute for Fiscal Studies, 2018, S. 5.

151 Hugh Hayward, Emily Hunt und Anthony Lord, *The Economic Value of Key Intermediate Qualifications. Estimating the Returns and Lifetime Productivity Gains to GCSEs, A Levels and Apprenticeships,* Department for Education, Dezember 2014, https://assets.publishing.service.gov.uk/government/uploads/system/uploads/attachment_data/file/387160/RR398A_-_Economic_Value_of_Key_Qualifications.pdf.

152 »Education at a Glance 2018«.

153 Philip J. Cook und Robert H. Frank, *The Winner-Take-All Society. Why the Few at the Top Get So Much More Than the Rest of Us* (London: Virgin Books, 2010).

154 Robert Frank und Philip Cook, UK Employment Policy Institute report, Januar 1997.

155 Phillip Brown, Hugh Lauder und David Ashton, *The Global Auction. The Broken Promises of Education, Jobs and Incomes* (New York: Oxford University Press, 2011).

156 Henseke u. a., *Skills Trends at Work in Britain,* Section 3.

157 Peter Cheese, Gespräch mit dem Autor.

158 Ken Mayhew und Craig Holmes, *Over Qualification and Skills Mismatch in the Graduate Labour Market,* CIPD Policy Report, August 2015, S. 3.

159 Ebd.

160 Ebd.

161 *Quality with Compassion. The Future of Nursing Education.* Report of the Willis Commission 2012, https://www.macmillan.org.uk/documents/newsletter/willis-commission-report-macmail-dec2012.pdf.

162 Linda H. Aiken, Douglas M. Sloane, Luk Bryneel u. a., »Nurse Staffing and Education and Hospital Mortality in Nine European Countries: A Retrospective Observational Study«, *Lancet* 383/9931 (24. Mai 2014), S. 1824–1830, https://www.ncbi.nlm.nih.gov/pmc/articles/PMC4035380.

163 »Nursing to Become Graduate Entry«, BBC News, 12. November 2009, http://news.bbc.co.uk/2/hi/health/8355388.stm.

164 UK Department for Education, Graduate Labour Market Statistics 2018. https://assets.publishing.service.gov.uk/government/uploads/system/uploads/attachment_data/file/797308/GLMS_2018_publication_main_text.pdf.

165 Ken Mayhew und Craig Holmes, *Alternative Pathways into the Labour Market,* CIPD Policy Report, Oktober 2016, S. 11.

166 »All New Police Officers in England and Wales to Have Degrees«, BBC News, 15. Dezember 2016, https://www.bbc.com/news/uk-38319283.

167 https://www.college.police.uk/News/College-news/Documents/Proposals_for_Education_Qualification_Framework.pdf.

168 Policing Education Qualifications Framework: Consultation, College of Policing, 2. Februar bis 29. März 2016, https://www.college.police.uk/What-we-do/Learning/Policing-Education-Qualifications-Framework/Documents/PEQF_consultation_final_290116.pdf.

169 »Chronic Lack of Clear Career Routes for Non-Graduate Workers Stranding Many in Low Pay«, Resolution Foundation, 11. Mai 2016, https://www.resolutionfoundation.org/press-releases/chronic-lack-of-clear-career-routes-for-non-graduate-workers-stranding-many-in-low-pay.

170 Conor D'Arcy und David Finch, *Finding Your Routes: Non-Graduate Pathways in the UK's Labour Market,* Resolution Foundation Report, Mai 2016, S. 50, https://www.resolutionfoundation.org/app/uploads/2016/05/Non-grads-2.pdf.

171 Ebd.

172 Henseke u. a., *Skills Trends at Work in Britain.*

173 Alison Wolf, *The XX Factor. How Working Women Are Creating A New Society* (London: Profile Books, 2013).

Kapitel 6

174 Jenny Chanfreau, Cheryl Lloyd, Christos Byron u. a., *Predicting wellbeing,* NatCen, 2008, 10, http://natcen.ac.uk/media/205352/predictors-of-wellbeing.pdf.

175 Jonathan Sumption, »Shifting the Foundations«, *The Reith Lectures,* 5. Mai 2019, https://www.bbc.co.uk/programmes/m00060vc.

176 Mark Bovens und Anchrit Wille, *Diploma Democracy,* S. 1 f.

177 Jennifer E. Manning, Membership of the 113th Congress: A Profile, Congressional Research Service Report, 24. November 2014, S. 5.

178 Daten zum Bildungshintergrund der Abgeordneten siehe Mark Bovens und Anchrit Wille, *Diploma Democracy.*

179 Ebd., S. 112.

180 Belgien, Dänemark, Frankreich, Deutschland, Niederlande und Großbritannien.

181 Bill Bishop, *The Big Sort. Why the Clustering of Like-Minded America Is Tearing Us Apart* (New York: Houghton Mifflin Harcourt, 2008).

182 Martin Gilens, *Affluence and Influence. Economic Inequality and Political Power in America* (Princeton: Princeton University Press, 2012). David C. Kimball, Frank R. Baumgartner, Jeffrey M. Berry u. a., »Who Cares About the Lobbying Agenda?«, *Interest Groups & Advocacy* 1 (2012), S. 5 – 25.

183 Will Dahlgreen, »50 Years on, Capital Punishment Still Favoured«, YouGov, 13. August 2014, https://yougov.co.uk/news/2014/08/13/capital-punishment-50-years-favoured.

184 Anthony Wells, »Where the Public Stands on Immigration«, YouGov, 27. April 2018, https://yougov.co.uk/topics/politics/articles-reports/2018/04/27/where-public-stands-immigration.

185 »What UK Thinks: EU«, NatCen Social Research, https://whatukthinks.org/eu.

186 YouGov Poll, Januar 2011.

187 YouGov Poll, Oktober 2016.

188 YouGov Poll, 5. bis 6. Februar 2018.

189 2018 American Values Survey, Public Religion Research Institute.

190 John Baxter Oliphant, »Public Support for the Death Penalty Ticks Up«, Pew Research Center, 11. Juni 2018.

191 YouGov, »Young Women: What's on Their Minds as Midterm Elec-

tions Approach?«, 13. August 2018, https://www.cbsnews.com/news/young-women-whats-on-their-minds-as-midterm-elections-approach.

192 Daniel Cox, Rachel Lienesch und Robert P. Jones, »Beyond Economics: Fears of Cultural Displacement Pushed the White Working Class to Trump«, PRRI/Atlantic Report, 5. September 2017, https://www.prri.org/research/white-working-class-attitudes-economy-trade-immigration-election-donald-trump.

193 2018 American Values Survey, PRRI.

194 Tony Blair, »British Prime Minister Tony Blair's Speech to the Polish Stock Exchange in Warsaw 6 October 2000«, EUobserver.com.

195 Alison Wolf, *Have Middle Class Women Captured Family Policy?* (Society Central, 2015).

196 Geoff Dench, »Putting Social Contribution Back into Merit«, in: *The Rise and Rise of Meritocracy,* hg. v. Geoff Dench (Hoboken: Wiley-Blackwell, 2006).

197 David Runciman, *How Democracy Ends* (London: Profile Books, 2018), S. 179. Deutsche Ausgabe: So endet die Demokratie. (Frankfurt/Main: Campus, 2020).

198 John Gray, »The Dangers of a Higher Education«, A Point of View, BBC Radio 4, 23. und 25. Februar 2018, https://www.bbc.co.uk/programmes/b09rzxh7.

199 Fareed Zakaria, *The Future of Freedom* (New York: W. W. Norton, 2003).

200 Alan S. Blinder, »Is Government Too Political?«, *Foreign Affairs,* November/Dezember 1997.

201 Peter Mair, *Ruling the Void. The Hollowing-Out of Western Democracy* (London: Verso, 2013), S. 99.

202 Will Hutton und Andrew Adonis, *Saving Britain. How We Must Change to Prosper in Europe* (London: Abacus, 2016).

203 Vortrag in Cumberland Lodge, 29. April 2017.

204 Robert D. Putnam, *Bowling Alone. The Collapse and Revival of American Community* (New York: Simon & Schuster, 2000).

205 Bovens und Wille, *Diploma Democracy.*

206 US General Social Survey.

207 Paul Johnson, »My Son Taught Me a Lesson About University«, *Times,* 5. Januar 2018.

208 Zitiert in Bovens und Wille, *Diploma Democracy,* S. 143.

209 Matthew Smith, »Are MPs Elected to Exercise Their Own Judgement or Do Their Constituents' Bidding?«, YouGov, 13. August 2019.

210 Zitiert in Bovens und Wille, *Diploma Democracy*.

211 Nicholas Carnes und Noam Lupu, »What Good Is a College Degree? Education and Leader Quality Reconsidered«, *Journal of Politics* 78/1 (2016), S. 35–49.

212 YouGov Profiles.

213 Bovens und Wille, *Diploma Democracy*, S. 172.

214 Stephen Hawkins, Daniel Yudkin, Miriam Juan-Torres und Tim Dixon, *Hidden Tribes. A Study of America's Polarized Landscape, a study by the social cohesion think tank More in Common*, New York, 2018, https://hiddentribes.us/pdf/hidden_tribes_report.pdf.

215 Charles Murray, *Coming Apart*.

216 George Orwell, *Politics and the English Language* (London: Penguin Modern Classics, 2013).

Kapitel 7

217 Diese Beziehung wird hergestellt von Kwame Anthony Appiah in *Identitäten. Die Fiktionen der Zugehörigkeit*.

218 Michael Young und Peter Wilmott, *Family and Kinship in East London* (London: Routledge, 2013), S. 14.

219 Mike Savage, Fiona Devine, Niall Cunningham u. a., »A New Model of Social Class? Findings from the BBC's Great British Class Survey Experiment«, *Sociology* 47/2 (2013), S. 219–250.

220 Michael Hout, »Social and Economic Returns to College Education in the United States«, *Annual Review of Sociology* 38 (2012), S. 379–400, https://www.annualreviews.org/doi/pdf/10.1146/annurev.soc.012809.102503.

221 Michael Hout, Korrespondenz mit dem Autor.

222 Christoph Lakner und Branko Milanovic, »Global Income Distribution: From the Fall of the Berlin Wall to the Great Recession«, *World Bank Economic Review* 30/2 (2016), S. 203–232.

223 David Bailey, Caroline Chapain und Alex de Ruyter, »Employment Outcomes and Plant Closures in a Post-Industrial City: An Analysis

of the Labour Market Status of MG Rover Workers Three Years On«, *Urban Studies* 49/7 (2011), S. 1595–1612.

224 Tara Tiger Brown, »The Death of Shop Class and America's Skilled Workforce«, *Forbes,* 30. Mai 2012, https://www.forbes.com/sites/tarabrown/2012/05/30/the-death-of-shop-class-and-americas-high-skilled-workforce/#7ba6e3a0541f.

225 Gespräch mit dem Autor.

226 Siehe zum Beispiel Office for National Statistics, Construction Statistics, Great Britain: 2017.

227 »Self-Employment Jobs by Industry«, Office for National Statistics.

228 https://www.gov.uk/government/statistical-data-sets/fe-data-library-apprenticeships.

229 https://www.citb.co.uk/documents/research/tns-2016-2017_final%2020-10-17.pdf.

230 »Migrant Labour Force Within the Construction Industry«, Office for National Statistics, Juni 2018.

231 »Employer Skills Survey 2017: UK Finding«, Department for Education, https://www.gov.uk/government/publications/employer-skills-survey-2017-uk-report.

232 Ebd.

233 Ebd.

234 »Educating for the Modern World«, CBI/Pearson, 2018, S. 16 f.

235 Alexia Fernández Campbell, »The US Is Experiencing a Widespread Worker Shortage. Here's Why«, Vox, 18. März 2019.

236 Für die USA siehe Daniel Zhao, »Local Pay Reports: Pay Growth Steady at 2.3 Percent in January«, *Glassdoor Economic Research,* 29. Januar 2019, https://www.glassdoor.com/research/january-2019-local-pay-reports. Britische Zahlen siehe »UK Employer Skills Survey: 2015«, Department for Education, https://www.gov.uk/government/publications/ukces-employer-skills-survey-2015-uk-report.

237 Harriet Agnew, »France Faces Growing Threat of Skills Shortages«, *Financial Times,* 17. Oktober 2018.

238 Paul Vickers, *International immigration and the labour market, UK: 2016,* Office for National Statistics, 12. April 2017, https://www.ons.gov.uk/peoplepopulationandcommunity/populationandmigration/internationalmigration/articles/migrationandthelabourmarketuk/2016.

239 Noam Gidron und Peter A. Hall, »The Politics of Social Status: Economic and Cultural Roots of the Populist Right«, *British Journal of Sociology* 68/51 (2017), S. 10, https://onlinelibrary.wiley.com/doi/full/10.1111/1468-4446.12319.

240 Michèle Lamont, *The Dignity of Working Men. Morality and the Boundaries of Race, Class, and Immigration* (New York: Russell Sage Foundation, 2000), S. 177 f.

241 Justin Gest, *The New Minority. Working Class Politics in an Age of Immigration and Inequality* (New York: Oxford University Press, 2016), S. 16 f., 21.

242 Arlie Russell Hochschild, *Strangers in Their Own Land. Anger and Mourning on the American Right* (New York: New Press, 2016).

243 Anne Case und Angus Deaton, *Deaths of Despair and the Future of Capitalism*, (Princeton: Princeton University Press, 2020).

244 Michael Marmot, *Status Syndrome: How Your Social Standing Directly Affects Your Health* (London: Bloomsbury, 2005).

245 »Dataset A01: Summary of Labour Market Statistics«, ONS, 17. Dezember 2019.

246 »Megatrends: Is Work in the UK Really Becoming Less Secure?«, CIPD report, 8. Juli 2019, https://www.cipd.co.uk/Images/7904-megatrends-insecurity-report-final_tcm18-61556.pdf.

247 »Dataset EMP17: People in Employment on Zero Hours Contracts ONS«, 12. August 2019.

248 »Contingent Work and Alternative Employment Arrangements—May 2017«, US Bureau of Labor Statistics, Press Release, 7. Juni 2018.

249 »Employment Rate, Labour Market Statistics«, OECD.

250 Nye Cominetti, Kathleen Henehan und Stephen Clarke, »Low Pay Britain 2019«, Resolution Foundation Report, Mai 2019, S. 4.

251 Francis Green, *Demanding Work. The Paradox of Job Quality in the Affluent Economy* (Princeton: Princeton University Press, 2007), S. 1.

252 »Megatrends: Is Work in the UK Really Becoming Less Secure?«, S. 9 f.

253 Stephen Clarke und Nye Cominetti, *Setting the Record Straight. How Record Employment Has Changed the UK,* Resolution Foundation, Januar 2019.

254 »Employment by Sex and Occupation«, ILO modelled estimates, International Labour Organisation, November 2018.

255 Stephen McKay, »Work«, in *British Social Attitudes* 33 (NatCen, 2015), S. 1.

256 »The State of American Jobs«, Pew Research Center, 6. Oktober 2016, S. 13, https://www.pewsocialtrends.org/2016/10/06/the-state-of-american-jobs.

257 Stephen McKay, »Work«, S. 14.

258 Ebd., S. 17.

259 Christian Welzel, »Change in Materialist/Post-Materialist Priorities in 5 EU Countries Including UK, 1970 and 2000«, in Dalton und Klingemann, *The Oxford Handbook of Political Behaviour* (Oxford University Press, 2007).

260 Stephen McKay, »Work«, S. 7.

261 »The State of American Jobs«, Pew Research Center, S. 56.

262 Ebd., S. 57.

263 Ebd.

264 »37 % of British workers think their jobs are meaningless«, YouGov, 12. August 2015.

265 Siehe Noam Gidron und Peter A. Hall, »The Politics of Social Status: Economic and Cultural Roots of the Populist Right«, *British Journal of Sociology* 68/S1 (November 2017), S. 74.

266 Eigene Analyse der ISSP-Daten.

267 Gidron und Hall, »The Politics of Social Status«, S. 75.

268 Tak Wing Chan, »Understanding the Social and Cultural Bases of Brexit«, UCL Institute of Education 2017.

Kapitel 8

269 New Earnings Survey UK, Annual Survey of Hours and Earnings; Statistical Abstract of the United States 1976, Bureau of Labour Statistics May 2017 National Occupational Employment and Wage Estimates United States.

270 Yuval Noah Harari, *Homo Deus. A Brief History of Tomorrow* (London: Harvill Secker, 2016), S. 199. Deutsche Ausgabe: *Homo Deus. Eine Geschichte von Morgen* (München: Beck, 2016).

271 Daniel Cox und Robert P. Jones, »America's Changing Religious Identity: Findings from the 2016 American Values Atlas«, Public Religion Research Institute, 6. September 2017.

272 Conrad Hackett, »U. S. Public Becoming Less Religious«, Pew Global Research Center, 3. November 2015.

273 »When Americans Say They Believe in God, What Do They Mean?«, Pew Global Research Center, 25. April 2018.

274 David Voas und Steve Bruce, Religion, British Social Attitudes 36, Natcen, 2019, https://www.bsa.natcen.ac.uk/media/39293/1_bsa36_religion.pdf.

275 »Being Christian in Western Europe«, Pew Global Research Center, 29. Mai 2018.

276 Yuval Noah Harari, »Why Technology Favors Tyranny«, *Atlantic,* Oktober 2018, https://www.theatlantic.com/magazine/archive/2018/10/yuval-noah-harari-technology-tyranny/568330.

277 Sir Angus Deaton, »Why Is Democratic Capitalism Failing So Many? And What Should We Do About It?«, Keynote Address, Tri-Nuffield Conference, 16. Mai 2019, https://www.nuffieldfoundation.org/news/why-is-democratic-capitalism-failing-so-many-sir-angus-deatons-keynote-lecture-to-the-tri-nuffield-conference.

278 Richard Layard, *Happiness. Lessons from a New Science* (London: Penguin, 2005). Deutsche Ausgabe: *Die glückliche Gesellschaft. Kurswechsel für Politik und Wirtschaft* (Frankfurt: Campus, 2005).

279 David Brooks, »The Nuclear Family Was a Mistake«.

280 Ebd.

281 Harry Benson, *Family Stability Improves as Divorce Rates Fall* (Marriage Foundation, Januar 2019).

282 *Why Family Matters,* Centre for Social Justice, März 2019.

283 »Health Survey for England 2016: Well-Being and Mental Health«, ONS/NHS Digital, 13. Dezember 2017.

284 »Antidepressants Were the Area with Largest Increase in Prescription Items in 2016«, NHS Digital, 29. Juni 2017.

285 »Mental Health Bulletin 2017–18 Annual Report«, NHS Digital, 29. November 2018.

286 NatCen, University of Leicester, Department of Health, »Mental Health and Wellbeing in England: Adult Psychiatric Morbidity Survey 2014«, NHS Digital, September 2016.

287 Edmund S. Higgins, »Is Mental Health Declining in the U. S.?«, *Scientific American,* 1. Januar 2017.

288 »The State of Mental Health in America 2019«, Mental Health America, https://www.mhanational.org/issues/state-mental-health-america.

289 Stephen Ilardi, »Depression Is a Disease of Civilisation«, Ted Talk, Mai 2013.

290 »An Epidemic of Loneliness«, Week (US), 6. Januar 2019.

291 Louise C. Hawkley, Rebeccah Duvoisin, Johannes Ackva u. a., *Loneliness in Older Adults in the USA and Germany: Measurement Invariance and Validation,* NORC Working Paper Series WP-2015-004, 2016.

292 Kantar Public, »Trapped in a Bubble. An Investigation into Triggers for Loneliness in the UK«, British Red Cross/Co-op, Dezember 2016.

293 *The Forgotten Role of Families,* Centre for Social Justice, 2017.

294 David Brooks, »The Nuclear Family Was a Mistake«.

295 Harry Benson, *The Myth of »Long-term Stable Relationships« Outside Marriage,* Marriage Foundation, Mai 2013, https://marriagefoundation.org. uk/wp-content/uploads/2019/09/MF-paper-Myth-of-long-term-stable-relationships-outside-marriage.pdf.

296 Branko Milanovic, *Capitalism, Alone* (Cambridge: Harvard University Press, 2019).

297 Madeleine Bunting, *Labours of Love. The Crisis of Care* (London: Granta, 2020).

298 Gespräch mit der Autorin.

299 Tom De Castell, »Rise in Nurse Vacancy Rate in England Prompts Fresh Warnings«, *Nursing Times,* 12. September 2018; Stephanie Jones-Berry, »Why as Many as One in Four Nursing Students Could Be Dropping Out of Their Degrees«, *Nursing Standard,* 3. September 2018; »What Are the Vacancy Trends in the Public Sector?«, *ONS,* 6. August 2019.

300 »Is Staff Retention an Issue in the Public Sector?«, ONS, 17. Juni 2019.

301 Siehe zum Beispiel, »German Opposition Slams Government for 36,000 Vacant Jobs in Care Industry«, Deutsche Welle, 25. April 2018.

302 Barra Roantree und Kartik Vira, *The Rise and Rise of Women's Employment in the UK,* IFS Briefing Note BN234, April 2018.

303 »Women Shoulder the Responsibility of ›Unpaid Work‹«, *ONS,* 10. November 2016.

304 Gespräch mit der Autorin.

305 Alison Wolf, *The XX Factor.*

306 https://www.gov.uk/government/statistics/childcare-and-early-years-survey-of-parents-2019.

307 Wolf, *Have Middle Class Women Captured Family Policy?*.

308 Virginia Held, *The Ethics of Care. Personal, Political, and Global* (New York: Oxford University Press, 2006), S. 64.

309 »The Number of Nurses and Midwives in the UK«, *Fullfact*, 23. Januar 2018.

310 Amy Wax, *Caring Enough. Sex Roles, Work and Taxing Women,* Villanova University, 1999, https://digitalcommons.law.villanova.edu/cgi/viewcontent.cgi?article=3042&context=vlr.

311 »UK Quarterly Labour Force Survey«.

312 Linda H. Aiken, Douglas M. Sloane, Luk Bruyneel u. a., »Nurse Staffing and Education and Hospital Mortality in Nine European Countries: A Retrospective Observational Study«, *Lancet* 383/9931 (2014), S. 1824–1830.

313 Charles Goodhart, »Dementia Plus Demography Equals Care Crisis« (unveröffentlichter Artikel).

314 *The Cavendish Review. An Independent Review into Healthcare Assistants and Support Workers in the NHS and Social Care Settings* (Juli 2013), S. 7, https://assets.publishing.service.gov.uk/government/uploads/system/uploads/attachment_data/file/236212/Cavendish_Review.pdf.

315 Warwick Lightfoot, Will Heaven und Jos Henson Gric, »21st Century Social Care«, *Policy Exchange,* Mai 2019.

316 Fabian Wallace-Stephens, »What New Jobs Will Emerge in the 2020s?«, *Royal Society of Arts,* 8. Januar 2020.

317 »Occupational Employment Projections to 2024«, Bureau of Labor Statistics, Dezember 2015.

318 Jonathan Gershuny und Oriel Sullivan, *What We Really Do All Day: Insights from the Centre for Time Use Research* (London: Pelican, 2019), S. 113.

319 Siehe zum Beispiel *Reducing Re-offending. Supporting Families, Creating Better Futures: A Framework for Improving the Local Delivery of Support for the Families of Offenders,* Ministry of Justice, Department for Children, Schools and Families, 2009.

320 Anchor, *Care England Survey,* 21. Juni 2018.

321 »The State of the Adult Social Care Sector and Workforce in England«, Skills for Care, September 2017.

322 Gershuny und Sullivan, *What We Really Do All Day,* S. 143.

323 »Women Shoulder the Responsibility of ›Unpaid Work‹«, *ONS,* 10. November 2016.

324 Gershuny und Sullivan, *What We Really Do All Day,* S. 135.

325 »Billion Pound Loss in Volunteering Effort«, *ONS,* März 2017.

326 Marilyn French, *The Women's Room* (London: Virago Modern Classics, 1977). Deutsche Ausgabe: *Frauen* (Reinbek: Rowohlt, 2008).

327 Gretchen Livingston, »Adult Caregiving Often Seen as Very Meaningful by Those Who Do It«, Pew Research Center, 8. November 2018.

328 Mary Harrington, »How Motherhood Put an End to My Liberalism«, *UnHerd,* 9. Oktober 2019, https://unherd.com/2019/10/how-motherhood-put-an-end-to-my-liberalism.

329 Catherine Hakim, »A New Approach to Explaining Fertility Patterns: Preference Theory«, *Population and Development Review* 29/3 (2003), S. 349–374.

330 »British Social Attitudes Survey«, 1989.

331 Bronnie Ware, *The Top Five Regrets of the Dying* (Carlsbad: Hay House, 2019).

Kapitel 9

332 Paul Krugman, »White Collar Workers Turn Blue«, *New York Times Magazine,* 29. September 1996, https://web.mit.edu/krugman/www/BACKWRD2.html.

333 Richard Baldwin, *The Globotics Upheaval,* S. 12 f.

334 Phillip Brown und Hugh Lauder, »Auctioning the Future of Work«, *World Policy,* 10. Juni 2013.

335 Ebd.

336 Ebd.

337 Ebd.

338 Richard und Daniel Susskind, *The Future of the Professions. How Technology Will Transform the Work of Human Experts* (Oxford: Oxford University Press, 2015), S. 1.

339 Ebd., S 2.

340 Ebd., S. xi.

341 OECD, »How Does the Earnings Advantage of Tertiary-Educated Workers Evolve Across Generations?«, Education Indicators in Focus/62 (2018).

342 Anna Vignoles, Ian Walker u. a., *The Impact of Undergraduate Degrees on Early-Career Earnings* (London: Institute for Fiscal Studies, 2018).

343 »Treating Students Fairly: The Economics of Post-School Education«, House of Lords, Economic Affairs Committee, 2nd Report of Session 2017–19, Juni 2018, S. 25.

344 Es sind die University Colleges Falmouth, Goldsmiths, Glamorgan, Bath Spa, Leeds City, Middlesex, Bolton, University of the Arts London, West London, Ravensbourne, Wolverhampton und Bangor. (Einige sind Hochschulen für Kunst und Design, die für die meisten Absolventen in prekären Beschäftigungen münden.)

345 Chris Belfield, Jack Britton, Laura van der Erve u. a., *The Relative Labour Market Returns to Different Degrees* (London: IFS, 2018).

346 Vignoles u. a., *The Impact of Undergraduate Degrees,* S. 50 f.

347 Ebd., S. 6.

348 Ebd., S. 61 f.

349 Belfield, Britton und van der Erve, *The Relative Labour Market,* S. 6, 61.

350 Vignoles u. a., *The Impact of Undergraduate Degrees,* S. 19.

351 Belfield, Britton und van der Erve, *The Relative Labour Market,* S. 34.

352 Ken Mayhew, »Human Capital, Growth and Inequality«, *Welsh Economic Review* 24 (2016), S. 23–27.

353 Jared Ashworth und Tyler Ransom, »Has the College Wage Premium Continued to Rise? Evidence from Multiple US Surveys«, IZA Institute of Labor Economics, Juli 2018.

354 Stefan Speckesser und Héctor Espinoza, »A Comparison of Earnings Related to Higher Level Vocational/Technical and Academic Education«, CVER Discussion Paper, Research Discussion Paper 019, April 2019.

355 »Skills Matter: Additional Results from the Survey of Adult Skills«, OECD Skills Studies, 2019.

356 Richard Clegg, »Graduates in the UK Labour Market: 2017«, *ONS,* November 2017.

357 Heike Behle, Gaby Atfield, Peter Elias u. a., »Reassessing the Employment Outcomes of Higher Education«, in: Jennifer M. Case und Jeroen Huisman (Hg.), *Researching Higher Education: International Perspectives on Theory, Policy and Practice* (London: Routledge Press, 2015), S. 114–131.

358 Maja Savic, »Overeducation and Hourly Wages in the UK Labour Market, 2006 to 2017«, *ONS,* April 2019.

359 Henseke u. a., *Skills Trends at Work in Britain.*

360 Ken Mayhew und Craig Holmes, *Alternative Pathways into the Labour Market,* CIPD Policy Report, Oktober 2016.

361 Ebd., sowie Ken Mayhew und Craig Holmes, *Over Qualification and Skills Mismatch in the Graduate Labour Market,* CIPD Policy Report, August 2015.

362 Geoff Mason, »Graduate Utilisation in British Industry: The Initial Impact of Mass Higher Education«, *National Institute Economic Review* 156/1 (Mai 1996), S. 93–103.

363 Gerbrand Tholen, »The Role of Higher Education Within the Labour Market: Evidence from Four Skilled Occupations«, Vortrag auf SKOPE/ESRC Festival of Science, St. Anne's College, Oxford, 3. November 2014; Susan James, Chris Warhurst, Gerbrand Tholen und Johanna Commander, »Graduate Skills or the Skills of Graduates, What Matters Most? An Analysis from a Graduatising Occupation«, Vortrag auf der 30th International Labour Process Conference, Stockholm University, Stockholm 2012.

364 Chris Belfield, Jack Britton, Lorraine Dearden und Laura van der Erve, »Higher Education Funding in England: Past, Present and Options for the Future«, IFS Briefing Note BN211, Juli 2017.

365 Mayhew und Holmes, *Alternative Pathways,* S. 4, 50.

366 Francis Green und Golo Henseke, »Should Governments of OECD Countries Worry About Graduate Underemployment?«, *Oxford Review of Economic Policy* 32/4 (2016), S. 514–537.

367 Daniel Susskind, *A World Without Work. Technology, Automation and How We Should Respond* (London: Allen Lane, 2020), S. 103 ff.

368 Erzsébet Bukodi und John H. Goldthorpe, *Social Mobility and Education in Britain. Research, Politics and Policy* (Cambridge: Cambridge University Press, 2018).

369 John Boys, CIPD, private Korrespondenz, ONS Dataset EMP04: »Employment by Occupation«.

370 Jacques Bughin, Eric Hazan, Susan Lund u. a., *Skills Shift: Automation and the Future of the Workforce,* McKinsey Global Institute (MGI). Discussion Paper, Mai 2018.

371 Ebd.

372 »EY Transforms Its Recruitment Selection Process for Graduates, Undergraduates and School Leavers«, Pressemitteilung Ernst and Young, 3. August 2015.

373 »EY: How to Excel in a Strengths-Based Graduate Interview«, *Target Jobs,* https://targetjobs.co.uk/employers/ey/ey-how-to-excel-in-a-strengths-based-graduate-interview-323859.

374 UK High Pay Centre.

375 Adair Turner, »Capitalism in the Age of Robots: Work, Income and Wealth in the 21st Century, Lecture given at the School of Advanced International Studies«, Johns Hopkins University, 10. April 2018, S. 29.

376 Tyler Cowen, *Average Is Over. Powering America Beyond the Age of the Great Stagnation* (New York: Dutton, 2013).

Kapitel 10

377 David Brooks, »Intelligence Squared«. Vortrag, 20. Oktober 2015.

378 Iain McGilchrist, *The Master and His Emissary. The Divided Brain and the Making of the Western World* (New Haven, CT: Yale University Press, 2009).

379 Jonathan Rowson und Iain McGilchrist, »Divided Brain, Divided World: Why the Best Part of Us Struggles to be Heard«, RSA, Februar 2013. https://www.thersa.org/globalassets/pdfs/blogs/rsa-divided-brain-divided-world.pdf.

380 Richard Layard, *Can We Be Happier?* (London: Pelican, 2020).

381 Matthew Syed, *Rebel Ideas. The Power of Diverse Thinking* (London: John Murray Press, 2019).

382 »Different Kinds of Thinking Make Teams Smarter«, Futurity, 2. Juli 2019.

383 Musa al-Gharbi, »On the Relationship Between Ideological and Demographic Diversity«, https://musaalgharbi.com/2019/04/29/relationship-between-ideological-demographic-diversity/.

384 Dag Detter und Stefan Folster, *Out of the Box Economics. Inventive and Little Known Ways of Tackling the World of Tomorrow Today* (Veröffentlichung geplant für 2021).

385 Nicholas Lemann, *The Big Test,* S. 347.

386 Siehe Christophe Guilluy, *Twilight of the Elites. Prosperity, the Periphery and the Future of France* (New Haven, CT: Yale University Press, 2019).

387 Nicholas Boys Smith, »How Communities Lost Their Soul«, *UnHerd,* 4. Oktober 2019.

388 Sue Halpern, »The One Traffic-light Town with some of the Fastest Internet in the US«, *New Yorker,* 3. Dezember 2019.

389 Laut YouGov-Umfrage vom Mai 2016 fühlten sich nur 2 Prozent aller 18- bis 24-jährigen britischen Männer »ganz männlich«, während sich 39 Prozent der gleichaltrigen Frauen »ganz weiblich« fühlten. Junge Amerikaner haben traditionellere Geschlechteridentitäten.

390 Adair Turner, »Capitalism in the Age of Robots: Work, Income and Wealth in the 21st Century. Lecture given at the School of Advanced International Studies«, Johns Hopkins University, 10. April 2018, S. 31.

391 Wendell Steavenson, »Back to the Rind«, *FT Books,* 9. November 2019.

392 Bee Wilson, *The Way We Eat Now. Strategies for Eating in a World of Change* (London: Fourth Estate, 2019).

393 Joseph E. Aoun, *Robot-Proof. Higher Education in the Age of Artificial Intelligence* (Cambridge, MA: MIT Press, 2017).

394 Andy Haldane, »A Growth Story. Speech to the Guild Society«, University of Oxford, 23. Mai 2018.

395 John Maynard Keynes, *Essays in Persuasion* (New York: Classic House Books, 2009).

396 Tom Holland, *Dominion. The Making of the Western Mind* (London: Little Brown, 2019).

397 Jonathan Rauch, »A word to the wise: Why wisdom might be ripe for rediscovery«, *Globe and Mail,* 11. Mai 2018.

Ausgewählte Literatur

Appiah, Kwame Anthony, *The Lies that Bind: Rethinking Identity* (London: Profile Books, 2018). Deutsche Ausgabe: *Identitäten: Die Fiktionen der Zugehörigkeit* (Berlin: Hanser, 2019).

Arum, Richard und Josipa Roksam, *Academically Adrift: Limited Learning on College Campuses* (Chicago: University of Chicago Press, 2011).

Augar Review, »Review of Post-18 Education and Funding« (UK Government Report, Mai 2019).

Autor, David, »Work of the Past, Work of the Future«, Richard T. Ely Lecture vor der Jahresversammlung der American Economic Association (2019).

Baldwin, Richard, *The Globotics Upheaval: Globalization, Robotics and the Future of Work* (London: Weidenfeld & Nicolson, 2019).

Bell, Daniel, *The Coming of Post-Industrial Society: A Venture in Social Forecasting* (London: Penguin, 1976). Deutsche Ausgabe: *Die nachindustrielle Gesellschaft* (Frankfurt: Campus, 1985).

Bishop, Bill, *The Big Sort: Why the Clustering of Like-Minded America is Tearing Us Apart* (New York: Houghton Mifflin Harcourt, 2008).

Blanden, Jo, Paul Gregg und Stephen Machin, *Intergenerational Mobility in Europe and North America: A Report Supported by the Sutton Trust* (Centre for Economic Performance, London School of Economics/Sutton Trust, 2005).

Bloodworth, James, *The Myth of Meritocracy* (London: Biteback Publishing, 2016).

_____, *Hired: Undercover in Low-Wage Britain* (London: Atlantic, 2019).

Bovens, Mark und Anchrit Wille, *Diploma Democracy: The Rise of Political Meritocracy* (Oxford: Oxford University Press, 2017).

Brown, Richard, Hugh Lauder und David Ashton, *The Global Auction: The Broken Promises of Education, Jobs and Incomes* (Oxford: Oxford University Press, 2011).

Bukodi, Erzsébet und John H. Goldthorpe, *Social Mobility and Education in Britain* (Cambridge: Cambridge University Press, 2019).

Bunting, Madeleine, *Labours of Love: The Crisis of Care* (London: Granta Books, 2020).

Burton, John, *Leading Good Care* (London: Jessica Kingsley Publishers, 2015).

Caplan, Bryan, *The Case Against Education: Why the Education System is a Waste of Time and Money* (Princeton: Princeton University Press, 2018).

Case, Anne und Angus Deaton, *Deaths of Despair and the Future of Capitalism*, (Princeton: Princeton University Press, 2020).

Cavendish, Camilla, *Extra Time: 10 Lessons for an Ageing World* (London: HarperCollins, 2019).

Christodoulou, Daisy, *Seven Myths About Education* (London: Routledge, 2014).

Collier, Paul, *Sozialer Kapitalismus. Mein Manifest gegen den Zerfall unserer Gesellschaft* (München: Siedler, 2019).

Cowen, Tyler, *Average is Over: Powering America Beyond the Age of the Great Stagnation* (New York: Dutton, 2013).

Crawford, Matthew, *The Case for Working with your Hands* (London: Penguin, 2010). Deutsche Ausgabe: *Ich schraube, also bin ich: Vom Glück, etwas mit den eigenen Händen zu schaffen* (Berlin: Ullstein, 2010).

Deaton, Angus, »Why is Democratic Capitalism Failing so Many People?« The Tri-Nuffield Conference Lecture (Juni 2019).

Dench, Geoff (Hg.), *The Rise and Rise of Meritocracy* (Oxford: Blackwell Publishing, 2006).

_____, *What Women Want: Evidence from British Social Attitudes* (London: Hera Trust, 2010).

Florida, Richard, *The Rise of the Creative Class Revisited* (New York: Basic Books, 2014).

Flynn, James, *Are We Getting Smarter? Rising IQ in the Twenty-First Century* (London: Cambridge University Press, 2012).

Gardner, Howard, *Frames of Mind: The Theory of Multiple Intelligences* (New York: Basic Books, 1983). Deutsche Ausgabe: *Abschied vom IQ: Die Rahmentheorie der vielfachen Intelligenzen* (Stuttgart: Klett-Cotta, 1991).

Gershuny, Jonathan und Oriel Sullivan (Hg.), *What We Really Do All Day: Insights form the Centre for Time Use Research* (London: Pelican, 2019).

Gest, Justin, *The New Minority: White Working Class Politics in an Age of Immigration and Inequality* (New York: Oxford University Press, 2016).

Gidron, Noam und Peter Hall, »The Politics of Social Status: Economic and Cultural Roots of the Populist Right«, *British Journal of Sociology* (November 2017).

Goldin, Claudia und Lawrence Katz, *The Race Between Education and Technology* (London: Harvard University Press, 2009).

Goleman, Daniel, *Emotional Intelligence: Why it Can Matter Than IQ* (London: Bantam, 2006). Deutsche Ausgabe: *Emotionale Intelligenz* (München: Hanser, 1996).

Goodhart, Charles, »Dementia Plus Demography Equals Care Crisis«, unveröffentlichter Artikel.

Guyatt, Richard, »Head, Hand and Heart«, Antrittsvorlesung am Royal College of Art, London, 1950.

Haidt, Jonathan, *The Righteous Mind: Why Good People are Divided by Politics and Religion* (London: Penguin, 2013).

Haldane, Andy, »Ideas and Institutions – A Growth Story«, Vortrag vor der Guild Society, University of Oxford, 23. Mai 2018.

Harari, Yuval Noah, *Homo Deus: A Brief History of Tomorrow* (London: Harvill Secker, 2016). Deutsche Ausgabe: *Homo Deus. Eine Geschichte von Morgen* (München: Beck, 2016).

_____, *21 Lessons for the 21st Century* (London: Jonathan Cape, 2018). Deutsche Ausgabe: *21 Lektionen für das 21. Jahrhundert* (München: Beck, 2018).

Held, Virginia, *The Ethics of Care: Personal, Political and Global* (New York: Oxford University Press, 2006).

Hochschild, Arlie Russell, *The Managed Heart: Commercialization of Human Feeling* (London: University of California Press, 2012).

_____, *Strangers In Their Own Land: Anger and Mourning on the American Right* (New York: The New Press, 2016).

Holland, Tom, *Dominion: The Making of the Western Mind* (London: Little, Brown, 2020).

Kahneman, Daniel, *Thinking, Fast and Slow* (London: Penguin, 2012). Deutsche Ausgabe: *Schnelles Denken, langsames Denken* (München: Siedler, 2012).

Keynes, John Maynard, *Essays in Persuasion* (New York: W. W. Norton, 1963).

Labaree, David F, *A Perfect Mess: The Unlikely Ascendancy of American Higher Education* (Chicago: The University of Chicago Press, 2017).

Lamont, Michele, *The Dignity of Working Men: Morality and the Boundaries of Race, Class and Immigration* (London: Harvard University Press, 2000).

Lasch, Christopher, *The Revolt of the Elites: And the Betrayal of Democracy* (New York: W. W. Norton, 1995).

Layard, Richard, *Can We Be Happier? Evidence and Ethics* (London: Penguin, 2020).

Leadbeater, Charles, *Living on Thin Air* (London: Penguin, 2010).

Lemann, Nicholas, *The Big Test: The Secret History of the American Meritocracy* (New York: Farrar, Straus and Giroux, 2000).

Lenon, Barnaby, *Other People's Children* (London: John Catt Educational, 2018).

Lind, Michael, *The New Class War: Saving Democracy from the Metropolitan Elite* (London: Atlantic, 2020).

Mair, Peter, *Ruling the Void: The Hollowing of Western Democracy* (London: Verso, 2013).

Markovits, Daniel, *The Meritocracy Trap* (London: Allen Lane, 2019).

Marmot, Michael, *Status Syndrome: How Your Social Standing Directly Affects Your Health* (London: Bloomsbury, 2005).

Mayhew, Ken und Craig Holmes, *Overqualification in the Graduate Labour Market* (CIPD Report, August 2015).

Mazzucato, Mariana, *The Value of Everything: Making and Taking in the Global Economy* (London: Penguin, 2019). Deutsche Ausgabe: *Wie kommt der Wert in die Welt? Von Schöpfern und Abschöpfern* (Frankfurt: Campus, 2019).

McGilchrist, Iain, *The Master and his Emissary: The Divided Brain and the Making of the Western World* (London: Yale University Press, 2012).

McKinsey Global Institute, *Skill Shift: Automation and the Future of the Workforce*, Discussion Paper (Mai 2018).

Milanovic, Branko, *Global Inequality: A New Approach for the Age of Globalisation* (London: Harvard University Press, 2016).

Mumford, James, *Vexed: Ethics Beyond Political Tribes* (London: Bloomsbury, 2020).

Murray, Charles, *Coming Apart: The State of White America, 1960-2010* (New York: Crown Forum, 2013).

Orwell, George, *Politics and the English Language* (London: Penguin, 2013).

Perry, Grayson, *The Descent of Man* (London: Penguin, 2017).

Plomin, Robert, *Blueprint: How DNA Makes Us Who We Are* (London: Allen Lane, 2018).

Putnam, Robert D., *Bowling Alone: The Collapse and Revival of American Community* (New York: Simon & Schuster, 2000).

Rauch, Jonathan, *The Happiness Curve: Why Life Gets Better After Midlife* (New York: Green Tree, 2018).

Reeves, Richard, *Dream Hoarders: How the American Upper Middle Class is Leaving Everyone Else in the Dust, Why That is a Problem, and What to Do About it* (Washington: The Brookings Institution, 2018).

Reich, Robert, *The Work of Nations* (London: Simon & Schuster, 1991).

Robson, David, *The Intelligence Trap: Why Smart People Do Stupid Things and How to Make Wiser Decisions* (London: Hodder & Stoughton, 2019).

Runciman, David, *How Democracy Ends* (London: Profile Books, 2019). Deutsche Ausgabe: *So endet die Demokratie* (Frankfurt: Campus, 2020).

Saunders, Peter, *Social Mobility Myths* (London: Civitas, 2010).

Savage, Michael, *Social Class in the 21st Century* (London: Pelican, 2015).

Seldon, Anthony, *The Fourth Education Revolution: Will Artificial Intelligence Liberate or Infantilise Humanity* (Buckingham: The University of Buckingham Press, 2018).

Shattock, Michael, *Making Policy in British Higher Education* (London: Open University Press, 2012).

Soskice, David und Torben Iversen, *Democracy and Prosperity: Reinventing Capitalism Through a Turbulent Century* (Oxford: Princeton University Press, 2019).

Sumption, Jonathan, *Shifting the Foundations,* BBC Reith Lectures (2019).

Susskind, Daniel und Richard Susskind, *The Future of the Professions: How Technology Will Transform the Work of Human Experts* (Oxford: Oxford University Press, 2017).

Susskind, Daniel, *A World Without Work: Technology, Automation and How We Should Respond* (London: Allen Lane, 2020).

Syed, Matthew, *Rebel Ideas: The Power of Diverse Thinking* (London: John Murray, 2019).

Taleb, Nassim Nicholas, *Skin in the Game: Hidden Asymmetries in Daily Life* (London: Penguin, 2019). Deutsche Ausgabe: *Das Risiko und sein Preis* (München: Pantheon, 2020).

Tamir, Yuli, *Staying in Control: What do we really want public education to achieve?* (Educational Theory, August 2011).

Turner, Adair, »Capitalism in the Age of Robots: Work, Income and Wealth in the 21st Century«, lecture at the School of Advanced International Studies, Johns Hopkins University, Washington DC, 10. April 2018.

Vance, J. D., *Hillbilly Elegy: A Memoir of a Family and Culture in Crisis* (London: HarperCollins, 2016).

Whyte, William, *Why Do So Many UK Students Live Away From Home and Why Does it Matter?* (Higher Education Institute report, November 2019).

Willetts, David, *A University Education* (Oxford: Oxford University Press, 2017).

_____, *The Pinch: How the Baby Boomers Took Their Children's Future – And Why they Should Give it Back* (London: Atlantic, 2019).

Williams, Joan C, *White Working Class: Overcoming Class Cluelessness in America* (Boston: Harvard Business Review Press, 2017).

Wolf, Alison, *Does Education Matter?* (London: Penguin, 2002).

_____, *The XX Factor: How Working Women Are Creating a New Society* (London: Profile Books, 2013).

Young, Michael, *The Rise of the Meritocracy, 1870–2033* (London: Penguin, 1973). Deutsche Ausgabe: *Es lebe die Ungleichheit: Auf dem Weg zur Meritokratie* (Düsseldorf: Econ, 1961).

Young, Toby, »The Fall of the Meritocracy«, *Quadrant,* September 2015.

Register

Abendschulen 60
Abitur 15, 78 ff., 120, 141, 181
Achtsamkeit 331, 337
Adams, John 178 f.
Adidas 15
Adonis, Andrew 194
Agenda 2010 16
AirBnB 36
Akademikerprämie/-
 zuschlag 163 f., 169, 176,
 296 ff., 321
Akademisierung d. Arbeits-
 markts 157, 169 – 173, 217,
 265 ff.
Akademisierung d. Bildung 42,
 122, 127
A-Levels 120, 128, 131 ff., 147,
 165, 220, 286
Allen, Nicholas 198
Allgemeinbildung 58, 121, 136 f.
Altenpflege 12 f., 16, 23, 29, 31,
 35, 47 ff., 52, 246 f., 250, 255,
 257, 262 – 265, 270 – 274, 276 f.,
 279, 281, 297, 307, 330; s. a.
 Pflege
Alzheimer's Society 270
Amazon 10, 46, 53
Analphabetismus, funktiona-
 ler 136

Anderson, Robert 67
Anerkennung 9, 16 f., 22 f., 29 f.,
 34, 39, 41, 50, 54, 75, 93, 110,
 144, 190, 233, 235, 244, 259,
 262 f., 265 f., 275, 314
Anwälte s. Recht
Apotheker s. Pharmazie
Appiah, Kwame Anthony 21,
 110 f.
Arbeiterbewegung 128, 178 f.
Arbeiterklasse/-schicht 38, 43,
 55 f., 67, 78, 142, 149, 179, 186,
 218 ff., 222 f., 231, 234, 243,
 250, 287; s. a. Unterschicht
Arbeitslosigkeit 275, 325
Arbeitsteilung (zw. Mann u.
 Frau) 13, 39, 280
Architektur 60, 62 f., 101, 124,
 205, 209 – 212, 233, 294, 297,
 325 f., 336
Aristokratie, erbliche 26 f., 61,
 112, 322
Armee 23, 63, 86, 118
Arnold, Matthew 70
Arum, Richard 146
Ärzte s. Medizin
Ashton, David 291
Assortative Partnerwahl 102, 104,
 106

Aufnahmeprüfungen (zur Universität) 25, 62, 65, 73, 86 f., 103
Ausbildungsberufe s. Berufsausbildung
Austen, Jane 211
Australien 243
Autismus 77
Automatisierung 45 f., 255, 303 ff., 307, 321, 333
Autonomie/-verlust 31 f., 49, 168, 186, 232, 241, 243, 246, 253 f., 277, 324, 328
Autor, David 158, 161

baccalauréat 141
Bachelor-Abschluss 33, 119, 138 f., 143, 146, 165, 181, 205, 242, 300 f.
Bäcker 164, 227
Backstein-Universitäten 65 ff., 69, 71
Baldwin, Richard 45, 157, 285, 291, 295
Balls, Ed 200 f.
Bankwesen s. Finanzsektor
Barclays 306
Barts Health 269
Battle, Kathleen 166
Bauwesen 134, 169, 225, 226 f., 229
Baxendale, Toby 230
BBC 51, 133, 206, 219
Beamten 51, 59, 61, 63 f., 172 f.
Beasley, Christine 171
Becker, Gary 159
Belgien 181, 184
Bell, Daniel 25, 241

Belsky, Daniel 97
Bentham, Jeremy 65
Bergbau 63, 71, 162, 221
Berufsakademien 128, 132 f., 154, 226, 229
Berufsausbildung 15, 35, 45, 58, 62, 69, 78, 117, 120 f., 128, 135 f., 138 f., 141 – 144, 157, 165, 187, 222, 226, 228 f., 255, 273 f., 299, 305; s. a. Lehrstellen
Berufsfachschulen 121
Berufskammern 63 f.
Berufsschulen 128, 141 f., 229
Betriebswirtschaft 124, 130, 139, 297
Bezos, Jeff 34
Billiglohnländer/-sektor 44, 163, 167, 238 f.
Binder, Alan S. 193
Binet-Simon-Test 85
Biotechnologie 148, 316
Blair, Tony 126, 188, 193 ff.
Bloodworth, James 98
Bloomsbury Group 74
Bologna-Prozess 16
Botton, Oli de 337
Bovens, Mark 117, 180, 182, 195, 205
Boys Smith, Nicholas 325
Brasilien 199, 221
Breen, Richard 104
Brexit 31, 40 f., 51 f., 151, 179 f., 185 ff., 190 f., 195, 213, 244, 249, 288, 311, 315, 324
Brooks, Richard 311
Brown, Gordon 46, 201
Brown, Philip 44, 168, 291 – 294

Brown, Tara Tiger 224 f.
Bruttoinlandsprodukt 12, 126, 145, 246, 254, 278 f., 328
Bukodi, Erzsébet 98
Bunting, Madeleine 48, 246, 254, 257, 264
Bürgerforen 204 f.
Burt, Cyril 122
Busfahrer 160 f.
Butler, Joseph 62
Buurtzorg-System 271
Byng, John 72

Call Center 240, 292
Cambridge 62, 64 ff., 68, 71 f., 120, 124 f., 142, 181, 191, 197, 202, 297
Cameron, David 181, 197
Campbell, Rosie 198
Campusuniversitäten 124, 145, 150 f., 184
Caplan, Bryan 146, 152
Caregivers UK 254
Carl, Noah 191
Carnes, Nicholas 198
Carr, Nicholas 42
Case, Anne 236
CAT (schulischer Eignungstest) 87
Cavendish, Camilla 271, 274
CBI/Pearson 227
Centre for the Future of Democracy 202
Chabris, Christopher 88, 101
Charman, Ken 285 f.
Cheese, Peter 169 f.
Chemie 71, 286
China 10, 59, 108 f., 217, 249, 292

Christentum 30, 54, 59, 211, 248, 339
Churchill, Winston 222
CIPD 239
Clarke, Kenneth 125
Clinton, Bill 135
Clinton, Hillary 177
Cobb, Jonathan 218
Coe, Robert 147
Collins, Randall 35
Community Colleges 119, 124, 136, 138 f.
Conley, Dalton 106
Cook, Philip 166
Corby, Paul 225
Coronakrise 9, 11–14, 17, 21, 23, 25 f., 36, 40, 42 f., 47, 51, 83, 152, 154, 156, 232, 240, 246, 273, 278, 313 f., 329 f.
Cowen, Tyler 307 f.
Cowley, Philip 198
Cox, Brian 335
Crawford, Matthew B. 37, 67 137, 217, 223, 310
Crosland, Tony 122, 124

Dänemark 181
Darwin, Charles 62
de Gaulle, Charles 141
Deary, Ian 191
Deaton, Angus 30, 159, 236, 249 f.
Deloitte 306
Demenz 270, 272
Dench, Geoff 190
Deregulierung 22, 128, 163
Descartes, René 30
Deutschland 11 f., 15 f., 33, 38,

45, 58, 64–68, 70 f., 73, 87,
104, 120 ff., 124, 126, 128 f.,
133, 135, 141–144, 149 f., 152,
161 ff., 165, 180, 188, 226 ff.,
235, 238, 243, 247 f., 252, 255,
267, 271, 292, 302, 324, 326
Dewey, John 69 f.
Diamond, Jared 335
Dienstleistungssektor 16, 37 f., 46,
128, 158, 168, 171, 223, 289, 293,
308
Digitalisierung 157
Diplomdemokratie 180
Diplomstudiengänge 130, 171,
181, 267
Direct Seafoods 230
Dodd-Frank-Gesetz 320
Doktortitel 139, 146, 165, 181,
218, 220, 300
Duales Ausbildungssystem 15 f.,
142 ff., 227
Duckworth, Angela 88
Dweck, Carol 80, 88

eBay 294
École Nationale d'Administration
(ENA) 68, 141 f., 181 f.
École Polytechnique 142
E-Commerce 143
Ego-Shooter 275
Einkommensschere/-ungleich-
heit 29 f., 49, 99, 119, 140,
159–165, 176, 189, 306, 322
Einsamkeit 21, 250, 252
Einstein, Albert 78, 310
Einwanderer s. Zuwanderung
Einzelhandel 46, 123, 255, 333

Elektriker 227 f.
Eleven Plus 87, 122
Elias, Peter 300
Eliot, T. S. 115
Eliteschulen 118; s. a. Privatschu-
len
Eliteuniversitäten 25, 45, 53, 64, 71,
87, 101, 125, 135, 139, 142, 151,
154, 183, 187, 191, 199, 218, 297,
299
Elternzeit 258, 280
Emotionale Intelligenz 33, 88, 93,
160, 194, 264, 289, 291, 336
Engels, Friedrich 53
Erblichkeit d. Intelligenz 82, 85,
89, 93 ff., 100, 106, 108
Erziehung s. Kindererziehung
Eton 79, 81, 118
Eugenik 85, 95
Europäische Union (EU) 45, 52,
186 ff., 190, 193 f., 239
Expedia 294
Expertenkultur 14, 120
EY 305

Facebook 14, 36, 53, 307
Facharbeiter/-mangel/Fachkräf-
temangel 35, 45, 119, 129, 131,
134, 143, 226 ff.
Fachhochschulen 124, 142, 144,
150
Familien/-politik 13, 23, 26, 47 f.,
52, 54, 56, 95 ff., 99, 103 f., 107,
127, 143, 148, 151, 182 f., 187,
189 f., 203, 218, 236, 241, 250,
252 ff., 256 f., 259, 262 f., 265,
275, 279, 281, 328 ff., 332

Fatalismus 204

Feminismus 102, 186, 254, 258 f., 262, 275, 281; s. a. Frauen

Fidoe, Ed 337

Finanzkrise 40, 202, 320

Finanzsektor 10, 16, 29 f., 57, 60, 82, 117, 128 f., 143, 241, 256, 293, 301, 305, 320, 328

Fletcher, Jason 106

Fließbandarbeit 44, 234, 240, 293

Florida, Richard 253

Flynn, James 25, 84 f., 88 f.

Flynn-Effekt 25, 88 f.

Frank, Robert H. 166

Franklin, Benjamin 63

Frankreich 15, 38, 58, 64, 68, 72 f., 87, 104, 124, 126, 133, 141 ff., 149 f., 162 f., 165, 178, 180 f., 183, 227 f., 233 ff., 243, 248, 267, 302, 321, 324

Frauen/-bewegung 13, 23, 35, 39, 43, 47 f., 52, 54, 56, 65, 102, 106, 165, 176 f., 183, 186, 189, 196, 198, 236 f., 243 f., 246, 250 f., 254–263, 274–277, 279 ff., 296 f., 317, 329 f.; s. a. Feminismus

Frauenquote 258

Frei, Martin 200

Freiberufler 168

Freizeit 43, 47, 223, 289, 331, 333, 336

French, Marilyn 280

Fried, Erich 313

Friedan, Betty 279

Frieze Kunstmesse 332

Gabbard, Keith 327

Galton, Francis 97

Gardner, Howard 88

Gastronomie 332, 334

Gates, Bill 53

Geisteswissenschaften 34, 139, 147 f., 153, 205

General Motors 159

Generalfaktor der Intelligenz 76, 82, 84 ff., 91; s. a. Intelligenz

Genetik 76, 79, 93–97, 104, 106, 112, 149, 316

Gerechtigkeit 16, 21, 28, 30, 41, 49 f., 57, 63, 75 f., 83, 93, 104, 106, 110 ff., 169, 261, 285 f.

Geschworenengerichte 318

Gesellschaftswissenschaften 153

Gest, Justin 234

Gesundheitswesen 12 f., 134, 139, 197, 246, 255, 262, 267, 270, 273, 276 f., 281, 300, 325, 328

Gewerkschaften 55 f., 67, 82, 140, 146, 161 ff., 176, 183, 195, 225, 263

Gharbi, Musa al- 319

GI-Bill 118

Gidron, Noam 233

Gig-Economy 168

Gilens, Martin 185

Gladwell, Malcolm 89

Glass-Steagall-Gesetz 320

Globalisierung 9 f., 14, 135, 157, 185, 187, 202, 222, 233, 239, 285, 292 f.

Glücksforschung 30, 36, 249, 281, 325

Glückszentren 271

Goldie, Julie 266
Goldin, Claudia 140
Goldthorpe, John 98, 302 f.
Goleman, Daniel 88
Google 36, 53, 92, 136, 311
Gordon, Robert 145
Gottfredson, Linda 77
Grammar Schools 79, 87, 105, 120, 122 f.
grandes écoles 64, 68, 104, 124, 141 f., 181
Gray, John 192, 315
Green, Francis 238
Greening, Justine 37
Großbritannien 11, 14 ff., 30 f., 33 ff., 37 f., 40 f., 45 f., 48, 51–54, 58, 61–74, 87, 90 f., 97–100, 102 f., 117 f., 120–126, 128–138, 140, 142 f., 145 ff., 149–152, 154, 157 f., 161–164, 169–172, 180, 182 f., 186 ff., 192, 194 f., 198, 200, 202 f., 218 ff., 222, 226, 228, 230 f., 234 ff., 238 f., 242 ff., 247–252, 254 f., 257, 260, 262 f., 267, 270, 272 ff., 276 ff., 281, 296 f., 299 f., 302, 306, 311, 317, 323–326, 328 f., 332–335
Grundeinkommen, bedingungsloses 325
Guilluy, Christophe 149
Guyatt, Richard 210

Hacker, Andrew 105
Haidt, Jonathan 92, 318
Hakim, Catherine 281
Haldane, Andy 287–291, 295, 335

Hall, Peter 233
Hanbury, Jonathan 269 f.
Handwerk 15, 32, 35 f., 43, 117, 129, 137, 144, 171, 221 ff., 227–232, 242 f., 289, 291, 293, 306, 309, 321, 332 f., 336, 339
Han-Dynastie 59
Hankin, Steven M. 156, 166
Hansard Society 184
Harari, Yuval Noah 41, 56, 247 ff., 335
Hardy, Thomas 67
Hargreave, James 62
Harrington, Mary 280
Harvard 68, 73, 182, 200
Haskins, Ron 105
Hausarbeit 48, 177, 257 ff., 274, 276, 278–281, 329
Häusliche Pflege 13, 48, 247, 271 f., 328 f.; s. a. Pflege
Hauswirtschaftsunterricht 224
Heath, Oliver 198
Hebammen 247
Held, Virginia 261
Heraklit 213
Herrnstein, Richard 95, 100 f., 106
Hertz, Tom 105
Herzinfarktrisiko 236
Heterodox Academy 319
Hilfsarbeiter 46
Hindmoor, Andrew 149
Hirnhälften 312 f., 315, 319
Hirsch, E. D. 337
Hobbys 43, 312, 333
Hochschild, Arlie Russell 234 f.
Hogarth, William 210
Holmes, Craig 300

Hout, Mike 221
Hugh-Jones, David 149
Humankapital 159, 172, 303
Humboldt, Wilhelm von/Humboldt-Universität Berlin 68 f.
Hutton, Will 194
Hyman, Peter 337

Ilardi, Stephen 251
Immobiliensektor 301, 322
Imperial College 67
Indien 252, 292
Industrielle Revolution/Industrialisierung 54, 61 f., 64, 72, 144, 157, 239, 288, 306
Informatik/IT 124, 134, 148, 227, 273, 277, 297, 301, 307, 332, 334
Informationszeitalter 44
Ingenieure/Ingenieurswesen 62 f., 68, 70 f., 101, 106, 116, 148, 168, 318; s. a. Technik
Inglehart, Ronald 241 f.
Instagram 43
Institut Universitaire de Technologie 124
Intelligenz/-tests 25 – 28, 31 – 34, 41, 58 f., 73, 75 – 80, 82 – 93, 95 – 107, 109 f., 122, 136, 149, 184, 191, 201, 220, 285 f., 291, 295, 316 ff., 340; s. a. Generalfaktor der Intelligenz
International Social Survey Programme (ISSP) 243 f.
Internet 36, 42, 183 f., 202, 238, 294 f., 307 f., 327, 329 f., 334
Irak/-krieg 40, 202

Iran 321
Irland 90, 204
ISCED-Levels 129, 131, 143, 226, 299
Israel 334
Italien 180
Ivy-League-Universitäten 68, 125, 138, 142

Japan 49, 90, 169, 222, 247, 252, 271, 330
Jensen, Arthur 95
Jeste, Dilip 339
Jiankui, He 316
Johns Hopkins University 69
Johnson, Alan 201
Johnson, Boris 180, 197, 206, 324
Johnson, Paul 132 f., 196
Jospin, Lionel 111
Jura/Justiz s. Rechtswesen

Kahneman, Daniel 92
Kant, Immanuel 116
Kapitalismus 111, 166
Katz, Lawrence 140
Kaufman, Alan S. 86
Kellaway, Deborah 256
Kershaw, Sam 229
Keynes, John Maynard 65, 74, 338
Kfz-Mechaniker 227
Kimball, David 185
Kindererziehung/-betreuung 9, 12 f., 23, 30 f., 35, 44, 46 ff., 52, 93, 95 f., 176, 246, 252, 254, 257 – 261, 263, 273 f., 276, 279 ff., 291, 301, 306, 330
Kindzentrierte Pädagogik 136

King's College 65, 131, 267, 273
Klempner 129, 137, 228 ff.,
  233 f.
Klimawandel 187, 315 f.
Kochen/Köche 43, 224, 227 f.,
  263, 274, 332 f.
Kohn, Melvin 89 f.
Kollektive Intelligenz 318
Korruption 25, 199
KPMG 306
Krankenpflege/Krankenhäu-
  ser 12, 23, 33, 246 f., 255, 257,
  262–266, 268–271, 274, 276 f.,
  297, 307, 330; s. a. Pflege
Kreative Klasse 49, 253
Krieg um Talente 165 f., 321 f.
Krugman, Paul 44, 290
Kuba 249
Kunst/Künstler 33, 79, 205,
  208 ff., 213, 221, 223, 318, 332,
  336 f.
Künstliche Intelligenz 16, 44 f., 53,
  57, 288, 291, 295, 307, 334 f.

Labaree, David 69
Labour Party 45, 82, 107, 122,
  124, 149, 186, 188, 193–196,
  201, 245, 311
Laienpolitik 179
Lamont, Michèle 233
Lampl, Peter 37
Landwirtschaft 43, 332
Lasch, Christopher 314
Lauder, Hugh 44, 168, 291–294
Layard, Richard 317, 325
Le Corbusier 212
Leary, Alison 267 ff.

Lebenserwartung 53, 97, 236 f.,
  248, 251, 270, 288
Lebenssinn 23, 36
Lebensstandard 53, 278 f., 307 f.,
  324
Lebenstüchtigkeit 76, 78, 91
Lehrberufe s. Berufsausbildung
Lehrer 60, 119, 175 f., 223, 225 f.,
  246 f., 256, 263, 330 f.
Lehrstellen 60, 70, 121, 132 f., 136,
  336; s. a. Berufsausbildung
Leistungsgesellschaft 25–28, 57,
  59, 61, 70, 83, 99 f., 103 f., 106,
  108, 110 ff., 122, 140, 254, 303,
  314, 332
Lemann, Nicholas 70, 73, 85, 87,
  140, 324
Lernkonto 336
Leslie, Charlotte 199 f.
Lewis, Paul 131
Liberal Arts Colleges 138
Lieferketten 9 f.
Lieferunternehmen 11, 46, 221,
  232
Lind, Michael 37 f.
LinkedIn 299
Lkw-Fahrer 164, 227 f., 234, 244,
  287
Lobbyismus 169, 183 ff.
Locke, John 62
Lucas, David 32, 78, 208–213
Lupu, Noam 198

Mackenzie, Polly 76
Macron, Emmanuel 142, 181
Magister-Abschluss 181, 220
Mair, Peter 193

Malteser 277

Männlichkeit 275 ff.

Manthorpe, Jill 273

Marketing 129, 139

Markovitz, Daniel 135

Marmot, Michael 236 f.

Marshall, Alfred 65

Marx, Karl/Marxismus 54, 80, 241

Maschinenbau 62, 116, 119 f., 124, 129, 227, 270

Massenelite 22, 24, 34, 153

Massenhochschule/-studium/ -universität 56, 63, 126, 129, 131, 144 f., 151, 184, 288, 321

Master-Abschluss 139, 143, 146, 165, 300

Mathematik 58, 62, 64, 86, 101, 110, 148, 164, 225, 286, 318, 336

Maurer 218 f., 228

Maxwell, Elaine 268 f.

Mayhew, Ken 298, 300 f.

Mazzucato, Mariana 322

McGilchrist, Iain 312 f., 319, 337

McKinsey 166, 304

Medizin 11, 13 f., 26, 33, 40, 44, 46 f., 60, 62 f., 71, 101 f., 116, 119 f., 129, 138, 148, 153, 221, 233, 256, 264 f., 267–270, 274, 276 f., 290, 294, 297, 328, 330, 339

Menorca 72

Merkel, Angela 15, 181, 188

Metallverarbeitung 71, 221, 227

MeToo 47

Mexiko 206, 221

MG Rover 223

Miele 15

Milanovic, Branko 222

Miliband, David 201, 311

Mindestlohn 47, 161, 238, 325

MINT-Fächer 124 f., 131, 267, 302

Mirabeau, Marquis de 178 f.

Mittelschicht 15, 33, 38, 57, 69, 73, 99, 103, 128, 143, 148, 179, 219 f., 222, 250, 258, 287, 292

Mobilität/Mobile 10, 14 f., 31 f., 37–40, 55 f., 59, 97–100, 102 ff., 145, 151 f., 174, 185 f., 189 f., 232, 253, 286, 308, 321, 324, 326 f.

Morant, Robert 66

Morris, Estelle 145

Mozart, Wolfgang Amadeus 78, 166

Müllabfuhr 44, 164, 176, 241

Multikulturalismus 185, 187

Murray, Charles 25, 73, 75, 93, 100 f., 103 f., 106, 207 f., 250

Musk, Elon 34

Napoleon Bonaparte 64, 68

National Opinion Research Center 219

Nationalstaaten 10 f., 193

Naturwissenschaften 40, 58, 60 ff., 65, 101, 119, 131, 139, 148, 153, 225, 336

Nettigkeit, ökumenische 208, 315

Neuseeland 97

Newman, John 70

Newton, Isaac 62

Niederlande 45, 104, 120 f., 181, 252, 271

Niedriglohnsektor s. Billiglohn-
sektor
Nightingale, Florence 265
Norman, Ian 267
Northcote-Trevelyan-Bericht 51,
61
Norwegen 243
Null-Stunden-Verträge 238

Obama, Barack 33, 136, 181, 183
Oberschicht 64 f., 73, 80, 98,
207 f., 219, 229
OECD 125, 144, 147, 158, 164 f.,
238 f., 296, 299, 331
Öffentlicher Dienst 117, 119, 163,
176, 300 f.
Oligarchie 28
Onward 130
Ormerod, Peter 278
Orwell, George 178, 209
Österreich 45, 120 f., 243
Ostindiengesellschaft 61
Oxford 62, 64 – 68, 70 – 73, 107,
120, 124 f., 142, 181 f., 197, 199,
256, 285, 296, 298

Parker, Dorothy 74
Payne, Christopher 279
Pemberton, Nancy 234
Peterson, Jordan 206
Pew Research Center 164, 242
Pflege/-berufe 9, 12 f., 16, 30 f.,
33, 35, 43, 47 f., 93, 129, 160,
169 – 172, 176, 227, 246 f.,
252, 254 f., 257 ff., 262 – 274,
276 – 281, 289, 291, 296 f.,
306 f., 321, 327 – 331; s. a.

Altenpflege; Häusliche Pflege;
Krankenpflege
Pflegestudium 171 f., 267
Pflegeversicherung 271
Pharmazie 62 f., 232, 269, 316
Philippinen 49, 292
Physik 129, 133
Picketty, Thomas 153
Pinker, Steven 335
PISA-Vergleichsstudie 331
Platon 30, 179, 184
Plomin, Robert 94 ff.
Polen 90, 188, 202, 243
Politikverdrossenheit 29 f., 109,
135, 179 f., 201, 217
Polizei 35, 169 f., 172 f.
Polygene Werte 94, 97
Polytechnische Hochschulen 120,
124 f., 128, 286, 297
Populismus 30, 45, 186, 192, 194 f.,
204, 233, 243 f., 249, 285, 315
Portugal 267
Postindustrielle Gesellschaft 9, 29,
49, 52 f., 55 ff., 128, 152, 241,
285, 313, 323
Postmaterialismus 241
Prekariat 241
Preußen 68
Priester/-seminare 24, 60, 63, 72;
s. a. Theologie
Princeton 103
Privatschulen 66, 79, 98, 124, 197,
220, 229, 287, 297, 334; s. a.
Eliteschulen
Produktivität 12, 28, 36, 46, 116,
119, 126, 144 f., 152, 159 f., 167,
196 f.

Promotion s. Doktortitel
Psychische Erkrankungen 36, 57, 151, 249 ff., 276, 314
Psychometrische Tests 88
Putnam, Robert D. 195, 250

Quereinsteiger 56, 60, 175

Rassismus 85, 95
Rationalisierung 45, 140, 276, 285, 303
Rauch, Jonathan 339
Rawls, John 107, 111
Rayner, Angela 149
Rechtswesen 29, 33, 44, 47, 58, 60, 62 f., 72, 102, 106, 119, 129, 138, 178, 256, 270, 292, 294
Rees, Martin 335
Reeves, Richard 135
Reich, Robert 135
Religion 54 f., 73, 204, 207, 248 ff., 254, 338 f.
Rentner 43
Resolution Foundation 174
Robbins, Lionel 123 f.
Roboter 46, 49, 221, 288–291, 305, 307, 330, 332
Robson, David 91, 105
Rodrik, Dani 10
Rogers, Ivan 194
Roksa, Josipa 146
Roosevelt, Franklin D. 63, 118
Rotes Kreuz 252
Rowson, Jonathan 312
Royal Society 62
Runciman, David 190

Russell Group 125, 130, 297
Russland 249, 321

Sacks, Jonathan 41, 207
Säkularisierung 248 f.
Salvini, Matteo 180
Sanandaji, Tino 101
Sanders, Bernie 33
SAP 15
Sarmiento-Mirwaldt, Katja 198
SAT (Hochschulzugangstest) 86 f., 138
Saunders, Peter 99 f.
Savage, Mike 219
Schleicher, Andreas 331
Schleier des Nichtwissens 111
School21 337
Schottland 65, 68, 120, 146, 151
Schröder, Gerhard 15
Schulpflicht 63, 71
Schwarzarbeit 232
Schweden 104, 106, 236, 243, 252, 259
Schweißer 164, 242
Schweiz 243
Scruton, Roger 210
Selbstständige 238, 319
Selbstvertrauen 80, 150 f.
Selbstverwirklichung 52, 186, 189, 241 f.
Selbstwertgefühl 30, 52
Sennett, Richard 218
Shakespeare, William 78
Singapur 108
Skandinavien 15, 30, 120, 267, 286
Slowenien 243
Smith, Adam 62

Smith-Hughes-Gesetz 69
Snedden, David 69
Social-Attitudes-Umfrage 239,
    242, 248, 256, 260
Soft Skills 147 f., 150 f., 153, 173,
    230, 266, 269, 273; s. a. Sozial-
    kompetenzen
Sommers, Tim 107
Soskice, David 127 f., 150, 152
Soziale Intelligenz 26, 42
Soziale Marktwirtschaft 53, 128
Soziale Medien 21, 36, 57, 202,
    314, 316, 326
Sozialkompetenzen 76 f., 150,
    152 f.; s. a. Soft Skills
Sozialwissenschaften 148, 334
Spahn, Jens 15, 143
Spearman, Charles 85
Speckesser, Stefan 299
Sport 43, 47, 83 f., 111, 130, 134,
    204, 275, 286, 297, 301, 306,
    317, 333
Sprache 205 f., 208 f., 211
Sprachkompetenz 84, 86, 318
Staatsquote 42
Stadtplanung 124
Stanford 25, 85
Stanford-Binet-Test 85
Status/-hierarchie/-verlust 9 ff.,
    13, 16 f., 28 f., 34, 40, 45, 49 f.,
    52 – 55, 57, 83, 93, 97, 100, 104,
    109, 112, 140, 143, 159, 169,
    172 f., 176 f., 187, 217 f., 220 ff.,
    232 – 235, 237, 241, 243 ff., 250,
    258 f., 266, 269, 278, 285 ff.,
    314, 330, 332
Stern, William 85

Sternberg, Robert 88
Stewart, James 311
Stipendien 66, 70, 118, 120
Streiks 47
Stress 151, 237, 240
Studiengebühren 69, 127, 138 f.,
    152
Studienkredite 127, 139 f., 301 f.
Suh, Jooyeoun 279
Sullivan, Louis 211
Sumption, Jonathan 180
Sunstein, Cass 321
Supermärkte 11, 46 f., 232, 287
Susskind, Daniel 276, 294 f., 302,
    335
Susskind, Richard 294 f., 335
Sutton Trust 37
Syed, Matthew 317 f.

Taxifahrer 228
Taylor, Frederick Winslow 119
Taylorismus 168, 293
Teach First 175
Technik/Technische Berufe/
    Technologie 14, 32 f., 35, 45,
    53, 58, 60 f., 64, 66 f., 70 f.,
    117, 120, 124 f., 129 ff., 134,
    138 f., 144, 153 f., 158, 220 ff.,
    239, 290 – 293, 299, 301, 303 f.,
    306, 315 ff., 330, 333 f.; s. a.
    Ingenieure
Technokratische Politik 190 – 195,
    202, 207
Teilzeitarbeit 47, 139, 176, 189,
    260, 263, 281, 296
Terman, Lewis Madison 85 f.
Thatcher, Margaret 128

Theologie 62; s. a. Priester
Thiel, Peter 334
Tocqueville, Alexis de 63
Tod durch Verzweiflung 30, 235 f.,
249, 251
Todesstrafe 186
Total Quality Management 169
Transportwesen 139
Trinity College 65
Trump, Donald 40 f., 51 f., 136,
179 f., 185 – 188, 195, 197, 206,
249, 315
Turner, Adair 306 ff., 322, 324
Turner, Frederick Jackson 72

Uber/-Ökonomie 228, 238
UK-Biobank 149
Ungarn 202, 243
University College (London) 65
Unternehmensberatung 137
Unterschicht 43, 128, 207,
233, 250, 260; s. a. Arbeiter-
schicht

Vance, J. D. 218
Veblen, Thorstein 235
Vereinigte Staaten von Amerika
(USA) 10, 14 ff., 25, 30, 33,
38, 40, 45, 48, 51 f., 54, 58, 61,
63 f., 68 – 73, 85 – 89, 95, 97,
100 – 104, 117 – 121, 123 – 126,
128, 134 – 140, 142 f., 146 f.,
149, 152, 157 ff., 161 – 165, 178,
181 f., 184 – 188, 195 f., 198,
211, 219, 224, 227 f., 233 – 236,
239 f., 242 – 245, 247 – 253,
255 ff., 267, 273, 280, 292 ff.,

297 f., 302, 304, 306 f., 319 f.,
324, 327, 339
Verkäufer 156, 244
Verortete 12, 14, 32, 39
Verstädterung 54
Verwaltung 44, 58 f., 63, 70, 72,
139, 157 f., 163, 167, 171, 175,
300, 319
Victoria, Königin 61
Vignoles, Anna 296, 303
Volkswagen 220
Volkswirtschaft 297
Vonnegut, Kurt 166

Wales, Robin 319
Warren, Elizabeth 33
Waschmaschinenrepara-
teure 230 f.
Watt, James 62
Webdesign 303, 306
WebMD 294
Wechsler, David 86
Weisheit 75, 93, 115, 205, 314,
319, 339 f.
Werkunterricht 135, 223 ff., 286
Wertepluralismus 314 f.
Wessely, Simon 251
WhatsApp 14
Wille, Anchrit 117, 180, 182, 195,
205
Willetts, David 102, 120, 137
Williams, Joan C. 38
Williams, Joanna 257 ff.
Willis-Kommission 171 f.
Willmott, Peter 218
Wilson, Harold 122
Wirth, Heike 184

Wirtschaftswissenschaften 65,
159, 200, 288
Wissensarbeiter 16, 43 f., 165 f.,
176 f., 291 ff., 296, 299, 301,
303 ff.
Wissensökonomie 11, 16, 23, 31 f.,
43 f., 52, 106, 157, 165, 177,
303, 305 f.
Wohnuniversitäten 151 f.
Wolf, Alison 144 f., 189, 259 ff.
Wolsey, Thomas 59
Workers' Education Association 67

Yale 25, 103, 182, 218
Yerkes, Robert 86

York, Giles 172
YouGov 198, 202, 242, 244
Young, Michael 25 ff., 100, 104,
107 ff., 112, 122, 218
Young, Toby 91, 107 f.

Zakaria, Fareed 193
Zuckerberg, Mark 34
Zufriedenheit 163 f., 176, 237,
240, 278 f., 290, 332
Zukunft der Arbeit 166 f., 169
Zuwanderung 14, 46, 49 f.,
185 – 188, 192, 194 f., 227, 234,
281, 311
Zwillingsstudien 94 ff.

Wirtschaftsnobelpreis und Deutscher Wirtschaftsbuchpreis

Ungleichheit, Armut, Migration, freier Handel und Umweltfragen sind die Probleme, die weltweit täglich die Schlagzeilen beherrschen. Hierzu wären Wissen und Rat von Wirtschaftswissenschaftlern dringend gefragt. Die preisgekrönten Ökonomen Esther Duflo und Abhijit Banerjee halten ihren Kollegen den Spiegel vor: Katastrophale Krisen wie die Lehman-Pleite haben sie verschlafen, bei Streitthemen wie dem Euro haben sie sich gescheut, unbequeme Wahrheiten auszusprechen. Duflo und Banerjee zeigen anschaulich, was gute Ökonomie stattdessen zur Lösung der dringenden Weltprobleme beitragen kann.
»Unbedingt lesenswert.« Thomas Piketty

 PENGUIN VERLAG

Die skurrilsten und dramatischsten Geschichten aus der Notaufnahme

Als erfahrene Notaufnahmeschwester hat Ingeborg Wollschläger schon alles erlebt. Witzig und einfühlsam erzählt sie von ihren skurrilsten, schönsten und berührendsten Erlebnissen: von der alten Dame mit Bluthochdruck, die ganz gerne sterben würde. Von dem Mann, der sich für einen Notfall hält, weil er dringend Zahnseide braucht, und dem Praktikanten, der sich mehr Hirnquetschungen wünscht – so wie in *Emergency Room*. Selten läuft zwischen Schmerzinfusionen, Gipsverbänden und Röntgenbildern alles nach Plan. Und doch zeigen all diese Geschichten zwischen Leben, Tod und Wahnsinn, dass die Notaufnahme vor allem eines ist: durch und durch menschlich.

PENGUIN VERLAG

JOSEPH STIGLITZ
NOBELPREIS FÜR WIRTSCHAFT

PREIS DER
UNGLEICHHEIT

WIE DIE SPALTUNG DER GESELLSCHAFT
UNSERE ZUKUNFT BEDROHT

Siedler

Viele Arme, wenige Reiche – Warum die wachsende Ungleichheit uns alle angeht

Immer weniger Menschen häufen immer größeren Reichtum an, während die Zahl der Armen wächst und die Mittelschicht vom Abstieg bedroht ist. Diese wachsende Ungleichheit hat ihren Preis. Sie behindert Wirtschaft und Wachstum, führt zu weniger Chancengerechtigkeit und korrumpiert Justiz und Politik. Nobelpreisträger Stiglitz ruft dazu auf, die Ungleichheit in unseren Gesellschaften nicht einfach hinzunehmen, sondern Wirtschaft und Politik so zu reformieren, dass der Wohlstand wieder gerechter verteilt ist.

»Stiglitz' Buch ist in erster Linie eine Warnung an seine europäische Leserschaft. Allein schon deswegen lohnt die Lektüre.«
Suddeutsche Zeitung

»Sollte für Politiker zur Pflichtlektüre werden.«
SWR 2

Siedler

Paul
Collier

**SPIEGEL
Bestseller**

Sozialer
Kapitalismus!

Mein Manifest
gegen den Zerfall
unserer Gesellschaft

Siedler

»Der Kapitalismus hat uns zu einer Rottweiler-
Gesellschaft gemacht«: Der Alarmruf eines
weltbekannten Ökonomen

Paul Collier legt ein Manifest für einen erneuerten Kapitalismus
vor. Seine Diagnose: Es geht nicht nur um Verteilung zwischen
Arm und Reich, viel gefährlicher ist der Riss durch das Fundament unserer Gesellschaft – zwischen den städtischen Metropolen und dem Rest des Landes, zwischen den meist urbanen
Eliten und der Mehrheit der Bevölkerung. Eine Ideologie des
Einzelnen greift um sich, die auf Selbstbestimmung beharrt,
auf Konsum abzielt und sich dabei von der Idee gegenseitiger
Verpflichtungen verabschiedet.

*»Collier macht konkrete Vorschläge, die vielen Leuten nicht gefallen
werden.«*
Die Welt

*»Colliers Buch ist bestechend in der Analyse und diskussionsnot-
wendig in seinen Vorschlägen.«*
Cicero

Siedler